한국
학생운동사

1945~1979년

이재오의 한국 민주화 운동사 정리 **1**

한국 학생운동사 1945~1979년

초판 1쇄 인쇄 2011년 11월 15일
초판 1쇄 발행 2011년 11월 22일

지은이   이재오
펴낸이   김태화
펴낸곳   파라북스
기획   전지영
편집   조은주 · 김영미
본문디자인 박정은
마케팅   박경만
등록번호   제313-2004-000003호
등록일자   2004년 1월 7일
주소   서울특별시 마포구 서교동 247-17 303호
전화·팩스   02) 322-5353   02) 334-0748

ISBN 978-89-93212-39-6 (03910)

* 값은 표지 뒷면에 있습니다.

한국
학생운동사
1945~1979년

이재오 지음

파라북스

4·19혁명의 첫 불길 전통적으로 야당세가 강한 대구에서 야당의 선거유세에 고등학생들의 참가를 막을 목적으로 자유당은 각급 학교장을 소집해 '일요등교'를 지시했다. 이에 경북고 등의 학생들은 1960년 2월 28일 일요일 "민주주의를 살리자" "학생들을 정치 도구화하지 마라" 등의 구호를 외치면서 대구시내 중심가로 행진했다. ⓒ동아일보

3·15부정선거는 무효 부정선거를 규탄하고 무효를 주장하며 내무부로 모여든 시위군중. 2·28시위 이후 계속된 학생시위로 고조된 분위기는 3월 15일 부정선거로 인해 민중항쟁으로 폭발했다. ⓒ동아일보

4·19혁명 당시 이승만의 하야를 알리는 신문의 호외 1960년 초·중·고·대학생과 온 국민이 이승만 독재정권을 붕괴시켰다. 이승만은 계엄령을 선포해 정권을 유지하려 했으나, 계엄군조차 시위진압에 적극적이지 않았다. 4월 26일 이승만은 마침내 하야를 선언했다. ⓒ동아일보

가자 북으로, 오라 남으로! 4·19혁명 이후 1961년 5·16쿠데타가 일어나기까지 4월혁명 정신에 가장 투철했던 학생민족통일운동이 1960년 11월에 시작되었다. 이 운동에 참여한 학생들과 교수들은 민족통일이야말로 4월혁명의 종국적 목표라는 것을 확신하고 남북학생회담 개최를 요구했다. ⓒ동아일보

1961년 5월 16일 새벽 한강을 넘어온 해병대 공수단 5·16군사쿠데타가 시작되었다. 당시 학생들은 4월혁명에서 충족되지 못한 요구가 5·16으로 채워지리라 기대했다. 그러나 군사정부가 4월혁명의 진정한 계승자가 될 수 없었고, 학생들은 다시금 민족과 민주주의 수호를 위해 전선으로 나서야 했다. ⓒ조선일보

굴욕적 한일협정 반대운동 군사정권이 정권유지를 위해 굴욕적인 한일회담을 진행하자, 1964년에서 협정이 조인되는 1965년까지 이에 반대하는 시위가 광범위하게 일어났다.
©조선일보

1972년 10월 대학에 진주한 계엄군 계엄령과 위수령으로 한일회담 반대를 꺾은 박 정권은 영구집권을 위해 선포한 10월유신의 반대를 막기 위해 다시 군을 동원했다. "국가를 위해 인권을 유보"한다는 유신체제는 근대 민주주의 국가에 전무후무한 암흑기를 만들었다. ⓒ동아일보

소총에 착검까지 한 계엄군 1979년 10월 부마항쟁 당시 M16소총에 착검한 채 마산시청 앞에 진주한 계엄군의 모습. 부산·마산의 민중항쟁은 유신독재가 종말을 맞는 10·26의 직접적 계기가 된 역사적인 항쟁이었다. ⓒ동아일보

암흑의 시대_ 유신체제를 유지하기 위한 긴급조치의 시대는 한마디로 민주주의의 암흑기였다. 헌법과 국회까지 기능을 제한당했고, 학생들의 민주화운동은 수많은 간첩사건으로 둔갑했으며 언론은 통제되었다.

긴급조치 9호 위반으로 투옥된 이재오 1979년 8월 유신
정권이 마지막으로 치닫던 때 한국의 인권탄압에 대해 강
연했다는 이유로 구속 · 투옥되었다.

통일염원 범국민 평화대행진(1988년 7월) 10 · 26으로 박정희가 사망하고
박 정권은 물러났지만 얼마 후 다시 군사정권이 들어섰다. 당시 통일문제는
전적으로 정부가 독점했고, 민간 차원의 통일운동은 무조건 탄압받았다.

개정판을 내며

1984년 《해방 후 한국 학생운동사》를 출간한 이래 많은 세월이 흘렀습니다. 그동안 한국의 정치 사회적 변화 또한 세월의 흐름만큼이나 다양해졌습니다. 그러나 아무리 세월이 흐르고 변해도 여전히 남아 있는 숙제는 한국 민주주의의 발전과 성숙입니다.

학생운동사를 출간하자마자 이 책은 금서였고, 우스운 일은 지금도 이 책이 금서목록에 들어 있다는 것입니다. 군사독재가 끝나고 민주정권이 들어선 지도 어언 20여 년이 되어갑니다. 그동안 우리의 학생운동에도 다양한 변화가 있었습니다. 지금은 대학캠퍼스에 최루탄 가스가 날리지 않는다는 것일 뿐, 우리 젊은 학생들은 여전히 다양한 요구와 주장을 들고 거리로 나오고 있습니다. 이즈음에 와서 우리 학생운동의 발전사를 들여다보고, 학생운동의 과거와 현재에 대한 성찰의 기회를 갖고자 합니다.

《한국 학생운동사》는 1945년 이후의 학생운동사를 학자가 아닌 민주화 운동가가 저술한 최초의 서적이었습니다. 9쇄를 발행할 정도로 당시 대학가에서는 필독서가 되었고, 이에 군사정부는 금서 딱지를 붙였습니다. 거의 30년 만에 개정판을 출간하면서 이 책이 현대사의 새로운 조명에 기여할 것을 기대합니다. 중·고등학생과 대학생 등, 우리 젊은 세대들이 지난 현대사를 이해하는 작은 사료가 되었으면 좋겠습니다.

또한 1984년에 저자 이름으로 출간된 《한일관계사의 재인식 I》은 제가 대표필자였을 뿐, 사실은 몇 명이 함께 집필한 공저였습니다. 해방 후 학생운동사가 널리 읽히자 공저자와 출판사가 저를 저자 이름으로 내세웠던 것입니다. 그 책 내용 중 "한일회담과 반대운동" 부분만 해방 후 학생운동사에서 가필한 것임을 이 자리를 빌려 말씀드립니다.

독도문제는 우리에게 여전히 뜨거운 감자로 남아 있습니다. 일본은 독도문제와 관련해서 끊임없는 도발적인 행위를 해오고 있습니다. 1964년, 1965년 2년 동안 그 처절했던 굴욕적인 한일회담 반대운동을 다시 조명함으로써 민족의 자존적 기개를 높이고자 합니다. 우리 젊은이들로부터 점점 잊혀져가는 한일회담과 그 반대운동의 실상을 다시 한 번 되새길 때라고 생각했습니다. 또한 이 책 역시 우리 현대사 공부의 한 사료적 가치로 사용되었으면 하는 바람입니다.

《한일회담과 반대운동》의 판매인세 전액을 일본제국주의에 의해 피해당한 분들에게 전하고자 합니다.

해방 후 학생운동사를 집필할 때는 원고를 정리할 공간이 마땅치 않았습니다. 역촌동 한 독서실 구석자리에 쪼그린 채 라면으로 세 끼를 때우며 미친 듯이 써내려갔던 그때의 기억이 새롭습니다.

여기 두 권의 개정판에는 초판 출간 후에 확보된 자료사진과 그 후 제가 발표한 3편의 논문이 적절하게 보완되었습니다. 물론 다소 중복되거나 과도한 자료들은 편집과정에서 수정되기도 했습니다. 제목도 출판사의 조언에 따라《한국 학생운동사》와《한일회담과 반대운동》으로 바꾸었습니다.

두 권의 책을 개정하는 데 도움을 주신 여러분께 진심으로 감사드립니다. 언제나 따뜻한 벗들과 함께할 수 있는 것을 큰 복으로 생각합니다. 어려운 여건에서도 개정판 출간에 힘써주신 파라북스 김태화 대표님과 편집부 여러분께 다시 한 번 정중하게 감사의 인사를 올립니다.

2011. 11. 5

북한산 밑 우거에서

머리말

내가 해방 후의 학생운동사를 정리해야겠다고 마음먹은 것은 1964년이었다. 꼭 20년 전, 그때 대학은 온통 한일회담 반대투쟁으로 술렁이고, 역사가 일천한 공화당 정권이 흔들릴 때이다.

나도 그 와중에 휩쓸리게 되었다. 그후 20년, 학생운동은 더욱 질적으로 심화되고 양적으로 확산되었다. 하지만 지금도 적지 않은 내 후배들이 내가 다녔던 대학을 타의에 의해 떠나고 있다. 그 이유는 무엇일까? 나는 그것을 규명해보리라 마음먹었다. 그러자면 우선 해방 후 한국 학생운동의 흐름을 파악해보아야 한다. 우리나라가 내부적으로 안고 있는 본질적인 문제가 무엇이며, 학생들이 40년간 추구해온 이념은 또 무엇인가? 그것을 찾아내기 위해 지난 40년 동안의 학생운동의 역사를 정리하기로 마음먹었다.

해방 후 40년 동안 몇 차례 정권이 바뀌었지만, 우리 민족이 안고 있는 숙제는 여전히 변함이 없다. 학생들의 주장과 운동의 양상 또한 다소 차이가 있으나 해방 40년의 기본적인 흐름은 똑같다. 그것은 바로 우리의 민족문제와 민주주의에 관한 것이었다. 이것은 제2차 세계대전의 산물인 남북분단의 벽이 깨어지지 않은 데서 파생되는 문제이기도 했다.

이 글을 쓰면서 1940년대는 자료 정리에 충실을 기했다. 한정된 자료밖에 없었기 때문에 만족스럽게 정리할 수가 없었다. 그러나 1940년대 학생운동사를 정리하면서 그 시대 학생들의 조국에 대한 뜨거운 열정에 깊이 감동하지 않을 수 없었다. 1950년대는 전쟁과 자유당의 횡포에 휩쓸려 주목할 만한 움직임이 없었다. 1960년대에는 4·19혁명과 6·3사태라는 거대한 봉우리가 있었기 때문에 양자를 중심으로 살펴보았다. 그 결과 1960년대도 1940년대와 기본적으로 같은 흐름이란 것을 발견했다. 1970년대에 들어가서는 각종 공소장, 법정자료, 신문, 연감에 충실했다. 특히 이 시기의 학생운동은 역사적인 안목에서 다루기에는 아직 너무 이르기 때문에, 역사적인 평가를 배제하고 자료소개 정도에 의의를 두었음을 밝혀둔다.

그래서 국립도서관에 가서 1945년부터 1979년까지의 잡지를 색인하고 그 색인에 따라 원본을 찾았다. 그리고 중앙대학교 한국학연구소에서 나온 해방 15년 잡지개관 및 호별 목차집에 의해 자료를 뽑았다. 1960년대 이후의 기본 자료는 신문이었다. 비록 신문이 사실보도를 하지 않았다 해도 객관적 사실 자체를 토대로 할 때는 신문을 찾을 수밖에 없었다. 제일 어려운 것은 1970년대였다. 1970년대 후반기는 신문보도가 없었기 때문에 개인의 공소장 수집이 결코 쉬운 일이 아니었다. 다행히 1970년대 기본 자료를 한국 기독학생회 총연맹KSCF에서 구할 수 있어서 도움이 되었다.

학생운동사라고 하지만 학생문제만 다루어서는 역사적 이해를 충족시킬 수 없다는 점은 잘 알고 있다. 그러나 1960년대 이후는 사회·경제적 상황을 총체적으로 평가하기에는 현실과 너무 가까운 거리에 있기 때문에 주로 학생운동 그 자체에 충실했고, 학생운동과 직접 부딪히는 사회적 배경만을 다루었음을 밝혀둔다.

이 책 가운데 많은 사건이나 인명이 누락되었을 수도 있다. 1940년대와 1960년대는 학생운동에 관련된 구체적인 인명을 밝히지 않았다. 역사에는 개인이 중요하지 않다는 생각에서였고, 또한 1940년대에서 1960년대까지는 몇 가지 공통적 관심사에 집중된 운동이었기 때문에 개인보다 운동 자체에 치중했다. 그러나 1970년대는 학생운동이 사건 중심이고, 관계한 사람들이 전부 구속되어 법정에 섰기 때문에 주요 사건에 관련한 인명을 기록했다.

1970년대 학생운동에 관련되었던 사람은 거의 대부분 옥고를 치렀다는 점에서 어쩌면 1970년대는 '학생사건' 시기란 용어가 성립될지도 모른다. 그러나 '학생운동'과 '학생사건'은 상당한 차이가 있다. 역사발전의 긍정적 입장에서 볼 때는 '학생운동'이지만 부정적인 측면에서 볼 때는 '학생사건'인 것이다. 1970년대 학생운동이 역사발전에 긍정적인 기여를 했음에도 불구하고 '학생사건'이란 용어가 가능할 수 있는 것은 그 시대의 상황이 얼마나 엄혹했던가를 반증한다. 그러나 역사를 긴 안목으로 보면 한 시대의 '학생사건'은 '학생운동'으로 평가될 뿐이다. 그것이 학생운동의 순수성이며 한계이기도 하다.

이런 기본적인 맥락에서 내가 이 책을 쓰기 위해 구체적인 작업에 들어간 것은 1983년 8월 13일부터였다. 그해 12월까지 5개월간 자료수집과 총정리를 했다. 1984년 1월 5일부터 집필을 시작해 2월 12일에 2,500매를 끝냈다. 그동안 나는 두문불출하고, 내 피를 찍어 쓰듯이 2,500매를 미친 듯 써나갔다.

이 책을 쓰는 동안 1980년 5·17을 전후로 대학에서 제적된 학생들의 복교문제가 사회문제로 떠올랐다. 학생과 학생운동에 대한 단세포적인 이해가 연일 신문지상에 오르내렸다. 나는 그럴수록 냉정하고 객관적인 자세로 모든 자료를 분석·검토했다. 그런데 내가 이 책을 다 쓸 무렵, 참으로 기쁜 소식이 들려왔다. 1984년 2월 14일 판문점에서 남북연락관이 총리 편지를 주고받기 위해 만난다는 뉴스였다. 나는 용기를 내었다. 해방 후 학생운동사가 나와야 할 꼭 알맞은 시기라고 생각했다. 해방 40년, 우리나라 학생운동의 궁극적인 목표의 하나는 민족통일의 평화적 해결인 바, 7·4공동성명 이래 분단문제 해결에 대한 노력이 다시 고조되고 있다는 것은 민족 전체를 위해서도 지극히 다행한 일이기 때문이다. 우리의 통일이 그리 먼 훗날일 거라고는 생각하지 않는다. 나는 우리 민족의 통일에 대한 의지를 믿는다.

이 책은 해방 후 학생운동사의 시론에 불과하다. 보다 폭넓은 관심과 연구가 여러 사람들에 의해 진행되기를 기대하며, 이 책이 그러한 작업의 한 참고자료로 소용되기를 바란다. 독자들의 냉정한 비판과 도움을 받아서 언젠가는 개정판을 쓰려고 한다. 그만큼 이 책은 미진한 것이 많고, 저자로서는 부끄러울 따름이다.

이 책을 내가 옥중에 있을 때 돌아가신 아버님 영전에 바치며, 그동안 부단히 격려해주신 선배들께 감사한 마음을 드린다. 그리고 10여 년 동안 가정경제를 꾸려온 아내에게도 감사한다. 또한 물심양면으로 도와주고 용기를 준 후배들에게도 고마움을 전하고, 특히 이 책을 쓰게 된 결정적인 동기를 마련해주고, 어려운 여건에서도 책을 출판해준 형성사 이호웅 사장에게 깊은 애정을 보낸다. 편집·교정에 수고해준 형성사 직원들께도 따뜻한 감사를 드린다.

1984년 2월 12일
역촌동에서

차례

2장 1960년대 학생운동

3장 1970년대 학생운동

서론

문제의 제기

학생이란 무엇인가?

해방 후 한국 학생운동사를 이해하기 위해서는 우선 개화기 이후 새로운 사회적 집단의 하나로서 성장하기 시작한 '학생'에 대한 정확한 인식이 선행되어야 한다. 학생에 대한 개념이 막연한 상태에서는 학생운동을 올바른 눈으로 볼 수 없다. 더욱이 학생운동에 대한 극히 상반되는 견해가 난무 대립하는 이유가, 바로 학생에 대한 이해가 지극히 관념적인 수준에 머물러 있기 때문이다. 그러하기에 현실적으로도 학생에 대한 정확한 인식은 매우 중요할 수밖에 없다.

봉건사회에서부터 내려오는 유교적 인습의 강한 영향에서 벗어나지 못한 학생에 대한 그릇된 인식이, 학생을 현실에서 소외시키고, 역사의 현장에서 방관자가 되게 하며, 또 때로는 기성인들에게 맹종하는 꼭두각시로 만들어왔다. 학생은 무엇 때문에 부단히 역사의 현장에서 벗어나기를 거부하며, 민족의 삶의 현장에 몰입하고자 하는가? 이에 대한 올바른 이해는 "학생이란 무엇인가?"라는 물음에 대한 정리에서 시작된다.

학생은 근대사회의 산물이다. 근대사회 이전에도 자제子弟를 가르치는 교육이 있었고 교육자와 피교육자의 구별도 있었다. 그러나 피교육자가 곧 학생은 아니었다. 학생을 일반적으로 피교육자로 이해해서는 학생의 본질이 구명되지 않는다. 근대사회 이전의 교육은 특권계급의 전유물이었다. 특권계급이 자제에게 계승자로서 갖추어야 할 독특한 교양을 주입하거나 지배하고 억압하는 방법을 가르치기 위해, 직업적인 교사를 자기 집에 고용해 피교육자에게 전속시키고 일상생활까지 하나하나 교도教導하게 하는 것이 봉건사회의 교육이었다. 이와 같은 교육은 개별적이고 폐쇄적인 것으로서 일대일로 교육하는 것이 원칙이었다. 현대의 가정교사 제도도 이러한 폐쇄적 개별적 교육의 한 유산이라고 할 것이다. 그러나 근대사회에서 '집단적'으로 교육받는 학생은 봉건사회의 피교육자와는 다르다. 근대사회에서의 학생은 집단의 구성원으로서 존재한다.

봉건사회의 교육이 진일보해 피교육자의 형제, 친척 등 같은 계급 출신의 이웃 자제들도 편의상 함께 교육을 받게 되어 점차 글방이나 서당 같은 형태로 발전하기는 했으나, 교육자를 고용해 일대일로 교육하던 때와 그 본질에 있어서 차이는 없었다. 피교육자를 선별해 자신들 특권계급을 옹호·유지하기 위한 방편으로 삼고자 하는 본래의 목적에는 변화가 없었다. 이와 상응해 피교육자가 교육을 받는 목적도 학문을 전수받는 데 있는 것이 아니고, 특권계급의 지위를 전수받기 위한 수단을 배우는 데 있었다. 예를 들어, '과거제도'를 통한 입신출세는 특권계급으로서의 자기 위치를 확고히 다지는 것을 의미했다.

한편 근대에 이르러 사회가 발전함에 따라 시민계급이 나타나고, 시민계급과 특권계급 간의 투쟁에 의해 시민계급이 인간으로서의 자유와 평등을 획득하고 시민으로서의 권리를 확보해가기 시작했다. 이 과정에서 '천부인권'이 주장되기 시작하고, 교육도 특권계급의 전유물로서의 성격에서 벗어나 그 영역이 평민에게까지 확장되어 나갔다. 즉, 이때부터 교육은 일정 계급의 후계자를 양성하는 수단이 아니라, 자유와 평등의 시민적 사상을 바탕으로 해 시민사회 건설을 실천적으로 담당할 시민계급을 양성하기 위한 교양과 지식의 전수장으로 전화轉化되기 시작했다.

근대교육의 형태는 개별적이고 수공업적인 규모에서 집단적이고 대량생산적인 규모로 확대·발전되고, 그 내용 또한 특권계급 고유의 이데올로기나 지배기술을 가르치는 것이 아니라 근대시민적 세계관과 과학적 생산기술을 지도하는 것으로 바뀌었다. 이에 이르러 비로소 피교육자는 '학생'으로 탈바꿈하게 된다.

학생의 본분은 학문의 연구와 진리의 탐구에 있다. 학생은 또한 집단적으로 학문을 연구하는 청년들이다. 근대 이전의 사회에서의 피교육자와는 근본적으로 다르다. 학생은 르네상스 이후 산업혁명과 시민 민주주의 혁명을 통해 그 자신을 학문에 의해 과학적으로 확립했다. 근대 과학은 그 고전적 성격에 있어서 봉건적 비합리적 권위와 경제외적 강제에 대한 강력한 비판자이며, 이와 같은 과학적 지식을 연구하는 청년학생의 근대적 성격은 진보적이고 혁명적일 수밖에 없다.

학생은 진리에 대해 비상한 정열을 갖고 있으며, 어떠한 것에 의해서든 그것이 왜곡되고 억압당하면 그를 극복하고 진리를 수호하기에 주저하지 않는다. 진리를 위해 모든 것을 아끼지 않는 것이 학문연구를 본분으로 하는 학생의 자세이다. 금권金權이나 권력의 강압에 의한 어떠한 유혹이나 위협에 대해서도 강렬하게 반발하고 진리를 수호하려는 정열이야말로 학생의 가장 기본적인 정신이다.

학생은 청년이다. 그들은 순수하며 정열에 불탄다. 진리에 대해 눈을 감거나 진리를 탐구하고 실천하는 데 게으름을 피우는 행위는 스스로가 용납하지 못한다. 청년의 정열로써 학문을 연구하고 그것을 관철 실현하는 데 신명을 다하고자 한다. 일신의 편안함과 영달을 위해 진실에 대해 또는 정의에 대해 소극적으로 회피하는 행위는 그 자체가 이미 학생으로서의 자기 파괴를 의미한다.

학생은 청년의 순수함과 정열을 지니고 있는 까닭에 진리에 대해 더욱 충실할 뿐만 아니라, 그것을 실천에 옮기는 데도 정의롭고 자유로우며 적극적이고 과감하다. 따라서 학생은 그 시대 그 사회의 희망이고 더욱이 어지러운 사회적 환경에 처해 있을수록 상황타개의 길잡이로서의 역할을 수행하게 된다.

또한 학생은 집단적으로 학문을 연구하는 존재이다. 이는 봉건사회의 피교육자가 개별적 봉쇄적으로 교육을 받는 것과 대조적이며, 자본주의적 생산방법이 기계 공업적이고 대량 생산적인 것과 맥을 같이한다. 즉 근대적 의미의 교육을 받은 학생이 근대사회의 사회적 생산에 기여할 수 있는 것이다.

근대사회에 있어서 집단을 떠난 개개의 학생은 집단적으로는 존재하지 않는다. 학생이 학교에서 집단적으로 교육받고 훈련하는 과정이나 학생들이 학교생활을 자치적으로 꾸려 나가려는 노력 등은, 바로 학생의 집단적인 성격을 통해서만 이해될 수 있다. 다시 말해, 학생은 진리를 탐구하는 청년이라는 집단적 존재이므로 개인적이고 소시민적이며 봉건적인 약점을 집단적으로 극복하게 된다. 그러므로 학생은 항상 정정당당하고 과감하게 행동할 수 있다. 사회발전을 담당할 미래세대로 사회적 기대와 촉망을 받는 이유가 여기에 있다. 가족이나 친척의 봉건적 소시민적 소망이 비록 개인적 안일과 영달로 학생 개인을 유도하고, 사회의 퇴폐적이고 비생산적인 관습들에 의해 개인적 향락의 수렁으로 빠져들 위험이 상존함에도 불구하고, 학생의 집단적 성격이 이것을 극복하게 해준다. 봉건적인 질곡과 현실적인 어려움에도 불구하고 학생은 청년으로서의 정열과 집단적 생활양식으로 진취성을 잃지 않은 채, 비판자로서 실천자로서 그리고 새로운 건설자로서 과감하게 나아갈 수 있는 것이다.

그러나 청년으로서의 순수성은 사회의 부패 비리에 유혹당하기 쉬우며, 주관적·감정적 정열은 오도되어 탈선할 위험을 항상 내포하고 있다. 상품생산 사회에 있어서 학생에 대한 사회의 영향 또한 학생을 개인주의적이거나 소시민적으로 만든다. 그러나 학생은 청년으로서 진리탐구자로서 그리고 집단생활자로서의 존재양식을 십분 활용함으로써 이러한 약점을 극복해간다.

결론적으로 학생은 근대사회의 산물이며, 청년이며, 집단적으로 학문을 연구하는 사회적 존재이다. 이 같은 학생의 근대적 성격은 민주사회 건설에 있어서 그들의 실제적 역할을 규정짓는다. 봉건적인 신분상의 특권과 경제외적 강제에 의한 지배계급의 억압에 대항해 근대 민주주의 사회를 건설하는 데 있어서 학생의 역할은 크다. 따라서 학생운동은 바로 역사를 새롭게 하고 젊게 해 새로운 사회를 건설하고자 하는 사명의식에서 출발하고, 사회적 역사적 현실과 항상 밀접한 연관성을 갖는다.

특히 오늘날 그 역사가 극심하게 왜곡되고 있는 제3세계 국가의 학생운동에서는 그 민족의 역사적 고뇌와 사회적 현실이 더욱더 강하게 부각될 수밖에 없다. 식민지, 반식민지 사회에서 학생운동은 봉건적 질곡과 제국주의의 지배로부터 민족을 해방하고 민주주의 사회를 건설하기 위한 투쟁을 적극적으로 전개한다. 중국의 학생운동과 한국의 학생운동은 이와 같은 사실을 여실히 입증한다. 3·1운동, 6·10만세사건, 광주학생사건과 그 외 여러 반일투쟁으로서의 독서회사건, 식민지 노예교육 반대투쟁, 반일 동맹휴학사건 등으로 나타나는 일제강점기하의 학생운동은 우리 민족의 위기를 극복하고 민주적 독립국가를 건설하기 위한 혈

투였다.

해방 후에는 외세에 의한 분단을 해소하고 남북 통일정부를 세워 민족자존의 영구한 평화를 향유하기 위해, 미군정하의 피나는 좌우대립 속에서도 반외세 민족통일운동을 실천해왔다. 또한 자유당 독재를 무너뜨린 4월학생혁명과 민족수호를 위한 6·3 한일회담 반대투쟁 및 박정희 정권하에서 무수한 반독재 민주화 투쟁을 벌여왔다. 이러한 과정을 거치는 동안 학생운동은 일관적인 이념인 반외세 민족주의 및 반독재 민주주의 건설에 앞장섬으로써 고유의 역사를 새롭게 하고 젊게 하기 위한 시대적 사명에 충실했다. 한국의 학생운동은 세계 어느 나라 학생운동 못지않게 시대의 혼란을 극복하며 새로운 사회의 방향을 설정하고 실천하는 데 용감했다.

해방 후 한국 학생운동의 시기 구분

한국 학생운동이 민족의 새 역사 창조에 기여하기 시작한 것은 제1차 세계대전 이후이며, 그것이 한걸음 더 나아가 반외세·반봉건 민족해방운동으로 발전하기 시작한 때는 제2차 세계대전 이후라고 할 수 있다.

일본 제국주의 통치하에서 독립운동으로서 그리고 피식민지 해방운동으로서의 학생운동은, 해방 후의 한국 학생운동사와 일맥상통하는 점이 있으나 본질적으로는 상당한 차이를 갖는다. 일제하의 학생운동의 이념이 민족독립이었다면, 해방 후 학생운동의 이념은 반외세 민족주의 및 반독재 민주주의였다. 반외세 민족주의 운동은 전후 냉전의 산물인 분단을 해소하기 위한 민족의 자주적 평화통일운동이다. 해방 후 학생운동을 시기적으로 구분하면 다음과 같이 크게 3기로 나눌 수 있다.

• 제1기 학생운동

제1기는 1945년 8월 15일에서 1948년 12월까지로 볼 수 있으며, 이 시기는 좌·우 대립기로 특징지을 수 있다. 그러나 학생운동에서의 좌·우

학생의 대립은 1948년 7월 19일 여운형 1주기 추도식 참가 학생들이 검거됨으로써 사실상 막을 내렸다고 볼 수 있다. 또 1948년 정부수립 후 그해 12월, 11개 학교에서 민주학련 지하조직원 119명이 검거됨으로써 제1기 학생운동은 끝이 났다.

한편 1949년 4월 2일 중앙학도호국단이 서울운동장에서 결성된 이후, 1950년 한국전쟁을 거쳐 1959년 2월 13일부터 6개월 동안 있었던 재일교포 북송반대 데모에 학생들이 관제 동원될 때까지의 시기는 사실상 학생운동의 공백기이며 암흑기라고 할 수 있다. 학생의 주체적인 의지와 상관없이 강제 동원되어 궐기대회나 참가하는 것을 학생운동으로 볼 수는 없기 때문이다.

• 제2기 학생운동

1960년 2월 28일 경북고등학교 학생 1,000여 명과 대구시내 수개 고등학교 학생들이 자유당 독재에 항거해 가두로 뛰어나온 때부터 1979년 10월 26일, 박 정권이 무너질 때까지의 약 20년간을 제2기로 볼 수 있다.

이 시기는 주로 군사정권으로 출발한 공화당 정권의 통치기간으로, 자유당 독재정권은 무너졌으나 상부구조 자체는 변함이 없었고, 이 시기에 통치자들을 비호한 외세 또한 시종여일한 형편이었다. 따라서 자유당 정권을 무너뜨린 학생들은 또다시 박 정권에 반기를 들고 싸웠다. 즉, 4·19학생혁명에 참여한 학생들이 1964~1965년 2년에 걸쳐 박 정권의 굴욕적인 한일회담 추진에 반대해 투쟁한 것이다. 4·19와 6·3으로 이어지는 학생운동의 상대가 본질적으로는 서로 차이가 없는 보수정권이자 반민주적 독재정권이었기 때문에, 이 시기에 일어난 학생운동의 이념은 반외세 민족주의 및 반독재 민주주의의 수호였다.

그후 1960년대 후반에 일어난 민주주의 운동은 1970년대에 전개된 반독재 민주화운동과 역시 그 맥락을 같이한다. 1967년 삼성재벌 밀수 규탄운동, 1968~1969년에 걸친 3선개헌 반대운동, 1970~1971년에 걸친 민주수호운동은 1972년 유신체제가 선포된 이후 1973년 10월 2일 서울대 반유신 데모를 기점으로 1974년 민청학련, 1975년 이후 1979년까지 전개된 반유신·반독재 운동과 광범위한 민주화 투쟁으로 확산되었다.

• 제3기 학생운동

1979년 10월 26일 이후 1980년대 학생운동은 제1기 및 제2기의 학생운동과 기본적인 공통점을 갖고 있으나, 한반도를 둘러싼 국제적 역학관계의 변화에 따라 크게 영향을 받는다는 점에서 차이가 있다.

1983년 현재 한·미·일 3국을 축으로 하는 삼각동맹 관계가 북·중·소를 중심으로 하는 동맹관계와 첨예하게 대립하는 가운데, 미국과 중국, 중국과 소련, 미국과 일본, 일본과 중국이 각각 동북아시아 힘의 균형을 통한 자국의 이익을 최우선으로 하고 있다. 한국과 북한은 국제사회에서는 한반도의 정치 운명을 함께하고 있기에, 미·소·중·일 네 강대국의 굴레에서 벗어나 스스로 민족생존권을 수호하는 길만이 강대국의 전략에 희생되지 않는 유일한 길인 것이다. 그러므로 이 시기의 학생운동은 좌경화인가 우경화인가의 차원을 떠나서 진정한 의미에서의 반외세 민족통일을 위해 싸우지 않으면 안된다.

그러한 조짐은 이미, 1979년 10·26을 전후해 1980년대 초반부터 일어났던 일련의 사건에서 실제적으로 구체화되고 있었다. 특히 이 시기의 학생운동을 좌경화 운동으로 단정하는 것은 민족의 구체적 에너지를 과소평가하거나 아니면 1980년대 이후의 세계정세 변화를 깨닫지 못한 무지에서 나온 결과라고 하겠다. 1980년대는 이데올로기에 앞서 민족의 생존권을 제일 우선적으로 해결하고 수호해야 할 시기이다. 그러므로 이 시기의 학생운동은 2차 세계대전 후 냉전체제의 산물로서 생겨난 분단 상황의 극복운동인 민족통일운동으로 승화되어야 한다. 전후 한국 현대사의 특징적인 요소 가운데 하나는 민족의 동질성보다 이데올로기가 우선적으로 강조된 상황의 연속이었다는 점이다. 이러한 상황에서 깨어나지 못한 역사의식이 해방 후 40년이 지나면서 비로소 이데올로기보다 민족의 동질성을 회복하는 것이 우선되어야 한다는 민족적 자각에 도달한 것이다.

이상과 같이 해방 후 학생운동사를 크게 3기로 나누어볼 때, 그 저류에 일관해 흐르는 공통점이 있다. 그것은 역사적 격동기에서 학생운동이 구세대의 보수성에 대한 새로운 시대정신을 먼저 호흡하는 운동이었다는 사실이다. 학생운동은 새로운 사회를 건설하려는 사명의식에서 출발하는 것이다. 그러므로 한국 학생운동은 항상 진보의 편에 서서 역사의 방향을 제시했다고 볼 수 있다.

그러한 운동의 근원은 일제강점기하에서 학생운동이 곧 민족독립운동이었으며, 아울러 피식민지 민족해방운동이라는 시종일관한 것에서 찾을 수 있다. 이미 1920년대부터 많은 학교에서 독서회를 조직해 사회과학 서적을 읽고 주의主義·사상思想 운동을 전개하는 등 반제反帝운동을 일으키는 등 다채로운 학생운동을 전개했던 것과 오늘날의 학생운동은 일맥상통한다고 볼 수 있다.

1930년대 이후 일제의 탄압이 극심해지자 많은 학생들이 지하로 들어가서 비밀결사를 통한 활동에 주력했고, 1940년 학병·징집·강제징용이 강요되면서부터는 학생운동은 거의가 다 지하로 들어가버렸다. 이후 해방이 되고 나서 학생운동의 주된 흐름은 바로 이 학병에 갔다 오거나 또는 지하에 들어가 활동하다가 감옥에 들어갔던 학생들에 의해 주도되었다.

그러므로 제1기 학생운동이 격렬한 좌우 대립으로 시작되기는 했으나, 그 추구하는 바는 좌우 어느 한쪽의 승리가 아니라 민족문제의 진정한 해결인 통일 민족정부의 구성과 민주주의 국가의 건설이었다. 즉, 해방 후 한국 학생운동을 이어나온 일관된 이념은 결국 민족과 민주주의의 문제였다.

끝으로, 이상에서 살펴본 해방 후 한국 학생운동사에 대한 시기 구분은 가설적인 한 시론에 불과한 것임을 밝혀둔다. 특히 제3기의 설정은 더욱 그러하다.

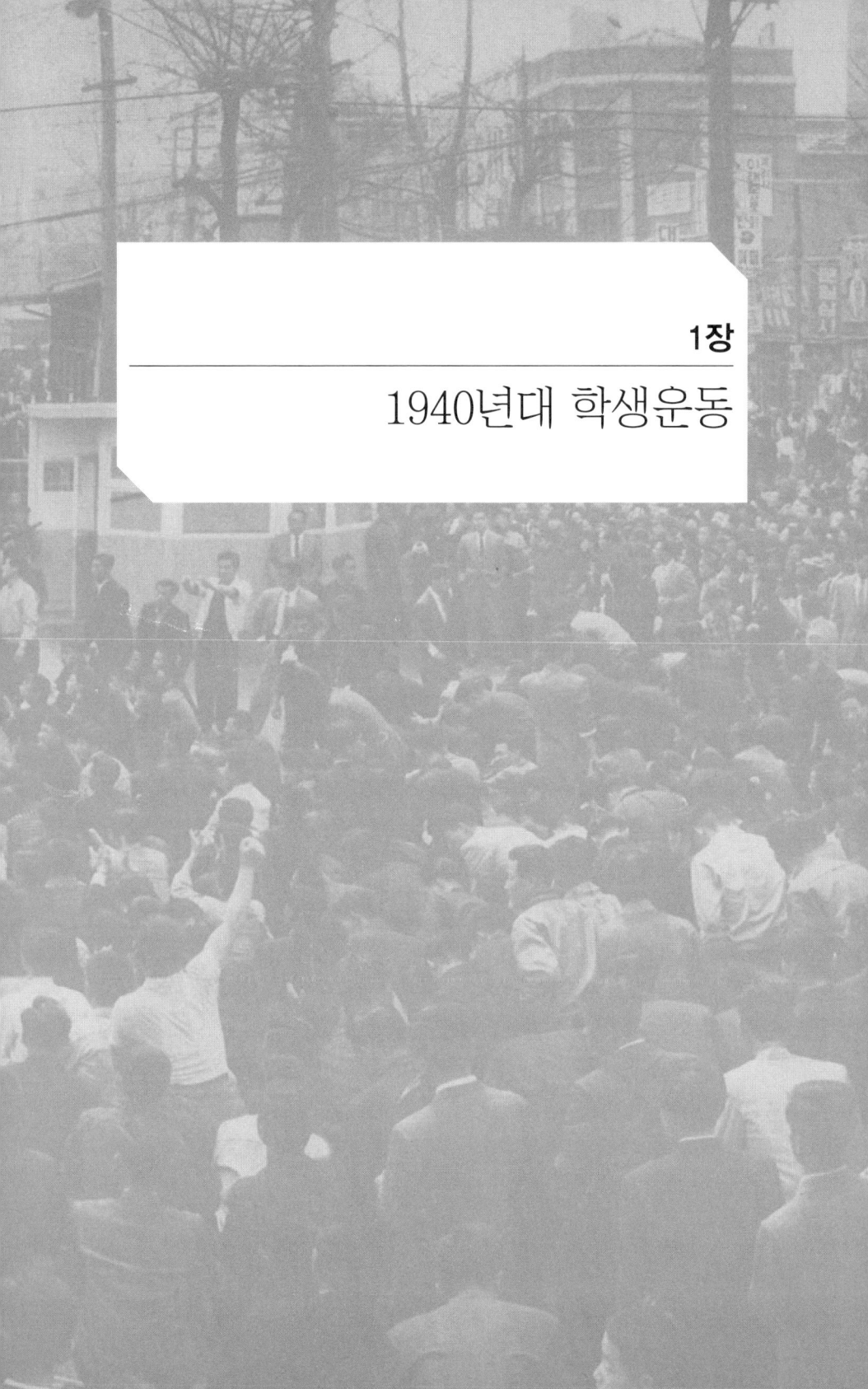

1장

1940년대 학생운동

일제강점기 말의 학생운동

1930년대는 일본 군국주의가 한반도에서 가장 극심한 탄압을 자행하던 시기이다. 정치적으로는 우리 민족을 말살하고 경제적으로는 모든 농산물을 수탈했으며, 군사적으로는 모든 인적자원과 공업·농업자원을 자기들의 전쟁무기 제작에 집중시켰다.

일반적으로 탄압이 극심해지면 저항도 거세진다. 또 더욱 조직적이고 더욱 비밀스러워진다. 생과 사의 대결에서 이기려면 적들에게 운동의 실체를 노출시키지 말아야 하기 때문이다. 1930년대와 그 이후의 운동도 예외는 아니어서 그 양태가 작은 단위로 분산되고 점점 지하조직으로 바뀌었다. 그리고 이 와중에 학생들은 민족문제에 대한 구조적 인식을 점점 심화시켜 나갔다. 이러한 학생운동은 일제강점기 말 1930년대부터 1944년까지 이어졌다.

1930년대에 성행하던 학생운동의 주요 패턴은 동맹휴학이었다. 그러나 좌우합작의 신간회가 1931년 5월 5일 해체되자 학생운동은 자연히 사상운동 중심으로 바뀌고, 투쟁방법에서도 동맹휴학을 버리고 비밀결사를 형성했다. 즉, 각 학교 단위의 독서회, 반제동맹, 사회과학 연구회 등의 사상운동에서 시작해 사상의 고취를 통해 비밀결사를 조직했고, 피압박민족 해방을 위한 선전, 선동, 테러, 암살, 파괴 등 다양한 실천과정을 경험했다. 당시 일본경찰의 자료에 따르면, 동맹휴학은 1930년에서 1931년 각각 107건, 102건에 이르던 것이 1932년에는 33건으로 대폭 줄었고, 비밀결사는 4건, 6건에 불과하던 것이 1932년 22건, 1933년 24건으로 크게 증가한다. 이 같은 증가 추세는 1931년 성대반제동맹城大反帝同盟이 학내 지하서클로 구성되어 반전 격문을 살포하고 제국주의적 전쟁에 반대해 투쟁을 시작한 이후 더욱 강화되었다.

이러한 학생운동 경향을 더욱 심화시킨 것은 일제의 전쟁정책이었다. 일제는 그들이 일으킨 군국주의 침략전쟁이 궁지에 몰리자 피식민지 민중들을 광산, 공장 등으로 내몰아 강제노동을 시키는 등 군국주의적 탄압을 한층 강화했다. 학생들의 경우도 예외는 아니어서 파쇼적 정치와 착취적 경제정책으로 인해 수업하는 시간보다 동원되는 시간이 더 많았다. 또 일제는 1938년 3월에 조선교육령을 발표해 황민화皇民化 교육에 박차를 가하면서 국체명징·내선일체·인고단련의 3대 교육지표와 더불어 교육을 일제의 전쟁도구로 전락시켰다. 이에 따라 전체 학생들이 제복 착용을 강요받으며 침략전쟁의 하수인이 되어갔다.

이러한 상황에서도 1939년 대구 사법학교에서 다혁당茶革黨 사건이 발생하고, 1940년 부산에서는 '노다이 사건'이 있었다. 경상남도 체육대회 날 일본인 심판장 노다이가 공평하지 못한 심판을 하자 대회에 참석했던 조선 학생들이 들고 일어나 결국 반일구호까지 외치게 된 것이다. 또 1941년 역시 대구 사법학교 학생 지하서클이 '학생', '반딧불' 등의 반일 유인물을 찍어 300여 명이 검거되었다. 1942년에는 동래중학생들이 조선청년독립단을 만들어 탄약고를 폭파하고 반제 유인물을 제작 배포한 사건이, 1943년에는 광주 서중학생들의 반제·반전 동맹휴학 사건이 일어났다. 또 일인들을 위협하고 암살하거나 일본인 주택을 습격 파괴하고 일인고관을 살해하는 특공대를 조직하고 반제·반전 전단을 살포한 흑백당 사건이 터져 많은 학생들이 이에 연루되기도 했다.

일제는 1943년 5월에 해군 특별지원병 제도를 실시해 우리의 청년들을 군대로 끌고 가더니, 1943년 7월에는 국가 총동원령(1938년 5월 10일 발표)에 근거해 학도 전시동원체제 확립요강을 발표했다. 그러고는 1944년부터 우리 청년학생들을 강제로 그들의 제국주의 침략 전쟁의 총알받이로 내몰기 시작했다. 그러나 1930년대 이래 학생운동이 작은 단위로 분산되어 있었는데다 지하조직으로 움직이고 대중화되지 못해 대규모 반징집·반전운동은 할 수 없었다. 그 결과 개인적인 수준에서 학병거부 운동이 일어나, 더러는 학교를 그만두고 산으로 가기도 하고 더러는 일단 학병에 들어간 다음 중국 등지로 탈출해 독립군이 되기도 했다. 또 학병에 끌려간 학생들은 1945년 1월 평양사단의 학병반란사건, 1945년 대구사단 학병반란사건 등을 일으키기도 했다.

이상에서 살펴본 것처럼 일제강점기 말의 학생운동은 한마디로 반제운동이었고 피압박민족 해방운동이었다. 따라서 이 시기의 운동은 자연히 사상적 훈련과정을 포괄하였다. 일제는 조선 학생운동이 사상운동으로 전환하기 시작하자 1936년 1월 31일, 총독부 학생 취체역取締役 전문관을 각도 경찰부에 배치해 탄압과 체포와 투옥을 강행했다.

해방직후 학생운동은 학병으로 끌려갔다온 학생들과 비밀결사에 가담해 투옥된 학생, 사상범 사건으로 투옥된 학생들 등에 의해 식민지하 반제투쟁 경험과 무장된 이론이 만발함에 따라 활기를 띠었다. 해방직후의 학생운동이나 청년운동이 더욱 격렬하게 불붙은 것은 단순히 해방직후의 혼란한 상황 때문이 아니라, 일제강점기 말의 학생운동의 지난[†]

難한 실천과정에서 축적된 경험과 역량의 계승 발전이라는 운동사적 맥락에서 파악해야 할 필요가 있는 것이다.

종전기의 학생 비밀결사를 개관해보면 다음과 같다.

1941년 대구사범학교의 다혁당茶革黨, 함흥 여러 학교의 철혈단과 동광사, 광주서중학교의 무등회, 소화공야학원의 BKC단, 양정중학교의 고성동지회, 원산상업학교의 경회(고래회), 중앙중학교의 5인독서회, 경성약전의 축구부, 누씨여학교 특별기도회

1942년 목포상업학교의 독서회, 신의주상업학교의 삼우三友 그룹

1943년 성진상업보습학교의 비밀결사, 경복중학교의 근목당

1944년 대구상업학교의 태극단, 경복중학교의 흑백단, 동래중학교의 조선독립당, 부산제2상업의 무공단

1945년 초 경기중학교의 고려회, 괴회槐會, 안동농림학교의 조선독립회복연구단, 춘천사범학교의 백의동맹

이외에도 알려지지 않고 해방을 맞은 수많은 학생 비밀결사들이 있었는데, 그들이 해방 후 학생운동의 한 주역이 되었음은 부인할 수 없는 사실이다.

해방 후 학생운동에 대한 이해

1. 8·15의 민족사적 의의

분단 40년의 학생운동을 이해하기 위한 전제로서 우선 1945년 8월 15일의 의미를 정확히 이해해야 한다. 그동안 우리는 그날을 지칭해 '해방의 날', '광복의 날', '독립의 날' 등으로 불러왔다. 그러나 8·15는 우리민족사에서 진장한 의미에서의 '해방의 날'도 아니요, '광복의 날'도 아니요, '독립의 날'도 아니었다. 그날의 참다운 의미는 '분단의 날', 바로 그것이었다.

1943년 3월 루즈벨트는 영국 외상 안토니 이든을 만난 자리에서, 만주와 대만은 중국에 반환되어야 하며 한국은 중국과 미국 그리고 한두 나라를 포함하는 국제신탁통치하에 놓여야 한다고 합의했다.[1] 이후 미국은 일본이 패전한 뒤에도 한국을 즉각 독립국가로 두지 않았다. 영국

---

1 Cordell Hull, *The Memoris of Cordell Hull*, Vol. Ⅱ (New York, 1948), p.156.

또한 한국의 독립을 지지한 적이 없었으며, 1902년 이후 한반도에서 일본의 지배권을 적극 지지해왔었다. 1943년 12월 1일 카이로회담에서는 다음과 같은 성명을 발표했다.

　　연합국은 자국을 위해 어떤 이득을 요구하거나 영토를 확장할 어떠한 의도도 없다. 연합국의 목적은 일본국으로부터 1914년 세계대전 개시 이후에 일본국이 탈취 또는 점령한 태평양상의 모든 도서를 박탈할 것과 더불어 만주, 대만, 팽호도 등 일본국이 청국인으로부터 절취한 일체의 지역을 중화민국에 반환함에 있다. 일본국은 또한 폭력 및 탐욕으로 약취한 다른 일체 지역에서 축출될 것이다. 전기 3대국은 조선민중의 노예상태에 유의해 적당한 시기에 조선을 자유 독립시키기로 결의했다.[2]

이 성명에서 미국과 영국 그리고 중국은 공식적으로 한국의 독립을 거론했다. 그러나 여기에는 결코 용인할 수 없는 중대한 함정이 있다. 성명에는 일본으로부터 박탈해야 하는 대상을 1914년 제1차 세계대전 개시 이후에 일본국이 탈취 또는 점령한 곳으로 언급하고 있는데, 한국이 일제에 공식적으로 강점당한 것은 1910년인 것이다. 이 성명은 전후 세계 재편성 과정에서 한국을 독립국으로 인정할 것을 분명히 거부하고 있는 셈이다. 뿐만 아니라 "적당한 시기에at the proper moment 조선을 자유 독립시키기로 결의했다"는 것은 일본의 패망이 곧 조선의 독립으로 이어지는 것은 아니며 더구나 연합국은 조선민족의 해방을 생각조차 한 일이 없음을 의미한다.

2　U.S. Department of State, In Quest of Peace and Security: *Selected Document on America Foreign Policy* 1941~1951 (Washington, 1951), p.10.

그후 1945년 2월 4일 얄타회담에서 루즈벨트는 "1904년 일본의 배신공격에 의해 상실한 전 러시아의 모든 권리를 회복할 것"에 서명함으로써, 대일전 참전 대가로 극동에서 소련의 이권을 보장했다. 이는 일본 패망 후 소련이 한반도에 적극 관여한 배경이 되었다. 루즈벨트는 또 이 회담에서는 한국의 독립문제는 물론 한국에 관해서는 어떠한 언급도 하지 않았다. 얄타회담 준비과정에서 미 국무성은 루즈벨트를 위해 전후 아시아에서 미국의 정치목표를 설명하는 문헌을 만들었는데, 여기에는 미국의 의도가 명백하게 드러나 있다.

조선문제는 국제적 성격을 지니고 있으므로 조선에의 군사점령을 완료함과 더불어 ① 실행 가능하다면 조선의 점령군과 군사정부 내에 연합국의 대표부를 설치해야 한다. ② 대표부는 미·영·중과 같이―태평양전쟁에 참전할 경우 소련도 포함해―조선의 장래 지위에 실제적인 이해를 갖고 있는 국가들로 구성되어야 하며, ③ 다른 국가들의 대표권은 미국의 균형 있는 힘이 약화될 정도로 커서는 안 된다.[3]

조선을 점령군 사령부하에 두어 군정을 실시한다는 것과 조선의 장래 지위에 실제적인 이해를 갖고 있는 국가들로서 잠정 통치를 하겠다는 것이다. 다시 말해 전후 미국의 극동정책에서 필요하다면 조선문제를 그들의 임의로 결정하고, 전후 한국문제는 연합국 가운데 미국이 그 대표적인 권한을 행사하겠다는 구상인 것이다. 일제의 압제에서 벗어나기 위해 우리 민족운동가들이 피 흘리는 사투를 계속하고 있는 가운데, 미국은 이미 일본이 물러가고 난 뒤 그 자리에 그들이 대신 들어설 계획

---

3 *Conference at Malta and Yalta*, pp.358~59.

을 착착 진행하고 있었다. 분단으로 인해 지금까지 민족의 심장을 갈가리 찢어놓고 있는 이 처절한 비극의 씨앗은 한민족의 해방의지와는 전연 무관한 데서부터 뿌려지기 시작했다.

1945년 8월 10일 일본정부는, 독립군주로서 천황의 특권이 보장된다면 포츠담선언에서 제시된 조건들을 수락할 의사가 있음을 스위스를 통해 방송했다. 그러나 문제의 포츠담회담에서는 소련의 태평양전쟁 참전에 따른 이해관계가 논의되었을 뿐 한국의 장래문제는 언급되지 않았다. 그리고 1945년 8월 10일 일본정부의 방송 이후 나흘 만에 일본군의 항복을 접수하기 위해 한국을 38도선으로 분할하기로 한 역사적 결정이 내려졌다. 분할점령의 배경을 가장 잘 설명한 짧은 글이 있다.

공동점령의 안은 1945년 2월 얄타협정에서 체결되었다. 유럽 승전일부터 3개월 후에 소련이 극동의 전쟁에 참가하겠다는 결의를 한 후, 참모장 공동회의에서 북한은 소련군 점령하에 두고 남한은 미군 점령하에 두기로 지정되었다. 5개월 후 포츠담회담에서 연합국 사령부도 38선을 미·소 양군의 경계선으로 할 것을 합의했다. 정치적, 지리적, 경제적 요소를 무시하고 단순히 세력균형을 위해 지정한 이 경계선이 그후 한국을 분할해 현재에 이르렀다.[4]

이처럼 분단은 아시아에 있어서 공산세력을 방어하기 위한 미국의 대공정책의 일환으로 획책되었다. 일본은 결코 그들이 40여 년간 지배했던 한국민족에게 항복한 것이 아니었다. 그리고 연합국은 패망한 일본으로부터 한국을 독립시키기보다는 한민족에 대한 지배세력의 교체에 중점을 두었다. 1945년 8월 15일의 의미는 우리에게 있어서 진정한 의

---

4   Richard E. Lauterbach, *Danger from the East* (New York, 1946).

미에서의 해방도 독립도 아닌, '분단'인 이유는 바로 여기에 있다.

이 분단으로 인해 일본만 물러가면 자유와 민주와 평등이 보장될 것이라고 기대했던 한국민족은 유례없는 큰 비극을 겪게 되었다. 해방 직후, 그 격동의 정치현실은 바로 '해방'을 기대했던 것에 대한 좌절과 분노와 배신에서 오는 민족 전체의 통곡이었고, 새로운 자유와 진정한 해방을 갈망하는 온 민족의 몸부림이었다.

분단 이후 이 땅에 일관해온 '반외세 민족주의 운동'으로서 학생운동은 1945년 8월 15일 바로 그날부터 시작되었다. 그리고 그날의 의미는 이 땅에 분단 이후 독재가 온존할 수 있는 '안보논리'를 제공했다. 분단 직후 미군정하의 3년간 학생운동의 이념이 분단 이후 지금까지 반외세 민족주의 및 반독재 민주주의로서 이어져온 가장 중요한 배경도 1945년 8월 15일 바로 그날의 실체에 있다.

2. 해방 후의 시대적 상황

① 정치적 배경: 미군정에 대한 이해

1940년대 학생운동의 정치적 배경을 이해하기 위해서는 우선 친일계층과 미군정과의 정치권력을 둘러싼 상호관계를 이해해야 한다. 다음은 매우 조심스러운 진단이기는 하나 미군정에 대한 이해의 실마리가 되는 글이다.

정치적인 면에서 미군정은 한국 정치사회의 권력구조의 기반을 어느 정도 설정해주었으며, 경제적인 면에서는 경제체제, 즉 자본주의 시장경제제도를 수용할 수 있게 해주었다. 그런가 하면 문화적인 면에서는 이른바 '양키문화'가 전통적인 한국문화와의 이질감을 조성하면서 마침내 한국사회에 '양키문화의 무비판적 수용'이라는 문화구조적인 표류의 한 시발을 만들어주기도 했다.

(진덕규, 《해방전후사의 인식》, 미군정의 정치사적 인식, p.33.)

정치적으로는 친일계층을 다시 등장시켰으며, 경제적으로는 미국의 잉여농산물과 소비물자의 원조로 한국 민족경제가 회생할 수 있는 길을 막아버렸고, 문화적으로도 미국의 식민지문화를 건설해놓았던 것이다. 진덕규 씨는 위의 글에 이어 다음과 같은 주석을 달아놓았다.

미군정에 대한 비판은 반미적인 것은 반국가적일 수 있다는 극단적인 양분논리가 이승만 독재체제하에서 강하게 지배하고 있었기 때문이다. 미군정은 한국 정치사회와의 연관성을 고려할 때 비판될 수 있어야 하며 그것을 비판했다고 해 반드시 반미적이라고는 할 수 없다. 미군정이라는 30여 년 전 미국의 대한외교정책의 한 성격을 비판하는 것 자체가 미국의 전반적인 정책을 모두 배척하는 것이라고는 말할 수가 없는 일이다.

그뿐 아니라 설사 반미적이라고 해서 그것이 바로 반국가적이라고 말할 수는 더욱 없는 일이다. 한국의 발전을 위해서, 한국의 현재와 미래를 위해서, 필요하다면 반미적일 수도 있고 친미적일 수도 있기 때문에 오히려 지속적인 친미주의자, 즉 한국의 이익이라는 관점에서가 아니라 친미라는 관점에서만 서 있는 인식이나 태도야말로 가장 반국가적일 수가 있는 일이다.

2차대전 후 미소 분할점령 정책의 산물로서 통일정부를 갖지 못한 채 분단 40여 년을 보낸 한반도의 현실은, 한 학자가 이렇게 우리의 자주성을 피력하는 데에도 조심스러워야 할 만큼 냉전의 뿌리를 깊이 심어놓왔다.

오키나와에서 한반도에 진주한 미 24군단장 하지는 주한미군 사령관으로서 한국민족을 해방민족이 아니라, 피점령민족으로 이해하고 있었다. 1945년 9월 2일, 서울 상공에 뿌리기 시작해 9월 9일까지 발표된 포고문을 검토해보자.

〈미군 상륙에 제際한 미군 사령관 포고 Ⅰ 〉

남한 민중 각위에게 고함(1945. 9. 2)

미군은 근일 중에 귀국에 상륙하게 되었다. 당국은 동경에서 금일 일본군의 항복문서에 조인하게 되었으므로 이에 의해 연합군 대표로 상륙하는 것으로……. 그 목적은 귀국을 민주주의 제도하에 있게 하고 국민의 질서유지를 도모하는 데 있다. (중략)

여러분은 이것을 엄숙하게 지키고 실천해주기 바란다. 불행하게도 위반하는 일이 있으면 처벌된다. 각자는 보통 때와 같이 생업에 전념해주기 바란다. 억지로 날뛴다든가 혹은 일본인 및 미 상륙군에 대한 반란행위, 재산 및 기설치 기관의 파괴 등의 경거망동하는 행위를 피할 것이며…….

이 포고문은 미군의 한반도 진주가 연합군 대표로서 점령지에 상륙하는 것이라고 명시하고 있고, 일본에게 항복을 받은 것은 미국이지 한국이 아니라는 것을 명백히 했다. '제국'의 군대가 점령지에 상륙하듯 '포고'한 것이다. 또 상륙의 목적으로 밝힌, 우리 민족을 "민주주의 제도하에 있게 하고 국민의 질서유지를 도모하는 데 있다"에서 '있게 하는' 주체는 미군이며, '도모하는' 주체도 미군인 것이다. 해방된 우리 민족이 주체적인 힘으로 외세의 간섭 없이 민주적 제도를 만들고 스스로 질서를 유지하는 것이 아닌 것이다. 또 해방민족의 은인으로 생각되었던 미군은 자신들의 포고를 엄숙하게 지키고 실천해달라는 요구할 뿐이었고, 그렇게 하지 않으면 일방적으로 '처벌'하겠다고 위협했다. 그리고 일제 하에서와 마찬가지로 '보통 때와 같이' 생활하고, 일제 40여 년간 처벌만 받은 우리가 해방의 은인에게 또 '처벌'받아야 한다고 했다. 그것도 '일본인 및 미 상륙군'을 위해서 자신들의 말을 엄숙하게 지키고 실천해 달라는 것이었다.

이처럼 '포고 Ⅰ호'의 처음부터, 미국의 우리 민족에 대한 이해는 우리의 기대와 전연 달랐다. 그들은 해방군으로서 그동안 압제와 착취에 시달린 우리 민족을 위로하고 격려하는 것이 아니라 처음부터 피점령 민족으로서 그들의 정책에 따를 것을 강요한 것이다. 이러한 미군의 태도로 8·15 직후에는 건국준비위원회이 맡고 있던 치안권이 이윽고 다시 일인에게 넘어갔으며, 급기야 9월 9일에는 연전延專 학생 2명을 총으로 쏘아 죽이는 폭거가 자행되기에 이르렀다.

미군은 애초부터 해방된 우리 민족을 보호하려고 온 것이 아니고 패망한 일본인을 보호하기 위해 온 것이 분명했다. 그들의 이와 같은 태도는 미군정 시기에 수많은 친일 매국분자들이 득세하는 원인이기도 했다. 미군은 상륙 초기부터 해방된 우리 민족에게 '명령'하고자 했으며, 또한 우리가 그 명령에 '순종'하기를 바랐다.

나아가 1945년 9월 9일에 발표된 〈포고 Ⅱ〉에서는 "한국의 재건 및 질서 있는 정치를 실행코자 근일 중에 상륙하게" 되었다고 밝혔다. 우리 스스로 하는 재건과 우리 스스로 하는 질서 있는 정치를 돕기 위한 협조자로 상륙하는 것이 아니라, 미군정이 한국정치의 실체임을 분명히 밝히고 한국민족은 자신들의 통치대상임을 분명히 한 것이다. 이는 맥아더 사령부의 '포고'에서도 드러난다.

〈미국 태평양 방면 육군 총사령부(맥아더 사령부) 포고 제1호〉

조선 인민에게 고함 (1945. 9. 9)

…… 본관의 지휘하에 있는 승리에 빛나는 군대는 금일 북위 38도 이남의 조선영토를 점령했다. (중략)

제3조 주민은 본관 및 본관의 권한하에서 발표한 명령에 즉각 복종해야 한다. 점령군에 대한 모든 반항행위 또는 공공안녕을 교란하는 행위를 감행하는 자에 대해서는 용서 없이 엄벌에 처할 것이다. (중략)

제5조 군정기간에 있어서는 영어를 모든 목적에 사용하는 공용어로 한다.

미군은 38선 이남을 '점령'한 것이지 '해방'한 것이 아니었다. 미군은 38선 이남의 우리 민족에게 처음부터 우방국으로서의 애정이 아닌 점령자로서의 권위로 군정을 실시한 것이다. 또 '즉각 복종' '용서 없이 엄벌에 처함'이란 용어는 일제 40년간의 조선총독부의 포고문과 다를 바 없는 무시무시한 공갈 협박이었다.

일제 40년 민족의 해방과 국가의 독립을 위해서 싸운 우리 민족의 반제투쟁의 결과는 간 데 없고, 새로운 점령자의 발굽 아래 다시금 숨을 죽이고 살아야 한다는 사실을 인식한 이 땅의 학생들은 무엇을 생각했을까? 해방 후 학생운동이 격렬한 양상을 띠게 된 원인 중의 하나가 미국이 우리 민족을 대하는 자세에 있었다고 해도 지나친 말은 아닐 것이다. 사지에서 벗어나서 자유를 구가하려고 할 때, 또다시 '말 잘 듣고 있어라'식의 점령정책을 강요한다면 그 누가 분노하지 않을 수 있을까? 1945년의 학생운동이 반외세 통일정부 수립에 매진한 이유가 여기에 있다. 통일정부 수립이 곧 민족해방의 터전을 마련하는 길이었기 때문이다.

게다가 영어를 '공용어'로 사용한다고 밝힌 제5조에 따라 이때부터 일본어 잘하는 사람 대신 영어 잘하는 사람이 출세하게 된다. 군정기간 동안의 영어 공용화 정책은 그후 이승만 정권하에서도 영어 잘하는 사람이 권력층에 쉽게 유착될 수 있는 길을 만들어놓았다.

한편 북한에 진주한 소련군 사령관 치스챠코프 대장의 포고문은 다음과 같다.

조선 인민에게

조선 인민들이여! 붉은 군대와 동맹국 군대들이 조선에서 일본 약탈자들을 축출했다. 조선은 자유국이 되었다. (중략) 조선 사람들이여! 행복은 당신들의 수중에 있다. 당신들은 자유와 독립을 찾았다. 이제는 모든 것이 죄다 당신들에게 달렸다. (중략) 조선 인민 스스로가 반드시 자신의 행복을 창조하는 자가 되어야 할 것이다. (중략) 조선 사람의 훌륭한 민족성의 하나인 노력에 대한 애착심을 발휘하라. 진정한 사업으로서 조선의 경제적 및 문화적 발전에 대해 고려하는 자라야만 모든 조선의 애국자가 되며 충실한 조선 사람이 된다. 해방된 조선 인민 만세!

(브루스 커밍스 외, 《분단전후의 현대사》, 일월서각, p.429)

한 쪽에서는 협박하고 한 쪽에서는 어르고, 이렇게 해서 해방된 지 한 달도 안 되어 미국과 소련은 한반도를 분할 점령했다. 이미 미군정은 1945년 10월 1일 성명을 발표해 30년 법통을 이어온 김구의 대한민국임시정부와 국내의 조선인민공화국 등을 모두 부인하고 오로지 군정 일변도로 밀고 나갔다. 결국 남한에서 정치세력으로 성장하고자 하거나 정치인이 되고자 한다면 미군정과 손을 잡지 않으면 안 되게 되었다.

'자비심 깊은 민주국'(9월 9일 포고문)이라고 자처하는 미군정은 해방된 우리 민족의 의사와는 완전히 상반되게 친일파와 민족반역자들을 속속 등용하기 시작했다. 1947년 7월 미군정하의 입법기관인 남조선 과도 입법의원이 〈민족반역자·부일협력자·간상배에 대한 특별법〉을 제정 통과시켰으나, 미군정은 이를 거부해 동의하지 않았다. 그 결과 군정하의 일제잔재 숙청은 이루어지지 못했으며 오히려 반민족적 친일세력이 미군정을 등에 업고 다시 발호하기 시작했다. 결과적으로 미군정은 이 나라 민주주의를 짓밟는 무서운 독소들을 남긴 것이다.

또 해방 당시 전국 기업체의 80%가 일본인 소유 재산이었으며, 이것은 일본인들이 36년간 우리 민족을 수탈해 모은 재산이었다. 따라서 이 재산은 마땅히 국민에게 돌려지거나 국가의 재산으로 귀속되어 국민 전체의 생활향상을 위해 사용되어야 했다. 그러나 미군정은 이것을 미군정청 귀속재산으로 규정하고 다시 이것을 특정인물, 주로 친일 매판기업인들이나 한민당 및 이승만 일파에게 불하해 해방된 이 땅에 부정부패의 근원을 만들어놓았다.

또한 미군정은 1945년부터 1948년까지 식료품, 의류, 의약품, 과자류 등 구호물자 중심으로 4억 3,000만 달러를 원조했는데, 그 구호물자가 오히려 한국의 상업, 식료품공업, 섬유공업, 농촌경제 등을 파산시켰다. 미군정 3년간의 통치는 인플레의 격화, 대중생활의 파탄, 부정부패의 만연, 치안의 혼란 등만을 남겨놓았으며, 정부재정의 막대한 적자, 사회적 불안의 고조는 손댈 수조차 없을 정도였다.

1940년대 학생운동의 정치적 성격에는 이러한 미군정의 반민주적·반민족적 정책에 대한 비판이 그 저변에 흐르고 있었다. 미군정과 상호 이해관계에 있던 친일분자와 미군정 행정고문 대다수를 차지하고 있던 이승만 계열이 정치적 지배계층으로 부상함으로써, 1930년대부터 피압박 민족의 진정한 해방을 위해 싸워온 당시 학생들은 자연히 반외세 통일정부 수립운동에 매진하게 되었다. 그들은 해방이 비록 연합국에 의해

주어졌으나 일제하 우리 민족의 피나는 독립투쟁과 민족해방투쟁을 결코 과소평가하지 않았으며, 그들 스스로의 민족해방투쟁에 대한 긍지를 갖고 있었다.

② 경제적 배경

해방에 의한 식민지 체제의 단절과 함께 미군정의 경제정책이 구체적으로 전개된 것은, 1945년 9월 25일 군정법령 제2호에 입각해 종래의 일본인 재산을 접수하고 관리하면서부터이다. 해방은 한국 민족자립경제를 형성할 계기를 주었으나, 미군정 당국은 점령지구 행정구호원조 GARIOA 기금으로 원조물자를 수입, 공급함으로써 점령지 경제정책을 시작했다. 수입물자의 내역은 1945년에서 1948년까지 99%가 소비재였고, 생산시설 원조는 1%에 불과했다.

> 해방 후 한국경제는 식민지적 봉건성을 청산하지 못한 채 대미의존적, 파행 구조적 종속성을 심화시키면서 매판관료경제가 전개되고 말았다. 선진 자본주의 경제에 대한 종속화의 시발점은 해방 후 정치·경제적 혼란을 극복한다는 이른바 미국의 인도주의적 원조경제에서 싹튼 것이며, 관료매판성은 미국 원조물자와 귀속재산이 관료들에 의해 부정 불하되는 과정에서 심화되었다.
>
> (전철환,《사월혁명》, 4월혁명의 사회경제적 배경, 한길사, p.137.)

그러므로 해방 후 3년 동안의 짧은 기간이지만 한국경제는 미국자본주의 시장확대 정책의 한 대상물이 되었던 것이다. 이 시기부터 한국은 미국의 상품시장이 되었으며, 한국농업과 토착 중소기업은 몰락하기 시작했다.

미군정은 일본인 소유의 귀속재산을 한국 민족경제의 육성에 사용하려 하지 않고, 자신들과 이해관계가 있는 특정 사람들의 사적인 욕구를 충족시키는 데 이용했다. 결과적으로 한국경제를 대외종속의 길로 치닫게 했으며, 매판적 관료와 매판적 자본가의 득세를 부채질했다.

미군정은 또한 한국 농업정책의 골간을 일제하의 농업정책에 두어 공출제도와 농산물 저가정책을 강행했으며, 해방 후 민족경제 확립의 중요한 요소 중 하나였던 농지개혁을 한국농민들의 기대와는 달리 철저하게 수행하지 않았다. 미군정은 반공정책의 일환으로 귀속농지와 대지주 소유농지를 대상으로 하는 농지개혁을 시도했으나, 국정자문기관인 입법의원의 반대로 실패했다. 이어 1948년부터는 유상몰수·유상분배를 원칙으로 하는 독자적인 농지개혁을 의도했으나, 이 역시 한민당과 지주세력을 중심으로 하는 반대세력의 끈질긴 방해로 소기의 목적을 달성하지 못한 채 흐지부지 끝나고 말았다.

해방 후 식량사정 또한 1946년 4월부터 1948년 3월까지 498만 8,815석의 외국 잡곡을 도입해 겨우 연명해 나가는 지극히 어려운 형편이었다. 이와 같은 식량위기에서 벗어나는 길은 영농의 기계화 및 전력화, 비료의 사용 등을 통한 농업생산력의 급속한 증대에 있음에도 불구하고, 한국경제를 미국 잉여농산물 처리장의 하나로밖에 여기지 않았던 미군정의 무관심으로 농업 생산력증진은 고사하고 이농·폐농 현상이 속출했다. 이러한 미군정의 그릇된 농업정책의 결과로 일제하 1930~1938년 총 경작면적이 평균 336만 8,000여 정보(1정보=3,000평=약 9,917.4㎡)이던 것이 1946년에는 267만 1,000여 정보로 약 70만 정보의 경작지가 감소했다. 이는 총 경작면적 중 약 20%에 가까운 땅이 황무지가 되어버렸다는 뜻이다. 또한 단위면적당(정보당) 생산량도 일제강점기였던 1940~1944년에 13석 1두 6승이던 것이 1946년에는 10석 8두 9승으로

2석 3두 7승이나 줄었다.

　공업면에서도 비슷한 상황이 벌어졌다. 금속공업의 경우 1943년에 공장수 416개, 노동자수 1만 2,578명이던 것이 1947년에는 공장수 262개, 노동자수 6,118명으로 감소했다. 결국 공장은 37%, 노동자는 48% 이상 준 것이다. 이러한 현상은 기계기구, 요업, 방직, 제재 등 전 부문에 걸쳐 나타나서 평균 최고 55.3%에서 최저 47.5%의 감소율을 보였다. 생산량 역시 위축되었는데, 방직업의 경우 1939년 17만 985원이었던 생산액이 1946년에는 6만 7,855원(1939년 평균물가지수 기준)이 되어, 1939년을 기준으로 해도 60.3%나 감소했다. 이 같은 생산위축도 전 부문에 걸쳐 나타났다. 제재 및 목제품공업의 6.1%, 인쇄업의 42.2%는 적은 편이고, 화학공업의 경우는 무려 94.2%, 기계공업은 65.4%, 종래 남한 공업의 수위를 점하고 있던 부문인 식료품·방직·요업 등도 각각 82.9%, 60%, 82% 등으로 대폭 감소했다.

③ 사회적 배경

해방 직후의 사회는 흔들리는 사회였다. 해방이 되면 우리 민족 스스로 민족의 밝은 앞날을 설계하고 그것의 실현에 매진할 수 있으리라 믿었던 대다수 민중들은 실망과 분노에 몸을 떨어야 했다. 당시의 사회적 무질서와 도덕적 혼란을 야기한 가장 중대한 원인 가운데 하나가 미군정의 그릇된 정책수립과 그 시행이었다. 워싱턴 대학 교수인 브루스 커밍스Bruce Cumings는 그의 저서 《미국의 정책과 한국의 해방American Policy and Korean Liberation》에서 다음과 같이 지적하고 있다.

　점령 초기 몇 개월간 미군정이 시행했던 정책들은 그 이후의 좌우합작 또는 미소협상에서 보여준 미국의 모든 노력들에 대해 의심을 품도록 만들었다. 이 시기의 미국 정책은 한국의 분단을 기정사실화했다.

미국은 토지분배, 노동조건의 개선, 노동조합의 조직, 친일파에 대한 처벌 등의 민중의 요구가 고양되는 것을 가장 두려워하는 몇몇 보수주의자들에게 권력을 부여했다. 총독부의 행정체제, 경찰군대의 폐단을 개선하기보다는 오히려 보수적 성격의 청년단을 지원하기도 했다. 또한 변혁을 바라는 자발적 움직임 일체를 공산주의로 규정해 공격을 가했다.

1945년에서 1948년에 이르는 대한민국 운명에 결정적인 선택의 시기에, 미국은 38선을 확정하고 군사적 점령을 통해 남한을 통치했으며 남한만의 단독선거를 주관해 이승만을 지원했다. 미군정은 하나하나의 문제가 닥칠 때마다 초기의 노력들을 포기한 채, 미국의 영향력을 강화할 수 있는 방향만을 선택했다. 이는 제2차 세계대전 이후 세계를 재편하려는 미국의 대외정책의 일면을 반영하는 것이다.

당연한 일인지 모르지만, 미국은 한국의 독립이나 자결권보다는 자신들의 이익을 앞세웠다. 신탁통치는 그 고도의 수사적인 장식으로 뒤덮여 있었지만, 실은 미국의 이익을 증대하려는 전후 구상의 일환이었다. 따라서 신탁통치가 최선의 방책이 아니라는 사실을 깨달았을 때, 또 신탁통치를 통해 약화시키려 했던 구 식민종주국들이 전후에도 미국과 이해관계를 같이할 수밖에 없는 동반자라는 사실을 깨닫게 되었을 때, 미국은 즉시 이를 포기했던 것이다.

미국의 정책 입안자들은 한국 내의 모든 진보적 움직임을 '소련의 조종'에 의한 것으로 규정함으로써 자신들의 구상을 합리화했다. 이는 어떤 책임 있는 군정 정책입안자도 한국의 진보세력을 지지하지 않았다는 것을 의미한다. 미국의 목적은 오로지 '우호적인 한국'의 건설에 있었으며, 이에 따라 한국은 아시아 지역에서 미국이 설정한 세계전략의 성패를 판가름할 이데올로기적 전장이 되었고, 또 인류의 운명을 시험하는 경기장이 되었다. 미군정의 한국 통치방침이 미국의 국가이익에서 비롯된 전후 대소對蘇전략의 한 부분이었던 만큼, 한국 민중의 창조적이고 진보적인 일체의 움직임은 '반공'이라는 이름으로 처단되었다.

이러한 미국의 대한對韓 점령정책과 미군정에 추종하는 일부 친일세력들의 반민족적 행위들이 한데 어우러져 해방 후 정치·경제·교육·문화의 상부구조를 형성했다. 이로 인해 해방 이후에도 열악한 민중들의 현실생활을 도외시한 제반 정책의 입안과 시행이 이루어지기 시작했다. 남대문시장과 동대문시장에는 미군 군용물자가 산더미처럼 쌓이고 미제물건 보따리장수가 줄을 잇는 한편, 뒷골목에서 먹을 것이 없어 처마밑에 쭈그리고 앉아 구걸하는 사람들이 날로 늘어갔다.

이 무렵의 흔들리는 사회, 흔들리는 정치, 흔들리는 경제는 이후 한국 현대사의 방향 왜곡에 큰 영향을 미치게 된다. 하지만 그것은 우리 민족의 의지와 전혀 무관한 외세로부터 강요된 흔들림이었다. 미군정, 그것이 가져다준 사회적 혼란은 엄청났다. 새로운 자유, 새로운 질서창조의 몸부림을 일방적으로 차단하고 남과 북을 갈라놓은 일방적인 힘의 통치는, 우리 민족을 무기력하게 만들고 건설적인 방향으로 민중의 의지를 모으는 것을 제도적으로 방해하면서 그냥저냥 살아가도록 만들었다.

일제와 피나는 투쟁을 거쳐온 해방 직후의 청년 학생들은 이처럼 흔들리는 사회의 근원이 분단의 고정에 있다고 생각하고 더욱 치열하게 통일정부 수립운동에 매진했다. 학생들만이 주장할 수 있는 순수한 애국애족의 정열이 1940년대 학생운동으로 표출되었다.

3. 일제 항복의 허와 실

"우리의 선량하고 충실한 신민들이여!" 일본 천황은 항복방송에서 이렇게 서두를 떼었다. 천황은 항복하는 그 순간까지도 충성과 성실로써 제국에 보답하는 이를테면 신하와 백성에게 자신의 권위를 잃지 않으려 했다. 우리 민족을 여전히 자주적 독립국가의 국민이 아닌 자기 제국의 신하와 백성으로 생각한 것이다. 천황의 항복연설은 다음과 같이 이어진다.

세계의 일반 정세와 오늘 우리 제국에서 지배하고 있는 특수한 여러 관계를 깊이 생각한 끝에 우리는 비상조치로 피난처를 구하고 현재의 정세를 조정할 것을 결정했노라.　　　　　　　（《해방 22년사》, p.267, 밑줄은 필자）

"제국에서 지배하고 있는 특수한 여러 관계"란 제국주의 상호간의 모순관계를 의미한다. 또 비상조치에 의한 피난처를 구한다는 말은 언젠가는 원상회복을 하겠다는 뜻이다. 현 정세는 자기들에게 불리하니까 조정했다가, 앞으로의 정세가 유리해지면 또다시 새로운 제국주의의 건설로 조정, 결정할 수 있다는 것이다. 일본은 처음부터 항복이 아니라 잠시 정세조정을 위해 피난처를 구한 것뿐이었다. 전후 40년, 일본은 아세아에서 경제적 식민지 건설에 총력을 기울여 군사적 침략에서 경제적 침략으로 그 지배방법을 전환했다. 그리고 일본 자민당 정권이 끊임없이 국수주의와 군국주의의 부활을 추구해왔다. 일본 제국주의가 결코 한반도에서 물러간 것이 아님을 1965년 한일회담 이후의 한일관계에서도 잘 알 수 있다. 이러한 일제의 본질 또한 1940년대 학생운동의 본질을 이해할 때 간과해서는 안 될 부분이다.

또한 일본의 항복 대상은 우리가 아니었다. 일본은 천황이 항복방송에서 밝힌 것처럼 "아메리카 합중국, 영국, 중국 및 소비에트 연합정부에게" 항복했다. 피식민지였던 우리에게는 한마디 사죄의 말조차 끝내 없었고, 결과적으로 우리의 운명은 우리 스스로에게가 아니라 다시 미·소·영·중의 4대국으로 넘어갔다. 그러나 영국은 자기들의 식민지 문제로, 중국은 국공내전으로 한반도 문제에 관계하지 못하였고, 자연 미소양국의 손안에 우리의 문제가 놓이게 되었다. 미소는 세계전략상 서로 대결하고 있었고 이에 따라 한반도를 분할 점령했다. 해방된 지 한 달이 채 못 되어 9월 11일 미국은 남한에 군정을 선포했으며 이어 소련도 9월 16일 북한에 군정을 수립했다. 이로써 해방을 맞은 민중의 감격은 또다시 외세에 의해 억눌리게 되었다.

4. 해방 직후의 학원

해방된 이 땅의 학생들은 잔인한 일제하에서 광산으로, 공장으로, 군대로, 감옥으로 끌려갔던 그 학생들이며, 사랑하던 부모와 형제를 일본에 빼앗긴 학생들이며, 형은 일본군에, 누나는 일본군 위안대에 빼앗긴 학생들이며, 공부보다 훈련과 동원에 시달린 학생들이었다. 또 이미 일제가 태평양전쟁을 일으킬 때부터 스스로의 사상훈련으로 민족의식을 싹틔웠고, 민족해방운동에 깊숙이 몸을 담았던 학생들이었다. 또다시 과거의 역사를 되풀이하지 않기 위해서 진정한 반외세 민족 통일정부를 기원했으며, 그 실천의 장場에서 투쟁했다. 이념이 좌우로 갈라서긴 했어도 해방 직후에 그들이 추구한 것은 반외세 민족통일, 하나였다.

　해방 직후 학생사회는 좌익도 우익도 없었다. 그러나 학생운동과 사회운동·청년운동을 주도적으로 이끌어나간 학생들은 주로 일제강점기 말부터 피압박 민족해방운동에 참여했던 경험이 있는 사람들이었다. 따라서 자연스럽게 학생운동은 민족문제의 본질적인 해결인 외세의 간섭 없는 통일정부 수립에 그 초점을 맞추기 시작했다. 학생들이 갖고 있는 순수한 열정과 민족애는 정치세력의 간섭을 용인하지 않았다.

그러나 미군정이 들어서면서 서서히 민족문제를 주체적인 노력에 의해 해결하는 것이 어려워졌고, 미국이 가지고 있는 세계전략에 동조함으로써 남한 내부의 권력을 장악하려는 세력, 즉 일제하에서 반민족적 행위를 했던 자들이 정치집단을 형성하게 되었다. 그들은 민족문제를 해결하기보다 일제하에서 그들이 누렸던 봉건적 지위를 계속 유지하면서 지배계층으로 남기를 원했다. 이로부터 좌우익의 투쟁이 시작되고, 투쟁이 격화되면서 학생층 내부에서도 이해의 상이에 따라 좌우의 싸움이 표면화되었다. 이에 결정적인 계기가 된 것이 신탁통치 문제였다.

그 이후 1948년까지 학생운동은 이념적인 면에서의 좌우 투쟁이 전개되었다기보다 감정적인 면에서의 충돌이 더욱 컸다. 이런 이유로 해방 후 학생운동의 제1기를 '좌우 투쟁기'라 하였지만, 학생은 역시 기성 정치인들과 달리 민족문제에 대한 깊은 애정이 있었다. 그들 좌우 학생들의 공통된 궁극 목적은 분단조국에 통일정부를 세우는 것이었다. 일제를 경험한 해방 학생들은 또 다시 미소의 그늘에서 살기를 원치 않았다.

이념적이든 감정적이든 좌우의 대립이라는 소용돌이 속에 있던 학생들에게 8·15 이후 공통되는 또 하나의 염원이 있었다면 그것은 학원의 진실한 해방이었다. 학원의 진정한 해방은 교육정책으로부터뿐만 아니라, 교육내용에 있어서도 사이비 철학·교육학·역사학·정치학 등 정치세력에 추종하는 모든 사이비 학문으로부터도 벗어나는 것을 의미했다. 그래서 학생들은 열렬하게 자유를 희구했고, 새로운 자각에서 우러나오는 위대한 자기결정 능력을 회복하고자 했다. 모든 사람들이 다 그러하듯이, 학생 또한 사상의 노예가 되는 것을 치욕으로 받아들인다. 그러므로 교수가 강의하는 어떠한 학설에 대해서도 맹종을 경멸하며 비판의 권리와 의무를 향유하려는 것이다. 따라서 해방 학생들은 정치와 경제에 관한 일반화되고 무용한 이론에 대해 정확한 비판을 가하는 유능한 교수와 그를 지지하는 우수한 학생이 학원으로부터 축출당하는 시대적 역행에 분노했다.

그러나 해방 후 학생운동에 참여하거나 관여하는 민주교사와 민주학생에 대한 대량 검거가 공공연히 학원 내에서 자행되었다. 학생들은 희망을 잃었고, 지식 탐구의 정열은 나날이 식어갔으며, 질서를 무시하는 풍조가 일어났다. 한편에서는 이데올로기의 차이라는 이유를 내세워, 일부 후안무치厚顔無恥한 정치인들의 사주에 의해 학생들 스스로 가장 부끄러운 자기 모독인 폭력행위를 서슴지 않고 감행하기도 했다.

학교 안팎에서 자행된 해방 후 학생들의 폭력행위는 학생운동사에 지울 수 없는 오점을 남겼다. 해방 후의 학원은 폭력이 난무하는 사회였고, 학생이 모이는 곳은 어디나 폭력이 따라다녔다. 1945년 민족통일을 요구했던 학생사회가 1946년 신탁통치를 놓고 좌우로 대립했고, 국대안 문제로 더 한층 갈등이 심화되었다. 그러나 1948년 단선단정 문제가 닥쳐오자 이때는 모두 하나가 되어 항거했다.

세계 각국에서도 1945년 이후 끊임없이 학생 항쟁이 전개되었다. 외국군 철수를 주장한 그리스 학생과 국내 평화를 요구하는 중국 학생이 있었으며, 학원의 자유와 민족의 통일을 요구한 한국 학생들도 예외는 아니었다.

5. 좌우 분열의 심화

모스크바 3상회담에서 결정된 한국 신탁통치에 대한 사항이 국내에 알려진 것은 1945년 12월 28일이었다. 12월 29일 '신탁통치반대 국민총동원위원회'가 결성되고 다음과 같은 성명서를 발표했다.

우리는 피로써 건립한 독립국과 정부가 이미 존재하였음을 다시 선언한다. 5천 년의 주권과 3천 만의 자유를 전취하기 위해서는 자기의 정치활동을 옹호하고 외래의 탁치세력을 배격함에 있다. 우리의 혁혁한 혁명을 완성하자면 민족의 일로서 최후까지 분투할 뿐이다. 일어나자 동포여!

이날부터 임시정부 국무위원회(주석 김구)가 반탁을 표명하고 12월 31일은 신탁통치반대 국민총동원위원회 주최 서울시민 반탁시위대회가 열렸으며, 다음과 같은 선언문이 발표되었다.

······ 8·15 이전과 이후, 피차의 과오와 마찰을 청산하고서 우리 정부 밑에 뭉치자. 그리하여 그 지도하에 3천 만의 총역량을 발휘해서 신탁관리제를 배격하는 국민운동을 전개해 민주독립을 완전히 획득하기까지 3천 만 전 민족의 최후의 피 한 방울까지라도 흘려서 싸우는 투쟁개시를 선언함.

이어서 탁치반대 국민총동원 중앙위원회는 6개항 반탁 지도요령을 발표했다.

1. 탁치반대운동은 민족해방운동으로서의 독립운동으로 재출발할 것.
2. 신탁안이 완전 취소되고 자주독립이 될 때까지 반대운동을 계속할 것.

3. 실천행동으로서 시위행렬, 비합작 철시, 파업, 파과罷課, 유흥정지 등 방법으로 할 것.

4. 모든 실천행동은 중앙위원회의 지시에 따라 정기적으로 수시 집행하되 절대 비폭력의 정신에 의해 자체적으로 공안을 존중할 것.

5. 실천운동은 탁치취소 요구에 있으므로 연합국과의 우호관계를 잃지 않도록 주의할 것.

6. 연락은 직접통신, 신문, 라디오 방송으로 함.

그리고 임시정부 국무위원회도 반탁 9대 행동강령을 발표했는데, 그 내용은 다음과 같다.

1. 삼천만은 일사로 자유를 전취하자.

2. 반독립적 언동은 일절 배격하자.

3. 탁치 순응자는 반역자로 처단하자.

4. 대한민국 임시정부를 절대로 수호하자.

5. 임정명령에 복종해 규율 있게 행동하자.

6. 외구를 철저히 구축하자.

7. 친일파 반역분자의 모략을 분쇄하자.

8. 외국 군정의 철폐를 주장한다.

9. 탁치정권을 불합작으로 격퇴하자.

한국민주당도 12월 27일 신탁통치의 반대와 완전독립 촉성을 위해 각 당파와 제휴해 국민운동을 전개할 것을 결의했다.

우파 진영이 총동원되어 12월 28일 반탁 총궐기를 호소하는 데 비해 인민당이나 공산당에서는 공식적인 입장을 밝히지 않았다. 1946년 1월

1일 비로소 '조선공산당 인민위원회'가 신탁통치안의 찬반에 대한 견해는 유보한 채 다음과 같은 입장을 밝혔다.

우리 민족 전체가 바라는 것도 자주독립이고, 포츠담회담 선언에서도 우리의 자주독립을 약속했다. 그런데 금번 신탁통치 문제가 나오게 되었다. 그러면 이 신탁통치문제에 대해서 어떻게 해결할 것인가? 우리는 다만 무계획적 흥분적 투쟁으로써는 해결할 수 없다고 믿는다. 다시 말하면 조선을 싸고도는 국제적 현정세를 냉정하게 비판하고 분석해서 이 문제에 대응해야겠다.

이 문제를 을사조약을 운위하며 철시파업을 하는 것으로 민중을 선동 지도하는 것은 시민의 생명을 질식케 하는 것이며, 더욱이 근로대중의 생활을 파멸시키는 것이다. 우리는 이러한 지도자들을 규명해 배격해야 한다. 단지 신탁통치 문제 해결방법은 민주주의적 민족통일전선을 견고히 결성하는 데 있어서만 가능한 것이다.

같은 날 조선인민공화국 중앙인민위원회 역시 신탁통치안의 찬반을 밝히기를 유보한 채 전 국민에게 다음과 같은 내용을 공포했다.

1. 탁치문제는 민족통일의 완성으로 해결하자.
2. 모든 문제의 해결은 민주주의적으로 하자.
3. 산업진흥을 위해 자기 직장을 충실히 지키자.
4. 철시와 파업은 대중생활의 파멸이다. 즉시 중지하라.
5. 교통과 사회질서를 회복하자.
6. 테러 행위는 통일 분열이요, 민족적 자멸이다.
7. 탁치문제를 이용해 재도약하는 친일파 민족반역자를 퇴치하라.
8. 탁치문제를 이용해 자파전제專制를 수립하려는 정치 브로커를 배격하라.

9. 탁치문제를 기회로 민족의 통일과 생활을 교란하는 무책임한 지도자를 소청하라.
10. 냉정하고 자숙하여 민족통일의 완성으로 일로매진하라.

그러나 탁치문제에 대한 찬반유보 입장은 오래가지 않았다. 다음날 조선인민공화국 중앙인민위원회와 조선공산당은 찬탁의 입장을 공식적으로 밝혔다. 1946년 1월 2일, 조선인민공화국 중앙인민위원회는 '모스크바 3상회담 결정에 대한 조선인민공화국 중앙인민위원회 결정서'를 발표했다. 그 내용은 다음과 같다.

모스크바 3상회담의 조선에 대한 결정을 토의하고 조선인민공화국 중앙위원회는 아래와 같이 인정한다.
1. 8·15를 계기로 한 조선해방은 우리의 힘이 아니고, 세계 민주주의 연합국의 부강한 군대의 힘으로 된 것이며 조선을 자주독립 국가로서 발전할 수 있는 길을 열어준 위대한 역사적 단계였고,
2. 3상회담의 결정은 조선민족해방을 확보하는 진보적 결정일 뿐 아니라, 민주주의 정권 수립과 조선의 민주주의적 발달을 원조해 조선의 완전 독립을 발전적으로 완성하여 세계 문명국가의 지위에 나아가게 하는 것이며, 8월 15일 해방으로부터의 위대한 일보 전진이다.
3. 이 결정은 현하 국제정세뿐만 아니라 조선 국내정세에 비추어 조선민족의 이익을 존중하는 가장 적절한 국제적 국내적 해결이며, 세계의 평화유지와 인류의 민주주의화에 최적한 결정이라고 확신해 본 위원회는 다음과 같이 결정한다.
① 모스크바 3상회담의 진보적 결정을 전면적으로 지지하고, 민주주의 연합국과 같이 조선의 민주주의 정부 결정의 실행에 적극적으로 참가

하고, 민주주의 제국의 원조와 협력에 의해 우리 조국을 민주주의적 문명국가의 수준에 도달시키기 위해 투쟁함을 약속한다.

② 전 조선인민 및 각 민주주의 정당과 사회단체는 모스크바회담 결정의 완전한 실천을 위해 적극적으로 투쟁해야 하며, 본 인민위원회를 중심으로 굳게 단결해 조선인민공화국 깃발 아래에 '민주주의 민족전선'을 결성함으로써 우리 조국을 위한 정치·경제·문화 등의 급속한 발전을 위해 돌진하지 않으면 안 된다.

③ 각 인민위원회와 제 민주주의 정당 및 사회단체는 본 결정을 민족대중에게 이해, 보급시키며 나라를 사랑하는 전 인민은 본 결정을 깊이 인식하고 민주주의 연합국의 호의와 원조에 반대하며 경거망동으로써 민족통일 전선을 분열하려고 책동하는 일파를 단호히 배격하라.

4천 년 역사에 빛나는 우리 조국의 민주주주의적 발전 만세! 민주주의 민족 결성 만세!

찬탁이냐 반탁이냐를 떠나 신탁통치 문제에 대한 좌·우의 입장에는 몇 가지 공통점이 있다. ① 찬탁이든 반탁이든 그 이유가 민주주의적 통일정부 건설에 있으며, ② 반외세 민족자존의 평화를 위한다는 것, 그리고 ③ 테러행위를 배격하고 ④ 친일 반역분자의 모략을 분쇄하자는 것이다. 이렇듯 민족 문제의 종국적 입장은 같으나, 그 해결방법으로서 찬탁이냐 반탁이냐의 전술적 차원에서 찬·반이 갈리게 되었다. 결국 탁치 문제는 한국에서 좌·우의 분열을 심화시켰으며 다시 만날 수 없는 극과 극으로 논리와 실천을 치닫게 했다.

그러나 전혀 기회가 없었던 것은 아니었다. 1946년 1월 7일 한국민주당, 국민당, 조선인민당, 조선공산당의 4개 정당은 시내 모처에서 모임을 가지고 다음과 같은 결정사항을 공동성명서로 발표했다.

1. 모스크바 3상회담의 조선문제 결정에 대해

조선문제에 관한 모스크바 3국 외상회의의 결정에 대해 조선 자주독립을 보장하고 민주주의적 발전을 원조한다는 정신과 의도는 전면적으로 지지한다. 신탁(국제 헌장에 의해 의구되는 신탁제도)은 장래 수립될 우리 정부로 하여금 자주독립의 정신에 기해 해결케 함.

2. 테러 행동에 대해

정치의 수단으로 암살과 테러행동을 강행함은 민족단결을 파괴해 국가독립을 방해하는 자멸행동이다. 건국의 통일을 위해 싸우는 애국지사는 이러한 반민족적 테러 행위를 절대 반대하는 동시에 모든 각종 비밀적 테러단체와 결사의 반성을 바라며, 그들이 자발적으로 해산하고 각자 진정한 애국운동에 진심으로 참가하기를 바라는 바이다.

(밑줄은 필자)

1946년 12월 28일 이후 탁치문제에 대한 찬·반을 종합 해결하려는 노력과, 자행되는 테러행위가 반민족적으로 규정될 만큼 심각한 사태임을 일깨워주는 성명서였다. "정신과 의도는 전면적으로 지지한다" "자주독립의 정신에 기해 해결케 함"의 표현이 찬탁표시냐 반탁표시냐 하는 것은 문맥 그대로이다. 그러나 공동성명서가 발표되고 24시간도 안 된 1월 8일 한민당은 다음과 같은 성명서를 발표해, 4대 정당 공동성명서를 원점으로 돌려버렸다.

작昨 1월 7일 하오 1시에 시내 모처에서 회합한 4대 정당회의에서 결정했던 공동성명서 중 신탁통치에 관한 조항은 신탁통치 반대의 정신을 몰각했기 때문에 본당에서는 8일 긴급 간부회의에서 차조항은 승인치 않기로 결정하고 종래의 신탁통치의 반대 태도를 일관 주장함.

1946년 1월 9일자 동아일보에서 보도한 것처럼 "1월 7일 조선인민당, 한국민주당, 국민당, 조선공산당 등 4개 정당의 대표회의에서 발표된 공동성명서에 대한 해석이 제각기 다르며, 또한 신탁통치를 실시하기로 한 3상회의 결정을 지지하는 인상을 준다고 해, 1월 8일 한민당은 신탁통치 반대라는 종래의 주장을 일관되게 주장한다는 내용의 성명서를 발표"한 것이다.

분열의 심화를 막고 민족통일 문제를 이성적으로 해결하기 위한 실마리는 하룻밤 사이에 무산되고, 이로부터 1948년 8·15까지 좌우대립은 좌우 이념투쟁에서 실천투쟁으로까지 발전해 민족비극의 씨앗을 깊게 묻어나갔다.

신탁통치안이 나온 1개월 후인 1월 29일, 신탁통치를 소련이 제안한 것으로 알고 있던 국민들은 미소 공동위원회 예비회담에 참석하기 위해 서울에 온 스치코프 소련군 중장에 의해 미국이 신탁통치를 먼저 제안했다는 것을 비로소 알게 되었다. 1월 29일자 동아일보는 이와 관련해 다음과 같이 보도하고 있다.

미소 공동위원회의 예비회담에 참석차 서울에 온 스치코프 소련 중장은 소련이 신탁통치를 주장했다고 외신보도가 나돌아 소련에 대한 좋지 않은 감정이 팽배한 것을 보고 기자회견을 가졌다. 즉, 탁치는 미국이 먼저 제안했으며, 미국은 통일정부의 수립보다는 신탁통치 문제에 더욱 관심을 가지고 있었다는 내용이었다. 타스통신 보도를 인용한 이러한 기자회견으로 미국의 위신은 치명적인 타격을 받았으며 국민들도 아연실색했다. 이에 한민당 총무 원세훈은 "탁치제안은 누가 먼저 했든지 자주독립에는 배치되므로 반대한다"는 내용의 글을 발표했다.

결국 남은 것은 찬탁도 반탁도 아닌 민족의 분열이었으며, 분열이 가져온 분단 40년 역사를 살아온 민중의 입장에서 볼 때 안타까운 일이 아닐 수 없다.

해방 후 우익계 학생단체

○ 반탁학생총연맹: 1946년 4월 결성

위원장: 이철승(보전),　　　　부위원장: 김덕순(세의전), 이동원(연전)

총무부장: 박종호(京의전),　　조직부장: 조한원(법전)

선전부장: 최찬영(경전),　　　중학생부: 송원영 등

해방 후 좌익계 학생단체

○ 재경학생통일촉성회: 1946년 봄, 결성

1대회장: 김석조,　　　　　　2대회장: 김연성

주요간부: 조을오　오상식　박영태　최재승　박기원　김진수　강찬구
　　　　　김상남　박정숙　권홍식　오희필　엄기숙　김형생　이희자
　　　　　홍순화　김임교　서효원　최순덕　김인숙　문영자　김수희
　　　　　홍봉화　최영숙　김봉경　김영묵　서정협　정항만　김홍열
　　　　　임종하　박재선　이정세　박원자　김정기　이택용　김원실
　　　　　황재윤　우기용　서용덕　전홍태　최한식　김삼불

1940년대 학생운동의 전개

1. 학생단체의 결성

① 학도대 창설과 일본경찰

1945년 8·15 해방이 전 민족에게 가져다준 감격도 물론 크지만, 일제강점기 동안 처절하게 짓눌려왔던 학생들에게 안겨준 감격 역시 이루 말할 수 없이 컸다. 그러나 해방은 곧 분할이었다. 즉 미국과 소련의 세계전략에 의한 얄타협정에 따라 남북은 분할점령되었으며, 해방을 맞은 학생들은 해방과 동시에 또 다른 외세와 민족주의적 대결을 하지 않을 수 없었다. 해방 후 학생운동은 반외세 민족주의 투쟁과 통일정부수립 운동으로 출발했다.

일제하 학생들은 민족전열의 선두에 서서 피압박 민족해방을 위해서 싸워왔다. 그러므로 해방된 조국의 학생운동은 자연스럽게 종전기의 학생운동의 맥락을 이어받았다. 일제하에 학병·징병·투옥 등으로 흩어졌던 학생들, 나아가 이론적·실천적으로 무장된 학생들이 해방이 되자, 제일 먼저 조직적인 움직임을 시작한다.

1945년 8월 15일 해방의 감격과 함께 서울 학도대회를 개최한 학생들은 일본인으로부터 자치적으로 학원을 접수했다. 그리고 8월 17일 정식으로 서울 학도대를 결성해 전국 각지에서 학도들의 일대 시위를 감행함으로써 건국을 위한 진군의 우렁찬 고함을 외쳤으며, 이로써 한국학생의 건재함을 과시했다.

8·15 직후의 해방학생은 이미 일제 때부터 광산 및 공장에서의 강제노동이나 제국주의의 총알받이가 되기 위해 받은 군사훈련의 경험을 통해, 또는 비밀결사 운동의 결과 겪은 옥살이를 통해 깊은 사상적 무장을 하고 있었던 만큼 학생이자 청년운동가요, 청년이자 학생운동가였다. 그러므로 이 시기의 학생운동을 엄격히 정의한다면, 학생운동만도 아니고 청년운동만도 아닌 청년학생운동이라 할 수 있다. 해방 후 무수한 학생들이 각종 청년단체에 관계했다. 8·15 이후 약 5개월 만에 창립된 청년단체만 해도 조선근로청년동맹, 조선건국청년회, 전국청년단체총동맹, 대한독립촉성청년총동맹 등이 있다. 이들의 한결같은 요구는 해방조국의 새로운 그리고 통일된 국가의 건설이었다.

해방이 되던 8월 15일 '조선건국준비위원회'(위원장 여운형, 이하 건준)가 발족되고, 이어 8월 17일 건준 중앙조직이 완료되자, 건준의 산하 단체로 학도대가 결성되었다. 질서 있고 믿음직한 학도대는 결성되자마자 치안대 및 보안대와 함께 진공상태의 치안유지와 질서회복, 물자파괴의 방지, 그리고 일인 경찰의 무장해제와 접수 등 새로운 국가 건설에 매진하기 시작했다. 당시는 아직 점령군이 진주하지 않았기 때문에 학도대는 혼란된 사회의 치안유지를 맡아 큰 역할을 수행했다.

그러나 곧 소련군이 8월 20일 원산에 상륙해 8월 24일 평양을 점령하고 사령부를 설치해 일본군을 무장해제시켰다. 미군 역시 8월 25일 그 일부가 인천에 상륙했고, 급기야 미소 양군에 의한 한반도 분할점령을 기정 사실화해갔다.

9월 7일 미 극동사령부가 남한에 군정을 선포하고 이에 따라 9월 8일 미 4군단이 서울에 진주했다. 이로써 북위 38도선 이남에 미군정이 실시되었다. 8·15 이후 미군정의 일본인에 대한 애매한 정책에 힘입어 일본군과 일본경찰이 다시 동원되어 치안력을 장악하자 서울을 비롯해 전국은 다시 살벌해졌다. 일병과 일경들은 대오를 가다듬어 각 경찰서, 파출소를 재강탈하고 기마대를 동원해 시위군중들을 강제 해산시키는 등의 만행을 저지르기 시작했다. 이에 학생들은 8월 29일 구 부민관에서 조선학동 총 궐기대회를 열어, 일병·일경과의 투쟁을 선언하고 일경의 무장해제와 경찰서 접수를 위해 맹렬한 투쟁을 전개했다.

9월 9일 서울 성북경찰서를 접수하려던 학도대의 안기창, 이이제(연전), 두 학생이 왜경에 의해 피살되는 사건이 일어났다. 이 사건은 전 민족의 분노를 불러일으켰으며 학생들을 격노하게 만들었다. 일인들의 이러한 발악은 미 점령군의 일본에 대한 온정적인 태도에 힘입은 것이었다. 그러나 청년학도들은 일인에 대한 철저한 수색과 악질적인 일인의 검거에 착수해, 10월 중순에는 전국 경찰을 완전히 장악하기에 이르렀다. 가장 중대한 과도기적 진공상태에서 일제 잔존세력을 소탕하고 치안을 확보하며 학도대는 맡은 바 임무 수행에 주력했다.

② 학병동맹 결성과 청년단체

일본 제국주의의 침략전쟁을 위해 목숨을 바칠 수 없다는 것은 일제하 학생들의 공통적인 견해였다. 전시 체제의 강화에 따라 집단적인 학병

거부 투쟁은 이루어지기 힘들었으나, 학생들은 개인적으로 학병을 거부하기도 하고 때로는 학병으로 들어간 다음 연합군 측으로 탈출하는 경우도 적지 않았다. 해방이 되자 구사일생으로 살아남은 학병들은 서울 보인상업학교에서 '조선학병동맹'을 결성하고, 민족해방, 신조선 건설, 치안유지, 국군창설 등 당시 학병들의 투쟁적 면모를 엿볼 수 있는 4대 강령을 다음과 같이 발표했다.

> 강제학병 제도로 인해 사선을 넘은 동무들의 친목을 도모하며 견고한 단결을 해, ① 제국주의 세력을 철저히 축출해 민족해방의 완전을 기할 것, ② 신조선 건설의 추진력이 될 것, ③ 신조선 문화운동에 진력할 것, ④ 현 과도기에 있어서 치안유지에 협력하고 장차 국군창설에 노력할 것
>
> 《해방전후의 조선진상》, p.105)

결성 당시 학병동맹의 간부들은 위원장 박두석, 부위원장 임경규, 총무부위원 이춘영, 이사부위원 조봉식, 군사부위원 박진동, 문화부위원 왕익권, 선전부위원 김수현 등이었다.

학병동맹은 9월 1일 사무소를 종로구 낙원회관 2층으로 이전하고, 합숙소로 덕성여자 실업학교 음악실을 사용하다가 9월 14일 삼청동 삼청회관으로 합숙소를 다시 이전했다. 그후 9월 15일 제3회 총회에서 간부진 중 위원장에 왕익권, 부위원장에 이춘영, 총무부 위원에 이형채를 교체 선출하고, 이어 9월 28일 수원, 군산, 사리원, 안동, 청진, 함흥, 대구, 부산, 대전, 광주, 춘천에 각 지부를 결성했다. 당시 회원은 서울에 2,000여 명, 부산, 대구 등에 1,500여 명에 이르렀다.

10월 23일 제5회 총회에서 다시 임원개편을 해 위원장에 이춘영, 부위원장에 황익수, 기획국신설 대표위원 왕익권을 선출했다. 11월 23일

에는 동맹 위원장과 부위원장이 이승만 박사와 당시 정세 및 제반문제에 관해 1시간에 걸쳐 의견을 교환하기도 했다. 이에 앞서 9월 11일 남한에서 미군정 수립이 선포되고 이어 9월 16일 38선 이북에서도 소련이 군정을 수립하자 사실상 민족은 동강나버렸다. 이에 11월 23일 학병동맹은 귀환학병 보고대회를 개최해 전쟁 말기에 그들이 걸어온 피눈물나는 과거를 회상하고 신조선 건설에 앞장서 싸울 것을 다짐했다.

1944년 1월 20일 '학도 특별 지원병' 일명 '학병'들이 조선에서는 평양과 대구의 일본 부대에, 일본에서는 학교소재지에서 가까운 부대에 각각 입영했다. 당시 조선인은 국내 전문대학생, 일본 유학생 및 그 졸업생들을 합해 총 6,300여 명이었다. 일본은 전체 행정력과 친일 단체, 친일파 언론 등을 총동원해 이들을 설득하고, 불응하면 연행하거나 못살게 굴어 대상자의 70%에 이르는 4,385명의 지원서를 받아내는 데 성공했다. (장창국,《육사졸업생》, p.38.)

이때 학병으로 끌려간 학생들이 해방된 조국에 나와서 좌익계의 '학병동맹'과 우익계의 '학병단'을 결성한 것이다. 우익계의 학병단 위원장은 총사령 안동준이었고, 개편 후에는 김완룡이었다. 창군작업이 시작되자 학병단계의 110여 명이 군에 들어갔으며, 그들이 해방 후 한국군의 주요 지휘관이 되었다. 해방 후 현재까지 한국사회의 지도층에 자리 잡고 있는 학병출신들은 대개 다음과 같다.

김수환(추기경)	이원경(외무부장관)	박동진(전 외무부장관)
이재철(국민대 총장)	민기식(전 참모총장)	구태회(전 럭키그룹 고문)
고상겸(전 동방생명사장)	조영식(전 경희대 총장)	김용배(전 참모총장)
최영희(전 국방장관)	장도영(전 참모총장)	김종오(전 참모총장)

한신(전 합참의장)	백석주(전 육사교장)	김계원(전 중앙정보부장)
박병권(전 국회의원)	민병권(전 국회의원)	강영훈(전 주영대사)
박경원(전 내무장관)	박원근(전 체신부장관)	김희덕(전 육사교장)
이규학(전 통일원차관)	김종갑(전 국회의원)	조문환(전 5사단장)
김형일(전 국방부장관)	임지순(전 마사회장)	최석(사망)
임선하(재미)	황헌친(한국안전기업사장)	백선진(전 재무장관)
강신탁(주공사장)	방희(전 주스웨덴대사)	박중윤(전서울시립대학장)
김정구(변호사)	이욱근(내외통신사장)	최택원(전 총무처차관)
홍필용(변호사)	김인(전 경북지사)	장영순(전 법무장관)
심언봉(사망)	오덕준(사망)	김종문(시인)
장경순(전 농림부장관)		

이들 중 대부분은 학병단계(係)로서 창군작업이 시작되자 군에 들어가서 거의 준장 이상의 장군이 된 사람들이다. 학병단을 대표해 임선하는 미군정청에 의해 발탁되어 미군정청 203호실 보좌관이 되기도 했으며, 이외에도 많은 인사들이 다양한 분야에서 몸담았다.

교육계: 이병주, 장용학, 한운사, 송재만, 강문용, 김관두, 김도창, 김성희, 김보한, 박관숙, 서돈각, 안병욱, 왕학수, 윤천주, 현승종, 조성식, 이중, 정경석, 서장석, 이종록, 박노준, 이준경, 신능순, 동원

실업계: 남상진, 신능균, 이동찬, 이우룡, 안정모, 김중배

법조계: 김종경, 나길조, 노대현, 심상구, 오택근, 윤일영, 이병두, 홍순상

기타 학병 출신: 이춘성, 김주영, 민충식, 김인환(전 농촌진흥청장), 이철승, 박병배, 한건수, 최세경, 정우식, 이원교, 박동운, 유건호, 이혜복, 윤임술, 신상초, 황용주　　　　　　　　　　　　　(장창국,《육사졸업생》)

이처럼 1944년 1월 20일 지원서를 냈거나 강제로 끌려갔던 4,385명의 학병 출신들이 해방 후 한국의 지도층에 자리 잡을 수 있었던 것은, 그들이 그 당시 모두 대학이나 전문학교 등에 재학중인 지식인들이었기 때문이다. 그리고 그들 중 110여 명이 창군에 관계해 대부분 준장 이상의 장군이 됨으로써, 해방 후 한국사회에 '군'이라는 특정세력 집단을 형성하는 데에 중요한 디딤돌이 되었다.

한편 제주도 4·3사건의 주동자 김달삼, 이덕구도 학병 출신으로 일본군 소위였다. 1944년 1월 20일은 그들에게는 치욕의 날이자 분노의 날이기도 했다. 학병동맹원 이춘영은 '학병은 돌아왔습니다'(《학병》 1946년 2월호)에서 다음과 같이 그 심정을 토로했다.

우리들 학병은 이제 돌아왔습니다. "너희들이 지원하는 것이 조선을 살리는 것이고, 오로지 너희들이 피를 흘리는 것만이 조선의 3천 만 동포를 영원히 살리는 단 하나의 길이다." 이렇게 우리들의 선배들이 불타는 애국심으로 우리들의 손을 잡고 권유하고 다니던 그 모습이, 전선 천리 먼 곳에서 본의 아니게 총을 잡고 달리던 기억과 함께 눈앞에 선하게 보입니다.

뜨거운 가슴을 두드려 피눈물 맺힌 진정을 토로하고자 선배, 명사들을 찾아가면 그들의 답은 한결같이 다 같았습니다. "너희들은 나가라, 그리고 싸워 일본이 꼭 이겨야 한다." 어디 그뿐이었습니까? 신문의 총 지면을 거의 다 '학병'에 바치고 고위 명사들의 위엄으로 한층 더 빛났던 것입니다. 실로 그네들의 표현을 빌려올진대, 3천 만의 환호소리 천지를 진동하고 있었던 것이며 조선을 살리는 길이 우리들 학병의 거취에 있었던 것이며, 갖은 위협과 수단과 기만과 또 상기된 얼굴들이 있었던 것입니다.

내가 왜 이와 같이 새삼스러운 말을 되풀이하느냐. 내 자신에게도 불유쾌하며 얼른 떠나 깨끗이 잊고 싶은 이 문제를! 오오! 우리들을 그처럼 열렬히 보내주시던 선배와 명사들이 누구보다도 더 잘 알 수 있을 것입니다. 우리들을 진실로 반가이 맞아주는 선배가 몇이며, 우리를 보내던 그때의 열정의 만 분의 일이라도 보여주는 자는 몇 분이었습니까?

우리들은 날이 갈수록 두 손에 들린 꽃다발 대신 가지가지 오해를 받지 않으면 안 될 슬픈 경험을 여기서 이야기하고 싶지는 않습니다. 지난날에 우리들을 그처럼 열렬히 보내주시던 선배들이시여, 또 애타는 마음을 가슴에 담은 채 어떻게 될까 하고 조마조마한 가슴조이며 애타던 어머님들이시여! 우리는 이같이 훌륭히 살아왔습니다.

친구는 친구와 마지막 손을 잡고 남편은 아내와 떨어지고 자식은 늙으신 부모를 이별하고 아우는 형을, 형은 아우를, 누이는 오빠를, 오빠는 누이를 뒤로 하고 학병이란 이름을 이마에 찍고 원수의 총자루를 잡고 원수와 함께 일해야 했던 우리들이 겪은 역사는, 정신의 죽음을 강요받은 우리 민족의 슬픈 역사 중에서도 가장 크나큰 비극이 아니고 무엇이겠습니까?

우리들은 하루에 열 번 달아나고 싶었으나 스무 번을 매여 있지 않으면 안 되었습니다. 그러나 고국을 떠나 사방으로 갈라진 3천 건아들은 제국주의의 패배로 말미암아 사지에서 1년 8개월 만에 무사히 돌아왔습니다.

우리가 귀환한 것은 무의미한 개선이 결코 아니고, 조국의 완전독립과 진정한 해방을 위해 우리들의 참다운 투쟁을 전개할 것을 각오하고 조국에 달려온 것입니다. 정의와 진리를 생명보다도 더 사랑하는 젊은 우리들은, 모든 젊은 자의 정열과 힘을 합해 동포에 바칠 뿐입니다. 우리는 다만 참된 민주주의 원칙에 의거한 조선을 영구히 건지는 이데올로기만을 사랑합니다. 즉, 조선의 독자적 조건에서 우러난 가장 진보적이고 혁명적인 이론, 그것만을 씩씩하게 전취하고 사수하렵니다. 글자 자체가 뜻하는 바와 같이 우리는 '學'이고 '兵'입니다. 왼손에는 학리적 이론을 들고 바른 손에는 피보다도 진한 투쟁의 깃발을 들어 3천만 동포의 참다운 전위대가 되렵니다.

밀어 주소서, 우리들은 끝까지 씩씩하게 나아가는 청년이 되오리다. 세계의 어떤 국가 민족을 막론하고 붉은 피의 대가를 바라지 않고 돌진하는 자는 순결한 젊은이 이외에는 없었나이다. 우리 학병도 신조선 건설을 위해 힘 있는 애국지사가 되고 선봉이 되렵니다. 우리들은 이미 한 번 죽었던 생명입니다. 죽음의 공포를 잊은 자에게 무슨 두려움이 있겠습니까? 우리들이 학수고대하던 완전독립, 성스러운 건국을 방해하는 그 무엇이 있다면, 아니 우리가 죽음으로써 이 나라의 완전독립이 온다면 백 번이고 천 번이고 다시 죽으렵니다. 죽어서 조국에 힘이 된다면 온 정력을 조국에 바치겠나이다.

3천만 동포여! 사랑하는 아버님, 어머님, 그리고 그리웠던 형님, 동생들이시여! 다시 한 번 외칩니다. 우리는 살아서 돌아왔습니다. 씩씩하게 신조선의 머리가 되고 싹이 될 것을 이 자리에서 맹세합니다.

마지막으로 출정 후에 희생된 학병 동무들의 영혼을 충심으로 조위해드리며 분하고 억울한 그들에게 보답하기 위해 우리들의 각오를 배가하며 아직 고국에 오지 못한 동무들과 멀리 독립군에서 조국으로, 조국으로 마음 가쁘게 향하고 있는 학병동무들이 하루속히 돌아옴을 기다리고 있습니다. 2년 전 군은 악수로 헤어진 학병들이 다 돌아올 때에는 참으로 성대한 보고대회를 열고 추도회를 베풀 예정입니다. 그리고 잊을 수 없는 정월 이십일, 생각만 해도 이가 북북 갈리며 원한과 통분이 골수에 사무친 그날을 우리들은 '학병의 날'로 정하려 합니다.

이 글에는 그들이 학병으로 가게 된 과정, 학병으로서의 고뇌, 조국에 대한 충성, 그리고 민주주의적 원칙에 입각한 조국건설에 대한 열망 등이 고스란히 나타나 있다.

이외에도 각종의 청년단체가 결성되면서 한결같이 미소 양군의 한반도 분할점령에 격분하고 반외세 민족해방투쟁을 통해 통일민족국가를 세울 것을 열망했다. 1945년 11월 23일 천도교 대강당에서는 청년 시국 연설대회가 개최되어 분단 조국의 현상을 타파해 조국의 진정한 해방을 쟁취할 것을 다짐했다. 조선근로청년동맹에서는 조국의 장래에 대한 학도들의 포부를 토론할 수 있게 하기 위해, 초·중등 학생들의 웅변대회를 12월 1일에 갖기로 하는 등 다양한 움직임들이 있었다. 또 11월 25일에는 전국 기독교청년연합대회가 개최되어 국군의 사명 및 국방의 중대성에 대한 주제 발표가 있었다. 우익 청년단체인 조선건국청년회에서는 같은 날 성명을 발표해, 지난 11월 20일 전국인민대표대회를 에워싸고 일어난 테러 행위에 대해, "애국청년단체가 건국이념에 불타는 정열로써 전국인민대표대회의 집회를 저지시키려고 한 행동을 테러단의 행동으로 보도한 것은 일부 몰지각한 기사 취재자의 잘못으로서 매우 유감스럽게 생각한다"고 발표해 은연중 청년운동의 좌우대립을 나타냈다.

한편 11월 29일 전국청년단체총동맹은 결성대회를 갖고 다음과 같은 선언문을 채택하고, 민족주의와 진보적 민주주의를 표방하고 조국의 완전 자주독립에 초석이 되고자 했다.

과거 36년간 정치적, 경제적, 문화적인 모든 권리를 무자비하게도 박탈당해왔던 우리 조선청년은, 진리를 사랑하고 정의에 불타는 청년만이 가질 수 있는 순수성과 정열을 가지고 민중 앞에서, 민중 뒤에서, 대중과 같이 완전 자주독립과 진보적 민주주의 건설에 초석이 되고 봉화가 될 것을 전 민중에게 엄숙히 선언한다.

외세에 의한 남북분단, 국내에서의 이데올로기적 분열, 사회의 구조적인 혼란, 기성 지도자의 이념대립, 허약한 경제적 바탕, 그리고 이런 것들에 의해 고통당하던 기층 민중의 새로운 것에 대한 욕구 등에 직면한

청년학생들은 갈등과 대립 속에서 그들의 실천적 의지를 발휘해야 할 방향성과 그 구체적 방법론에 대해 심각한 고민에 빠진다. 학생운동에서 좌우대립의 싹은 서서히 돋기 시작하고 있었다. 그러나 당시 많은 청년학생들은 좌우대립의 차원이 아닌 진정한 민족해방을 욕구하고 있었다.

1945년 11월 30일 전국청년단체총연맹 서울시연맹 결성대회에서 청년학생들은 선언문을 통해 "실로 조선을 사랑하고 일본 제국주의와 싸워온 혁명가의, 순진한 청년의 통일체를 구성하자"고 제의했다. 또한 조선 기독교청년회 전국연합회에서도 "조선 국가건설의 최대의 암인 38도선을 철폐하라"는 결의문을 채택했으며, 12월 21일 대한독립촉성 청년총동맹 결성식에서는 결의문을 통해 "완전 독립의 필수조건인 민족통일을 달성하기 위해 북위 38도선이 시급히 철폐되어야 한다"고 주장했다. 12월 28일 보성전문학교 학생회는 결의문을 발표하고 "완전독립의 날까지 또다시 학병이 되겠다"고 하여 한반도가 분단되어 있는 상태에서는 조국의 완전독립이 이루어질 수 없음을 주장했다. 해방의 감격이 분노로 바뀌는 민족적 현실 앞에서, 모든 학생들의 요구는 조선의 완전독립으로 모아졌다.

12월 6일 전국청년단체총동맹의 서울시 대표들은 임시정부 환영 간담회를 개최하고 임시정부 원로들의 노고를 위로해주었다. 10월 25일 이승만을 총재로 '독립촉성중앙협의회'가 결성된 데 힘입어, 12월 10일 '대한독립촉성 청년총연맹'이 결성되고 이어서 성명서를 발표했는데, 그 내용의 요지는 11월 23일 신의주 시내에서의 학생살인사건, 11월 7일 함흥의 학생구금사건에 대한 것이었고, 동시에 서북학생 살인사건의 진상을 발표했다. 한편 12월 17일 경성대학 학생회에서는 "이번 동기 휴가를 이용해 동포들의 정치적, 문화적 향상을 꾀하고 각 전문학교 이상의 지방 귀향학생을 동원해 귀향지의 문화, 정치 등 각 방면의 조사와 민중 계몽운동을 전개한다"고 발표했다.

　12월 20일 학생동맹은 역사의 조류에 순응하며 역사 진보에 따른 완전 자주독립을 달성하기 위해 사선을 넘어온 학병들이 나아갈 길을 밝혔으며, 항간에서 일부 비방과 중상이 있으나 전연 문제시하지 않고 강령의 정신에 충실하겠다는 성명서를 냈다.

　이 즈음 학생운동의 흐름은 진보적 입장과 보수적 입장 사이에 조금씩 틈이 벌어지기 시작했다. 여기에 결정적인 대립의 계기가 된 것이 12월 27일 모스크바에서 열린 미·영·소 3상회의의 한국에 대한 5년간 신탁통치 결정 발표였다. 이 보도가 전해지자 12월 29일 서울에서 '탁치반대 국민총동원위원회'가 결성되었으며, 같은 날 조선학도대는 탁치문제를 놓고 종로 한청빌딩에서 학도대 간부와 각 대학 간부들이 모여 연 2일간 촛불을 밝히면서 토론을 거듭했다. 그러나 합의를 보지 못한 채, 학도대는 좌우 양쪽으로 갈라서게 되었다.

　학도대와 학병동맹, 유학생동맹 등은 이미 그들의 노선을 확정하고 조국의 진정한 해방과 통일정부 수립을 위해 끝까지 싸울 것을 결심하는 한편, 12월 31일 반탁치 학생운동 준비회가 구성되어 반탁운동을 전개하기 시작했다.

③ 북한 학생운동의 개요

해방 직후 북한의 학생들도 평양, 신의주, 함흥, 해주 등의 주요도시를 중심으로 학도대를 조직했다. 학생들은 일제 잔존세력의 제거 및 치안과 질서유지를 위해 청년들의 자치대와 함께 적극적으로 활동하기 시작했다. 그러나 소련군이 진주한 이후 청년운동과 학생운동의 일부 적위대가 공산청년동맹으로 조직되기도 했다.

미소에 의해서 분할점령된 조국의 현실을 직시한 학생들에 의해, 1945년 11월 7일 함흥에서 처음으로 학생사건이 일어났다. 자유와 민주를 절규하는 학생들의 일대 시위가 발생하자 소련군은 50여 명의 학생을 검거해 구속한 것이다. 또한 11월 하순, 신의주 근처 용암포에서 농민, 노동조합의 공산당원들과 신의주 학생들 사이에 충돌사건이 일어났다. 용암포의 신의주 통학학생들은 이 진상을 신의주 각 학교의 학우들에게 보고하고 원조를 요청해, 각 학교 대표자들이 그 진상을 조사 규명한 결과 학생들의 정당성이 인정되었다. 이에 따라 각 학교에서는 학생회의를 열고 대표자회의의 결정을 보고하는 동시에 가두시위를 벌였으나, 무장한 소련군들에 의해 행렬이 저지되었다.

그후 학생들은 일시 각 기관을 점거했으나 소련군의 무자비한 무력 앞에 곧 후퇴할 수밖에 없었다. 이 충돌에서 학생들은 100여 명이 죽거나 다치고 200여 명이 검거되었다. 이 무렵부터 38선을 넘어 남쪽으로 온 학생들이 서북청년, 서북학생의 주력이 되었으며 해방 후 한국에서 반공전선의 일익을 담당했다.

2. 학생운동의 좌우대립

① 학생운동의 분열

1945년 12월 31일 반탁 학생준비위원회가 성명을 통해 밝힌 것처럼 "3·1운동, 광주학생사건을 비롯해 이 땅의 민족운동사상에 잊지 못할 일들은 어느 때나 학생이 주동 역할을 했다." 이에 신탁결정이 난 이후 반탁 학생준비위원회는 "국제 신의를 잊은 조선 신탁통치가 전해진 이때, 우리 학생들도 가장 실행적인 운동을 전개해 조선 신탁통치를 절대 반대한다"고 천명했다.

이철승은 개회사를 통해 "유명무실한 회가 아니고 조직적이고 가장 실행적인 운동을 전개해 조선 신탁통치를 절대 반대하고, 우선 우리 땅을 찾자"고 호소했다. 이 날 참가한 학생대표들은, 성대 1명, 연전 2명, 법전 2명, 경京의대 2명, 세브란스의대 2명, 약전 2명, 경사京師 1명, 중앙여전 2명이었다.

이어 1월 3일, 서울운동장에서 모스크바 3상회담 지지 시민대회를 열고 종로로 시위하던 학생들과 반탁치 학생운동 준비회 학생들 사이에 첫 충돌이 발생했는데, 이는 탁치문제에 대한 좌우 학생들 간의 최초의 폭력적 충돌이었다. 1월 6일에는 반탁치 학생운동 준비위원회 학생들은 신탁통치 절대반대와, 민족자결, 자주독립, 민족통일 전선의 결성과 통일정권 수립을 요구했다. 그리고 각 학교는 절대로 독자행위를 금지할 것과 행동통일을 결의하고, 1월 7일 시위할 것을 결정했다. 또한 조선학병군과 청년독립동맹은 신탁통치 배격, 테러행위 박멸, 통일정권 수립을 주장하는 통합성명서를 냈다.

② 학련과 학통

1월 7일, 우익을 대표하는 학생들의 총연합체로서 '반탁전국학생연맹'이 결성되어 위원장에 이철승을 선출했다. 해방 후 반공학생운동에 기수가 되었던 '학련'이 탄생된 것이었다. 이날 학생들은 오전 10시부터 반탁시위대회를 열고, "우리는 오직 조선사람이라는 자각으로 신탁을 반대하며 즉각적인 자주독립을 요구한다"는 결의문을 채택했다.

한편, 1월 9일 좌익을 대표하는 학생들은 '재경학생 행동통일촉성회'

를 결성하고, "민족의 완전한 자주독립의 길을 앞당기기 위해 모스크바 3상회담을 지지한다"는 내용의 성명서를 내고 시위에 들어갔다. 해방 후 좌익 학생운동의 총연합체인 '학통'은 이렇게 탄생했으며, 대표는 주석일이었다.

학련과 학통의 탄생은 학도대가 좌우 갈등으로 자연 붕괴된 이후 한국 학생운동의 새 전환기를 이룬 것으로서, 전후 미소의 냉전체제에서 한국이 공산, 민주의 양대 진영으로 분열됨에 따라 한국 학생운동도 사상적인 두 진영으로 분화·대립하는 과정의 원조가 되었다. 이후 반탁과 찬탁이라는 학생운동 간의 대결은 이성적인 것에서 충동적인 것으로 바뀌었고, 테러를 박멸하자던 좌우의 구호가 구호로 끝났음을 증명하는 처절한 좌우대결로 진행되었다. 그 대표적인 예로서 학병동맹사건을 들 수 있겠다.

③ 학병동맹 사건

1946년 1월 18일 오후 2시경 반탁학련은 서울시내 정동교회에서 반탁 전국학생총연맹 주최로 반탁 및 반공 전국학생 성토대회를 개최했다. 이들은 성토대회에서 국내에서는 "매국노를 소탕"하고, 국외에서는 "신탁통치를 절대 반대"하며, "공산계열의 찬탁행위를 규탄"하면서, 이에 죽음으로써 항거할 것을 결의하고 다짐했다.

오후 5시경 성토대회가 끝난 후 남녀학생 500명을 포함한 흥분한 청중들은 미국 영사관과 소련 영사관에 몰려가 결의문을 전달했다. 그후 조선호텔과 반도호텔을 거쳐 을지로의 인민보사 앞에 집결해 인민보사를 파괴하고, 인사동에 있는 인민당으로 몰려가 건물과 시설을 파괴한 후, 안국동 네거리에 있는 서울시 인민위원회 및 부녀총동맹 사무소를 짓밟는 등, 좌익단체 본부들을 모조리 습격했다. 이어 반탁학련 데모대는 서대문에 있는 임시정부 요인들에게 반탁의 총의를 반영시킬 생각에서 신문로 1가로 시위하던 중, 서대문 근처에서 학병동맹원들과 충돌했다. 이 충돌로 남녀학생 40여 명이 부상을 입었다. 서대문경찰서와 종로경찰서는 합동으로 출동해 10여 명의 반탁학생 간부와 학병동맹원들을 체포했다.

다음날인 19일 새벽 경기도 경찰부에서는 비상소집을 해 장택상 경찰청장 지휘로 삼청동 학병동맹 본부를 포위했다. 경찰에서는 전날의 처사가 계획적인 테러 음모라고 단정해 그 주모자들이 학병 본부에 돌아와 있으리라고 보았고, 또 그들이 상당히 많은 무기를 감춰놓고서 무슨 계획을 책동하고 있으리라고 판단했다. 포위당한 학병동맹원들과 포위한 경찰 사이에 총격전이 벌어져서 상당히 오랫동안 계속되었다. 결국 학병동맹원 세 사람이 죽고 세 사람이 부상당했으며, 경찰 측에도 두 사람의 부상자가 나왔다. 학병동맹과 경찰은 서로 다른 주장을 했다. 경찰의 주장은, 1946년 1월 20일자 조선일보에 의하면 다음과 같다.

독립·안정·국가건설의 신성한 도상에 있어서 3천만 동포는 누구보다도 서로 사랑하고 아끼며 하루바삐 우리의 위대한 목적을 달해야 할 이 태동기에 있어서, 골육살상의 테러사건이 빈발하는 현상을 볼 때 이 어찌 한심한 일이 아니고 무엇이랴. 작昨 18일 밤에도 시내 황금정(지금의 을지로)에 있는 인민보 습격사건, 인사정(지금의 인사동)에 있는 인민당 습격사건, 학병동맹의 불상사가 있었는데, 19일 경기도 출입기자단이 이의 진상을 알고자 장도경 부장을 찾아 물은즉 다음과 같이 사건의 대략 내용과 금후의 파괴적 테러단체의 박멸을 말했다.

"작야의 학병동맹 진상은, 즉 내가 11시 경에 집에 돌아가자 인민보와 인민당이 방금 어떤 테러단체의 습격을 받고 있는 중이란 보고를 듣고, 근무경찰관 100명을 소집해 위선 도락크 3대로 전시를 경계했다. 12시 반 경에 인사정 파출소에서 경계망에 걸린 세 청년 이민령(25), 최무학(26), 백완선(24)을 수사한 결과 다이너마이트와 현금 1만 3,000원이 발견되어 그들의 거처를 물은 즉 학병동맹이라고 함으로, 무장경관 45명이 즉시로 삼청정 학병동맹으로 달린 즉 권총이 연속 발사되고 있었다. 시간은 오전 3시 반경이었다(19일 새벽). 할 수 없이 이쪽에서도 권총으로 대응하는 중에 응원경관 300명이 도착해 2중으로 주위를 포위하고, 결사대 경관 10명을 동원해 140명을 검거했는데, 경관 중에서도 2명은 부상을 당했고, 상대편에서는 사망자 3, 부상자 3명을 낸 대사건이었다."

체포한 자들에게 경관에서 발사한 이유를 물은 즉, 최초에는 모단체에서 습격을 온 줄만 알았지 경관인 줄을 전혀 몰랐다고 했다 하며 압수된 물건에는 무기도 불소하다 한다.

민족의 수치인 이러한 테러단체 숙청에 대한 방침에 대해 동 장 부장은, "어떠한 정당단체를 불문하고 폭력행위는 금후 목숨을 바쳐 철저히 박멸하겠으며, 18일 저녁에 인민보에 600명, 인민당에 400명의 테러단이 각각 습격한 데 있어서 관내 경찰서에서 전혀 알지 못하고 경위하지 못한 데 대해서 철저히 관내 경찰관에게 책임을 추궁하겠다. 그리고 인민보와 인민당 습격사건에 대한 수사와 진상도 책임지고 탐문해 일반시민으로 하여금 금후 안심하고 경관을 신뢰하게 하겠다"고 입장을 밝혔다.

그런데 학병동맹은 1946년 1월 18일은 전국학병대회 준비총회가 있었던 날이었고, 준비총회를 이날 오후 7시부터 12시 30분까지 삼청동 삼청회관(본부) 합숙실 제6호실에서 열었으며 경찰 측의 주장은 사실과 다르다고 반박했다.

1월 20일은 학병기념일이었다. 기념행사 준비를 위해서 그 전날 삼청동 사무실에 모여 준비총회를 했다. 그러므로 서대문 부근의 난투도 전혀 몰랐으며 따라서 그러한 난투극에 참여한 일도 없다. 경찰의 일방적인 습격을 받았으며 새벽에 발생한 삼청동 총격전만 하더라도 우리가 먼저 총을 쏜 일이 없다. 어둠 속에서의 일이기 때문에 경찰인 줄 미처 몰랐고, 테러단이 아닌가 해서 그 습격에 대비했을 뿐이다.

한편, 경찰에 따르면, 인민보, 인민당 등 좌익 세력 본부들이 습격당하자 인민당이 학병동맹본부 군사부장 박진동에게 지원요청을 했고, 학병동맹은 당장에 군사부장 박진동의 지휘로 수십 명이 무기를 휴대하고 가두로 쏟아져 나왔다고 주장했다. "제1차로 20명, 제2차로 25명이 안국동 인민당 근처에 집결해 시위하는 학생데모대와 충돌"했다는 것이다. 또 이날 시위를 주동했던 반탁학련은 "이날의 습격은 학병동맹이 주동이 되어 계획적으로 감행된 테러였으며, 미리부터 대기하고 있던 청년 돌격대들이 시위행렬을 방해하고자 습격해 갖은 행패를 부렸는데, 특히 여학생들에게 피해를 입히고 납치하려는 것을 경찰에서 제지해 엄중 취조한 결과 가해자들은 모두 학병동맹원이었다"고 밝혔다.

학병동맹사건은 학생운동의 좌우대립에 경찰이 개입해 총격을 가해 해방 후 최초의 희생자를 낸 사건이어서 국민의 지대한 관심을 모았다. 장 경무부장의 발표에 이어 학병동맹에서는 '장 경찰부장에게 보내는 항의문'을 발표했는데, 그 내용은 다음과 같다.

금차今次 귀하가 지도한 학병동맹 습격사건에서 구사일생을 얻은 본부 부원과 지방에서 상경한 전국학병 일동은 사건내용을 엄밀히 조사 검토한 결과 귀하 및 귀하가 지휘하는 경찰관 일동의 금번 행동에 관해 아래의 4항을 질문한다.

一. 금차 불상사 해결의 최대 요점은 파출소 경관이 체포했다는 이민영, 최무학, 백종선 3명의 진가 여부를 옳게 판단하는 데 달렸다.

제1. 우리는 파출소에서 그러한 사람을 체포했다는 귀하의 언명부터 의심하지 않을 수 없다. 심야에 다이너마이트를 소지한 자를 체포했으면 응당 일지에 기입했을 것이 아니냐. 그리고 기자단의 질문에 대한 해당 파출소원의 애매한 태도는 무엇을 말하느냐.

제2. 상기 3명 중 백종선이란 자는 전연 동맹과 관련 없는 자이고, 기타 2명은 동맹원이나 둘 다 움직일 수 없는 확고한 알리바이를 가지고 있다. 즉 2명은 동맹원이나 사건 당일인 19일 오전 9시 이민영은 자택에서, 최무학은 동맹에서 경관대에 납치되어갔다는 사실은 귀하와 귀하의 부하가 양심과 기억이 있다면 숙지하는 바이요, 둘째로 이의 모친과 부근 주민이 확인하는 바이다. 이것은 그간의 각 단체 조사로 명료한 바이요, 또 우리는 귀하가 사건해결의 성의를 가지고 요구한다면 얼마든지 증인을 제시할 용의가 있음을 말해둔다.

제3. 귀하는 전기 3명이라는 자를 밀실에 감금해놓았다고 언명하나 그러면 왜 기자단에게 면회를 허락지 않느냐. 이 사실은 귀하가 사실 폭로를 두려워할 무슨 이유를 가지기 때문이 아니냐.

二. 다음으로 귀하는 이번 참사의 원인을 전기 3명의 체포로 인하여 학병동맹에 다량의 무기가 있다고 인정한 것, 학병동맹원이 먼저 발포한 점에 두나, 이것은 다 사실을 고의로 왜곡하는 것임을 우리는 지적한다. 학병동맹에 무기가 없었음은 당일 19일 학살현장에서 귀하의 부하가 상사에 보고한 바와 같고, 또 21일 오후, 경비하는 경관이 분명히 한 말, "놈들이 무기를 많이 가진 줄 알았더니, 목총과 돌맹이밖에 없어"했다는 말과 같다. 이 두 가지에 관해서는 우리는 언제든지 증인을 제시할 용의가 있으나, 그러기 전에 귀하가 수색해보면 알 것이요, 귀하가 양심을 소지했다면 더 명료할 일이다. 없는 무기를 어떻게 발포하느냐. 총성이 어디서 먼저 들려왔는가는 학병동맹 취사부가 잘 아는 사실이다. 그것은 귀하 측에서 먼저 왔고 귀하 측에서만 왔다. 그러나 백 보 이백 보를 양보해 우리가 다량의 무기를 가지고 먼저 발포했다 치자. 그러면 아무 통고 없이 400명의 경찰이 삼면 포위를 하고 4시간이나 집중사격을 해야만 되느냐? 그러는 것이 귀하의 민주주의냐? 이상에 관해 모순 없는 명확한 답을 요구한다.

三. 귀하는 사람으로 못할 행동을 감행했다. "사격을 즉시 중지하라. 용건 있으면 말로 충분하다"고 외치고 뛰어나간 이원의 두개골은 무슨 이유로 깨었느냐. 그뿐이냐, 관통탄을 맞고 쓰러져서 아파하는 사람을 몽둥이와 총좌로 난타해 시체는 전신 타박상투성이다. 병원에서 사망한 김성익은 냉방에서 입술이 동상에 걸려 죽었다. 귀하의 부하는 박보동의 시체에서 시계와 현금 1,000원을 탈취하고 편상화를 벗겨갔다. 이 잔학행위는 어떻게 보느냐.

四. 이번 사건에 귀하의 부하는 다음 물품을 절취 혹은 강도했다.

1. 박보동의 단화, 편상화, 기타

2. 트렁크, 지까다비(일본 버선과 같은 신발), 단복, 넥타이, 서적 다수, 전구 전부, 미곡

이상의 비적 행위를 귀하는 어떻게 해석하는가?

귀하의 부하가 범한 멸족적 행동을 명확히 해명하는 동시에 즉시 사임하고 3천 만 동포 앞에 사죄하라.

학병동맹사건에 대해 1946년 4월 10일 오전, 서울 지방법원 4호 법정에서 반탁학련 피고인 김기호, 김성전, 홍사기 등 3명에 대한 첫 공판이 열렸다. 주심판사 박원삼, 검사 박경재, 변호사 김병로, 서광설 등이 관여하고, 반탁학련원들이 방청하는 가운데 재판이 진행되었다. 재판장과

피고인들의 문답에서 피고인들은 인민보, 인민당 인민위원회를 습격한 사실을 시인하고, 습격이유를 "천만 국민 거의가 탁치를 반대하는데, 습격당한 3기관만이 지지하지 않고 태극기를 적기로 바꾸고 애국가를 혁명가로 부르는 데 분개"했다고 대답했다. 검사는 피고인들에게 징역 4월을 구형하고, 변호사 김병로는 "애국충정에서 한 일이니까 무죄 석방시켜야 한다"고 주장했다.

학병동맹 측에서는 1946년 5월 8일 오후 2시 서울지법 제15호 법정에서 박원삼 판사로부터 신요철 징역 1년, 최만진 징역 10월, 오석운 징역 10월에 집유 3년, 이효섭, 최문환, 이창우, 박태윤 각 징역 10월에 집유 3년을 언도받았다. 학병사건은 해방 후 한국학생운동사에서 좌우 분열과 대립의 비극을 잘 일깨워준 사건이며, 또한 해방 직후 학생들이 자기들의 노선을 위해 얼마나 치열하고 전투적이었던가를 보여주는 사건이었다.

이무렵 좌익학생은 이미 경찰의 단속을 받고 있었다. 그러나 이러한 단속은 오히려 좌익학생들로 하여금 각 학교 학생자치회의 주도권을 장악해 은밀하게 세력을 확대하는 한편, 기성사회인과 결합해 각종 사회운동에 참여하게 하는 계기가 되었다. 우익학생들도 함흥, 신의주, 평양 등지의 반공학생사건에 참가했다가 월남한 학생들에게 더욱 자극을 받아 전국적인 반공계몽운동으로 맞서고 있었다. 그리하여 2월 28일 반탁학련을 중심으로 파고다 공원에서 2·28 동경유학생 독립선언기념 전국 학도 궐기대회를 개최했는데, 이때 학통의 조청朝靑과 반탁학련 사이에 충돌이 일어 경찰이 출동하는 사건이 있었다. 좌우대립의 분열상은 1946년 3·1절 기념행사를 우익진영은 서울운동장에서, 좌익진영은 남산에서 각각 개최해 학생들이 양쪽으로 나뉘어 참가한 데서도 잘 드러난다.

신탁통치 문제를 둘러싼 좌우 학생투쟁 역시 끊임없이 계속되었다.

1946년 3월 8일 추르억 경기도 지사가 정치적 성격을 띤 학생시위는 엄단한다고 발표하고, 이어서 3월 13일 미군정장관 러취는 학도는 정치에 간섭하지 말라고 발표했다. 3월 20일에 서울에서 미소공동위원회가 개최되고 지상과업인 남북통일을 위한 합작의 기운이 고조되자, 학생운동에 있어서도 갈등과 대립이 지양되고 통합을 위한 시도가 이루어졌다. 그러나 남북통일에 대한 원칙적인 문제에 의견이 일치하지 않아 아무런 해결책도 못 얻은 채 갈등과 대립이 심화되어갔다.

그런데 평양 학생 반탁·반공 사건과, 3월 13일 함흥 학생들이 백호단이라는 반공 지하단체를 중심으로 일대 데모를 감행해 반공운동을 전개했던 일로 말미암아, 북한 전역에 반공 지하 학생조직에 대한 치밀하고 철저한 검거가 실시되자 사건 관련 학생들이 월남했다. 이들 월남한 학생들이 남한 학생운동에 가담하자 남한 우익학생운동은 더욱 강력한 반공운동을 전개했고, 좌우 양 진영 학생운동의 대립은 한층 더 치열해졌다. 이와 같은 좌우 학생대립은 1946년 7월 13일 '국립 서울대학교 설립안'(이른바 국대안)이 발표되면서 새로운 학생운동의 투쟁양상으로 전개되기 시작했다.

④ 학생단체의 재편성

학병동맹사건 이후 조선청년총동맹, 해방청년총동맹, 조선청년문학가협회 등 좌익 청년단체들이 출현했고, 1946년 4월 남대문교회에서 우익학생운동 연합체인 반탁학련과 좌익 학생운동 연합체인 학통의 대표자가 회의를 가지고 학생운동의 통합을 시도했으나 실패했다.

반탁학련은 4월 말경부터 지방조직에 주력하고 좌익세력이 가장 성한 전라남북도와 다도해 방면으로 학생계몽대를 파견해, 반탁학련의 지방

조직을 강화했다. 또한 잡지 〈학생공론〉을 발간해 우익 학생운동의 이론적 근거를 세우기에 노력했다. 이 무렵 반탁학련과 별도로 '독립학생전선'이 조직되어 학생운동의 새 길을 모색하면서, 학생단체는 각각 내부정리와 지방조직, 민중계몽운동에 힘을 기울였다.

그러던 중 국대안이 나왔다. 이에 좌익 학생운동체인 학통에서는 국대안 반대성명을 발표하고, 학병동맹사건 이래 침체되었던 좌익 학생운동의 새로운 투쟁의 장을 마련해 적극적으로 행동하게 된다(다음 장에서 상술). 반탁학련과 독립학생전선에서도 우익진영 학생들의 단결을 도모하여, 남산동에서 수차례의 회합을 거쳐 1946년 7월 31일 서울 인사동에 있는 중앙예배당에서 우익진영 학생들이 총 단합을 위한 전국학생총연맹(위원장 이동원)이 결성되었다. 반탁학련은 결성된 지 6개월여 만에 발전적 해산을 하고, 전국학련으로 개편되어 종로 1가(구자유당 본부건물)에서 8월 1일 발족해 반공 민족진영 학생의 대동단결을 표방했다.

좌경 학생연합체였던 재경학생 행동통일촉성회도 서울학생 통일촉성회로 개명했으나, 약칭은 계속 학통으로 사용했다. 이들은 1946년 8월 16일 서울대학교 문리대 강당에서 웅변대회를 개최해, 재정캄파운동을 전개하면서 운동의 진용을 재편했다.

또 다른 한편에서는 월남한 반공학생들 중 상당수가 모여서 8월 말경 서북학생연맹을 조직하고 전국학련과 상호원조하면서 대공투쟁을 전개했다. 또한 해방과 더불어 조직되었던 조선유학동맹은 한국학생동맹으로 개편하고, 좌우합작과 때를 같이하며 건국학생연맹이 또 발족했다.

국대안을 전후로 학생단체의 체재정비로 전국학련, 서울학통, 서북학생연맹, 한국학생동맹, 건국학생연맹 등 다섯 개의 학생운동 단체가 발족한 것이다.

3. 학원민주화운동 — 국대안 반대투쟁

① 배 경

1946년도 전반기 학생운동은 신탁통치 문제에 대한 찬반 학생투쟁으로 격화되었으나, 그 운동의 이념은 반외세 민족수호 운동이었다고 할 수 있다. 이에 반해 후반기 학생운동은 국립 서울대학교 설립안 반대투쟁을 통한 학원민주화 운동이었다.

해방 후 교육계에는 반민족적인 친일 황민화 교육에 몸담았던 사람들이 대부분 그대로 교육자의 위치에 머무르고 있었다. 더욱이 군정청의 문교 간부들도 일제 때 친일 교육계에 몸담고 있던 사람들이 대부분이었다. 이처럼 해방 후에도 일제 노예교육이 여전히 잔존하고 있는 상황에서, 학생들은 억압과 구속의 교육에서 벗어나 내 조국 내 학교에서 마음껏 자유를 노래하고 민주를 꽃피우고자 했다. 따라서 교육자와 학생들 사이에는 자연히 조정될 수 없는 간격이 있었다.

일제강점기 잔존 교직원으로 구성된 교육계는 해방이 되었으나 정책상 어떠한 창조적 대안도 제시하지 않았다. 단지 학교의 명칭을 복구하거나 입학시기 및 졸업시기의 변경과 같은 학제의 부분 변경, 1946년도의 신학기를 기해 전문학교를 대학으로 승격시키는 등의 지극히 형식적인 변경을 했을 뿐이었다. 명목상으로는 민주주의를 기조로 한 과학교육이라 하지만, 내용에 있어서는 일제 때의 개념을 조선적인 명사와 개념으로 대치한 것에 불과했다. 해방 조국의 미래를 설계하는 민족적이고 민주적인 교육을 위한 노력이 없었고, 친일 교육자들은 그들의 본질을 바꿀 의지도 없었다. 제국주의의 종속적 교육정신이 자신들에게 깊이 배어 있음을 그들은 숨기려 하지 않았다.

이와 같은 교육적 현실은 일제강점기의 굴욕과 폭압 속에서 쓰라린 경험을 겪고 사선을 돌파해온 조선의 전문학교 및 대학교 학생들에게 실망과 불만만 안겨주었다. 게다가 학생들이 바라는 민주학원은 쉽게 이루어질 전망이 보이지 않았다. 일제에서 벗어나서 해방을 노래하던 학생들과, 교육의 제도와 내용에서 일제 잔재를 청산하지 못한 학원 사이의 갈등이 심화되는 가운데, 학원민주화운동은 필연적으로 일어나게 되어 있었다. 그 분화구가 된 것이 1946년 7월 13일에 발표된 국대안이었다. 학원민주화운동은 학생들의 해방적 의지에 불을 붙였으며, 신탁통치 문제로 좌우로 갈렸던 학생들도 학원민주화를 요구하는 국대안 반대 투쟁에는 거의 의견이 일치되었다.

7월 13일 미군정 당국은 부족한 인적자원과 물적자원의 최대한 활용과 교육의 질적 향상을 이유로, 서울에 있는 경성대학과 관립 7개 전문학교를 국립 서울대학교로 통합하는 국대안을 발표했다. 국대안이 발표되자, 사회 및 학원에서는 국대안에 대한 반대 여론이 끓어올랐다.

이 거대한 최고 교육기관인 국대안을 운영하는 이사회를 행정관리로 충당했다는 것은 관료독재화의 우려가 있고 일면으로는 정부의 학원간섭이라 볼 수 있으며, 차라리 국대안을 철회하고 경성대학을 종합대학으로 확정시키는 동시에 각 단과대학은 자기 독자성을 발휘해 조선교육계가 당면한 긴급문제인 각 방면 학교를 증설하는 것이 바람직하다.(1946년 7월 14일자 〈조선일보〉)

7월 18일 전문대학 교수단 연합회에서는 국대안 불합작 성명서를 발표했다. 이어서 7월 22일에 학통이 국대안은 "① 학원의 관료화, ② 군정의 학원 간섭, ③ 각 단과대학의 자주성 박탈 조치"라고 비판하고, 이는 학원에서 민주주의를 근본적으로 말살하려는 기도라고 분개하면서 적극적인 저항을 하고 나섰다. 그러나 전국학련은 신탁통치 문제 이후의 좌우대립을 재연이나 하듯이 반공민족진영 학생들의 대동단결을 표방하고 나섰다. 좌우 학생운동은 당시의 정치기류와 맞물려서 국대안 반대투쟁에서도 대립의 각을 세웠으나, 국대안 문제는 좌우학생이라는 차원을 넘어선 문제였기 때문에 커다란 무력충돌은 없었다.

이러한 반대여론에도 불구하고 문교당국은 8월 22일 법령을 발표했다. 이에 학원민주화를 부르짖는 학생운동이 약 1년간에 걸쳐 맹렬하게 일어나는데, 전국적으로 맹휴에 참가한 학교가 57개교, 참가인원이 4만여 명에 이르렀다.

② 제1차 국대안 반대투쟁

1946년 7월 13일 국대안이 발표되자 이에 대한 반응은 즉각적으로 나타났다. 8월 4일에 11개 전문학교와 중등학교 대표 등으로 '국립서울대안반대 공동대책위원회'가 결성되고, 그 대표들은 군정청 문교부 당국자와 만나 국대안 철회를 교섭했으나 실패했다. 8월 5일 오후에는 전국교육자대회 대표단이 국대안의 철폐를 요구하기 위해 군정청 러취 장관을 방문했다.

이러한 반대 여론에도 불구하고 8월 22일 법령 102호 국대안이 확정 발표되어, 학원민주화운동은 새로운 양상을 띠게 된다. 9월 1일 국대안 반대 학생투쟁위원회에서는 국대안에 대해 "① 운영의 비민주성, ② 시설의 축소, ③ 교수의 대폭 감소와 그에 따른 혹사, ④ 교외 문화활동의 위축, ⑤ 학생수의 감소와 질의 저하" 등의 결점을 지적하고, 문교당국의 반성을 촉구하는 성명서를 냈다. 그러나 문교부는 이 날짜로 학제를 6·6·4제로 개혁하고, 국대안 문제에 조금도 양보할 수 없음을 천명했다.

이렇게 되자 9월 5일 서울대학 이공학부 교직원 일동 38명은 신설학교에 봉직할 의사가 없음을 문교부 당국에 전달하는 성명서를 발표하기에 이른다.

이날부터 학생들 또한 적극적인 저항에 돌입했다. 경성대학 의학부는 신입생을 포함한 학생대회를 열고 학원의 관료화와 비민주화 등의 항목을 지적한 성명서를 발표했으며, 경제학부 학생회도 학생대회에서 국립대학 등록을 절대 거부할 것을 결의했다. 5개 전문대학교 학생회에서도 국대안 반대를 결정했다. 법과대학 학생회와 공과대학 학생회에서도 국대안을 전면으로 반대한다는 성명을 발표했으며, 여자 사범대학도 국대안 반대 대책위원회의 이름으로 조선의 장래에 미치는 악영향이 클 것이라는 내용의 성명서를 발표했다.

이렇게 각 대학에서 성명서로 반대투쟁을 전개하자, 문교부는 9월 6일 국대안 세목을 발표하고 등록하지 않은 학생으로 생기는 결원을 재모집하기로 했다. 사태가 이와 같이 진전되자 학생들도 학원의 자유와 민주화를 절규하며 등록거부를 조직적으로 전개하는 한편, 국대안 반대 가두시위를 벌였다. 9월 15일 의학부 학생들이 가두시위를 감행해 50여 명이 검거되고, 9월 29일에는 대구지역 학생들이 국대안 반대데모를 감행했다.

10월 4일 서울문리대와 11월 7일 법과대학에 이어, 학생들은 12월 9일부터 국대안 반대 동맹휴학이라는 새로운 방법을 강구했다. 일제강점기에 학생운동의 중요한 방법으로 등장한 동맹휴업이 해방조국에서는 처음으로 일어난 것이다. 동맹휴학에 들어간 학교는 서울대의 문리대, 법대, 상대, 공대, 예과 등이었다.

이들 학생들이 결의한 내용을 보면, "① 미국인 대학 총장을 한국인으로 교체하라, ② 문교부 책임자를 인책 해임하라, ③ 경찰의 학원 간섭을 배제한다" 등이었다. 이에 대해 문교당국은 문제해결의 성의를 표시하기보다는 오히려 위압적인 태도로 나오면서, "등교하지 않는 학생은 단연 제명, 퇴학 처분을 하겠으니 알아서 하라"는 식의 강경대책을 발표했다. 그리고 사태가 점점 악화되어 국대안 불합작 교수단도 학원의 민주화를 위해 학교를 떠났다.

국대안 반대운동이 정국 자체를 흔들어놓자 12월 18일 미군정 장관 러취는 기자회견을 통해, "군정청은 조선을 위해 돈 쓸 일이 많은데 공부 안 할 학생을 위해서는 돈 쓸 필요가 없다. 국대안에 불만이 있으면 다른 곳에 취직을 해서 돈벌이를 하는 게 좋다. 교수가 부족하다는 것도 잘 아는 바인데, 스트라이크를 일으키는 교수에 동정할 수 없다"고 하면서 서울상대, 문리대, 법대 등에 3개월간 휴교령을 내린다.

③ 제2차 국대안 반대투쟁

2학기에 내려진 휴교령이 끝나는 1947년 2월 3일의 개교를 앞두고, 1월 30일에 문교당국 및 학교당국은 개교일까지 등교하지 않는 학생은 일괄 제명 처분할 것이라고 공포했다. 이에 학생들은 즉각적인 반응을 보여 2월 3일 문리과 대학 강당에서 학생대회를 개최하고 다음과 같은 성명서를 발표했다.

① 학원의 자유를 유린하는 학원 내의 경찰간섭을 절대 반대한다.
② 미국인 총장, 교무처장 등을 유능한 조선인으로 경질하라.
③ 문교장관, 차관, 고등 교육국장 등 문교 책임자는 인책 사직하라.
④ 국대폐쇄령, 전원 정학처분 및 장관의 명의로 발표된 일체 모욕적 담화를 취소하라.

문리대, 상대, 법대 등은 계속해 맹휴에 들어갔고, 문리대 예과부 학생들도 같은 요구조건을 내걸고 맹휴에 들어갔다. 한편 공과대 학생들도 신공덕리로 이전한 교사에서 1,300여 명이 모여 학생대회를 개최하고, 국대안 철폐 등 7개항의 요구조건을 내걸고 맹휴에 돌입했다.

한편, 서울공과대학 일부 교수들은 다음과 같은 사임성명을 발표하고, 예과부장 유기연, 학생과장 유웅호 외 7명이 사임했다.

서울공과대학 교수 중 국대안 찬동자를 제외한 나머지 일부 교수는 그후 사태수습을 위해 전력을 다해오던 중 국대안의 여러 가지 모순을 모르는 바 아니나, 원래 우리는 당초부터 향학열에 불타는 학생을 생각해 학교를 떠나지 못했다. 그러나 그후의 모든 사태가 각 학교의 지엽문제보다 국대안 전체에 대한 재고려를 필요로 하는 단계에 이르렀다고 보고 당국의 재고를 요청키 위해 사직을 결의한다.

이처럼 각 대학에서 신학기 시작부터 국대안 철회, 퇴직교수 복직, 미국인 퇴진, 경찰간섭 배격 등의 요구를 내걸고 맹휴에 들어가자 사태는 수습하지 못할 정도로 확대되었다. 2월 3일의 맹휴가 있은 다음날 4일에는 사범대, 약대, 경복중학이 연속맹휴를 하고, 5일에는 의대(경성의전), 예과, 치과대, 예술대, 한공대학漢工大學, 6일에는 "형님들을 위해 맹휴에 들어간다"는 슬로건을 내걸고 휘문중, 덕수상업, 한공漢工 등과 연희대, 국학대, 중동중, 사범중, 광산중, 선린중, 경기공업, 조선공업 등이 맹휴에 돌입했다. 그리고 2월 7일, 8일에는 농과대, 조공朝工(야간부), 한성중, 동명여고, 대동상업, 동성중학, 배제중학, 동국대학 등이 맹휴에 들어갔다. 또 경기상업학교 학생들은 국대안 반대, 학원 내 경찰간섭 반대, 교직원의 생활보장, 학생에게 식량과 학용품을 특별 배급하라는 등의 요구조건을 내걸고 계속 맹휴에 들어갔다. 이와 같이 맹휴학교 수는 매일 증가해 드디어 지방에까지 파급되어 인천, 개성, 춘천, 대구 등지에서도 동정 맹휴가 속출했다. 이 시기 맹휴에 참가한 학교 수는 57개교, 참가인원도 4만여 명에 달했다.

학생들의 국대안 반대 투쟁과 함께 7일 상대 교수단은 학장의 맹성을 바란다는 성명서를 냈고 11일에는 백찬수 이하 교수와 강사가 사임했다. 같은 날 사대에서도 교수단 35명 중 25명이 문교당국에 불협력 성명을 발표했다. 12일에는 전 경성대학 법경과 교수 전원이 일단 사의를 표명했다. 이에 앞서 8일에는 유기섭 교수 외 8명과 14명이 3개교 휴교, 시설감축, 교수진 강화, 구교수 복직문제 실패 등을 지적하고 사임을 결정했다.

이렇게 국대안 문제가 단순한 학생들만의 문제가 아니라 해방 한국의 민주주의적 문제로 제기되는 가운데, 2월 6일 국대안 반대 공동투쟁위원회에서는 다음과 같은 성명서를 발표했다.

국대안이 건국도상의 교육계와 전 사회에 야기한 혼란과 암영은 일대 민족적 불행이며, 민주교육 건설 및 민족문화 발전에 끼친 해독은 재언을 요치 않는 것이다. 이제 우리 국대 7천여 애국학도는 총궐기한 것이다. 국대안 발표 이후 반년 간의 고난은 우리로 하여금 여하한 희생도 각오하게 했으며, 이제야 완전한 단결 밑에 결사적 투쟁을 전개하고 있는 것이다.

우리는 긴급한 사태를 수습하기 위해 다음과 같은 해결책을 공포한다.

① 교수와 학생의 자치권을 완전히 승인하는 기관을 수립할 것

② 문교당국의 책임자는 자기의 실패와 무능을 자인하고 인책 사직할 것

③ 학원에 대한 경찰간섭을 즉시 중지할 것

④ 대학 행정권을 조선인에게 이양할 것

사회적 여론이 국대안 문제에 집중되어 있는 가운데 민정장관 안재홍은 "어느 파를 막론하고 학생과 그 관계자들의 폭력행위를 절대 방지해야 한다. 중등 남녀 학생의 맹휴는 불가하므로 즉시 등교하기 바란다. 어쨌든 학교 안에서의 정치운동과 맹휴는 허용치 못할 일이다"라고 발표했으며, 일제하 친일 반민족 행위를 서슴지 않았던 문교부장 유억겸이 미군정을 등에 업고 다음과 같이 자기가 친일하던 논리로 애국민족 학생들을 회유하려 했다.

국립서울대는 고매한 이상과 원대한 계획하에 발족한 것이다. (중략) 더구나 국대를 식민지 노예교육기관이라 함은 종합대의 진가를 모르는 무지의 소치로서 언어도단이며, 신성해야 할 학원에서 당을 지어 동맹휴학을 하는 것은 애국적 학도의 취할 바 태도라고는 생각할 수 없다. 일각을 다투어 학원으로 돌아가 규율 정연히 면학하면서 정당한 요구를 한다면 아니 통할 리가 없다고 본다.

또한 조 경무부장과 검찰부장은 공동명의로 동맹휴학 주모자를 엄중 처단하겠다고 발표했다. 주요 권력기관에서 한결같이 맹휴를 비난하는 가운데 학생운동 내부에서도 맹휴를 반대하는 단체가 결성되었다. 1947년 2월 9일부터 서울대, 각 대학의 우익진영 학생들은 각 대학 건설학생회를 급속히 조직해 맹휴를 분쇄하는 한편, 사립대학의 건설학생회 조직을 기다려 2월 28일 전국건설학생연맹을 결성했다. 여학생들은 전국애국여학생회를 조직해 건설학생연맹과 공동보조로 학통계의 맹휴운동을 분쇄하려 했다.

이들 건설학생회 각 단과대학 대표는 2월 19일 한청빌딩에 모여 학생의 본분인 학업을 계속하면서 연구할 조건을 합법적으로 요구하고 투쟁해 자유로운 학원을 건설하려는 의도로 서울대 건설학생회를 조직하기로 하고 다음과 같은 결의문과 성명서를 발표했다.

〈결의문〉
① 국대 미인美人 행정권을 유능한 조선인에게 이양할 것
② 교수진을 완비하고 그 생활을 보장하며 교사설비를 충실히 할 것

〈성명서〉
…… 직업인으로 직장을 사수하고 학생은 학원을 사수해 학업연수에 충실함이 건국에의 공헌이어늘, 지금 도하에 발생되고 있는 맹휴는 실로 건국도상과 국가 장래에 중대한 악영향을 초래할 한심사라고 아니할 수 없다. (중략) 그럼에도 불구하고 일부 불순 학생들은 현행제도의 다소의 불비를 기화로 정치적 모종의도를 가지고 순진한 학생들의 민족적 양심을 악용해 무기한 맹휴를 유도하고 있으니, 우리들은 애국적 견지에서 이러한 맹휴를 단연 배격하고 한시 급히 전원 등록케 하기 위해 국립서울대 건설학생회를 결성해, 모모 정치동향의 파괴정책의 희생에 제공되려는 조국의 학원을 구해 진정하고 순수한 학원을 건설하기 위해 자에 성명한다. (후략)

건설학생회는 결성 당시부터 국대안 내용 중 일부는 반대하면서도, 국대안 반대운동인 맹휴를 좌익 운동시하면서 신탁통치 문제 대립의 양상을 다시 재현시킨 것이다. 이러한 일련의 움직임에 대해 국대안반대 공동투쟁위원회는 다음과 같은 성명서를 발표해 입장을 밝혔다.

12일 검찰총장, 경무부장의 공동성명에 대해 학생일동은 유감의 뜻을 표한다. 국대안 반대투쟁은 민족문화의 내일을 우려하고 현 문교정책을 바로 잡

으려는 순진한 학생들의 정열에서 우러난 투쟁이다. 일부단체와 일부학생들의 선동에 의한 것이라는 것은 우리의 단결을 깨뜨리려는 모략에 불과하다. 우리는 진실한 민주학원을 건설하기까지 순량한 학도들의 새싹을 유린하는 것과 싸우겠다.

국대안 반대투쟁은 민족문화의 내일을 우려한 진실한 민주학원의 건설운동이지, 일당일파의 사주에 의한 운동이 아니라는 것을 분명히 했다. 이처럼 국대안은 큰 어려움에 봉착하고 이에 대한 사회적 여론도 비등해지자 각 정당 및 사회단체 대표들도 국대안대책협의회를 구성하고 국대안 철회요청을 성명했다. 드디어 15일 문교당국은 서울대학 총장에게 이사진과 총장은 조선인으로 한다는 것을 제의했으나, 그것으로서는 사태가 수습되지 않고 맹휴는 계속되었다.

2월 18일 문교당국은 국대의 이사, 총장 및 각 학장의 연석회의를 개최하고, 2월 19일부터 3월 9일까지 제1학기 말 방학으로 선언하고, 3월 3~5일의 3일간에 제2학기 등록을 실시할 것을 결의하고 공표했다. 그러나 학생들은 계속 맹휴를 감행해 등록기간 중에 등록한 학생은 16%에 불과했다.

이런 와중에도 건설학생회는 맹휴 진상 폭로대회를 열고 맹휴 반대운동을 하고, 경찰은 맹휴 주동자를 검거하기에 혈안이 되어 있었다. 이렇듯 국대안 문제가 정국의 혼란을 가중하자 군정장관 러취는 입법 의원에 이 문제를 제시했다. 입법위원 제6분과 위원회의 조사내용은 대략 다음과 같다.

1. **맹휴의 원인**: ① 교수 부족으로 인한 수업의 불충분, ② 이사회의 학교운영이 교수회의 자치를 거부한다는 견지에서 국대안이 노예교육이라는 것, ③

군정장관의 3개 대학 휴교처분에 대한 분노, ④ 총장이 미국인인 관계로 상호 이해가 부족한 것

　2. **국대안 운영상의 결함**: ① 운영 주체인 임시 이사회의 전원이 문교당국자를 겸임함으로 인해 관료적인 색채가 농후하다는 감을 줌, ② 현 총장과 현 교무처 처장이 미국인인 관계상 대학생 교수관계가 원만하지 못한 것

　3. **대책**: ① 법령 102호 제7조를 개정할 것, ② 교수의 생활보장

이와 같은 실정을 조사한 후 문교당국은 5일까지 미등록 학생을 일단 이적 처분했다가, 14일 하오 5시까지 복적원을 내면 심사해 15일 상오 발표하겠다고 했다. 그러나 이러한 움직임에도 학생들의 움직임에 별 변화가 없자, 당국은 법령 102호를 고친 수정법령을 5월 6일 공포했다. 수정법령에 의해 미국인 총장 앤스테트는 물러가고 한국인 총장 이춘호가 취임했으며 각 단과대학의 교수회가 부활했다.

국대안 반대투쟁 이래 9개 대학 8,040여 명의 학생 중 4,956명이 제명당했고, 9개 대학 529명의 교수 중 380여 명의 교수강사진이 학교를 떠나 남은 교수는 겨우 140여 명에 불과했다.

국대는 1947년 신임이사회에서 3차에 걸쳐 등록과 제명을 당했던 학생들을 1, 2개 대학을 제외하고는 원칙적으로 무조건 복교하도록 6월 13일 결정했다. 이로써 국대안 발표 이래 만 11개월 만에, 1,000여 명의 학생과 380여 명의 교수들이 끝내 복교와 복직을 거부당한 채 국대안 반대투쟁은 일단락되었다.

국대안 발상 자체가 노예교육의 하나였다는 비판의 근거는 미국인 총장에 있었다. 해방된 조국에서 민주교육을 받아야 할 대학의 총장이 점령국인 미국 사람이라는 것은 식민지 교육의 재현이라고 할 수밖에 없는 일이었다. 또한 관선이사는 교수의 자치적인 기능을 말살하고 식민

지 노예교육에 순종케 하자는 것이었다. 여기에 국대안 반대투쟁이 학원민주화 투쟁으로 연결되는 논리의 정당성이 있다.

이렇듯 국대안 반대투쟁은 학원민주화 투쟁으로서만이 아니라 민주주의 실천운동으로서도 중요하며, 미국인 총장을 퇴진시킴으로써 민족적 역량의 일면을 표출한 운동이기도 했다.

④ 남산 메이데이 사건

신탁통치 문제를 둘러싼 학병동맹사건이나 국대안 반대투쟁을 통한 학원민주화운동 등으로 학생운동의 좌우대립이 점점 심각해지자, 미군정청과 경무당국은 학통계열 학생들을 서서히 단속하기 시작했다. 그 첫 사건이 1947년 5월 1일 '남산 메이데이 사건'이었다.

5월 1일 메이데이 남산 기념식장에 참가했던 남녀 학생들이 경찰에 연행되어 조사를 받고 석방되었다. 그런데 덕성여중, 배화여중, 경기고녀 등 각 학교에서는 경찰당국으로부터 명단을 넘겨받아 메이데이 참가 학생 전원을 징계해 24명이 퇴학처분, 47명이 정학처분, 167명이 근신처분되자, 또다시 학원문제가 사회문제로 떠올랐다.

5월 8일 유억겸 문교부장은 군정청 출입기자들 질문에 학생처벌에 대해 모른다고 하면서 "나는 사전에 구두로 그런 행사에 참가하지 말라고 하급관청에 말을 전했다. 학생이 정치에 관심을 갖고 연구하는 것은 좋으나, 실천운동을 함은 좋지 못하다고 생각한다"라고 대답했다. 한편, 미국인 학무국장 고문관 마틴은 10일 학생처벌사건에 대해 경찰과 학원당국의 과오를 지적하는 성명서를 발표했다. 그리고 13일에 경기고녀 강당에서의 서울시 남녀 중학교 교장회의에서 "전前 세기적 전제주의를 버리고 민주주의 교육정신에 입각해 퇴학생을 복교시키라"고 말했다.

마틴은 14일에는 15개 조항에 걸친 민주주의 교육방침을 시내 각 남녀 중학교에 통고해 정학·퇴학·경찰간섭 등 비민주적 처사를 하지 말도록 지시했다.

학생처벌을 두고 문교당국과 마틴 사이에서 견해가 엇갈리자 문교부와 시학무국 당국은 16일 공동성명을 발표해 마틴을 공격하기 시작하고, 마틴은 6월 19일 돌연 집무정지 처분을 받고 7월 2일 일본으로 떠나 버렸다. 마틴 개인의 민주주의적 교육의 입장도 미군정청과 그들을 등에 업고 있는 문교부의 비민주적 처사 앞에 무산이 된 채 메이데이 사건은 흐지부지되었으며, 이 무렵부터 좌익학생 단속은 표면화되어갔다.

⑤ 좌익 학생운동의 퇴조

학병동맹사건, 국대안 반대, 메이데이 사건 등이 있은 이후 군정청은 학통 좌익 학생단체들을 불법단체로 선언하고, 6월 하순부터는 우익 학생들이 맹렬한 반격에 들어가 미군 전차대가 출동해 경계하는 가운데 연일 학생들이 반탁데모가 계속되었다. 학통은 불법화되었고, 대부분의 학통계 사람들이 학생운동의 전면에서 사라지던 6월 17일, 중간노선을 표방하고 나선 학생들에 의해 민주학생연맹이 결성되었다. 이 민주학련은 사실상 좌익 학생운동자들의 피난처였으며, 이후 좌익 학생들이 중심을 이루었다.

한편 반공학생사건으로 월남한 일부 학생들은 서북학련, 함남학련, 공제회, 연수관, 장백학사, 마천루, 대원장 등 지역적으로 규합되어 반공투쟁을 계속해왔다. 이들은 1947년 8월 13일, 8·15 2주년 기념일을 맞아 이북 학도들의 총 단결을 도모하고 반공투쟁을 효과적으로 하기 위해 한국학생연맹, 서북학련, 함남학련 등의 단체를 발전적으로 해체하고, 오후 4시 영락교회에서 이북학생총연맹을 결성했다. 이어 한국학생동맹과 서북학련이 합병해 통일학련으로 발족되고, 9월에는 한국학생단과 건국학생연맹의 통합체인 대한학생총연맹이 결성되었다. 10월 21일에는 우익 학생단체에서 좌익 학생단체의 해체를 군정청에 요구하였고, 12월 13일 김득신·함통·강영훈·김응수·윤석우·김일남·이종항·박세영 등이 가담해 면학동지회가 조직되고, 전국학생 문화단체 총연합회가 결성되어 우익 학생단체의 결성이 완료되었다. 이후 좌익 학생들의 운동이 표면적으로는 사라지는 한편 우익 학생단체의 전성기가 형성된다.

좌익 학생운동의 퇴조는 신탁통치의 문제와 국대안 문제를 통해 구체화되었으며, 남한에서 우익체계 확립과정을 통한 힘의 승리는 분열의 반대요소를 진압하는 데 성공했다. 반탁시위대와 학병동맹원의 충돌에서부터 좌익학생 진압이 시작되어, 기성 좌익지도자의 체포령, 좌익 언론기관의 폐쇄, 좌익 단체의 불법화와 동시에 학통이 불법화되면서 좌익계의 학생운동은 당국의 집중적인 통제를 받게 된다. 메이데이 참가학생 사건과 여운형 추도식 참가학생 검거사건 등의 좌익계 학생탄압과 우익 지향적인 정치정세 속에서 좌익 학생들은 점차 지하로 들어갔다.

4. 통일정부 수립운동

① 단선·단정의 배경

세계의 새로운 역학적 법칙에 의해 국제관계는 종전 직후의 민주주의와 평화를 건설하려는 성실한 노력을 무산시킨 채 냉전체제로 들어갔다. 전전戰前의 모든 국제공약은 걸레조각처럼 유린당하고 각국은 세계정책

수행에 급급했다. 그 결과 세계에는 전전의 낡은 지배양식을 다시 재현 반복하려는 어두운 그림자가 점점 짙게 드리워갔다. 일제의 압제에서 벗어났지만 우리 민족의 기원인 민족독립과 평화는 어김없이 전승 양대 진영의 냉전도구로서 희생을 강요당했다. 하나의 지배세력이 물러간 자리에 두 개의 새로운 지배세력이 군림해, 우리 국토를 분점하고 각자의 이념과 정책시행에 급급한 채 우리 민족의 이해를 무시하고 남북 각자의 이해관계를 중심으로 심각한 대립을 일으켰다. 이리하여 마침내 미소 양 세력은 세계적인 평화와 분쟁의 중요한 인자로 등장하였고, 끝내는 세계지배 판가름하는 위험천만한 장소의 하나로 한반도가 등장할 조짐이 일어났다.

이러한 미소의 세계전략에도 불구하고 국내에서는 남한만의 단독선거로 단독정부를 수립하자는 단선·단정의 움직임이 집요하게 세력을 확장하고 있었다. 한국의 통일된 독립은 우리 민족의 생명과 역사가 가르치는 지상의 명령일 뿐만 아니라, 일제로부터의 우리의 해방은 민주주의를 애호하는 전 세계인이 우리에게 보낸 값진 피의 선물이요, 인류정의의 신성한 현장인 것이다. 이 위업을 방해하고 정치적 단결을 위대한 정치적 철학인 양 서로 다투면서, 민족의 가면을 쓰고 매국의 길을 걷는 사람들이 정치무대에 실권자로 등장했다.

8·15는 우리 민족에게 단지 독립의 기회를 줄 뿐이었다. 독립이란 어디까지나 자신의 힘으로 자기가 원하는 정부를 수립하는 것이다. 독립이란 어느 누가 선물로 가져다주는 것이 아니라, 자체의 줄기찬 노력과 힘의 희생으로써만 찾을 수 있는 것이다. 자유 또한 주는 것이나 받는 것이 아니고 쟁취하는 것이다. 외세가 아무리 자기 추수追隨를 강요해도 굴복해서는 안 되며, 끊임없이 항쟁하면서 스스로의 힘으로 독립을 쟁취하는 그날, 참된 자유와 해방이 우리에게 약속된다. 외세에 이끌려 그

들이 시켜주는 독립을 얻는다면, 몇 만 년이 흘러도 진정한 자유도 자주도 해방도 얻을 수 없다.

　외세의 이러한 자기 추수의 강요는 유엔에 한국문제를 상정함으로서 노골화되기 시작했다. 민족 장래의 향방을 제시하는 학생들의 민족적 통일 요구가 끊임없이 진행되는 가운데, 미소는 1947년 하반기부터 유엔에서 자신들의 세계전략 속에 한국문제를 놓고 격렬하게 싸운다. 한국민족의 염원이 무엇이든 미국이나 소련에게는 중요하지 않았다. 그들의 관심은 오로지 극동에 있어서 자기들의 안전판을 마련하는 것이었다. 1947년 9월 17일 유엔총회에서 한국문제가 정식 상정된 이후, 한국문제는 이미 한국민족의 주체적 의지나 실천적 노력과는 전연 다른 방향으로 전개되었다. 소련의 제안은 미국이 거부하고, 미국의 제안은 소련이 거부하는 작태를 연일 연출했다. 우리 민족에게 미국 안이 더 유리하다든지, 소련 안이 더 불리하다든지, 또는 그 반대가 된다든지 해도 그것은 우리 민족의 희망과는 전연 별개의 것이었다. 1947년 11월 1일 유엔총회에서는 유엔 한국임시위원단을 설치하고 총선실시에 의한 정부수립과 양 점령군 철회 등의 결의안을 채택하고, 18일 한국 선거비용으로 53만 8,000달러 지원을 가결했다.

　유엔 감시하의 총선거라는 것은 일면 상당히 민주적인 것 같지만, 한국의 문제를 한국인의 손에서 빼앗아 유엔이라는 이름으로 미국이 처리하겠다는 것이다. 해방된 조국에서 우리의 손으로 건설하는 국가가 타인의 감시하에서 타인의 돈으로 선거를 치렀을 때, 그 이후 생겨나는 정부에 대한 타인의 간섭을 배제할 수 없다는 것은 자명한 일이다. 비록 해방 후 3년간에 좌우대립이 격심했고 유혈사태까지 일어났으나, 종국적으로 그것은 우리 민족의 문제를 우리가 해결하겠다는 반외세 민족주의의 내부투쟁이었다.

그러나 1948년 2월 26일 유엔 소총회에서 "한국의 가능한 지역 선거"라는 미국 안이 채택된 후, 3월 4일 유엔안보위에서 미국 측 대표가 한국 분할독립을 주장해, 3월 17일 '유엔한위'에서 가능한 지역선거안이 4:2로 가결되었다. 한민족의 운명을 바꾸어놓는 결정이 4:2라는 형식논리에 의해서 결정되어버린 것이다. 민족의 비극은 이미 시작되었으며, 미국의 대소세계전략의 일환으로서 극동에서의 남한의 확보가 미국에서는 이미 움직일 수 없는 기정사실이 되었다.

② 단선·단정 반대 학생운동

1948년 3월 25일 전국학생총연맹에서는 5·10총선거를 앞두고 문맹퇴치와 학원건설 등 기타 문제를 토의하고자 4월 15~17일 3일간의 전국대의원대회를 개최한다고 발표해, 우익학생들의 단선·단정 지지를 처음으로 표명했다. 정국은 총선거 대비에 총력을 기울여, 4월 28일 경무부장이 청년지도자 회의에서 선거포석의 일환으로서 "청년단체는 등록하라"고 지시하기도 했다.

그러나 김구 등의 임정계와 좌익계에서는 치열한 단선·단정 반대운동을 펼쳤다. 4월 19일 김구는 이북학생들의 만류를 뿌리치고 남북협상을 위해 평양으로 갔다. 25일 부산 각처에서는 단선·단정 반대 구호를 외치며 학생들이 시위를 계속했다. 또한 5월 1일 인천에서 메이데이 기념행사에 참가한 노동자들과 학생들이 단선반대, 남북회담 지지를 외치면서 데모를 하고 전단을 살포했다. 시위는 2일에도 계속되었으며, 3일에는 서울시내 각처에서 봉화가 오르고 단선반대 데모가 일어나 남산을 출발해 시내로 시위행진을 벌였다. 9일에는 인천, 대구 등지에서도 단선반대 데모가 일어났고, 10일 투표일에도 서울시내 곳곳에서 단선반대 데모가 일어났으며, 전단·벽보·몽둥이 등이 난무하는 공포분위기 속에서 선거가 치러졌다.

5월 15일은 전남 광주에서 13개 대학생, 고등학생들이 '단선·단정 결사반대'를 외치며 동맹휴학에 들어갔고, 부산 각급 학교와 대학에서도 '단선·단정 반대'와 '일본 제국주의적 동포교육 탄압반대'를 내걸고 동맹휴학을 했다. 이에 경상남도 학무당국에서는 경남중학과 경남상업학교에 휴교령을 내렸다. 서울에서도 청년학생 500명이 세종로, 종로3가 등에서 단정반대 데모로 경찰과 충돌해 한 사람이 죽고 수십 명의 부상자가 났다. 6월 1일 인사동 입구에서 단정반대 데모대가 경찰과 충돌해 1명이 부상당하고, 세종로에서는 남녀 대학생 100여 명이 단정반대 전단을 살포하면서 데모를 감행했다.

단선·단정 반대, 미소 양군 철퇴 등의 구호가 3월 이래 4개월간에 걸쳐 전국 곳곳에서 일어나는 가운데, 7월 20일 이승만이 대통령에 당선되고 8월 15일 대한민국 정부가 수립되었다. 정부가 수립되는 날에도 9시부터 서울시내 각처에서 데모가 일어났으며, 충남 당진, 대구 등 지방에서도 단정수립 반대 전단이 살포되고 100여 명이 검거되었다.

한편 21일 정오 해주에서 남조선 인민대표자회의가 열려, 9월 9일 '조선민주주의 인민공화국'이 수립되었다고 발표함으로써, 일제로부터 해방된 지 3년 만에 조국은 분단의 길을 걷게 되었다.

그리고 10월부터 학도호국단 조직이 결성되어 학생운동은 강력한 통제를 받기 시작했다. 결국 해방 후 3년의 학생운동도 학도호국단이 조직되면서 막을 내려야 했다. 그리하여 1948년 12월 중앙중학, 경기중학에 민주학련 관련 혐의로 학생 4명을 검거하기 시작해, 12월 22일 11개교의 민주학련 관련 학생 199명을 검거함으로써 학생운동의 씨앗을 말려버렸다.

해방 후 우익계 학생단체

1) 조선 유학생동맹: 1945년 10월 결성, 위원장 박용만

2) 서북학생연맹: 1945년 8월 결성, 대표 김인덕·이원범

3) 조선학병단: 1945년 12월 26일 결성, 사령관 안동준, 참모장 김근배,

　　참모 박성화·김학천, 군사부장 함준호

4) 건국학생연맹: 1946년 9월 결성, 대표 신현태, 주요간부 임상억·박종배

5) 전국건설 학생총연맹: 1946년 10월 결성, 위원장 엄규진·양재건,

　　부위원장 김동흥·이동원, 총무부장 채문식·이인상,

　　중앙위원 계훈제·김종일·오재열·장순득·최운택·전영춘·이수일 등

6) 이북학생총연맹: 1947년 8월 7일 결성, 위원장 계훈제,

　　부위원장 안경득·김인수·정송모, 총무부장 김재순, 차장 김선호,

　　선전부장 김한계, 차장 이명영

7) 전국 학생총연맹: 1947년 7월 31일 결성, 위원장 이철승,

　　간부 이동원·박용만·채문식 등

8) 서울대 각 단과대학 건설학생회

　　문리과대학: 윤천계, 박준규, 채문식, 계훈제 등

　　법과대학: 남일남, 김치선 등

　　상과대학: 장예준, 김재순, 홍종철 등

　　고려대학교: 김동흥, 윤주영 등

　　연희대학교: 이동원, 장덕순 등

해방 후 좌익계 학생단체

1) 조선학도대: 1945년 8월 25일 결성, 1대 대표 김경집, 2대 대표 서임수

2) 서울학생통일촉성회: 1946년 가을 결성, 대표 주석일

3) 민주학생연맹: 1947년 6월 17일 결성, 대표 김일헌

1940년대 학생운동의 역사적 의의

해방이 가져다준 감격만큼이나 그와 함께 따라온 쓰라린 아픔 또한 큰 것이었다. 그러나 그 고통을 수반한 깊은 상처는 진정한 민족의 해방과 통일국가 수립으로 가는 필연적인 과정이었다.

해방 이후 3년간의 학생운동의 역사적 의의는, 분단 민족이 앞으로 나아갈 방향을 정확히 제시했다는 데 있다. 우리 민족이 다시 제국주의 압제의 사슬에 묶이지 않기 위해 가장 중요한 것은 외부적으로는 자주와 자립이요, 내부적으로는 자유와 민주와 평등이었다.

해방 후 3년간의 학생운동이 표면적으로는 좌우투쟁으로 일관한 피의 운동사였지만, 좌우를 불문하고 학생운동의 내부적 공통적 지향점은 반외세 민족주의에 의한 민족해방과 민주주의적 실천에 의한 민주국가 수립이었다. 1945년의 통일정부 형성 투쟁이념의 기초는 반외세 민족주의에 있었고, 1946년의 학원민주화운동은 반외세 민족주의와 민주주의 건설운동이었다. 또 1947년으로 이어진 신탁통치 문제에 대한 학생운동 역시 반외세 민족주의와 자립국가 형성운동이었으며, 1948년 단선·단정 반대와 외군철퇴 요구 역시 우리의 힘으로 우리의 정부를 세우자는 민족통일의 염원과 새로운 국가형성에 대한 민주적 노력이었다. 그러므로 해방 후 3년간의 학생운동은 크게 민족해방운동, 민주주의 건설운동이었다고 볼 수 있으며, 또한 합법적이고 공개적이고 연합적인 운동이었다는 것에 큰 의의가 있다.

1950년대는 학생운동의 암흑기였고, 1960년대 이후 학생운동은 전 대학의 공개 연합단체 없이 각 대학 중심으로 일어났다. 즉, 1940년대 학생운동처럼 사전에 합법적이고 공개적인 학생운동 단체를 만들고 그 단체가 중심이 되어 운동을 지속시킨 것은 아니었다. 1940년대 학생운동은 학생운동의 개화기였음에 틀림없으며, 좌우의 이념을 뚜렷이 내걸고 할 수 있었던 최초이자 마지막 학생운동이었다.

이렇게 해방 직후의 학생운동은 좌우대립의 갈등 속에서도 외세와 타율에 대한 끊임없는 저항을 나타냈으며, 운동의 종국적인 지향은 민족과 국가를 위한 것이었다. 그러나 이 외세의 힘과 정치질서의 문란, 사상 대립의 격화로 인해, 학생운동은 그 실천적 노력에도 불구하고 좌절을 맛볼 수밖에 없었다. 1940년대에 승화되지 못한 학생운동의 이념적 요구인 반외세 민족주의 및 반독재 민주주의는, 그후 10여 년이란 암흑기를 거쳐 1960년대, 1970년대 학생운동으로 이어졌다.

결국 해방 직후 학생운동은 해방 후 학생운동사에서 학생운동이 종국적으로 추구해야 할 자유·민주·평등의 이념과 이상을 제시하고 실천했던 것이다. 미군정하에서 친일했던 자들과 미국 지향적인 인사와 보수 우파 중심의 인사 그리고 기회주의적 인사들이 정치권력의 주도 계층을 형성함으로써 이승만 독재정치를 제도화했다. 당시 충족되지 못했던 민족적이고 민주적인 요구가 분출하기까지는 실로 15년이라는 세월에 걸쳐 누적되어, 1960년대 4·19와 6·3으로 나타났으며, 또한 그 맥락은

1970년대로 이어졌다.

이상을 종합해 해방 후 학생운동의 제1기에 해당하는 좌우투쟁기의 학생운동의 의의를 요약해보면 다음과 같다.

① 민족국가의 이상인 반외세 민족주의 및 반독재 민주주의 이념을 제시했다.

② 대외적으로 자주·자립, 대내적으로 자유·민주·평등의 제도를 제시했다.

③ 학생운동이 공개적 합법적이었다.

④ 좌우이념의 대결이 가능했던 최초이자 마지막 시기였다.

⑤ 학교 연합운동이 가능했다.

⑥ 학생운동의 종국적인 목표가 민족과 국가의 새로운 이상을 제시했다.

⑦ 1960~1970년대 학생운동 이념의 원천이 되었다.

이 같은 1940년대 학생운동의 역사적 의의는 반외세 민족해방투쟁, 좌우이념투쟁, 민족 통일국가 형성투쟁에서 본 것처럼 반봉건, 반독재, 반외세 투쟁으로, 종국적으로는 민족문제의 해결에 있었다.

1950년대 암흑기의 학생동원

1950년대는 학생들의 주체적 의사와는 관계없이 각종 행사에 학생이 동원된 시기이다. 1948년 8·15 정부가 수립된 이후 초대 문교부 장관에 취임한 안호상은 취임 초 새로운 형태의 학생조직을 구상했다. 문교부는 10월에 학도호국대 조직구성을 구체화해 조직요강을 작성하는 한편, 각 학생단체에 협력을 요청했다. 우익 학생단체인 전국학생연맹(전학련)을 중심으로 한 몇몇 학생단체는, 학도호국대가 학생들의 자율적인 단체가 아닌 '관제단체'이며 그로 인해 학생운동이 관제화된다는 이유로 적극 반대했다.

그러나 문교부는 서울사범대학 구내에 학도호국대 간부 훈련소를 설치하고, 각 중등학교 학도간부들을 훈련시켰다. 그리고 1949년에 각 대학 학도간부들을 태릉의 육군사관학교에 학도반으로 입교시켜 2주간의 군사훈련을 실시한 다음, 전국적으로 중등 이상 각 학교의 학도호국대 조직을 강행했다. 학도호국대는 학생들에게 군사훈련을 실시시키기 위한 것으로서, 문교부에서도 육군사관학교에 학도호국대 훈련교관 양성을 위촉해 훈련시킨 다음 각 학교에 배치했다. 이리하여 학생운동의 자치적 기능은 훈련교관의 손 안에 들어가게 되었다.

1949년 4월 중순 무렵 각 학교 학도호국대와 지방 학도호국단의 조직이 완료되어, 4월 28일 서울운동장에서 중앙학도호국단을 결성하고 전국적 조직을 완료했다. 그후 학도호국단은 학원 내의 질서를 유지하고 학생회관을 설치하는 등 학생들의 자율성을 발휘시키는 방향으로 조직을 개편하기도 했다. 그러나 관제단체로서의 여러 가지 폐단은 감출 수 없었고, 학생들의 독창성과 기백은 점차로 시들어갔다. 학생들 스스로 사명감에서 하는 운동이 아니었기 때문에, 학도호국단이 학생운동의 주체가 될 수 없었다.

1950년 6월 25일 한국전쟁이 발발하자, 5월 28일 수원에서 비상학도대를 조직해 군정당국의 지도하에 일부는 일선으로 전원 출동하고, 일부는 선무반에 편입되었다. 다시 전선이 수원 이남으로 이동하자, 대전으로 간 학생들의 일부는 학도의용대로 편성되어 중부전선으로 출전하고, 일부는 대전에서 대구, 부산으로 남하하면서 군정당국의 지시대로 학도의용대의 활동을 계속하면서 다수 학생들을 학도병으로 지원 출전하게 했다.

정부가 부산으로 이동한 후 문교부에서는 중앙학도호국단의 각 학교 간부들을 소집해, 비상조직으로 중앙학도호국단 산하 학도의용대, 학도치안대, 학도구호대의 3대를 두었다. 학도의용대는 국방부 정훈국에, 학도치안대는 내무부 치안국에, 학도구호대는 사회부 사회국에 위촉하고, 각각 그 부서의 지시를 받게 했다. 이러한 조치는 구 전국학련 출신 학생들로 조직되어 활동 중인 학도치안대와 학도의용대에 합법성을 적극적으로 부여해 구호활동에 동원한 것이었다.

9·28 서울 탈환 후 학도구호대는 유명무실해졌고, 학도의용대와 학도

치안대는 서울 잔류 학생들의 참가로 더욱 커졌다. 그러나 1951년 1·4 후퇴 이후로 학도의용대와 학도치안대의 활동도 미약해져, 9월 초순 학도의용대는 종군학도대로 개편되고 학도치안대는 유명무실해지면서 자연 해산되었다. 1951년 2월 부산에 전시 연합대학을 설치했으나 대부분의 학생들이 전쟁에 출전하고, 어려운 피난살이에 학생들의 참여는 부진했다.

1952년 6월 24일 전시하에서 국무총리가 학생의 정치·사회운동 관여 금지를 명령하는 담화를 발표한 이후, 국내 각 대학에 농촌계몽운동반이 조직되었다. 그리고 1953년 4월 22일 부산에서 북진통일 학도총궐기 대회에 학생이 동원된 이래, 1959년 2월 북송반대 데모에 학생이 동원되기까지 6년간에 걸쳐 각종 정부행사, 궐기대회에 학생들이 동원되어 글자 그대로 학생운동의 암흑기를 연출했다. 학생들이 동원된 주요 궐기대회를 보면 다음과 같다.

① 북진통일 학도총궐기대회(1953년 4월 22일, 부산)

② 휴전회담 반대 데모(1953년 6월 12일)

③ 미군철수 반대 국민총궐기대회(1954년 9월 26일)

④ 영국·캐나다 타협안 반대 국민총궐기대회(1954년 11월 18일)

⑤ 적성휴전감위 축출 국민대회(1955년 8월 6일, 학생동원 4개월)

⑥ 이 박사 대통령 재출마 요청 데모(1956년 3월 10일)

⑦ 대한 학도 반공궐기대회(1956년 10월 20일)

⑧ 인도네시아 반공혁명군 지원궐기대회(1958년 5월 24일)

⑨ 재일교포 북송반대 데모(1959년 2월 13일, 학생동원 6개월)

그러나 그 암흑기에서도 1957년 12월 14일 서울문리대 〈우리의 구상〉 필화사건이 있었다. 12월 16일자 동아일보는 '논문을 발표한 유 군을 구속, 문리대 문서사건'이란 제하에 "동대문 경찰서는 14일 밤 서울대학교 학생 동인지 〈우리의 구상〉에 '무산대중을 위한 체제로 지향'이라는 불온한 논문을 발표한 서울대 문리과대학 2년 유근일(20세) 군을 국가보안법 위반혐의로 구속하고 문초 중에 있다"고 보도했다. 유근일 사건에 앞서 1957년 4월 9일 대통령 양자 입학 문제로 서울법대생이 맹휴에 들어갔으며, 7월 12일은 홍익대학 허실재단 철거 요구로 홍익대 학생들이 맹휴를 시작했다. 또 9월 19일은 성균관 대학생들이 재단부패 규탄 결의를 하는 등 1957년에 들어서서 학생들은 서서히 전쟁의 마취에서 깨어나기 시작했다.

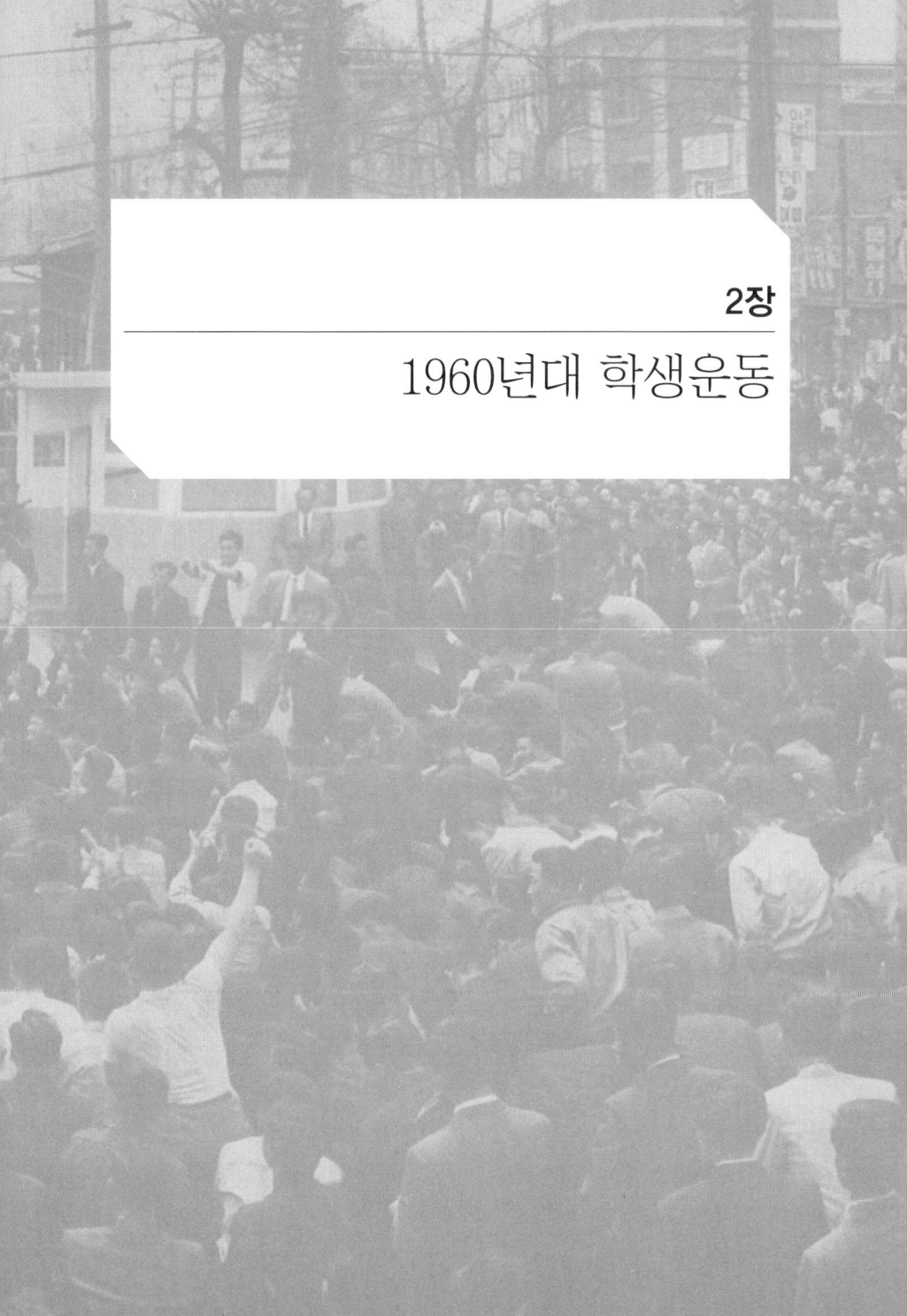

2장

1960년대 학생운동

1960년대 학생운동 개관

1. 1960년대 외국 학생운동 개요[5]

제2차 세계대전 이후 후진제국의 학생운동은 그 나라가 안고 있는 봉건 잔재와 식민지 유제를 청산하고, 제국주의에 의한 신식민주의적 속박으로부터 벗어나려는 민족해방운동으로 규정될 수 있다. 그리고 학생운동의 양상은 전전戰前부터 노정된 사회·경제적 모순의 급속한 전개에 의해 과거 어느 시대보다 격렬했다.

1960년대에 들어와서는 선진국의 학생운동도 고도의 정치성을 띠었고, 학생들은 권위주의적 정치체제를 부정하고 새로운 사회를 지향하는 새로운 운동이념을 설정했다. 즉, 자본주의 선진국들이 안고 있는 구조적 모순을 타파하려는 반체제운동이 심화되어갔다.

1950년대 말엽부터 광범하게 일어난 유럽 각국의 학생운동은, 1960

---

5   유네스코 한국위원회 편, 《학생문제연구》, 유네스코 한국위원회, 1970. 참조.

년대 후반에 접어들면서는 거의 모든 나라에서 사회재편을 목표로 실천적 행동에 돌입했다. 영국에서는 1957년에서 1962년 사이에 반핵운동을 기조로 신좌파 학생운동이 전개되었으며, 그 중 전국대학생연맹 National Union of Students은 1967년 봄 런던대학의 학생시위를 기점으로 점차 좌경화되었다. 프랑스의 학생운동은 1956년 이후 1960년대 초반까지 알제리 민족해방운동에 적극적인 지지를 보냈다. 1968년 5월 파리대학의 폭력사태를 기점으로, 프랑스학생연맹UNEF 주도하에 대의민주정치를 불신하고 대중 속에 들어가 혁명적인 현실참여의 방법을 모색하는 사회민주화 투쟁을 전개했다. 독일에서는 제2차 대전의 패배로 인해 약 20년간 학생운동이 사실상 전무하다가, 1965년 베를린 자유대학의 학생시위가 확산되어 전국적으로 파업과 시위가 감행되었고, 베트남전과 도미니카 공화국에 대한 미국의 개입을 항의하는 데까지 진전되었다.

한편 미국에서는 1960년에 민주사회학생연맹SDS; Student for a Democratic Society이 창립되었는데, 이 연맹은 미국 정부가 냉전논리로 군비를 확장하고 후진제국의 민족해방운동을 탄압하고 있다고 비판했다. 또 1965년 2월 미국 정부가 베트남전 확대를 결정하자, 3월 미시간대학의 농성을 기점으로 반전·반징집 운동을 전개하는 한편, 약소민족에 대한 미국 정부의 개입반대 운동으로 발전시켜나갔다.

1960년대 후진국의 학생운동을 살펴보면, 아시아, 아프리카, 라틴아메리카에서는 반제·반봉건 민족해방 투쟁이자 신식민주의에 대한 반외세 민족주의 투쟁이었으며, 외세와 결탁한 매판 군사정권에 대한 철저한 반독재 민주화 투쟁이었다. 이러한 학생운동은 사실상 1960년대에 한국, 터키, 베트남, 볼리비아, 수단 등지에서 독재정권을 무너뜨리기도 했다. 학생운동의 양상은 '운동'의 단계에서 '투쟁'의 단계로 발전했고, 보수와 진보의 대립에서 '진보'를 선택했으며, 개량과 혁명의 방법에서

'혁명'을 선택했다.

아시아, 아프리카, 라틴아메리카에서 전후 학생운동이 과격한 양상을 띠게 된 것은 피식민지 국민으로서 혹독한 탄압과 착취를 경험했던 데 따른 필연적 귀결이었다. 피압박 식민지 시대를 경험한 국가에서의 학생운동이 1960년대에 한층 혁명적 양상을 띠게 되는데, 그 이유는 전후 신생 독립국들의 정치적 독립이 자주적 민족국가 형성에 이르지 못하고 경제적으로도 예속된 상황을 타개하기 위한 민족해방의 몸부림으로서 나타났기 때문이다. 그리고 그것을 자각하는 데 전후 20년의 세월이 흘렀다.

인도네시아의 인도네시아학생행동본부KAMI, 버마의 민주학생동맹, 인도의 전국학생연맹AISF, 베트남의 사이공학생동맹, 터키의 터키전국학생연맹, 튀니지의 튀니지학생총연맹UGET, 알제리의 알제리전국학생연맹UNEA, 모로코의 콩고대학생총연맹UGEC, 남아공화국의 아프리카학생협회ASA 및 남아학생연맹ASUSA 등은 1960년대의 후진국 민족해방투쟁 및 민주화투쟁을 주도했던 학생운동 단체들이었다. 브라질, 칠레, 베네수엘라 등의 라틴아메리카의 1960년대 학생운동도, 각국의 특수한 상황에 따라 다소간 운동양상에 차이를 보이기는 하지만, 1960년대 후진국 학생운동의 일반적 흐름에서 크게 벗어나는 것은 아니었다.

1960년대의 학생운동은 세계사의 흐름을 변화, 발전시키는 원동력의 하나였으며, 1970년대와 1980년대로 이어지는 학생운동의 원천이기도 했다. 이후 선진제국에서는 자유민주주의가 안고 있는 경제적·사회적 모순에 대한 반핵·반체제 운동이 심화되었고, 후진국에서는 반외세 민족해방운동의 기운이 고조되었다.

1960년대 한국 학생운동에 대한 이해는 이러한 외국 학생운동의 흐름을 파악하면서 새로운 인식을 정립해야 할 것이다. 특히 아시아, 아프리카, 라틴아메리카에서 일어난 1960년대 학생운동의 흐름은, 비록 장은 다르다 할지라도 세계사의 변화·발전 과정에서 한국의 학생운동과 궤를 같이하고 있는 것이다.

2. 1960년대 한국 학생운동에 대한 이해

1960년대 한국 학생운동에 대한 이해를 위해 우선 1960년 벽두에 이승만 독재정권을 붕괴시킨 4월혁명과, 박정희 군사정권의 존립을 위협했던 한일회담 반대투쟁에 대한 정확한 인식이 필요하다.

4월혁명의 근본이념은 반외세 민족통일이었고, 한일회담 반대투쟁의 운동이념 역시 굴욕적·노예적 굴종을 강요하는 신식민주의에 대한 민족수호 의지였다. 4월혁명과 한일회담 반대투쟁은 역사의 시련기에 학생들이 어떠한 역할을 담당할 수 있는가를 보여주었으며, 국가적 위기에서 젊은 지성인들이 진보적 사고와 행동으로 위기상황에 능동적으로 대응해 나갈 수 있다는 사실을 검증해주었다. 뿐만 아니라 1960년대 학생운동은 궁극적으로 해결해야 할 과제가 민족의 분단임을 명확하게 설정했고, 1970년대와 1980년대로 이어지는 학생운동의 이념도 1960년대 학생운동이 표출한 이념과 본질적으로 맥을 같이하고 있다는 점에서, 1960년대 이후의 학생운동의 이념적 원류가 되었다.

4월혁명의 운동이념은 또한 1950년대의 암울했던 시대상황을 능동적으로 타개하려는 혁명적 의지의 표현이기도 했다. 1945년 일제의 압제에서 해방된 조국은, 좌우 투쟁기와 한국전쟁을 거치면서 민족 내부의 분열과 대립, 갈등이 심화되는 상태에 있었다. 그 결과 1950년대는 사상의 획일화, 정치적 독재, 경제적 빈곤, 사회적 부정부패가 만연했다. 그리고 친일 반민족행위자들이 재차 정치권력을 장악하고 지배계층을 구축함으로써, 자주적 민족국가 건설의 열망은 철저하게 무너졌다. 이러한 1950년대의 암울한 시대상황에서 서서히 깨어나기 시작한 학생들은 한국전쟁의 상처에서 분단민족의 구조적 모순을 인식하게 되었으며, 분단에서 전쟁에 이르는 과정이 민족 내부의 주체적 의지와는 무관하게 강대국들의 이해관계에 따라서 진전되었다는 사실을 뚜렷이 자각했다.

학생들은 이승만 정권의 외세 의존적이고 반민족적·반민주적 본질을 인식하였고, 민족의 분단을 해소하기 위해서는 이승만 장기독재정권 타도가 선행되어야 한다는 점을 자각했다. 이것은 한국전쟁의 민족적 상처를 말끔히 치유하기 위해서라도 불가피한 일이었다. 그러나 민족 내부의 주체적 의지와 관계없이 한반도를 둘러싼 외세의 개입은 민족분단을 장기화했고, 민족경제를 식민지경제로 바꾸어놓았으며, 부정부패한 독재정권의 장기집권을 가능케 했다. 이러한 반민족적·반민주적 압제 상황에 대항해, 학생들은 독재정권이 무너지는 순간까지 치열하게 싸울 수밖에 없었다.

그러나 4월혁명은 독재정권을 타도하는 데는 성공했으나 정치적 구조변혁에는 실패했다. 4월혁명의 주도세력에는 한국전쟁을 겪으며 생성된 잠재적 피해의식을 치유하고 화합할 수 있는, 시대상황에 부응하는 탁월한 지도노선이 부재했다. 반면에 진보적인 세력에 대한 보수세력의 방어는 너무나 철저했다. 보수세력의 철저한 역공세에 전술적으로 대처할 수 없었던 진보세력들은, 군사정부의 '반공'이라는 상황논리와 통치 이데올로기 앞에 일방적으로 '좌경'으로 몰렸다. 군사정부는 한 걸음 더 나아가, 4·19혁명 이후 민족통일을 지향하는 모든 진보적인 노력들을 좌절시켰다. 이것은 해방 후 좌우 투쟁시기와 비슷한 양상을 띠었다. 즉 정부수립 이전의 비교적 자유로웠던 시기에 힘을 가진 상대를 정확히 인식하지 못한 채 사태를 변화시키려 했던 객관적인 노력들이 정부수립 후 철저하게 소외당하고 탄압받게 된 것과 다를 바 없었다. 4·19 직후에도 똑같은 과오가 되풀이되었다. 힘의 상대와 힘의 소재를 인식하지 못한 진보적인 노력과, 그러한 노력을 민족통일의 원동력으로 승화시킬 생각은 하지 않고 일방적인 반공의 도식 아래 처단한 당시 지배층의 과오는 중대한 것이었다.

학생운동 세력들 또한 혁명의 성공은 정권타도만이 아니라 체제가 안고 있는 구조적 모순을 타도함에 있음을 인식하지 못한 채, 자유당과 기본적으로 이념을 같이하는 민주당 정권에 혁명의 사후관리를 일임하고 학내로 복귀해버리는 과오를 범했다. 뿐만 아니라 민족문제 해결에 기본이념을 제시하는 것은 좋았으나, 힘의 상대에 대한 전술적 평가가 소홀한 채 이념제시에만 급급했다는 인상을 준다. 학생운동의 한계가 여기에 있다. 이 한계를 극복하지 못한 채, 1960년대 학생운동의 기본양식이 1970년대로 이어졌음도 부인할 수 없는 사실이다. 그러나 한국 학생운동은 서구의 학생운동과 궤를 달리하고 있음을 자각하고 그 시대 학생운동의 오류를 청산하지 않는다면, 항상 페퍼포그 연기 속에서 구호만을 외쳐대는 데 그치게 될 것이다.

5·16쿠데타 이후 학생운동 및 혁신계 관련 사건들을 살펴보면, 민족 내부 갈등의 깊이를 잘 알 수 있다. 일방적인 힘의 통치가 민족통일에 대한 제도적 장벽을 얼마나 강고하게 구축해나가고 있는지를 알 수 있다. 민족통일 전국학생연맹, 경남 반민주악법반대 학생공동투쟁위원회, 한국교원노동조합, 민족자주통일 중앙협의회, 민족일보, 혁신당, 중앙사회당, 중앙 사회대중당, 중앙 통일사회당, 경상남북도 피학살자 유족회 등이 5·16 이후 반국가 사범으로 처단되었다.

한국적 상황을 올바르게 인식하지 않고는 1960년대 학생운동을 올바르게 인식할 수 없을 것이다. 1960년대 한국 학생운동이 처음부터 혁명을 의도하고 이를 관철시키려 했던 것은 아닐지라도, 민족이 안고 있는 기본적 모순을 규명하고 민족이 지향해야 할 방향을 제시함으로써 역사 발전에 크게 기여했다는 것은 부인할 수 없는 사실이다. 그러기에 4·19 이후 5·16으로 인해 단절되었던 학생운동의 흐름이, 6·3 한일회담반대 학생투쟁의 기본이념으로 이어질 수 있었다. 6·3의 시각은 4·19를 벗어날 수 없으며, 1960년대 한국 학생운동에 대한 이러한 인식은 1960년대에 아시아, 아프리카, 라틴아메리카에서 전개된 학생운동에 대한 인식과도 그 맥락을 같이하는 것이다.

한편, 1960년대 한국 학생운동의 양상 중 주목할 만한 특징 중 하나는 고등학생들의 대대적 참가였다. 그러나 1960년대 이후 고등학생들은 학생운동의 장에서 멀어졌다.

4월혁명

1. 4월혁명의 이해

1960년 4월, 핏빛 포도를 질주하던 분노의 함성과 자유의 함성이 분단 민족사에 새로운 방향을 제시했다. 1894년 동학농민혁명 이래 민족의 자주권, 민중의 자유와 생존권은 외세와 봉건 전제에 억눌려왔다. 민중의 민주적 의지와 민족적 양심은 일제의 침략적 야욕에 무참히 짓밟혔고, 대다수 민중의 삶의 요구는 외세를 등에 업은 봉건 지배자들에게 유린되었다. 봉건 지배질서를 개혁하려는 동학민중의 의지는 봉건체제를 근대화된 민주주의 체제로 바꾸려는 것은 아니었으나 봉건 지배질서에 대한 정면도전임은 분명하다. 이것을 탄압하기 위해 봉건왕조는 말기적, 반민족적 탄압행위를 서슴지 않았다. 그 이후 이 나라는 어떻게 되었으며 이 땅의 민중은 어떤 삶을 누려왔던가? 나라는 일제에 강탈당했고, 민중은 일제의 노예가 되었던 것이다. 강탈당한 나라, 빼앗긴 삶을 되찾기 위한 처절한 민족적 항쟁은 일제 40년을 관류했다.

그러나 해방된 조국에는 분단의 장벽이 가로놓였고 해방의 기쁨은 분단의 슬픔으로 뒤바뀐 채 또 40년이 흘렀다. 일제가 한반도에서 물러간 직후 미군정이 일제의 자리에 대신 들어섰다. 해방을 맞이한 민족이 누려야 할 자유와 민주는 또다시 제한되고 압박받기에 이르렀다. 실로 바뀐 것은 일제와 미군정이었고 대다수 민중의 삶은 일제강점기의 연속이었다. 또 전후 미소의 세계전략이 맞부딪치는 38선은 냉전논리의 산물로서 극동에서 미소의 대결선이 되었고, 해방의 자리에 들어선 분단의 상처는 민족 내부의 격렬한 이데올로기 투쟁을 낳았다.

한편, 미국의 극동정책과 궤를 같이하는 이승만 일파는 국내에서 친일세력과 손을 잡고 실로 해방의 기쁨이 사라지기도 전인 1946년 6월 3일 정읍에서 남한만의 단독정부 수립을 천명하였다. 미군정하의 반공 우익세력과 친일세력이 미군정과 손을 잡음으로써 남한 내부에서 힘의 우위를 점했다. 이러한 현상은 분단 40년 민족의 비극을 더욱 가중시키는 결정적인 계기가 되었다. 남한만의 단독정부를 수립한 이승만 독재정권이 12년에 걸친 반민주적 반민족적 독재정치를 자행함으로써, 민족자존의 진보적인 힘은 밀려드는 외세에 압살당했고, 심화되는 남북 간의 갈등은 전체 민중의 삶을 불안과 공포에 떨게 했다.

이승만 독재 12년, 국적 불명의 외래문화가 민족의 전통적 문화를 몰아냈고 의지할 데 없는 민족적 양심은 분단의 그늘 속에 시들어갔다. 민족정기를 바로잡자던 반민특위는 이승만 일파에게 작살이 났고, 민족자주독립을 위해 통일정부를 세우려 했던 인사들은 감옥으로 갔다. 헌법은 정권의 편리에 따라 고쳐졌으며 필요할 때마다 군경이 동원되었다. 비판세력을 안보논리로 짓밟아버렸고 권력은 부정과 부패를 독점했다. 정의의 언론을 미군정 법령으로 폐간시키고, 학생들은 그들의 권력 유지에 필요한 민의조작에 노예처럼 동원되었다.

이 기나긴 칠흑의 밤을, 압제의 사슬을 끊어버리고자 자유의 노래, 민주의 외침을 목놓아부른 1960년 4월은 진정이 민족에 봄을 알리는 장밋빛 계절이었다. 1960년 4월 그 뜨거운 함성의 거리, 자유의 거리, 민주의 거리, 승리의 세종로에 지금은 봄·여름·가을·겨울을 가리지 않고 제복의 사나이들이 철모를 쓰고 지키고 있다. 이승만 독재정권을 퇴진시킨 1960년 4월이 있은 지 4반세기가 지났다. 이제는 4월 그 뜨거운 함성의 의미를 새롭게 인식해야 한다. 그 새로운 인식을 위해 1960년 4월 19일은 '혁명이냐, 항쟁이냐'에 대한 성격규정에서부터 인식의 실마리를 풀어야 한다.

1960년 4월 19일은 크게 두 가지로 정의된다. 그 하나는 4·19혁명, 4월혁명, 4·19학생혁명 등 '혁명'으로서 4·19를 정의한 것이고, 다른 하나는 4·19학생운동 등 '운동'으로서 정의하는 것이다. 그러나 4·19는 진정한 의미에서 '혁명'도 '운동'도 아니었다. 4·19는 거대한 '민중항쟁'이었다.

혁명의 성격은 그 사회적 내용, 즉 타도되어야 할 계급과 혁명의 중심이 되는 계급 및 혁명이 해결할 사회적 모순과 수립할 사회제도의 성격에 의해 결정된다. 일반적 인식으로 혁명은 크게 세 가지로 나뉜다. 첫째, 봉건적 제관계를 타도하고 자본주의 제도를 수립하는 부르주아혁명, 둘째, 자본주의적 제 관계를 타도하고 사회주의 제도를 수립하는 프롤레타리아혁명, 셋째, 제국주의 지배하에 있거나 종속되어 있는 피식민지의 민중이 제국주의적 지배를 타도하고 민족독립의 달성과 봉건 잔재를 일소하는 민족해방혁명 등이다. 1960년 4월은 일반적으로 규정되는 이상의 세 가지 혁명 중 어느 것에도 속하지 않는다.

독재정권을 타도했으나 그것은 형상뿐이었고, 자유당을 계승한 민주당 정권의 제도 이념이 자유당과 다를 바가 없었다. 1960년 4월은 자본주의를 타도하려는 사회주의적 혁명은 더구나 아니었다. 그리고 또한 민족해방투쟁으로서의 혁명도 아니었다. 4·19는 전 과정을 통해 오로지 반독재 민주주의 실천이었을 뿐이고 이승만 독재정권이 타도된 이후의 혁명적 변화는 그 어느 곳에도 없었다. 타도된 것은 이승만 정권의 형상 뿐이며 부패한 독재권력의 독소는 여전히 남아 있었다. 그리고 성공한 것은 자유당이 무너진 지 1년 만에 일어난 군사 쿠데타뿐이었다. 1960년 4월은 혁명적 분위기는 있었으나 혁명은 없었으며, 혁명의 주력은 형성되었으나 혁명을 추진해나갈 조직된 힘과 체계와 지도는 없었다. 대다수 민중의 가슴속에 혁명적 열기와 희망은 있었으나 그것을 수행할 수 있는 실천적 조직은 어디에도 없었다.

1960년 4월은 진정한 의미에서 혁명은 아니었다. 그러나 12년간의 이승만 독재정권을 타도할 수 있었던 것은 민중의 혁명적 항거 바로 그것이었다. 1960년 2월 28일 대구지역 한 고등학생들에 의해 반독재 항거가 시작되어서 노회한 독재자 이승만이 퇴진한 4월 26일까지 학생들이 주력부대를 형성했으나, 3·15 마산 제1차 의거, 4·11 제2차 의거 등 대다수 민중들이 반독재 항거에 참여함으로써 이승만 정권은 무너지게 된다. 그러므로 4·19의 주체는 학생이었어도 그것이 성공할 수 있었던 것은 분단 15년 동안 응어리진 민중의 불만과 분노였다. 그러므로 '4·19학생혁명'이란 용어는 결코 과학적인 개념은 아닌 것이다.

좀 더 과학적인 인식을 갖고 있는 학자들은 4·19의 혁명적 분위기를 평가한 나머지 4·19를 '미완의 혁명', '대리혁명', '실패한 혁명' 등으로 불러왔으나, 4·19는 어떠한 의미로도 혁명은 아니었다. 4·19가 혁명이 아니었다고 해서 4·19에 대한 역사적 민족사적 평가가 결코 격하되거나 소홀히 취급되는 것은 더욱 아니다. 4·19는 근대사에 있어서 위대한 역사적 진전이었고, 민중의 힘으로 정권을 퇴진시킨 최초의 거사였다. 그러므로 4·19가 혁명이든 아니든 간에 그것이 점하고 있는 역사적 민족사적 위치는 불변부동인 것이다.

그렇다면 4·19는 운동이었던가? 4·19를 혁명이 아닌 성격으로 파악하는 사람들은 4·19가 갖는 비혁명적 성격을 부각해 '운동'으로 보았다. 그러나 운동은 더욱 아니었다. 운동은 성패 여부에 관계없이 전개되어야 하며 제시된 이념의 부단한 실천으로 이루어져야 한다. 4·19 주체세력이었던 학생들은 곧바로 학원으로 복귀해버렸다. 학원으로 복귀한 학생들은 4·19가 제시했던 반독재, 민주주의의 이념에 정치적 실천투쟁에 앞장선 것이 아닌 문화운동적인 계몽운동으로 방향을 전환해버렸다. 이러한 비혁명적 작풍에 대한 자각으로 '민통련' 학생들에 의해 '반외세 민족통일운동'이 제창되기는 했으나, 4·19의 참다운 의미는 반독재 민주주의 실천이었다. 반독재 민주주의 운동과 실천과정에서 학생들은 독재정권이 안고 있는 외세의존적 성격을 깨닫게 되자, 반독재 항쟁을 하기 위해서는 필연적으로 반외세 민족통일운동을 택하지 않으면 안 되었다. 분단이 안고 있는 민족 내부의 이질성을 극복하지 않고서는 이 땅에 어떠한 민주주의도 실현될 수 없다는 것을 학생들은 깨닫게 되었다.

4·19 이후의 통일논의는 반외세 민족주의를 바탕으로 하고 있다. 4·19는 제국주의적 굴레에서 벗어나고 식민지 체제의 모든 가치관을 타도해 새로운 민주 자주국가를 건설하기 위한 항쟁이었다. 1960년 4월 이후 통일에 대한 모든 노력은 민족해방, 민주혁명의 서저으로서 그 성격을 부인할 수 없다. 단순히 '반독재 민주주의 운동'으로 파악하기에는 4·19가 갖는 역사적 의의가 너무 크다.

그러면 4·19는 어떻게 인식해야 할까? 1960년 3, 4월 이후에 발표된 각종 선언문에서 분명히 제시된 이념은 반외세 민족주의 및 반독재 민주주의였다. 반외세 민족주의 및 반독재 민주주의 실천투쟁은 혁명으로

서만 가능한 것은 아니다. 4·19는 독재정권의 외형은 타도했으나 그 구조를 온존시켰으므로 곧이어 군사쿠데타를 맞이하게 되었다. 그러나 독재정권을 타도한 주력부대는 학생이었지만 독재정권을 물러나게 한 것은 민중적 역량이었다. 분단 15년간 대다수 민중의 가슴속에 응어리진 불만의 투쟁적 심화가 4·19였다.

그러므로 4·19는 민족해방, 민주주의 혁명의 서전으로서 '4월민중항쟁'이었다. 동학농민혁명 이래 반제 반봉건적 투쟁이 일제하의 민족해방투쟁, 민족독립운동을 거쳐 4월민중항쟁으로 이어왔다. 일본 제국주의 지배하에서 반제 반봉건 투쟁으로서 민족해방투쟁이 일어났고, 1945년 8·15 이후로 일제가 한반도에서 물러났을 뿐 또다시 두 개의 지배세력이 한반도를 점령하게 된 것이었다.

이승만 정권의 12년간 독재통치가 가능하게 된 것도 사실상 외세의 도움과 민족 내부의 봉건적 지배질서가 유착되었기 때문이었다. 그러므로 이승만 독재정권의 타도는 이승만 독재를 온존시킨 배후의 외세도 동시에 타도하는 것이었다. 그러나 실상은 독재정권의 현상은 타도되었으나 독재를 가능케 한 외세는 그대로 온존되었으며, 그 외세가 군사 쿠데타로 정권을 탈취한 박 정권과 다시 손을 잡음으로 해서 이 땅에서 독재의 아성은 더욱 굳어졌다.

그러므로 4·19의 내재적 의미는 민족해방투쟁으로서 일면이 있다. 또한 독재정권에 대한 치열한 민중항쟁은 민주혁명의 분위기를 창출하는 것이었다. 그러므로 이승만 정권의 붕괴는 이러한 민족 전체에 내재되어 있는 반외세 반독재 민중역량의 승리였다. 4·19는 민족해방 민주주의 혁명의 서전으로서 혁명적 분위기와 운동적 성격을 포용하는 '4월민중항쟁'이었다.

1960년 4월혁명에 대한 새로운 인식은 4·19에 대한 시각의 교정에 있다. 시각의 교정은 근대 100년사의 반제, 반봉건, 반독재 투쟁의 연장 선상에서 인식되어야 한다. 1960년 4월은 진정한 의미에서 '4월민중항쟁'으로, 민족해방 민주주의 혁명의 서전으로 새롭게 인식되어야 할 당위성이 여기에 있는 것이다.(그러나 4월혁명이라는 용어가 일반적으로 사용되고 있기에 이 책에서도 용어로서 '4월혁명'이라고 통일한다.)

2. 4월혁명의 시대적 배경

일제의 탄압과 수탈에서 해방된 지 15년. 15년이란 세월 동안 한국 민중의 삶은 어떠했으며, 한국의 민주주의는 어떻게 발전했는가? 4월혁명은 역사과정의 산물이지 우연의 소산이 아니다. 그러므로 4월혁명이 일어난 시대적 배경을 철저히 분석해야 한다. 4월혁명의 시대적 배경을 크게 ① 정치적 배경, ② 사회·경제적 배경, ③ 혁명 전야의 대학사회 등으로 나누어볼 수 있다.

① 정치적 배경[6]

1945년 8월 15일 한반도에서 일제가 물러갔으나 해방의 기쁨이 채 가시기도 전에 미소의 진군으로 인해 한반도는 양단되었다. 분단은 통일을 요구하게 했으나 그 대가는 실로 엄청난 것이었다. 그러나 엄청난 피의 대가를 치르고도 통일은 되지 못했다. 그러면 4월혁명이 일어나기까지 10년 동안 이승만 정권은 어떠한 범죄를 자행했는가?

---

6 진덕규 외, 《1950년대의 인식》, 한길사(1981), 참고.

• 국민방위군 사건(1950~1951년)

1950년 12월 15일 이승만 독재정권은 국민방위군 설치 법안을 국회에 상정했고, 이 법안은 12월 16일 국회를 통과해 공포와 동시 발효되었다. 그 주요 골자는 "군경과 공무원을 제외한 17세 이상 40세 이하의 장정은 제2 국민병에 편입하고, 제2 국민병 중 학생을 제외하고는 지원에 따라 국민방위군에 편입하며, 국방부 장관의 지시를 받아 육군참모총장이 국민방위군을 지휘 감독한다"는 것이다. 이승만은 16일 국민방위군 사령관에 대한청년단 단장인 김윤근을 임명했다. 대한청년단은 해방 후 좌우익 대립에서 생겨난 우익 단체로, 1948년 10월 이승만의 지시로 서북청년단, 청년조선총연맹, 대한독립청년단, 국민회청년대 등 6개 반공 단체를 통합한 단체이다. 대한청년단은 한국전쟁이 발발하자 이미 준군사 조직인 청년방위대를 창설해 군경과 같은 일을 하며 민폐를 끼쳤다. 청년방위대는 아무런 법적 보장도 없이 후방치안과 군사지원 업무를 맡았다.

이승만과 국방부 장관인 신성모는 이와 같은 반공 청년단체에게 100만여 명의 생명을 맡기기 위해 국민방위법이란 법적 근거를 마련했다. 그런데 이들은 결국 무엇을 했는가? 군사물자를 부정처분해 권력자와 나누어 착복함으로써, 장정들을 형언할 수조차 없을 만큼 굶주리게 했다. 그리고 대한청년단은 공문서 위조·정치간섭·공갈 등으로 국민방위군의 생명을 갉아 먹었다. 9억 원의 공금 유출 중 "이승만의 사이비 조직인 신성동지회에 1억 3,000만 원, 김윤근 유흥비와 연회비 등에 1억 1,300만 원"이 포함되었다는 재판기록이 있다. 이승만의 반민족적 행위는 1951년 8월 13일 대한청년단 단장 김윤근 등 5명이 대구 근교에서 총살됨으로써 그 중 하나가 막을 내리게 된다.

• 거창양민 학살사건(1951년)

한국전쟁의 상처 중 치유될 수 없는 또 하나의 민족적 비극은, 1951년 2월 육군 제11사단 9연대 3대대에 의해 저질러졌다. 1951년 2월 11일 경남 거창군 신원면에서 공비共匪라는 이름으로 죽어야 했던 대현리, 중유리, 와룡리 주민 600여 명의 억울한 죽음이었다. 이들을 총부리를 겨눈 자들은 국회합동조사반에게 자신들의 죄악을 은폐하기 위해 스스로 공비로 가장해 따발총으로 사격했다. 이승만은 한 걸음 더 나아가 거창 사건으로 선고받고 복역 중인 9연대 연대장 오익경, 3대대 대대장 한동식을 1년 안에 석방시켜 현역으로 복귀시키고, 헌병부사령관 겸 경남지구 계엄인사부장 김종원을 경찰 고위간부로 다시 기용했다. 그 이후 거창사건과 비슷한 양상의 대소 양민 학살사건은 역사 속으로 파묻히고 만다.

• 5·26 정치파동과 발췌 개헌(1952년)

한국전쟁 이후 연이어 일어난 국민방위군 사건, 거창양민 학살사건 등으로 이승만은 제2대 대통령 선거에서 당선을 확신할 수 없게 되자, 1951년 11월 30일 대통령직선제 개헌안을 국회에 제출했다. 그리고 이승만은 12월 17일에 국민회, 조선민족청년단, 대한청년단, 노동총연맹, 농민총연맹, 대한부인회 등 반공단체들을 모아 부산 동아극장에서 자유당을 발족시켰다. 또한 12월 23일 국회의원 90명이 국회건물 안에서 또 자유당을 창당했다. 그러나 1952년 1월 8일 국회에서 이승만이 제안한 대통령직선제가 부결되자 원내 자유당과 원외 자유당이 결별한다. 이후 이승만은 반공단체들을 모은 원외당과 그 방계 단체인 국민회, 한청, 족청 등을 총동원해 정계를 압박했다. 1952년 1월말부터 백골단, 땃벌떼, 민중자결단, 전국애국단체 투쟁위원회 등이 관제시위와 관제벽보 등 폭력적 공포 분위기를 조성하고, 국회의원 소환 등을 외치며 이승만의 꼭두각시놀음을 벌였다.

1952년 4월 17일 내각책임제 개헌안이 국회에 제출되자, 이승만은 5월 25일 부산시와 경남과 전남북 일부지역에 계엄령을 선포하고, 5월 26일 내각책임제 개헌안 주동 국회의원들을 체포하면서 국회의원 40여 명이 탄 통근버스를 헌병대로 납치했다. 이승만은 한 걸음 더 나아가 5월 30일 이범석 내무장관으로 하여금 '정부혁신위원회사건'을 조작 발표케 하고, 전국을 공포 분위기로 몰고 갔다. 이와 같은 내각책임제 개헌안이 계엄령의 선포와 정치군인과 정치경찰의 합동작전으로 그 기세가 꺾이자, 장택상은 국회해산으로 협박하면서 "대통령직선제와 양원제, 국무총리 요청에 의한 국무의원 임명과 면직, 국무위원에 대한 국회의 불신임 결의권" 등을 골자로 한 발췌 개헌안을 1952년 7월 4일 밤 기립 표결로 통과시켰다. 이에 8월 5일 이승만은 첫 직선제 대통령 선거에서 압도적으로 당선한다.

이러한 정치상황에서 서울대 문리대, 연세대, 이화여대, 동국대 등의 학생들은 "반공, 반파쇼, 민주수호"의 구호를 외치면서 시위를 감행했고, 반이승만 야당원로들도 호헌구국대회를 거행했으나, 폭력 앞에서 그 뜻을 이루지 못했다.

• 사사오입 개헌(1954년)

1953년 7월 28일 휴전이 성립되고 8월 15일 정부가 서울로 환도하자, 이승만은 자유당을 사병화하기 위해서 자유당 내의 가장 큰 파벌로 발췌개헌 때 공로가 큰 이범석을 축출하고, 이기붕을 중심으로 당을 재정비 강화했다. 이로부터 이승만은 직계 사병조직인 자유당을 갖게 되었다. 이승만의 정치술수의 요체는 자기 권력유지를 위해서는 이념도 동지도 없는 것이었다.

자유당을 사병화하고 한국전쟁 후 한층 권력을 강화하기 위해 이승만은 종신집권을 위한 제도적 장치를 갖추고자 했다. 1954년 9월 6일 '초대 대통령에 관해 3선 제한 철폐'를 주요골자로 한 개헌안을 국회에 제출했으나 야당의 강력한 반대에 부딪쳤다. 그러나 이승만은 5·26 정치파동 때의 '정부혁신위원회사건'과 똑같이 '뉴델리 밀담'을 조작해, 극우반공의 본령인 민주당을 용공시키는 전단을 살포하고 시위를 벌이게 했다. 그는 반공을 위해 정치를 하는 것이 아니었고, 권좌를 위해서 반공을 했다. 그러나 이러한 파쇼적인 탄압 아래서도 1954년 11월 27일 출석위원 202명 중 가 135, 부 60, 기권 7로 최순주 부의장이 부결을 선포했다. 그러나 이승만은 의원총회를 소집해 개헌안은 부결된 것이 아니라 가결된 것이고 부결선포는 잘못이라고 밀어붙인다. 그 이유는 "국회의원 재적 203명의 2/3는 135.333…인데, 0.333…이라는 숫자는 1인의 인간이 될 수 없으므로 사사오입하면 203명의 2/3는 135명이 된다"는 것이다. 이승만 독재정권의 장기화는 이렇게 다져져 나갔으나 민중에 기반을 둔 정권이 아니었기에, 그후 6년 만에 비참한 최후를 맞이하게 된다.

• 대구 매일신문 습격사건(1955년)

1955년 9월 13일 대구 매일신문 사설에는 '학도를 도구로 이용하지 말라'는 제목의 다음과 같은 글이 실렸다.

요즈음에 와서 중·고등학생들의 가두행렬이 다반사처럼 되어 있다. 방학 동안의 훈련을 겸한 모종의 행렬만이 아니라 최근 대구시내의 예로서는 현관顯官의 출영에까지 학생들을 이용하고 도열을 지어 3, 4시간 동안이나 귀중한 공부시간을 허비시키고, 또 거시적으로 환영해야 할 공적이 있는지 모르겠으나, 수천수만 남녀 학생들이 면학을 뒤로 하고 한 사람 앞에 10환씩 돈을 대어 수기手旗를 사 가지고 길바닥에 늘어서야 할 아무런 이유를 발견 못 한다. 또 학생들은 그렇게 할 하등의 의무가 없는 것이다. 특히 우리가 괴이하게 생각할 수밖에 없는 것은, 그것이 학교 당사자들의 회의에서가 아니라 관청의 지시에 의해 갑자기 행해졌다는 것을 들을 때, 고급 행정관리들의 상부 교제를 위한 도구로 학생들을 이용했다고 볼 수밖에 없는 것이 아닌가…….

대구 매일신문이 이러한 사설을 싣게 된 배경은 한국전쟁 이후 이승만 정권이 권력수호의 필요에 따라 수많은 관제시위에 학생을 동원했기 때문이다. 그러나 이 사설이 나가자 '적성감위 축출 경북도 연합본부'명의로, "대구 매일의 이적행위를 규탄한다, 대구 매일 사설 필자 최석채를 처단하라"는 내용의 전단과 시위가 난무해 이승만 정권이 반공을 정치 도구화한 또 하나의 사례가 되었다.

유엔 결의를 준수하는 이승만 정권이 휴전감시단으로서 유엔 결의에 따라 입국한 대표일원이 체코슬로바키아, 폴란드 국민이라고 해서 연일 시위를 통해 민의를 조작한 것은, 그 시위의 저의가 자신들의 정권유지임을 단적으로 보여주는 사례이다. 그러나 결과적으로 최석채는 '국가보안법 혐의'로 구속되어 8개월 만에 무죄로 확정되었으나, 검찰은 "반정부 비판이 본의는 아니더라도 결과적으로 북괴를 이롭게 하는 이적행위는 즉 반국가적 행위가 될 수 있다"라고 했다. 이 주장은 1960년대 이어 1970년대의 국가보안법 위반의 한 전형을 남겨놓았다.

• 보안법 파동(1958년)

사사오입 개헌으로 독재자 이승만의 장기집권의 길은 열렸으나, 걷잡을 수 없는 민심의 이반으로 인해 1960년의 정부통령 선거에 자신감을 잃은 정부와 여당은, 검찰 실무자들(오재도, 문인구, 조인구)이 안을 내어 1958년 8월 국회에 제출한 국가보안법 개정안으로 국민의 비판통로를 원천적으로 봉쇄하려 했다. 전문 42조의 개정안의 중심은 반공의 폭을 광범위하게 확대시켜놓은 것으로서 그 내용은 다음과 같다.

첫째, 보안법 적용대상을 확대했다. 반국가 단체의 적용을 "북괴지령에 의해 운영되는 단체"외에 "국가변란을 목적으로 하는 결사집단 또는 단체조직"을 추가한 것이다. 둘째, 이적행위 개념을 확대했다. 종래 '군사상의 비밀탐지'에만 적용하던 간첩개념을 "적을 이롭게 할 목적으로 국가의 이익이 되는 모든 정보의 수집"을 처벌 대상으로 규정했다. 셋째, 고무찬양의 처벌규정을 신설했다. 정부를 참칭하거나 국가를 변란할 목적으로 구성된 결사 또는 집단의 지령을 받고, 그 목적한 사항의 실행을 협의·선전·선동하거나 또는 그 이익을 위해 동일한 사항을 선전·선동하는 행위를 처벌한다는 것이다. 넷째, 헌법상 기관의 명예훼손 행위에 대한 처벌규정을 신설했다. 다섯째, 군인 및 공무원의 반항 선동행위 처벌규정을 신설했다. 여섯째, 사법경찰관의 조서를 증거 능력으로 인정하면서 구속기간 연장을 가능케 했고, 일곱째, 보안법 범법자에 대한 취임 자격박탈에 교육기관과 보도기관을 추가하도록 했다. 이외에 정부는 11월 8일 "공공연히 허위사실을 적시 또는 유포함으로써 인심을 혼란케 해 적을 이롭게 한 자는 5년 이하의 징역에 처한다"는 조항(제17조 5항)를 추가함으로써 명실공히 완벽하게 국민을 탄압하고 여론을 조작할 수 있는 제도적 장치를 완비했다.

이 개정보안법이 그후 4반세기에 걸쳐 이 땅의 민주화에 얼마나 많은 장애를 가져왔으며, 이 땅의 민주주의자들을 관제 공산주의자로 만들어 왔는가를 역사는 엄혹하게 평가할 것이다. 박정희 정권하의 반공법, 국가보안법, 긴급조치 9호, 집회 및 시위에 관한 법률, 포고령, 계엄법 등의 운영이 모두 이승만 독재정권의 권력욕의 산물인 국가보안법에 근거했다.

이러한 보안법개정안은 여야 간에 엄청난 정치적 파동을 일으켰다. 여당은 장택상, 박세경을 중심으로 '반공투쟁위원회'를 결성했고, 민주당, 무소속, 범야, 재야인사들은 1958년 12월 23일 '보안법 반대국민대회 준비위원회'를 구성해 규탄대회, 가두시위를 기도했다. 정부는 국회경호경위를 28명에서 300명으로 증원해 1958년 크리스마스 하루 전날 농성중인 야당의원 80명을 끌어내고, 자유당의원들만 참석한 채 30분 만에 보안법 개정안, 예산안, 각종 세법 등을 통과시켰다. 이로써 이승만은 1960년 선거를 위한 제도적 장치를 완비했다. 그러나 저항 또한 심했다. 1958년 12월 27일 민주당은 "국가보안법 통과는 무효"라는 성명을 냈고, 30일에 보안법 반대 국민대회 준비위원회가 규탄성명을 내었다. 1959년 초에 반대시위도 일어났으나 경찰의 저지로 실패했고, 1월 15일자로 신 보안법이 발효되었다.

• 3·15부정선거(1960년)

국가보안법의 개정으로 국민과 야당 그리고 언론의 비판을 봉쇄할 수 있는 제도를 갖춘 이승만 정권은, 1960년 선거포석을 위해 1959년 8월 12일 대한멸공단, 반공청년회 등 9개 반공단체를 흡수해 대한반공청년단으로 확대 개편한다. 대한반공청년단은 신도환을 단장으로 89개 시·군 단위로 조직해, "우리 전 단원은 국부 이승만 각하와 시민정치가 이기붕 선생을 정·부통령으로 선출하기 위해 힘쓸 것을 선언한다"는 구호를 밥 먹듯 외치고 나섰다. 1959년 8월 18일 자유당 당무회는 1960년 선거 포석으로, 각급당부에 9인조 세포 핵심 당부를 조직하고 노총·여성조직·국민회·어민회·농민회 등에 자유당 조직을 확대했다. 또 각종 공무원, 경찰, 군인, 정치·종교·문화단체, 국영기업체, 금융계, 언론계,

산업계를 막론하고 특수조직 내의 조직을 강화했으며, 은행에서 대기업에 거액의 융자금을 알선하고 그 융자금에서 거액의 선거자금을 염출하도록 선거자금 체제강화 요강을 마련했다.

1959년 11월부터 각 시도 경찰국장, 사찰과장, 경찰서장, 도지사, 시장, 군수, 구청장 등에게 사전 사표를 받아놓고, 공무원 사전 선거운동을 강요했다. 당시 내무부장관 최인규는 이렇게 공언했다. "선거운동을 한 공무원의 신분을 내가 보장하겠다. 호별 방문해서 정부시책을 선전하다 이것이 위법으로 고발당하면, 내가 목을 책임지고 보장하겠다."이승만 독재정권을 위한 부정선거의 구체적인 계획을 보면 다음과 같다.

1. 시·군·읍·면·동장의 성분조사 후 친여계로 바꿀 것
2. 각급 공무원을 동단위로 친목회를 구성할 것
3. 모든 행정을 선거본위로 할 것
4. 각급 경찰의 주도로 행정조치를 완화 또는 철폐할 것
5. 구 진보당, 족청계열, 군인하사관, 언론인, 각종 요시찰인, 월북자가족, 각종 계주, 각급 투·개표구 선거위원, 무당, 점쟁이 등에게도 자유당 지지 운동을 하게 할 것
6. 사업자, 인·허가 대상업자, 행정법규 단속 대상자 등에게 이권과 결부시켜 여당지지를 회유할 것
7. 민주당 핵심 당부에 분열공작을 할 것
8. 대학생들의 동태와 학생간부의 성분을 검토하고 명부를 작성할 것
9. 전 공무원, 경찰관 중 비협조자, 반대자를 조사할 것
10. 사찰형사를 각급 행정구역 단위로 담당을 배치할 것
11. 외국 공관, 외국 정보기관, 외국인 출입기자들의 동향을 시찰할 것
12. 자유당 후보 득표율을 85%로 끌어올릴 것

13. 4할 사전투표를 하고,

14. 3인조, 9인조를 만들고, 조장은 자유당원, 경찰관, 공무원 또는 그 가족으로 해 공개투표를 할 것

이러한 사전음모에 따라 선거가 막바지에 접어들수록 반공청년단원의 테러행위가 활발하게 전개되었다. 부정선거를 위해 매수, 테러 등 온갖 수단이 등장한 것이다. 그런데 3월 15일 선거결과, 이기붕 지지가 95~99%까지 나오자 당황한 이승만 정권은 최인규에게 득표율을 하향 조정하라고 지시하면서, "이 대통령의 득표율은 80% 내외, 이기붕 후보는 70%~80%로 줄여서 보고하라"고 하달했다. 결국 그들이 발표한 선거결과는 이승만 88.7%, 이기붕 79% 득표했다는 것이었다.

② 사회·경제적 배경

1960년 4월혁명의 사회·경제적 배경에는 몇 가지 특징이 있다. 첫째는 8·15 이후 미국 원조에 의한 외세의존 경제구조이었고, 둘째는 한국전쟁 이후 전쟁복구라는 이름 아래 미국 잉여농산물의 수입으로 농촌경제가 피폐되었고, 셋째는 8·15 후 온갖 권력형 부정부패와 관련한 귀속재산 불하로 불평등한 경제구조를 낳았고, 넷째로 식민지 지배에 결탁된 매판기업이 전체 경제권을 독점함으로써 소득 불평등, 경기하강을 낳았다는 것이다.

이러한 사회·경제적 배경에 대한 국내학자들의 진단을 살펴보면, 우선 4·19 혁명 20주년 기념으로 전남대 기독학생회 및 조선대 총학생회가 공동 주최한 강연회에서 박현채는 다음과 같이 말했다.

해방 후의 우리의 역사는 민중의 편에서 보았을 때 좌절의 역사였다. 식민지적 경제구조를 청산하지 못한 데서 오는 당연한 귀결로서 식민지 지배에 동조한 매판적 제 집단을 경제적으로나 정치적으로 청산하지 못했다. 식민지 유제의 청산 좌절과정에서 식민지 지배에 동조한 매판적 집단들은, 도리어 기존의 정치·경제적 기반을 기초로 해방 후의 우리 사회에서 유리한 지위를 차지했을 뿐 아니라 자기들의 정치, 경제, 문화적인 기반을 확대해왔다. 경제적으로 농지개혁의 실패, 귀속재산의 민족자본으로의 전환 실패와 정상배의 특혜적 불하, 정치적으로 반민족행위 처벌법의 시행에 있어서의 좌절 등은 민중적 차원에서 최소한의 요구조차도 실현이 안 된 것이다.

해방 후의 이와 같은 좌절의 연속은 민족사의 정통으로 되어야 할 반일·반제의 주체인 대다수 민족구성원인 민중을 민족해방이 귀결한 성과에의 참여에서 배제함으로써 민중소외를 더욱 확대 심화시키는 것으로 되었다. 그리고 이것은 해방 후 민족 구성원 내부에서 민족국가의 확립을 위한 노력과 진정한 민족해방의 실현을 위한 길에서 주관적 대립을 가져왔다. (중략) 1950년대에 있어서 우리 사회의 상황은, 한편에서 식민지통치 이래 지속된 매판적이고 전근대적인 관료 독점자본의 급속한 추적과 종속적 경제구조의 심화를 가져오면서, 다른 편에서 민족사의 전통적 계승자이면서도 민족해방의 성과에서 소외된 대다수 민족구성원(광범한 민중, 민족자본가로서의 중소기업자, 일부 지주계급을 제외한 농민 일반, 저노임에 허덕이는 근로자, 3차 산업에서의 불완전·저소득 취업자와 실업자 및 이농민으로 된 피구호민 그리고 민중의 편에 선 지식인 및 학생)의 고난에 찬 생활에서 주어진다.

해방 이후 경제구조와 정치구조가 친일 반민족자들에 의해 독점되고, 그것에 따른 반민주 반민족적 정치·경제현상은 진정한 민족해방을 위해 싸웠던 대다수 민중을 소외시켰다는 것이다. 또한 이우재는 〈사상계〉

1970년 4월호에 기고한 '자립을 위한 서전'에서 다음과 같이 당시의 경제를 이야기하고 있다.

　　해방을 맞은 남한에서는 산업시설이 거의 없었으며 몇 개의 공장마저도 반휴상태에 있게 되었다. 여기에 남한에 진주한 미군정은 해방 후의 혼란과 산업시설의 미비와 생산량의 절대적 부족을 메우기 위해, 1945년 9월부터 1948년 12월까지 GARIOA(점령지역구호원조)로서 4억여 달러에 달하는 미국상품을 원조했다. 이들 상품은 곡물, 식료품, 옷, 석탄, 통신, 운수, 건축자재, 농업용품 등으로 거의 전부가 소비재 상품이고 생산재는 0.12%에 불과했다. 그 결과 시장구조는 소비재 위주의 대미의존체제로서 급속한 전환을 가져왔다. 이는 다음과 같은 '네이산'보고에서도 알 수 있다. 1949년 4월부터 1950년 3월까지 한국 국민소득은 1인당 70달러이며 그중 3달러가 외원에 의한 것이다. 이 70달러 중 소비지출이 64달러이고 투자저축은 6달러로 되어 있다고 보고되어 있다.

　　그후 계속된 미국원조는 1950년 6·25 동란의 발발로부터 1953년 7월까지만 3년간 전시 긴급구호 원조로서 ECA 및 SEC 원조였다. 이들 원조총액은 약 1억 달러이며 1961년도까지의 원조총액의 약 3.5%에 달한다. 이들 원조도 거의 소비재 위주였다. 1953년 이전까지의 원조는 그 주된 목표가 정치적 사회적 혼란의 수습에 있었던 만큼 그 성격도 응급적 구호의 성격을 벗어날 수는 없었다고 하겠으나, 이것으로부터 야기된 사회풍조는 퇴폐적 소비성향을 높였고 여러 가지의 부정과 부패가 있을 수 있다고 하는 데 문제가 있겠다. (중략) 이상과 같이 소비재 위주의 경제원조는 낭비적인 소비성향만을 조장시켜 소비구조를 고도화했고 대외 종속성을 심화시켰을 뿐만 아니라, 국내산업의 생산과는 관련 없는 막대한 양의 원조물자의 유통에 기생하면서 불건전한 유통상에서의 투기와 폭리, 사기성이 성행하는 풍조를 조성했고 과도히

팽창된 3차 산업 부문은 산업구조의 파행성을 심화시켰다. (중략)

　미군정청은 포고 제2호로서 전전 일인이 소유했던 공·사유 자산을 접수하고 관리했다. 이들 자산의 총액은 남한의 자산 총액 80%에 달하며 이들 귀속재산에는 남한 주요산업이 전부 포함되어 있었다. 미군정은 이들 귀속재산을 1947년부터 불하하기 시작했다. 불하재산 중 주택 8,000여 호, 선박 2,000여 척, 공장 5,000여 개소를 시가時價의 1/2정도로 불하했다. 불하가격의 결정은 주로 해방 전 정부가격을 기준으로 했는데 이것은 실제 시가의 1/2 정도에 불과한 것이었다. 게다가 15년간 연불로 되어 있었기 때문에 15년간의 화폐가치가 약 300분의 1로 떨어졌음을 고려할 때, 결과적으로 3억 6,000만 원짜리는 거의 120만 원에 산 셈이 된다.

　해방 후 1950년대까지의 한국경제의 파국은 미국의 원조와 미군정청의 귀속재산 불하에 있음을 잘 밝혀주는 글이다. 4월혁명 이념의 정수 중 하나인 반외세 민족주의는 결코 가설이 아님을 알 수 있고, 1950년대 사회·경제적 배경의 파행적 구조의 근원이 미국에 있음을 직시한다. 또한 전철환은 〈4월혁명의 사회·경제적 배경〉에서 이렇게 분석했다.

　1960년 4월 19일 학생주도의 민중봉기를 통해 이승만 정권의 타도를 외치게 된 사회·경제적 배경은, 식민지 반봉건성을 청산하지 못한 채 관료매판 자본을 비대하게 하고 선진자본주의에의 종속화를 심화시킴으로써 야기된 국민생활의 피폐였다. (중략) 이것이 학생과 민중으로 하여금 독재, 부정, 부패 등 정치적 모순과 소득 불평등, 취업의 제약, 실질적 신분의 제약 등 사회·경제적 모순을 극복하고자 하는 저항의식을 싹트게 한 것이다. 이와 같은 저항의식은 1957년을 고비로 미국원조가 감소되면서 경기가 하강하고 성장률은 둔화하는 데 반해, '인플레이션'만이 가속화한 데서 현재화된 것이다. 다시 말하면 4·19 전야의 한국의 사회·경제적 배경은 선진자본주의의 범세계화 과정이 빚어낸 종속경제의 모순이 현실화되면서 주변적 종속경제가 경험한 필연적 비극이었다.

이상에서 본 바와 같이 이러한 4·19 전야의 사회·경제적 배경은 한마디로 미군정청에 의해 특혜를 받은 친일분자들을 중심으로 한 새로운 지배층과 정치·경제적으로 소외된 피지배계층 간의 갈등과 모순의 심화였다. 1950년도 국내 식량 부족량은 52만 석이었는데, 미국으로부터 도입한 잉여농산물량은 189만 2,000석이었다. 이에 곡가는 터무니없이 떨어지고 농가의 수입이 생존을 위협하는 수준으로 떨어지자, 농민들은 서서히 이농하기 시작했다. 그 결과 1959년도에는 실업자가 약 23.4%, 1960년도에는 약 23.7%로 증가했다. 그리고 수출은 1955년도부터 연평균 1,200만 달러에 지나지 않고 수입은 1960년에 2억 8,700만 달러로 역조의 폭이 심화되어 미국의 원조에 생활 줄을 걸 수밖에 없었다. 공업화 또한 관료와 재벌의 유착관계에 의해 독점적 재벌이 형성되고, 재벌과 정치권력 담당세력 간의 관계에 의한 부의 축적과정으로 진행되었다. 그 결과 1950년대의 공업화는 소비재 중심의 취약한 공업구조와 대외의존, 대내 불평등으로 표현되는 사회·경제의 불평등 구조를 특징으로 하는 관료독점 자본제를 낳게 했다.

농촌에서는 보릿고개를 못 넘겨 소나무 껍질, 칡뿌리, 산나물, 황토 흙으로 배를 채워야 했다. '먹을 것'이 없어 농민들은 농촌에서 도시로 나오고, '먹을 것'이 없어 노동자들은 공장에서 거리로 나오고, 사회 전반에 부정부패가 만연했다. 이러한 상황에서 1950년대의 혁명을 요구하는 정치·사회·경제적 분위기는, 마침내 민족의 위기에서 민족의 방향을 제시하는 학생들에 의해서 불이 붙었다. 경찰에 쫓기는 학생을 숨겨준 창녀, 돌멩이를 날라준 껌팔이 소녀, 총알을 맞고 죽어간 구두닦이 소년, 이 모두가 함께 이승만 독재정권을 타도한 것이었다. 이것이 바로 '4월 항쟁'의 실상의 한 면이었다.

③ 혁명 전야의 대학사회

1950년대의 학원은 한국전쟁의 상처를 안은 채 수많은 관제 궐기대회와 몰아닥치는 사회적 불안 속에서 헤어나지 못했다. 1950년대의 대학은 사상의 획일화, 경제적 빈곤, 사회적 부정부패, 교육의 불성실 등 대학으로서는 그 기능을 발휘할 수 없는 내적 모순 속에 있었다.

대학의 양적증가는 1948년에 42개의 고등교육기관에 총 2만 4,000명이던 학생이 1959년에는 80개의 학교에 8만 641명이나 되었다. 그러나 대학의 질적 향상은 성취되지 못했고, 정치와 사회, 학무의 모든 부분이 경직일로를 걷고, 학도호국단을 내세운 학원의 군사화는 사회적 불안과 함께 점증되었다. 이러한 사회적 분위기는 대학에도 스며들어 징집보류의 특혜를 내세워 학원 모리배들은 대학을 장사수단으로 해 학생쟁탈전을 벌이며 대학을 영리추구의 대상으로 삼았다.

또 1950년대 대학은 정치권력의 사병처럼 여기저기 끌려다니면서 관제 궐기대회에서 구호를 외치기에 여념이 없었다. 학생들은 반공이라는 사상적 통제 밑에서, 일제하 선배가 피압박 민족해방투쟁에서 쌓아온 민족주의 정신과 피지배계급의 투쟁에서 길러온 민주주의 정신은 계승하지 못한 채, 조각난 책상모서리를 담배꽁초로 지지면서 햇빛을 바라고 밤이면 선술집에서 비애와 울분과 분노를 달래야 했다.

휴전 다음에 기다리고 있던 것은 이념으로서의 반공이 아닌 정치도구로서의 반공획일 정책으로 이것이 대학을 지배했다. 실로 1950년대는 자고 나면 궐기대회에 동원되기에 바쁜 시대였다.

1953년 4월 22일: 북진통일 학도궐기대회

1953년 6월 2일: 휴전회담결정 반대 데모에 학생 강제동원

1954년 7월 12일: 학도군사훈련 본격화 발표

1954년 9월 25일: 미군철퇴 반대 국민총궐기대회

1954년 11월 18일: 영국·캐나다 타협안 반대 국민총궐기대회

1955년 8월 6일: 적성휴전감시위 추방 국민대회에 학생 강제동원(4개월간)

1956년 3월 10일: 이 대통령 재출마 요청대회

1956년 10월 20일: 대한학도 반공궐기대회에 학생동원

1956년 12월 20일: 문교부가 돌연 전국 각 대학의 정비단행 발표.

　　설치기준 위반을 이유로 32개고 폐교 또는 학생모집 중단

1958년 5월 2일: 인도네시아 반공혁명기념 지원 궐기대회

1959년 2월 13일: 재일교포 북송반대 데모에 6개월간 학생동원

이 가운데 1956년 3월 6일부터 있었던 이승만 박사 재출마 요청 궐기대회에 댄서, 다방마담, 창녀까지 동원한 인원이 420만여 명이었는데, 그 중 거의 대다수가 학생이었다. 1956년 5월 8일 문교부가 학원을 병영화하기 위한 시도로 대학생 제복착용을 지시함으로써, 대학은 이제 자유도 진리도 정의도 없는 한낱 허수아비가 되어갔다. 그러나 오랜 허탈과 무기력, 울분과 분노와 비애와 갈등 속에서 대학은 일어서기 시작했다. 궐기대회에 동원만 당하던 학생들이 긴 악몽에서, 전쟁과 관제의 마취에서 깨어나기 시작한 것이다.

1957년 4월 9일 서울법대 학생들이 이 대통령의 양자 이강석의 입학에 반대해 동맹휴교를 벌였고, 7월 12일 홍익대 학생들은 부실재단의

철거를 요구하는 동맹휴교를 벌였다. 또 9월 10일 성균관 대학생들은 재단부패 규탄을 결의하고, 12월 15일 서울문리대 교지에 〈우리의 구상〉 이란 논문을 게재하자 당국은 불온논문이라고 필화사건을 일으켰다.

대학이 각성함과 때를 맞추어 이 정권의 독재화도 박차를 가해갔다. 그러나 "우리는 신형조국을 갈구한다", "학생과 국민은 궐기해, 보안법을 반대하고 민주주의를 소생시키자" 등의 반독재 민주주의의 외침은 오랜 동면에서 지각을 뚫고 민족사의 새 장을 찾는 뜨거운 함성으로 성난 파도를 일으켰다. 압제의 벽이 두꺼우면 고통의 기간도 길지만, 압제의 벽이 두꺼울수록 그 벽을 깨는 항쟁도 거센 것이다. 1960년 2월 28일, 이승만 독재정권에 대한 항쟁은 비로소 시작되었다.

3. 4월혁명의 전개─항쟁의 58일(1960년 2월 28일~4월 26일)

① 지방 고등학생들의 궐기

민족사에 하나의 전환점이 되었던 4월혁명(4월민중항쟁)은 1960년 2월 28일, 일요등교 지시에 대한 경북고 학생들의 항거에서 첫 불길이 올랐다. 전통적으로 야당세가 강한 대구에서의 선거 전략에 부심하던 자유당 경북도당은, 28일로 예정된 민주당 부통령 후보 장면의 선거유세에 정치에 민감한 고등학생들의 참가를 막는다는 방침을 세우고, 각급 학교장을 소집해 '일요등교'를 지시했다. 자유당의 이 같은 지침에 따라 경북고는 학기말 시험, 대구고는 토끼사냥, 경북사대부고는 임시수업, 대구상고는 졸업생 송별회, 대구여고는 무용발표회 등의 명목으로 대구시내 각급 고등학생들에게 28일 일요일의 등교 지시가 내려졌다. 그러나 자유당의 노골적인 선거 전략은 학생들의 민감한 정치의식에 불을 붙인 결과가 되었다. 일요등교 지시가 내린 25일 밤부터 경북고, 대구고, 경북사대부고의 학도호국단 간부 학생들은 비밀 회합을 갖고, 일요일 등교 후에 항의시위를 하기로 약속했다. 2월 28일 낮 12시 50분에 교사들의 만류를 뿌리치고 운동장에 모인 800여 경북고 학생들은 다음과 같은 내용의 결의문을 낭독한 후 "민주주의를 살리자" "학생들의 인권을 옹호하라" "횃불을 밝혀라, 동방의 별들아!" "학원의 자유를 달라" "학생들을 정치 도구화하지 말라" 등의 구호를 외치면서 대구시내 중심가로 행진했다.

인류역사에 이런 강압적이고 횡포한 처사가 있었던가? 오늘은 바야흐로 주위에 공장 연기를 날리지 않고 6일 동안 갖가지 삶에 허덕이다 쌓이고 쌓인 피로를 풀 날이요, 내일의 삶을 위해 투쟁을 위해 그 정리를 하는 신성한 휴일이다. 그러나 우리는 이 하루의 휴일마저 빼앗길 운명에 처해 있다. ……… 우리는 민족을 사랑하고 민족을 위해 누구보다도 눈물을 많이 흘릴 학도요, ……… 이 민족애의, 조국애의 피가 끓는 학도로서 최후의 일각까지 최후의 일인까지 부여된 권리를 수호하기 위해 싸우련다.

경북고에 이어 대구고도 800여 명이 오후 2시경 시위에 들어갔고, 경북여고생 100여 명도 시위에 들어갔다. 경북사대부고는 교사들이 사전에 눈치를 채고 학생들을 강당 안에 가두어, 오후 늦게 시위에 산발적으로 참여했다. 학생들은 시민들의 뜨거운 박수를 받으면서 대오를 지어 경북도청, 자유당 도당 당사, 도지사 관사 등으로 몰려다니며 시위를 벌이다, 오후 3시경에는 1,000여 명 가량이 경북도청 앞에 집결했다. 학생들이 구호를 외치며 농성에 들어가자, 급거 출동한 경찰이 곤봉과 구둣

발로 무차별 구타를 가해, 오후 7시 40분경 시위대는 해산했다. 경찰에서는 주동학생 30여 명을 연행해 배후를 조사했으나 학생들의 당당한 주장 앞에 허사가 되었고, 250여 명의 학생을 추가 연행했으나 민심동요와 시위확대를 우려한 자유당 중앙의 지시로 모두 석방했다.

2·28 시위를 두고 자유당 간부들은, "야당 도시로 지목되어온 대구에서 27일 여당인 자유당이 20만 청중을 모으는 데 성공한 유례없는 공든 탑이, 28일에 발생한 대규모의 학생 데모사건을 계기로 하루아침에 무너지고 만 것 같다"고 개탄했다. 자유당 경북도당 부위원장 금용국과 도당 선거 책임자 손학익은, "일요일의 등교가 빚어낸 이번 사건은 3·15 선거 중반전에 있어 전 유권자의 신경을 자극시켜놓았다"며 시인하면서도, "학생들을 일요일에 등교하게 한 것은 그날이 민주당 선거 강연회와 시간을 같이 한 만큼, 이것은 학생들의 강연 청취를 저지하기 위한 일부 관리들의 과잉 충성심의 지나치고 졸렬하고 비열한 처사로서 자유당으로서는 알지 못 한 일이었다"고 발뺌했다. 나아가 "이에 우리는 자유당의 위신을 이와 같은 방법으로 추락시킨 공무원은 자유당 정부에서 물러나야 한다는 것을 명백히 한다"고 하면서 자유당의 죄상은 은폐하기에 급급했다. 그러나 당시 한국일보는 〈무엇이 대구학생사건을 일으켰나〉라는 제하의 3월 1일자 사설에서 2·28시위의 의의를 적절하게 지적하고 있다.

대구에서 일어난 학생 데모사건은 때마침 선거전이라는 정치상의 조건에서만이 아니라 그것이 학생의 움직임이었다는 것, 더구나 전란 이후 학생들이 거의 사회적인 관심을 표면화한 일이 없다가 이번에 비록 직접적인 동기가 그것이 아니었다 하더라도 행동에 있어서 학교권외의 사회에 호소하는 대규모의 움직임을 보였다는 점에서 크게 주목하지 않을 수 없는 사건이었다고 하겠다. 이 나라의 젊은이들이 자신에 대한 부당한 비민주적 압력에 대해 감연히 항의했고, 항의할 수 있다는 것을 보여준 것은 우리 주변에 자주 나타난 비민주적 경향에 대해 커다란 각성의 기회를 준 것이라 하겠다.

2·28시위는 규모가 그리 크지 않았으나 전란 이후 관제 시위나 행사의 동원 대상으로만 파악되어온 학생들에 의해 시도된, 최초의 자발적·주체적 시위였다는 점에서 큰 의의를 지닌다. 또한 2·28시위 이후 계속된 학생들의 시위가 독재정권에 저항할 수 있다는 자신감을 민중들에게 심어주었고, 민중들의 잠재된 정치의식을 각성시켜 현재화시키는 계기가 되었다. 따라서 2·28시위는 3·15마산 민중항쟁의 도화선으로서, 나아가 4월 민중항쟁의 불씨로서 일정한 역사적 기능을 담당했다고 하겠다.

타오르기 시작한 불은 쉽게 꺼지지 않았다. 3월 2일, 민주당은 대구 학생사건을 최인규 내무부 장관에게 항의했으며, 전주 민주당 유세장에서는 고등학생 한 명이 단상에 올라, "선생님들이 상부의 지시라면서 유세장에 못 가게 한다"고 폭로하고 "민주주의 만세!"라는 혈서를 썼다. 3월 3일 민주당에서는 경찰의 선거대책 비밀공문 '9할 5분 득표를 목표로 한 사전투표, 공개투표, 환표, 환함' 등을 폭로하고 자유당은 이에 사실무근이라고 반박했다. 3월 4일, 광주 공설운동장에서는 장면의 유세 직후 10여 명의 학생이 혈서를 썼다.

3월 5일, 오후 5시 30분, 서울운동장에서 민주당 선거강연이 끝난 후 강연회에 참석했던 학생과 시민 1,000여 명이 "학생은 궐기하라" "민주주의 만세" "공명선거 실시하라" 등의 구호를 외치며 대규모 가두시위를 벌였다. 서울에서 일어난 첫 시위에 긴장한 자유당은 서울 시경국장 유충렬로 하여금 "야당의 학생 선동을 엄금한다. 학원에서는 엄정 중립을 지켜 경거망동하지 말라"는 경고문을 발표하게 했다.

3월 8일에는 대전고생 1,000여 명이 시위를 벌였다. 시위에 들어가기 전에 학생들은 다음과 같은 결의문을 채택했다.

소위 올챙이 정치인들이 무슨 강연을 한답시고, 걸핏하면 우리를 동원해 자유당 선전을 했다. 선생님들에게 선거운동을 강요해 수업에도 막대한 지장이 있었다. 최근 잇달아 일어나는 여러 가지 우리의 뜻에 배치되는 도 당국과 학교 당국의 처사에 대해 당국은, 그 잘못을 깨닫고 조속히 학원의 자유 보장과 대전고의 이름을 더럽히지 않도록 강력한 시정책을 강구할 것을 결의한다.

대전고생 1,000여 명이 "학원에서 선거운동이 웬 말이냐"고 외치면서 가두시위를 벌이자, 경찰은 소방차까지 동원해 시위진압에 총력을 기울였다. 이날 이후 3월 14일까지 주로 지방 고등학생들을 중심으로 부정선거 규탄시위가 광범하게 일어난다. 이 같은 시위의 확대와 아울러 시위의 이유 또한 학원에 대한 외부압력 거부만이 아닌, 부패한 자유당 정권에 대한 비판, 새로운 사회에의 열망 등으로 그 내용이 심화되는 양상을 보인다.

3월 10일부터 13일까지 대전상고, 부산 해동고, 청주고, 오산고 등의 고등학생들이 전국 각지에서 공명선거를 요구하는 시위가 일어났다. 선거 전날인 14일에도 원주농고, 동래고, 포항고, 중동고, 배재고 등에서 학생들이 대규모 가두시위를 감행했다. 이날 경북 문경고 학생들은 '지방유지 여러분에게 드림'이라는 제목의 글에서 다음과 같이 의지를 천명하고 있다.

민주주의의 두드러진 심벌이요, 국민 참정권의 가장 존귀한 것이 선거인데도 지금 닥쳐온 3·15 정·부통령 선거에 생각조차 못할 부정들이 속속들이 밝혀지고 있으니 이 얼마나 슬픈 일이며 한심한 일입니까? 이제 우리 문경고등학교 4백 학도는 하나같이 단결해 민주주의 성스러운 표제에 좀먹고 있는 악의 씨에, 아니 그들의 위선적 온갖 정치행각에 굳센 항의를 하려는 것입니다……

단순한 부정선거 규탄이 아니라 '온갖 위선적 정치 행각'에 굳센 항의를 하겠다는 것이다. 시골의 작은 고등학교 학생들의 결의가 이 정도이면 자유당 치하의 정치상황이 어떠했는지는 상상하고도 남음이 있다. 같은 날 동래고 등의 시위에서는 "학도여 일어나라, 우리의 피를 보이자!" 등 격렬한 구호가 나타나기도 했다. '피를 보일 그날'은 곧 찾아왔다. 2·28시위 이후 계속된 학생시위로 고조된 분위기는 3월 15일 마산의 민중항쟁으로 폭발적 고양의 계기를 맞는다.

② 제1차 마산의거와 서울 군중시위

1960년 3월 15일 자유당의 각본대로 사상 유례없는 부정선거가 진행되었다. 전국 각지에서 폭력·테러·살인·방화가 난무하는 가운데, 3인조·5인조 공개투표, 대리투표, 환표, 환함 등 사전 계획된 온갖 부정선거 방법들이 곳곳에서 실행되었다.

투표가 시작되는 시간인 오전 7시 경찰의 제지를 뚫고 투표소 안으로 들어가 '4할 사전 투표'를 확인한 민주당 마산시당 간부들은, 시당 당사로 돌아와 대책을 협의한 끝에 오전 10시 30분 선거포기를 결정했다. 그리고 당사의 큰길 쪽 2층 담벼락에 '선거부인' 공고를 내건 다음 시위준비에 들어갔다. 마산시당이 선거포기를 선언하고 시위를 준비하는데도, 장면과 조재천은 "3·15 선거는 국민주권의 강도 행위이니, 우리는 선거를 포기하지 않고 민주 반역행위에 대한 투쟁을 계속하겠다"고 선거에 참여할 뜻을 밝혔다. 그러나 마산 당부의 선거포기 결정 3시간 후에 경남도당이 선거포기를 선언하고, 6시간 후에는 민주당 중앙당이 선거를 포기함으로써 이 입장은 곧 철회되었다.

시위는 3시 30분부터 시작되었다. 경남도의회 민주당 원내총무인 정남규 등 민주당 간부들이 앞장서고, 학생과 시민 1,000여 명이 뒤따른 시위대열을 이루었다. 오후 4시 20분 민주당 간부 6명이 경찰에 연행될 무렵에는 이미 5,000명을 헤아리게 되었다. 이들은 "7시에 시청 앞에 모이자"면서 대치 중인 경찰을 피해 자진 해산했다가, 오후 7시 30분경에 1만여 명이 시청 부근에 집결했다.

사태의 긴박성을 예측한 경찰은 전원이 실탄을 장전한 소총으로 무장하고 시청 입구와 파출소를 경계했다. 시위군중의 수는 시간이 흐르면서 더욱 불어났다. 오후 8시경 시위대는 "부정선거 다시 하라" "협잡선거 물리치자" "투표의 자유를 달라" 등 구호를 외치면서 시청 쪽으로 움직이기 시작했다. 이때 시청 정문 앞에 대기하고 있던 소방차 1대가 소방호스로 물을 뿌리며 시위대를 향해 달려들었다. 시위대는 돌팔매로 소방차를 저지했다. 겁을 먹은 운전사가 뛰어내리자 소방차는 무학초등학교 정문 앞 전주를 들이받고 멈추고, 전주가 충격으로 쓰러지자 마산 시내는 암흑천지로 변했다. 경찰의 무차별 사격이 시작된 것은 바로 이 순간이었다. 경찰의 총구가 불을 뿜자 민주주의를 절규하던 시민과 학생들은 한 명씩 쓰러져갔고, 마산 시내는 온통 총성으로 뒤덮였다. 시가전을 방불케 하는 광경이었다. 4월혁명의 피어린 항쟁은 이렇게 항도 마산에서 시작되었다.

4월의 대명사 김주열도 열일곱 꽃다운 나이로 이때 경찰의 최루탄에 맞아 죽었다. 경찰의 총격은 시위의 양상을 한층 격렬한 것으로 만들었다. 총격에 쫓기는 한편으로, 시위대는 죽음을 무릅쓴 저항을 거세게 시도했다. 밤 9시 30분 북마산파출소가 불길 속에 사라졌고, 허윤수의 집, 자유당 당사, 서울신문 마산총국, 국민회 마산지부, 남성동 파출소 등이 차례로 파괴되었다. 그들은 평소 마산 시민의 원한의 표적이었다. 경찰은 지프와 소방차를 총동원해 헤드라이트로 밤길을 밝혀 시위대에 총격을 가했다.

　밤 11시 30분경 시위는 완전히 진압되었다. 이날의 시위로 9명이 사망했고 80여 명이 중상을 입었으며, 시위현장에서 연행된 253명은 예외 없이 살인적 고문을 당했다. 시위진압 후 경찰은 사건의 심각성과 상부의 문책을 고려해, 이날의 시위를 공산당 지하조직에 의한 좌익폭동으로 몰고자 했다. 경찰은 병원 시체실에 옮겨진 시위 희생자의 주머니에 불온전단을 집어넣는 한편, 연행된 정남규 등에게 잔인한 고문을 가해 허위증거를 만들어내고, "남로당 비밀당원이면서 신분을 위장해 도의원이 된 간부 정남규의 조종"이라고 사건을 조작하려 했다.

　국무회의에서도 현지 경찰의 보고를 토대로 3월 16일 마산 데모 관련자를 형법과 국가보안법으로 엄벌한다는 방침을 밝혔다. 3월 17일 치안국장 이강학은 "마산 소요사건은 공산당의 수법에 의해 이루어진 증거가 있어서 배후에 공산당 개재 여부를 조사 중"이라고 발표했다. 그러나 마산의거의 진상에 대한 언론기관의 사실보도와 민주당 및 대한변호사협회의 조사활동, 몇몇 검사들의 용기있는 공정한 수사로 공산당 개재성은 사실무근임이 밝혀졌다. 결국 정부는 3월 23일 내무장관 최인규를, 3월 28일에는 치안국장 이강학을 문책 해임하지 않을 수 없었고, 3월 30일 대검찰청 소진섭 차장검사가 "마산사건에 공산당 배후 조종의 증거가 없다"고 발표함으로써 마산의거의 공산당 조종설은 일단락되었다.

　한편 3월 16일, 마산의거 소식에 접한 서울에서 고교생 500여 명이

"독재정치 배격한다" "마산 동포 구출하자" 등의 구호를 외치며 안국동 민주당 당사 앞에서 시위를 한 것을 필두로, 3월 29일까지 전국 각지에서는 고등학생들의 시위가 대대적으로 일어나게 된다. 3월 16일에는 진해여고에서, 3월 17일에는 전남여고, 진해고, 진해여고, 서울 성남고에서, 3월 24일에는 부산고, 부산상고에서, 3월 25일에는 부산 동성중, 데레사여고, 경남공고, 혜화여고에서 각각 시위를 벌였다. 4월 4일, 전주 전북대생 300여 명이 대학생으로서는 전국에서 처음으로 시위를 감행했다.

4월 6일, 정부수립 후 최초로 재야 3개 정치단체(민주당, 민총, 공명선거추진위)가 주동이 되어 약 4,000여 명이 오전 10시 10분부터 오후 12시 30분까지 경찰의 포위 속에 시위를 전개했다. 이들 단체의 시위가 해산된 후에도 학생 등 2,000여 명은 시위를 계속했다. 이날 민주당이 발표한 다음과 같은 선언문은, 3월 15일 마산에서 경찰의 총격으로 수명이 죽어간 잔학행위의 책임을 물어 자유당 정권의 퇴진을 요구하지 않은 채 선거무효만을 주장했다.

이승만 정부는 집권 12년 동안 거듭된 악정의 결과, 민심이 완전히 이반되어 자유선거로서는 도저히 정권을 보장할 수 없게 되자, 이번 3·15선거에 있어 최후 발악으로 모든 불법과 극악적 수단을 무소불위로 구사해, 민주주의의 초석인 선거제도를 완전히 파괴하고 말았다. 이번 선거는 '선거'가 아니다. '국민주권의 강도 행위'이다. 그러므로 3·15선거는 불법이고 무효임을 거듭 엄격히 선언하는 바이다.

이 선언문은 곧 자유당 정권을 계승할 민주당 정권의 본질을 예시하는 것이었다. 시위군중들의 최종요구는 이승만 독재정권의 퇴진이었다.

이 같은 사실은 그들이 외친 구호들, "정부는 마산 사건에 대한 책임을 져라" "구속된 학생을 즉시 석방하라" "학생을 구속하려거든 백만 학도를 다 구속하라" "살인선거 물리치자" "이승만 정부는 물러가라" 등에서 잘 드러난다.

③ 제2차 마산의거

4월 11일 오전 11시 30분경, 마산시 신포동 중앙부두에서 한 낚시꾼에 의해 인양된 한 구의 시체가 제2차 마산의거의 기폭제가 되었다. 3·15 마산 제1차 의거 때 행방불명되었던 김주열이, 당시 경찰이 발사한 최루탄에 눈에서 뒤통수까지 관통당한 채, 중앙부두 앞 바닷속에 내던져졌다가 27일 만에 바다 위로 떠오른 것이다.

김주열을 사망에 이르게 한 최루탄은 3·15마산항쟁 당시, 마산경찰서 경비주임 박종표에 의해 지급된 직경 5cm, 길이 20cm에 탄피가 알루미늄으로 된 미제 고성능 원거리용이었다. 또 꼬리 부분에 프로펠러가 달려 있고 건물 벽을 뚫고 들어가 폭발하는 무장폭도 대응용 최루탄이었다. 더구나 최루탄 겉면에는 "Don't use on the crowd"라고 군중에게 직접 쏘지 말라는 주의까지 적혀 있었다. 그럼에도 경찰이 이것을 비무장 시위군중, 그것도 거의 학생으로 구성된 시위군중에게 발사했다는 것은 용서받을 수 없는 만행이자 독재정권의 잔인성을 노골적으로 드러낸 폭거였다.

김주열이 참혹한 모습으로 죽었다는 소문은 삽시간에 마산시민들에게 전해졌다. 소문을 듣고 김주열의 시체가 옮겨진 도립병원에 몰려든 시민들은, 참혹한 주검을 확인하고 더 이상 참을 수 없는 분노의 대열로 시가지를 누비기 시작했다. 시위대는 오후 6시경에는 3만여 명으로 불어나, 자유당 독재정권과 관련 있는 건물이나 인사의 집을 부숴 나갔다. 남성동 파출소에 이어 마산시청, 마산경찰서, 자유당 허윤수 의원의 집, 북마산·오동동·중앙동·신마산 파출소를 휩쓴 성난 군중은 다시 창원군청, 허윤수가 경영하는 동양주정, 무학주조공장을 부수고 재차 마산경찰서 앞으로 밀려갔다. 성난 항쟁의 구호는 이제는 이승만 정권의 퇴진을 요구하기에 이르렀다. 애국가, 전우가, 해방가를 부르며 다시 마산경찰서 앞에 모인 시위대는, 경찰서 마당에 세워놓은 서장 지프에 불을 지른후 경찰서 무기고를 부수고 수류탄 13개를 들고 나와 그 중 한 개를 경찰서 건물에 던져 경찰서 유리창을 박살냈다.

경찰의 저지도 필사적이었으나 성난 군중의 흐름을 막기에는 역부족이었다. 마침내 밤 9시 30분 경 김봉춘 경위에 의해 칼빈총이 지급되었고, 기다렸다는 듯 총성이 마산의 하늘을 뒤덮었다. 이제 시위대는 쫓기기 시작했다. 쫓기면서 싸우고 싸우면서 쫓기던 시위군중은 신마산파출소, 자유당 사무실, 서울신문, 국민회, 중앙동파출소, 마산경찰서장 관사, 마산소방서, 마산시장 박영수의 집을 부수고, 마산일보, 김완길병원, 제일은행 지점, 도립병원의 유리창을 부수었다. 밤 12시가 지나 시위대가 해산하자 총성도 멎었다. 이날의 시위로 다시 2명이 죽었다.

4월 12일 오전 10시경, 전날의 분노가 채 가시지 않은 마산지역 고교생 1만 여명이 다시 시위에 나서자 수천 군중이 이에 합세했다. 이들은 도립병원 시체실로 행진해 가서 김주열의 시신에 경건하게 경례하고 자진 해산했다. 그러나 경찰이 11일 시위의 주동자를 색출한다는 명목으로 학생과 시민을 연행하자, 시민들의 분노는 다시 끓어올랐다. 삽시간에 1만여 명으로 불어난 시위군중은 경찰서에 돌을 던졌고, 밤 9시경부터는 경찰들도 발포하기 시작해 밤 11시경 시위가 해산될 때까지 총격이 계속되었다.

4월 13일, 비가 내리는 속에 10시부터 성지여고, 마산여고, 제일여고 생 1,000여 명이 시위에 나서자, 경찰이 소방호스로 붉은 물감을 탄 진화용 물을 학생들에게 퍼부어 하얀 교복 칼라에 순식간에 피빛 물이 들었고 마산 시내 요소요소에는 붉은 물이 넘쳐흘렀다. 경찰은 소방차, 최루탄 등으로 발악적 시위를 진압했으며, 오후에 빗줄기가 폭우로 바뀌자 시위대도 잠잠해졌다.

3일간의 항쟁, 이것이 제2차 마산의거였고 12년에 걸친 독재정권 붕괴의 중대한 전조였다. 그러나 자유당 정권은 제1차 마산의거와 마찬가지로 제2차 마산의거도 공산주의자들의 책동에 의한 것으로 몰고 가려 했다. 이 대통령은 특별담화에서, "이 난동에는 배후에 공산당이 있다는 혐의도 있어서 지금 조사 중인데, 난동은 결국 공산당에 좋은 기회를 주게 될 뿐이니 극히 조심해야 할 것"이라고 발표했다. 해방 후 15년이나 써먹었던 그 낡은 수법을 끝내 버리지 못한 것이다. 그러나 4월 17일 한옥신 부장검사가 "공산당 개입은 속단할 수 없다"고 발표함으로써, 공산당 운운의 조작극은 또 한 번 실패로 돌아갔다.

제2차 마산의거에 이어 15일에는 마산상고, 동래고에서, 16일에는 청주공고에서 시위가 있었고, 17일에는 진주·창녕·하동 등지에서 시위가 있었다. 18일에는 부산 동래고등학교에서 다음과 같은 선언문을 발표했다.

전국의 학도여, 잠을 깨라. 그대들의 가슴속에 진정한 혁명열사의 피가 흐르고 있다면 눈에 총탄이 박힌 채 참살된 우리 형제의 시체가 표류하고 있는 마산을 상기하라. 평화적 데모는 우리의 자유이다. 마산사건에서 총부리 앞에 민주주의를 부르짖고 행방불명이 된 형제들의 살상의 책임을 묻자. 이 참극을 보고 의분에 불타는 우리들은 이제 참을 수 없다. (하략)

④ 마침내 터진 분화구: 4·18 고대 시위

4월 18일, 정오를 지나 교정에 모여든 고대생 3,000여 명은 다음과 같은 선언문을 박수로 채택했다.

친애하는 고대 학생 제군! 한마디로 대학은 반항과 자유의 표상이다. 이제 질식할 듯한 기성 독재의 최후적 발악은 바야흐로 전체 국민의 자유와 생명을 위협하고 있다. 그러기에 역사의 생생한 증언자적 사명을 띤 우리들 청년 학도는 이 이상 역류하는 피의 분노를 억제할 수 없다. 만약 이와 같은 극단의 악덕과 패륜을 포용하고 있는 이 탁류의 역사를 정화시키지 못한다면 우리는 후세의 영원한 저주를 면치 못하리라. 말할 나위도 없이 학생이 상아탑에 안주치 못하고 대사회투쟁에 참여해야만 하는 오늘의 20대는 확실히 불행한 세대이다. 그러나 동족의 피를 뽑고 있는 이 악랄한 현실을 방관하랴.

존경하는 고대 학생 제군! 우리 고대는 과거 일제하에서는 항일투쟁의 총본산이었으며, 해방 후에는 인간의 자유와 존엄을 사수하기 위해 멸공전선의 전위적 대열에 섰으나, 오늘은 진정한 민주이념의 쟁취를 위한 반항의 봉화를 높이 들어야 하겠다.

고대 학생 동지 제군! 우리 청년학도만이 진정한 민주역사 창조의 역군이 될 수 있음을 명심해 총궐기하라.

〈구호〉　　　一. 기성세대는 자성하라.

一. 마산사건의 책임자를 즉시 처단하라.

一. 우리는 행동성 없는 지식인을 배제한다.

一. 경찰의 학원출입을 엄금하라.

一. 오늘의 평화적 시위를 방해치 마라.

탁류의 역사를 정화하고 진정한 민주이념을 쟁취하기 위해 대사회투쟁에 참여할 것을 결의하는 선언문 낭독이 끝나자, 3,000여 명의 고대생은 스크럼을 짜고 "민주 역적 몰아내자" "자유, 정의, 진리를 드높이자"는 플래카드를 앞세우고 국회의사당으로 달렸다. 그러나 대광고교 앞과 안암동로터리 입구에서 강력한 경찰의 제지에 부딪쳐 시위대열은 뿔뿔이 흩어지고, 삼삼오오 골목길을 빠져나간 1,000여 명이 오후 2시 30분경에 국회의사당 앞에 집결했다. 학생들은 마침 개회 중인 국회의사당 앞에서 연좌시위를 벌이면서, "대통령이나 내무장관이 직접 나와 부정선거를 해명하라"고 요구하고, 다음 4개 항의 대정부 건의문을 결의했다.

1. 행정부는 대학의 자유를 보장하라.
2. 행정부는 이 이상 민족의 체면을 망치지 말고 무능정치·부패정치·야만정치·독재정치·몽둥이정치·살인정치를 집어치우라.
3. 행정부는 명실상부한 민주정치를 실현하라.
4. 행정부는 이 이상 우리나라를 세계적 후진국가로 만들지 마라.

4개항 모두 성토의 대상을 행정부로 못 박은 것은, 당시 입법부·사법부가 어느 정도는 행정부 견제기능을 수행하고 있었던 상황을 반영하는 것이며, 이 정권의 부정·부패·독재의 근원이 행정부라는 인식에 기초했던 것으로 생각된다.

오후 4시 유진오 고대 총장이 시위현장에 도착해 학생들에게 해산을 종용했으나, 학생들은 당일 안암동로터리 부근에서 연행된 동료 학생들의 석방을 요구하며 이를 뿌리쳤다. 연행 학생들이 오후 6시 내무장관 홍진기의 특별지시로 전원 석방되자, 오후 6시 40분 학생들은 유진오 총장의 설득을 받아들여 연좌시위를 풀고 질서정연하게 귀교 길에 올랐다.

오후 7시 20분 시위대가 종로 4가 천일백화점 앞에 이르렀을 때, 도로 옆 골목 안에서 100여 명의 괴한이 손에 쇠망치·몽둥이·벽돌 등의 흉기를 들고 뛰쳐나와 닥치는 대로 학생들을 때리기 시작했다. 수십 명의 선두학생들이 순식간에 피투성이가 되어 쓰러졌다. 눈 깜짝할 사이에 200여 명이 부상당해 쓰러지고, 학생들이 정신을 차렸을 때는 이미 깡패들이 사라진 후였다. 20여 명의 중상자들을 병원으로 옮긴 후, 나머지 학생들은 고대 교정에 모여 내일을 기약하며 8시 30분경 해산했다. 이후 고대생 일부와 고대생 시위에 참가했던 300여 명의 중고생들이 세종로까지 몰려가며 격렬한 시위를 벌였으나, 저녁 8시경 경찰에 의해 강제 해산당했다.

이날 시위 고대생들을 습격한 정치깡패들은 반공 청년단 종로구단 동대문 특별단부소속 단원인 조직 폭력배들로서 경무대 경호 책임자 곽영주와 반공 청년단 종로구 단장 임화수의 지휘를 받고 있었다. 경찰은 이튿날 여론을 감안해 폭력배 8명을 연행했으나, 곽영주의 풀어주라는 말 한 마디에 이들은 곧 풀려났다.

4·18고대생 시위는 2·28시위 이래의 학생시위의 주역을 지방 고등학생에서 서울의 대학생으로 바꾸어놓았고, 정권의 형상에 대한 도전에서 정권의 본질에 대한 도전으로 바꾸어놓았다. 그들은 선언문에서 '대사회투쟁'을 선언했다. 2·28시위 이래 지속적으로 일어났던 학생시위를 대학생들이 담당하면서, 시위의 궁극적인 목표로 설정된 것이 대사회투쟁이었다. 이승만 체제의 형상이 아닌, 이승만 체제의 본질이 독재정치의 근원임을 파악했다는 점에서 그들의 인식은 정확했다. 또한 4·18 시위는 지방에서 모아온 열기를 받아 4·19의 분화구를 터놓은, 서울에서는 최초의 대학생시위였다는 점에서도 의의를 지닌다.

4·18고대생 시위는 이제 역사의 수레바퀴를 한 걸음 더 밀어놓았고,

이 정권의 심장을 향한 마지막 일격을 남겨놓은 채 끝났다. 한편 같은 날 부산 동래고 3,000여 명, 청주고, 청주상고, 청주공고, 청주여고 3,000여 명도 대규모 시위를 벌였다.

⑤ 아아, 4·19!

4·18 고대생 시위대 피습사건은, 이미 여러 날 전부터 준비되어온 학생들의 시위계획을 앞당기는 결과를 낳았다. 4월 19일 아침, 서울대 각 단과대학의 게시판에는 다음과 같은 격문이 붙었다.

여기 대학의 양심은 증언한다. 우리는 보다 안타까이 조국을 사랑하기에 보다 조국의 운명을 염려한다. 우리는 공산당과의 투쟁에서 피를 흘려온 것처럼 사이비 민주주의 독재를 거부한다. 조국에의 사랑과 염원이 맹목적 분격에 흐를까, 우리는 얼마나 참아왔는가. 보라! 갖가지의 부정과 사회악이 민족적 정기의 심판을 받을 때는 왔다. 이제 우리는 대학의 양심으로 일어나노니 총칼로 저지 말라. 우리는 살아 있다. 동포의 무참한 살상 앞에 안일만을 탐할쏘냐! 한숨만 쉴쏘냐! 학도여, 우리 모두 정의를 위해 총궐기하자.

그리고 이날 학생들이 시위에 들어가기 전에 배부된 서울대 4·19 선언문은 다음과 같다.

상아의 진리탑을 박차고 참여시킴으로써 이성과 진리 그리고 자유의 대학정신을 현실의 참담한 박토에 뿌리려 하는 바이다. 오늘의 우리는 자신들이 지성과 양심의 엄숙한 명령으로 해 사악과 잔악의 현상을 규탄 광정하려는 주체적 판단과 사명감의 발로임을 떳떳이 천명하는 바이다. 우리의 지성은 암담한 이 거리의 현상이 민주와 자유를 위장한 전제주의의 표독한 전횡에 기인한 것임을 단정한다. 무릇 모든 민주주의 정치사는 자유의 투쟁사이다. 그것은 또한 여하한 형태의 전제도 민중 앞에 군림하는 '종이로 만든 호랑이'같이 헤설픈 것임을 교시한다. 한국의 일천한 대학사가 적색 전제에 강한 투쟁의 거획을 장하고 있는 데 크나큰 자부를 느끼는 것과 똑같은 논리의 연역에서 민족주의를 위장한 백색 전제에의 항의를 가장 높은 영광으로 우리는 자부한다. …… 일제의 철회 아래 미친 듯 자유를 환호한 나의 아버지, 나의 형들과 같이 …… 우리 대열은 이성과 양심의 평화 그리고 자유에의 열렬한 사랑의 대열이다. 모든 법은 우리를 보장한다.

오전 9시 30분, 문리대생 200여 명이 교문을 나서자 뒤이어 법대, 미대, 약대, 수의대, 치대생이 이에 가세했다. 3,000여 명으로 불어난 서울대생들이 국회의사당으로 달리고 있는 무렵, 동성고, 서울사대, 서울상대, 고려대, 건국대도 교문을 나섰다. 교문을 떠난 시위대가 의사당 앞에 집결한 것은 오전 10시 30분경이었다. 오전 11시, 시위에 나선 동국대 2,000명과 성균관대 3,000명이 국회의사당에 도착하자 동국대, 서울대 사대, 동성고는 곧 경무대로 향했다. 시위대가 세종로를 지나면서 "이승만 물러가라" "독재정권 물러가라"는 구호가 터져나왔다. 당초 부정선거 규탄을 목표로 삼았던 시위대는 이제 독재정권의 퇴진을 요구하는 혁명의 대열로 바뀌어 있었다. 낮 12시, 연세대 5,000명과 홍익대 1,000명이 시위에 나섰고, 중앙대 4,000명도 한강 인도교를 건넜다. 이즈음 경기대, 외국어대, 단국대 등 서울시내 각 대학교가 나섰고 서울대 의대, 세브란스의대, 가톨릭의대는 흰 가운 차림으로 시위에 나섰다. 숙명여대, 이대생 일부도 이에 가세했다. 정오 무렵이 되자 시내 중심부는 경찰 저지선을 뚫고 나온 시위대의 물결과 함성으로 뒤덮였다. 낮 12시 30분,

경무대를 향했던 동국대 시위대가 경찰의 1·2차 저지선을 뚫고 3차 저지선은 국민대 앞까지 진출했을 때, 경무대는 이미 무장 헌병의 배치가 완료된 상태였다.

오후 1시, 서울시내 대부분의 중고생들이 시위에 참가할 기세를 보이자 각 학교에서는 서둘러 학생들을 하교시켰으나, 강문고(현 용문고), 경기고, 동성고 등의 학교에서 전교생이 시위대열에 뛰어들었다. 이 무렵 서울시내 전역의 시위군중의 수는 10만 명을 넘어서고 있었다.

1시 30분, 시위대열의 선두에 섰던 학생들 중 한 명이 시위 저지용으로 세워둔 소방차 1대에 올라타 소방차를 운전하며 경무대 언덕길을 올랐다. 1,000여 명의 시위대가 뒤를 따랐다. 1시 40분, 시위대와 경찰 최후 저지선의 간격이 10여 미터로 좁혀졌을 때 경찰의 총부리가 일제히 불을 뿜었다. 순식간에 7, 8구의 시체가 나뒹굴었다. 경찰은 총격에 쫓겨 달아나는 시위대를 뒤쫓아 무차별 구타를 가했다. 이 무렵 서울시내 신문팔이, 구두닦이, 넝마주이, 껌팔이 등 근로소년 300여 명은 중앙청 담을 넘어 문교부, 부흥부를 습격해 문교부 장관 전용차와 6대의 문교부 차량, 10여 대의 부흥부 차량을 불 지르고 중앙청 등사실, 문교부 영화 검열실 등을 파괴했다. 경무대 앞에서는 총격에 쫓기던 시위대가 동국대생을 선두로 대열을 정비하고 다시 경무대로 밀고 들어갔다. 경찰은 거듭 무차별 총격을 가했다. 다시 물러나온 시위대는 이번에는 동성고 등 고교생과 새로 도착한 연세대를 선두로 재차 경무대로 육박했으나 역시 경찰의 총격으로 진출을 저지당했다.

이 죽음의 행진은 오후 5시까지 계속되었다. 이날 경무대 앞에서만 21명이 사망하고 172명이 부상을 당했다. 경무대에서 후퇴한 시위대는 중앙청 앞과 세종로 일대를 휩쓸고 다녔다. 시위대열에는 수많은 시민들이 합세했다. 이제 시위대는 20만을 헤아렸고, 도처에서 경찰의 총소리가 난무했다.

오후 2시 50분, 시경 무기고 앞에서도 총격이 시작되었다. 오후 3시, 정부는 국문원 공고 82호로써 오후 1시로 소급해 서울 일원에 경비계엄을 선포했고, 계엄사령관에 송요찬 중장이 임명되었다. 계엄령이 발표되는 순간 자유당의 하수인으로서 여론을 조작했던 서울신문사가 불길에 휩싸였다. 오후 3시 30분, 이승만 정권의 꼭두각시 폭악집단인 반공회관에도 불이 붙었다. 민중은 그들을 오도하고 못살게 굴던 원성의 대상을 잘 알고 있었다.

오후 4시경에는 이기붕의 집 앞에서도 총격이 가해져 고등학생 윤광현 등 4명이 숨졌다. 이곳에서 고등학생 최기현 군은 정치 깡패들에게 맞아 죽었다. 오후 4시 30분, 이승만 정권은 유혈사태가 벌어진 부산, 대구, 광주, 대전에도 계엄을 선포했다. 오후 5시, 경비계엄이 비상계엄으로 바뀌면서 통금시간이 오후 7시에서 이튿날 오전 5시까지 연장되었다. 그동안 분산되어 산발적으로 총격을 가하던 경찰 병력이 경무대 앞에 집결했다. 집결된 경찰관 300여 명은 기관총까지 장비된 장갑차 2대를 앞세우고 일렬횡대로 일제 사격을 가하면서 중앙청 앞에서부터 시위를 진압해갔다. 오후 5시 30분, 을지로 소재 내무부 입구에서도 시위하던 중앙대생들에게 총격이 가해 서현무 양 등 7명이 숨졌다.

경찰이 무차별 사격을 가하며 시위대 진압하자, 시위대도 차량을 징발하고 경찰로부터 탈취한 소총 등으로 무장했다. 그러나 조직적으로 사격해오는 경찰 진압대에 밀려 시위대의 세력은 급격히 약화되고, 점차 도심지 밖으로 밀려난다. 오후 6시 40분, 시위대가 동대문경찰서 앞을 지날 때 경찰서 안에서 총격이 가해져 10여 명의 사상자가 발생했다. 밤이 깊어지자 시위대도 무장한 수가 많아져 일부는 경찰과 총격전도 전개하면서, 동대문에서 청량리에 이르는 연도의 파출소를 전부 불태워버렸다. 같은 시간, 다른 기동 시위대는 돈암동과 미아리 일대를 누비고 다니다가 성북경찰서 앞에서의 발포로 한성여중 2학년생 진영숙 양 등 6명의 희생자를 내었다.

밤 10시경, 동쪽으로 행진하던 시위대는 중량교에 집결해 있던 계엄군이 서울시내로 진주하자 대부분 흩어졌다. 그러나 소규모 무장기동대화한 시위대 일부는 의정부 방면까지 진출해, 창동지서의 경찰과 총격전을 벌인 후 계엄군의 진주로 고대 뒷산으로 몰려갔다.

20일 새벽 1시, 계엄군에 포위된 시위대는 고려대 구내로 내려왔다. 이무렵 계엄군은 이미 서울시내 진주를 완료한 상태였고, 서울시내는 육중한 캐터필러 소리에 숨을 죽였다. 고려대 구내를 완전 포위한 계엄군이 시위대를 무장 해제시키고 이들을 해산시킴으로써 피의 화요일, 4월 19일은 막을 내렸다.

이날은 전국적으로 대규모 시위가 일어나 부산에서 19명, 광주에서도 8명이 경찰의 총격에 숨졌다. 반독재 민주주의의 함성이 드높았던 이날, 전국적으로 186명의 사망자와 6,026명의 부상자가 발생했다.

⑥ 승리의 날

4월 20일, 계엄령하의 서울에서는 무장한 계엄군에 의해 데모대가 해산되었으나, 대구·전주·인천·이리·수원 등지에서는 학생 데모가 계속되었다. 4월 21일에는 자유당 당무위원이 일괄 사표를 제출했고, 계엄사령관 송요찬은 "데모대는 폭도가 아니다"라고 거듭 언명하면서, 이미 자유당 정권이 수습할 수 없는 지경에 이르렀음을 암시했다.

이날 오전, 미국 대사 매카나기는 이 대통령을 만난 자리에서 "미국은 이 시위가 공분의 반영이라고 믿으며 비상계엄으로 사태가 수습되리라고 보지 않는다"는 견해를 밝히면서, "첫째 부정선거 관련자의 해직하고, 둘째 선거법 개정을 위한 초당적 기구의 구성하고, 셋째 2·4파동으로 개정된 신국가보안법 중 말썽 많은 조항 삭제" 등 몇 가지 제안을 했다. 미국은 4·19 자체는 인정했으나 자유당 정권을 대체할 세력에 대한 판단이 서지 않았기 때문에, 21일 노독재자와의 대담에서도 정권퇴진을 요구하지는 않았다.

4월 22일에 4·19 후 첫 국회가 열려 시국대책위원회가 구성되었다. 그러나 서울시내 중·고생 200여 명이 시위를 계속했고, 이리·군산·인천 등지에서도 시위가 계속되었다. 송요찬 계엄사령관은 학생대표 12인과 회담하고 통금시간도 2시간 단축했다. 4월 23일, 4·19시위 관련 연행자 1,099명 중 23명을 제외한 전원이 석방되었다. 장면 부통령은 사임서를 제출했고, 이기붕은 "부통령 당선 사퇴를 고려하겠다"는 성명을 발표해 정권유지에 대한 일말의 미련을 버리지 않았다. 이날도 인천시내에서는 200여 명의 학생이 횃불시위를 했고, 군산, 포항 등지의 학생과 워싱턴 재미 유학생들도 시위했다. 서울대 문리대 교수회의에서는 구속학생 석방 결의문을 채택했다. 그러나 이 대통령은 "자유당 총재직은 사퇴하고 국무에만 전념하겠다"고 언명해 미온적인 입장을 표명할 뿐이었다.

4·19 후 1주일이 지난 4월 25일에도 이승만과 자유당은 이기붕을 퇴진시키는 선에서 사태를 수습하고, 이승만을 정점으로 한 정권체제는 그대로 유지하려고 했다. 교활한 자유당의 술책을 더 이상 인내하고 있을 수 없던 시민과 학생들은 다시 시위를 격화시켰다. 이날 오후, 300여 명의 대학교수들이 이 대통령 하야를 요구하는 시위를 벌였다. 교수단의 시위는 4·19 이후 잠시 느긋했던 자유당 정권의 숨통을 다시 죄었고 사태의 추이를 주시하던 시민과 학생들에게 새로운 항쟁의 불을 붙였다.

대학교수들은 4월 20일부터 움직이기 시작했었다. 죄없이 죽어간 제자들에 대한 애정과 자책감에 사로잡혀 있던 교수들은, 제자들이 흘린 피에 보답하기 위해 시국수습안에 의견을 모았다. 고려대 이종우, 서울대 이희승, 연세대 정석해, 성균관대 조윤재 등 주동 교수들은 4월 25일 서울대 교수회관에서 전체 교수회의를 열기로 결정하고, 은밀하게 각 대학교수들에게 통고했다. 4월 25일 서울대 교수회관에 모인 교수는 258명이었다. 정석해 교수가 임시의장이 되어 사회를 보고, 이희승 교수 등 9명이 선언문을 기초했다. 출석 교수 전원의 서명을 받아 이날 발표된 시국 선언문은 다음과 같다.

이번 4·19의거는 이 나라 정치적 위기를 극복하기 위한 중대한 계기다. 이에 대한 철저한 규정 없이는 이 민족의 불행한 운명을 도저히 만회할 길이 없다. 이 비상시국에 대처해 우리는 이제 전국 대학교수들의 양심이 호소해 아래와 같이 우리의 소신을 선언한다.

1. 마산, 서울 기타 각지의 학생데모는 주권을 빼앗긴 국민의 울분을 대신해 궐기한 학생들의 순진한 정의감의 발로이며 부정과 불의에 항거하는 민족정기의 표현이다.

2. 이 데모를 공산당의 조종이나 야당의 사주로 보는 것은 고의 곡해이며, 학생들의 정의감에 대한 모독이다.

3. 평화적이고 합법적인 학생데모에 총탄과 폭력을 기탄없이 남용해 대량의 유혈참극을 빚어낸 경찰은 민주와 자유를 기본으로 한 대한민국의 국립경찰이 아니라, 불법과 폭력으로 정권을 유지하려는 일부 정치집단의 사병이다.

4. 누적된 부패와 부정과 횡포로써 이 민족적인 대참극과 치욕을 초래케 한 대통령을 위시해 여·야 국회의원 및 대법관 등은 그 책임을 지고 물러나지 않으면 국민과 학생들의 분노를 가라앉히기 힘들 것이다. (하략)

모두 14개항으로 된 선언문을 채택한 교수들은 "학생의 피에 보답하라"는 플래카드를 들고 거리로 나섰다. 교수단의 시위대열이 종로4가를 지날 무렵, 학생과 시민들의 합세로 시위군중의 수는 8,000여 명에 달했고, 종로 1가에 이르렀을 때는 1만여 명이 넘었다. 오후 7시경, 국회의사당 앞에 모인 교수들은 선언문을 다시 한 번 낭독하고 만세삼창과 애국가를 부르고 해산했다.

그러나 다시 일어난 시위대열은 쉽게 흩어지지 않았다. 200여 명의 시위대가 계엄군의 저지를 뚫고 경무대로 접근하다가 중앙청 입구에서 계엄군과 대치하던 끝에 계엄군이 발사한 공포로 3명이 부상을 입었고, 서대문 이기붕의 집으로 몰려갔던 시위대는 정문을 지키던 경호경찰과 헌병의 공포 발사에 2명이 부상을 입었다. 시위대가 이기붕의 집을 포위하자 계엄군이 출동했으나, 시위대가 "국군만세"를 외치며 박수로써 이들을 맞이하자 계엄군도 시위대도 한 덩어리가 되었다. 확실히 이 당시 계엄군은 중립을 지키려고 노력했다. 밤 8시경, 화신백화점과 시청 쪽의 시위대가 세종로로 모여들자 계엄군은 공포와 최루탄을 쏘며 진압하려했지만, 애국가와 전우가를 부르며 전진하는 시위대 앞에 계엄군도 더러는 눈물을 흘렸다. 이기붕의 집, 중앙청 앞, 광화문 사거리 등 곳곳에서 시위대가 계엄군과 대치하고 있는 가운데 임화수의 집, 임화수 소유의 평화극장, 이정재의 집 등이 파괴되었다. 밤 9시 구속학생 전원이 석방되었다. 국회의사당 앞에서 10대 청소년들이 철야농성을 하는 가운데, 4월 25일 교수단 시위는 막을 내렸다.

4월 26일, 이날은 제2의 8·15와 같았다. 1945년 8월 15일이 외세의 압제에서 해방된 민족해방의 날이었다면, 1960년 4월 26일은 독재의 압제에서 해방된 민주승리의 날이었다. 4월 26일 이날만은 자유민권의 승리의 날이었고, 15년간 국가와 민족의 대사를 전횡했던 독재자의 패배의 날이었다. 이날, 아침부터 쏟아져나온 시위군중은 오전 9시경에 이미 3만여 명으로 불어나 세종로 일대를 메우기 시작했다. 이제는 학생도 시민도 구별할 수 없는, 오직 민중의 성난 함성만이 있을 뿐이었다. 오전 10시경, 이들 시위대가 다시 경무대로 육박할 때는 10만이 넘는 군중이 세종로를 메웠고, 수송초등학교 학생들은 "국군 아저씨들, 부모 형제에게 총부리를 대지 마세요"라는 플래카드를 들고 거리로 나섰다. 이무렵 일단의 시위대는 서대문 이기붕의 집을 완전히 파괴하고, 집안의 온갖 사치품·귀중품들을 끌어내어 불질렀다.

경무대에서는 이제 움직일 수 없게 된 역사적 사실 앞에서 노독재자의 하야를 논의하고 있었다. 송요찬, 김정열, 허정, 매카나기, 매그루더 등이 9시에서 10시 사이에 번갈아 이 대통령과 회담하면서 이 대통령에게 하야결심을 재촉했다.

오전 10시 30분, 드디어 노독재자의 하야방송이 시작되었다. 이 방송은 1945년 8월 15일의 일본 천황의 항복방송만큼이나 감격을 주었다. 이승만의 하야성명은 다음과 같다.

나는 해방 후 본국에 돌아와 우리 여러 애국 애족하는 동포들과 더불어 잘 지내왔으니 이제는 세상을 떠나도 한이 없으나, 나는 무엇이든지 국민이 원하는 것이 있다면 민의를 따라서 하고자 한 것이며 또 그렇게 하기를 원했던 것이다. (중략)

1. 국민이 원하면 대통령직을 사임하겠다.
2. 3·15 정·부통령 선거에 많은 부정이 있었다 하니 선거를 다시 하도록 지시했다.
3. 선거로 인한 모든 불미스러운 것을 없게 하기 위해 이미 이기붕 의장에게 공직에서 완전히 물러나도록 했다.

4. 내가 이미 합의를 준 것이지만 만일 국민이 원한다면 내각책임제 개헌을 하겠다.

　물러가는 그 순간까지 권위를 잃지 않으려는 노독재자의 하야성명이 방송으로 흘러나오자 10대 청소년들은 파고다공원으로 달려가 이승만 동상을 파괴하고 새끼줄을 동상에 묶어 끌고 다녔다. 한편 하야성명이 발표된 지 한 시간이 지났음에도, 동대문경찰서 앞에서는 시위군중에게 경찰이 무차별 총격을 가해 20여 명의 사상자가 발생했다. 이날, 인천, 부산, 대구, 김천, 포항, 대전, 목포, 여수, 임실, 밀양, 울산, 제천, 묵호, 원주 등지에서도 수많은 군중이 "이승만 정권 물러가라!" 등 구호를 외치면서 항쟁의 대열을 멈추지 않았다.

　이날은 4·19 이후 가장 거대했던 민중항쟁의 날이었다. 1960년 4월 26일은 '4월 민중항쟁'의 승리의 날이었고 해방의 날이었다. 2월 28일 대구에서 고등학생들의 항거로 시작되어, 3·15 제1차 마산의거, 4·11 제2차 마산의거, 4·18 고대생 시위, 4·19 민중항쟁, 4·25 교수단 시위, 4·26 민중항쟁으로 이어진, 58일에 걸친 1960년 4월 민중항쟁은 이렇게 해서 일시나마 승리를 맛보게 되었다.

4. 4월혁명의 역사적 의의

① 4월혁명의 한국사적 의의

1960년 3, 4월의 민중항쟁은 185명의 사망자를 포함해 6,000여 명의 사상자를 냈다. 이제 그날이 있은 지 오랜 시간이 지났다. 그동안 4·19가

제시한 이념을 성취하기 위해 또한 무수한 청년학생들이 이 나라 민주 제단에 고귀한 목숨을 바쳤다. 1860년대의 각종 민란이 갑오년 동학농민혁명으로 계승되고 승화되었듯이, 4·19가 비록 실패했다 해도 4·19가 제시한 반외세 민족주의 및 반독재 민주주의 항쟁의 승리는 언젠가 이 땅에 이루어질 것이며 그날은 또한 민족통일의 숙제도 함께 풀리는 날이다. 봉건시대의 반봉건 투쟁과 일제시대의 민족해방투쟁과 미군정하의 반외세 민족통일운동을 거쳐, 비로소 1960년 4월에 반독재 민주주의 투쟁은 불의한 권력을 민중의 힘으로 타도하는 데 일단 성공했다. 우리 역사상 한번도 민중의 민주주의적 항쟁에 의해서 정권이 바뀌지 않았다. 4·19는 민중의 역사가 권력의 역사보다 영원하다는 것을 제시한 위대한 민주주의적 승리인 것이다.

4·19에 대한 새로운 인식을 몇 가지로 요약해보면, '4월민중항쟁'의 성격은 반독재 민주주의 투쟁을 거쳐 반외세 민족통일운동의 문제를 제기했다. 또한 4월민중항쟁은 민족통일의 종국적인 해결을 위한 민족해방 민주주의 혁명의 서전으로서 역사적 의의를 갖고 있다. 그리고 4월민중항쟁은 지속적인 자기부정, 자기극복의 과정을 거치며 한국사의 흐름 속에서 항상 현재의 의미를 가지고 부활하는 것이다.

4월 민중항쟁 또는 4·19혁명에 대한 이러한 인식은 한국사에 있어서 커다란 의의를 갖게 된다. 첫째, 1894년 갑오 농민 전쟁 이래 실패해왔던 피지배 계층의 항쟁에 따라 마침내 독재권력이 타도되었다. 둘째, 일제하 반제·반봉건 피압박 민족해방운동의 맥락을 이어받아 진정한 민족해방운동의 길을 발전시켰다. 셋째, 압제와 수탈에서 벗어나려는 민중 항쟁으로써 반독재 민주주의 실현 가능성을 제시했다. 넷째, 분단에 대한 새로운 인식으로 반외세 민주주의 길을 제시했다. 다섯째, 8·15이후 매판관료 독점자분에 의한 민족경제의 파탄에 대해 각성을 불러일으켰다. 여섯째, 자유당 정권하에 일관된 반공 예술 문학 일변도에서 민족예술, 민족문학의 길을 열었다. 일곱째, 반공을 정치도구화해 통치의 수단으로 사용하던 것에 대한 각성으로 민족문제의 실체에 접근하는 길을 열었다. 이상 일곱 가지 외에도 크고 작은 수많은 의의를 열거할 수 있겠다.

분단 40년이 되는 지금에 와서는 4·19에 대한 역사적 의의를 새롭게 인식하고 4·19가 제시한 이념들이 정당했다면 그 이념의 구현을 위해 민족의 모든 구성원들이 노력해야 할 것이다. 이 땅에 4·19정신이 참답게 구현되는 날 민족통일의 문이 활짝 열릴 것이다. 그리고 그 날은 결코 멀지 않으리라.

② 4월혁명과 외국 학생운동

4월혁명은 외국의 학생운동에도 상당한 영향을 미쳤다. 1960년대 정치적 신생국들은 대부분 제국주의의 신식민지로서 정치·경제·사회·문화 전반에 걸친 변혁이 각국의 민족적 의지, 주체적 의지와 무관하게 진행되었기에, 정치적 독립이 가져다주는 감격보다는 민족 내부의 계층간의 갈등이 더욱 심화되는 상태였다. 따라서 1960년대 후진국 학생운동 이러한 상황을 극복하기 위해 반외세 민족주의운동과 반독재 민주주의운동으로 표출되었다.

한국에서 4월혁명이 발생한 지 불과 며칠 사이에 일본의 좌파학생들은 '안보파동'에서 한국학생들의 행동을 그대로 옮겨 격렬한 시위를 전개했고, 마침내는 기시 정권을 퇴진시켰다. 터키에서도 멘데레스 독재정권에 항거하는 학생봉기로 제2의 한국 학생혁명이라고 할 만한 정변이 일어났다. 태국에서도 사리트 독재에 항거하는 학생운동이 발생했으나 정부의 학교 폐쇄조치로 좌절되었다. 또 몇 년 후의 일이기는 하지만 베트남에서도 고 딘 디엠 독재정권에 항거하는 학생투쟁으로 정변이 발생했다. 이 몇 가지 사례들은 1960년대 초반의 한국 학생운동에서 큰 영향을 받은 것이다.

• 일본 학생운동에 미친 영향

한국에서 4월혁명이 일어나자 일본의 모든 보도기관은 한국 사태를 일차적으로 보도했다. 4월혁명과 관련해 일본 외교시보는 다음과 같이 기록하고 있다.

> 사건의 실마리가 된 마산사건 이래 고등학생의 활약이 눈부셨던 것은 한국사회의 특질에 뿌리박은 역사에 유래하는 것이라는 점에서 주목된다. 일본의 통치시대부터, 민족운동·사회운동에 있어서 때때로 커다란 역할을 수행했던 것은 당시의 고등보통학교 학생(5년제 중학)이었다. …… 어쨌든 12년간의 울적했던 국민의 분노를 결집하기에 어린 학생들의 용감한 그리고 끈기 있는 강력한 운동은 높이 평가되어야 한다. 　《외교시보》, 1960년 10월호, 일본)

한국에서 4월혁명이 일어날 무렵, 일본에서는 미일 안전보장조약 승인문제를 둘러싸고 이른바 '안보파동'이 일어났다. 기시 정권은 경위권을 발동해 야당을 축출하고 신조약을 변칙적인 국회진행으로 통과시켰다. 이때 전학련全學連을 중심으로 반대시위가 감행되었다. 4월혁명은 일본 좌파 학생운동에 큰 자극을 주어, 5월 20일 전학련의 수만의 학생들은 의사당을 점거할 기세를 보이고 1만여 명의 학생들은 기시 수상 관저를 습격했다.

5월 21일, 2만여 명의 학생들은 "이승만 정권하의 자유당 국회 운영과 수법이 마찬가지다" "한국 학생을 본받자" 등의 슬로건을 내걸고 국회해산을 요구했다. 한국의 4·25교수단 시위 한 달 후인 5월 24일에는, 동경 소재 24개 대학의 교수·강사 등 300여 명이 반정부 시위를 벌였고, 약 2만여 명의 학생과 군중이 2시간 동안 의사당을 포위한 채 경찰과 투석전을 전개했다. 이때 기시 수상은 "나는 이승만 대통령처럼 굴복하지는 않겠다"고 선언하고 의사당 뒷문으로 도망쳤다.

아이젠하워의 일본 방문을 앞두고 시위가 다시 격화되어, 학생들은 의사당을 점거하고 차량을 소각하며 경찰과 투석전을 벌였다. 사태의 심각성을 깨달은 기시 수상은 아이젠하워의 일본 방문을 무기한 연기한다고 발표하는 한편, 6월 19일 참의원에서 안보조약을 비준함으로써 안보조약은 6월 27일자로 그 효력이 발생하게 되었다. 그러나 6월 22일 동경대학생들이 동경시내 주요 지역을 점령하고 전면적인 폭동을 일으킬 기세를 보이자, 기시 수상은 사임을 발표하고 수상에서 물러날 수밖에 없었다.

• 터키 학생운동에 미친 영향

멘데레스 정권은 경제난을 타개하기 위한 인플레이션 방지책으로서 공정가격제를 실시하고, 이를 위반할 경우의 벌칙을 강화하는 등의 조치를 취했지만 국민의 불만은 날로 높아갔다. 이에 멘데레스는 언론단속법을 제정해 1,961명의 언론인을 기소하고 그 중 238명을 투옥했다. 그리고 야당 당수를 국회개원 중에 체포·투옥하는가 하면, 선거법을 개정해 장기집권을 도모하고 야당의 정치운동을 봉쇄했다.

터키 언론은 한국의 4월혁명을 연일 대서특필했다. 이것은 멘데레스 정권에 대한 간접적 경고였다. 4월 28일, 이스탄불 대학생들이 일제히 봉기해 반 멘데레스 시위를 처음으로 시작했다. 멘데레스 정권은 즉각

이스탄불에 계엄령을 선포했다. 이스탄불 대학생들은 5명이 죽고 15명이 부상당하는 속에서도 경찰에 대항하며 독재자 멘데레스의 퇴진을 요구했다. 학생들은 "이승만 대통령의 사임을 초래한 의거에서 사망한 한국 청년학생들을 본받자!"라는 슬로건을 내걸고 탱크 앞에서 연좌시위를 벌였다. AP통신은 "한국의 비극적인 사건에 터키 학생들이 자극받았다"고 전하고, 〈뉴욕 헤럴드 트리뷴〉 지는 "터키 학생들은 한국의 이승만 대통령 몰락에 고무된 것이라고 알려졌다"고 보도했다.

5월 5일, 앙카라 시에서 '나토' 이사회에 참석하고 돌아가는 길에, 멘데레스는 약 4,000명의 학생시위대와 마주쳤다. 격노한 학생들은 멘데레스의 승용차를 포위하고 사임을 강요했다. 멘데레스는 학생들에게 "왜 데모하는가?"라고 반문했으며, 학생들은 "이승만 정권처럼 사임하라, 사임하라!"고 외쳤으나 멘데레스는 오른손을 가슴에 얹고 "나를 죽여라, 나를 죽여라"하고 외쳤다. 이에 성난 학생들은 "멘데레스 물러가라" "우리에게 자유를 달라!"는 구호를 외치며 격렬한 시위에 들어갔다. 이러한 학생시위에 호응해 이스탄불 육군은 무혈쿠데타를 감행했고, 마침내 멘데레스 독재정권을 붕괴시켰다.

• 태국 학생운동에 미친 영향

1957년 9월 사리트 타나라트 원수가 쿠데타로 권력을 장악하고 독재체제를 수립한 이래, 태국사회는 부정부패가 날로 심해졌다. 4월혁명으로 한국에서 독재정권이 무너지자 태국 학생들도 이에 자극을 받아 1960년 7월 24일 대대적인 반정부 시위를 계획했다. 그러나 한국 사태와 터키 사태를 잘 알고 있던 정부가, 탐마사르트 대학 등 각급 학교에 군대를 배치하고 철통같이 이를 봉쇄함으로써 실패로 돌아갔다. 비록 태국 학생들의 봉기는 실패했지만 한국의 학생운동이 끼친 영향은 컸다.

• 베트남 학생운동에 미친 영향

베트남과 한국은 정치적으로 유사한 점이 많았다. 1955년에 초대 대통령에 당선된 고 딘 디엠은 일인 장기 독재체제를 계속 강화해나갔다. 1960년 11월 베트남 군부는 한국의 4월혁명, 터키 5월 군사혁명, 라오스 9월 쿠데타 등에 자극을 받아 쿠데타를 일으켰지만 실패했다. 그로부터 3년이 지난 1963년 5월 8일, 베트남 대학생들은 반정부 시위를 벌이고 고 딘 디엠의 퇴진을 요구했다. 후에 대학생들은 '고'의 퇴임을 요구하며 맹휴에 들어갔고, 정부는 이에 학교폐쇄로 맞섰다.

8월 5일, 고 정권은 후에대학 총장을 학생시위와 관련 해임하고, 시위학생 수천 명을 구속하고 해병대를 대학에 진주시켰다. 이에 베트남의 남녀 고등학생과 대학생들은 총궐기했다. 때마침 둔 반 민 중장이 중심이 된 군사쿠데타가 발생해 11월 2일 고 딘 디엠 형제가 총살되어 고 정권은 붕괴되었다. 베트남사태에 있어서도 학생봉기가 독재정권 붕괴의 결정적 계기를 마련했던 것이다.

1960년대의 후진국 학생운동과 군사쿠데타는 그 유형은 상이하지만 세계사적 입장에서 볼 때 맥락을 같이하고 있다. 1960년 5월 터키 군사쿠데타, 1960년 9월 라오스 군사쿠데타, 1961년 5월 한국 군사쿠데타, 1963년 11월 베트남 군사쿠데타 등이 발생했는데, 모두 정치적 신생 독립국이 전후 민주주의 실천과정에서 식민지 유제와 봉건잔재를 청산하지 못한 내부의 계층간 모순과, 제국주의와 민족주의 간의 모순이 심화되어가는 과정에서, 모순해결을 위한 노력의 일환으로 일어난 것이다.

방황과 각성

(1960년 4월 26일 ~ 1964년 6월 3일)

혁명은 독재정권의 형상을 타도하는 것이 아니라, 독재정권의 본질을 타도하는 것이어야 한다. 정권타도로 혁명이 성공하는 것이 아니며, 그 정권이 존립할 수 있었던 또 그와 유사한 정권의 존재를 가능하게 하는 상부구조를 철저히 파괴하고 새로운 토대를 구축하는 것이다. 그런데 4월혁명은 독재정권의 외형만 타도하고 그 실체를 타도하지 못한 점에서는 실패한 혁명이다.

운동의 조직과 이론의 빈약함으로 말미암아, 학생들은 혁명의 사후처리를 자유당과 이념상 다를 바 없는 보수정당인 민주당에 맡기고 의기양양하게 학내로 복귀했다. 그로부터 한일회담 반대투쟁에 이르기까지, 그들은 방황과 각성을 거듭하면서 그들이 범했던 오류를 청산하려고 처절히 몸부림치게 된다.

여기에 그 방황과 각성의 단계를 간략하게 정리해보자.

① 학원민주화운동

독재정권을 타도했다는 긍지를 안고 학내로 복귀한 학생들의 당연한 요구는 학원민주화였다. 그들의 힘찬 요구로 1960년 5월 3일 어용 학생단체였던 학도호국단이 해체되고 자율적인 학생회 조직이 탄생했으며, 각종 학생조직이 창설되어 학생활동이 활발하게 전개되었다.

자율적인 학생회가 조직되자 학생들은 우선 어용교수 퇴진과 학원내 행정체계의 민주화를 요구했다. 특히 연세대학교의 학원민주화 투쟁은 그들의 운동이념을 민족주의로 승화시켜놓았다. 학생들은 다음과 같이 주장했다. 여기에서 그들은 미국을 '달러'로 표현했고, 달러와 일제하의 반민족행위를 동일시해 규탄했다.

1. 외국인에 의한 한국 대학이 참다운 민족교육을 성취할 수 없다.
2. 일제 때 민족적 양심을 수치로 여기고 일인의 식민지 정책에 앞장섰던 이사와 교수는 학원에서 물러나라.
3. 달러와 권력에 아부하는 비학자적 양심을 가진 교수와 독재에 아부해 성직을 버렸던 종교인은 자숙하라. 이 나라와 학원의 민주화는 달러가 보증해주지 않는다. 민족적 양심과 바른 인격으로 달러가 가져오는 노예근성과 부정부패를 먼저 막아야 한다.

이밖에도 서울대 상대·법대·문리대·미대에서도 어용교수 퇴진을 요구했고, 특히 고려대, 한양대, 경희대, 중앙대 등의 사립학교에서 어용교수 퇴임 요구와 학원행정 민주화 요구가 더욱 강렬했다. 이들 사립대학의 경우 내부구조의 비민주성에 비례해 투쟁양상도 격화되어, 단식·맹휴·유혈사태 등이 발생했다.

이승만 하야 3일 후인 4월 29일에 서울대, 고대, 성균관대에서 어용학자를 규탄하기 시작했다. 그것은 그동안 학내에서 학생들의 원성의 제일 표적이 사이비 학자였음을 말해준다. 4월 30일, 경희대에서 어용학자 사퇴를 요구한 이후 각 대학은 5월 한 달을 어용교수 규탄으로 보냈다. 그러나 학원민주화운동은 어디까지나 체제내적 개량주의적 운동에 불과하며, 4월혁명을 통해 제시된 본질적 과제를 해결할 수 있는 것은 아니었다. 학생들은 학원민주화운동에서 결국 좌절을 맛볼 수밖에 없었다.

② 국민계몽운동

1960년 6월 10일 이승만 독재정권이 무너진 지 두 달도 지나지 않아 혁명의 전개가 극히 불투명한 시점에서, 혁명의 주역이었던 학생들은 성급하게 혁명의 연장선상에서 후퇴하고 있었다. 그들은 그것이 혁명의 계승인 줄 알았을 것이다.

이날 서울대 학생회는 국민신생활운동, 국민계몽운동을 전개하기로 결의했으며, 서울대 여학생회는 여성 신생활운동 전개를, 서울대 문리대는 '농촌으로 가기 운동' 전개를 결의했다. 6월 16일 서울대에서는 국민계몽운동을 단과대학별 조직 일원화 작업에 착수했고, 7월 6일 서울대 국민계몽대 결단식을 마친 후에는 시가행진까지 했다. 국민계몽대는 4월혁명 정신의 보급, 국민 정치의식과 주권의식의 고양, 경제복지의 추구, 신생활체제의 수립, 민족문화의 창조를 강령으로 했다. 당일 채택된 결성 선언문의 내용은 다음과 같다.

4월혁명은 정치적 자유의 양적 확대와 경제적 독점의 배제 그리고 학원의 절대적 자유를 미래의 조국에 약속하면서 아직도 진행도상에 있다. …… 조

국과 민족의 복지달성의 근본은 신생활·신도덕에 있으며…… 조국과 민족의
장래가 영원히 빈곤과 무지의 심해 속에 버림받지 않으려면, 그 근본방책이 4
월혁명 정신의 완수와 국민계몽에 있음을 확인하고 여기에 국민계몽대를 조
직한다.

이 선언문을 읽으면, 일제하 수많은 독립투사들이 이역만리에서 목숨
을 던져 항일투쟁을 전개하고 있을 때, 국내의 일부 지식인들은 독립이
국민계몽에 달려 있다며 일제와 공존하는 온갖 계몽운동으로 국민정신
을 오도했던 것을 생각하게 된다. 4월혁명으로 독재정권을 타도한 혁명
의 주체가, 이승만 장기독재의 근원이 국민의 무지에 있다고 판단해 이
를 계몽하기 위한 국민계몽운동을 전개한 것이다. 7월 7일에는 서울대
새생활운동반 결단식을 가지고, 7월 8일부터 11일 사이에 서울대 국민
계몽대 7,000여 명을 전국 각지로 파견했다. 연세대는 지역사회 개발대
를 결성해 활동에 들어갔다.

이것은 4월혁명 정신의 계승발전이 아니라, 4월혁명 정신의 상실이었
다. 그들은 국민계몽대를 조직하기에 앞서 혁명의 반동으로 올 수 있는
권력의 구조적 모순과 보수정권의 체제적 모순을 타파하는 데 총력을
기울였어야 했다. 그리고 과도정부에 혁명의 뒤처리를 넘길 것이 아니
라, 민족의 모든 역량을 망라한 혁명정신 계승 투쟁을 전개했어야 했다.
그들은 혁명이 진행도상에 있다고 하면서도 국민계몽운동이 그 진행도
상에 있는 것이라고 선언하고 있다. 이러한 저급한 인식은 이미 국민계
몽대의 한계를 규정하는 것이었으며, 1961년 5월 23일 전국 대학 중 최
초로 서울대 학생회가 5·16쿠데타 지지선언을 하는 정신적 배경이기도
하다.

③ 신생활운동

신생활운동은 국민계몽운동과 같은 범주의 운동으로서, 1960년 7월 16일 서울대 새생활운동반 학생들이 세종로에서 양담배를 소각한 데서 시작되었다. 그러나 그해 9월 23일 정부가 새생활운동반 활동을 불법행위로 규정하고 재개시 구속하겠다는 방침을 밝힘으로써 막을 내린 또 하나의 방황과정이었다.

자유당 정권이라는 허상을 타도한 학생들은 낭만적 마취에서 깨어나지 못한 채, 양담배 소각, 사치추방 캠페인이 4월혁명 정신의 계승이라고 생각했다.

1960년 8월 18일 서울대 새생활운동반이 관용차 91대를 고발한 데이어, 9월 22일 국회의사당 앞에 있는 '가' 번호판 차량 51대를 시청 앞에 유치시켜놓고 가 번호판 차량의 폐지와 새생활운동의 입법화를 요구했다. 그 결과는 어떠했는가? 그 차량을 타고 다니는 사람들은 국회의원이었고, 그들은 4월혁명의 결과 더욱 세도를 부릴 수 있는 특권을 누리고 있었다. 그들과 크게 다를 바 없는 검찰·경찰·국회의 연석회의에서 나온 결론은 너무도 당연한 것이었다. '새생활운동이 불법'이라는 딱지였다.

4월혁명의 학생들은 가 번호판 차량을 없애라고 하기 전에 그런 차를 타고 다닐 수 있는 체제를 무너뜨려야 하며, 양담배를 소각하기 전에 양담배가 나올 수 있는 구조를 무너뜨렸어야 했고, 사치생활을 누릴 수 없도록 제도를 변혁시키는 데 전력해야 했다. 본질을 꿰뚫지 못한 채 허상만 잡은 새생활운동 역시 그들의 방황으로 끝나고 말았다.

④ 민족통일운동

학생민족통일운동은 1960년 11월 1일 서울대 민족통일연맹 발기대회를 시발로, 5·16쿠데타가 일어나기까지 4월혁명 정신에 가장 투철했던 학생운동의 하나였다. 상기한 학원민주화운동, 신생활운동 등의 실패는 학생들로 하여금 4월혁명의 기본이념의 결집에 몰두하게 했다. 몇 차례에 걸친 학내운동의 실패와 혁명의 이념이 퇴색되어가고 있는 현실 사이에서 방황하던 학생들에게, 민족통일은 하나의 메시아였으며 종교와도 같았다. 그리고 민족통일이야말로 4월혁명의 종국적 목표라는 것을 확신했을 때, 그들의 결집력과 행동력은 질풍노도 바로 그것이었다.

1960년 11월 18일에 서울대 민족통일연맹이 결성되었고, 이듬해 2월 16일에는 성균관대를 비롯한 전국 10여 개 대학에서 민족통일연구회가 발족했다. 그리고 1961년 4월 19일 각 대학에서는 4·19 제2선언문을 발표하고 지금까지 흐트러졌던 의식과 전열을 가다듬기 시작했다. 서울대 4·19 제2선언문은 다음과 같이 각성의 실마리를 풀기 시작했다.

> …… 거룩한 3, 4월의 항쟁은 정치 지도조직의 허약성과 전환기 이론의 빈약함 등이 그 항쟁을 중지시켰다. 뿐만 아니라 특권의식에 찬 그들에게 정권을 되돌려주는 실패를 가져왔다. 하나에도 열에도 통분이 아닐 수 없으며, 거기서 지내온 이 1년간의 정치기간은 치욕과 울분밖에 가져다준 것이 없다.

고려대 학생들은 4·19선언문에서, "위정자의 무능한 독선으로부터 또는 몰지각한 정치업자들의 무모한 난동으로부터, 우리의 피로써 이룩된 민족의 역사는 반전되고 있다"라고 현실진단에 충실했다. 이러한 각성은 서울대 4·19 제2선언문에서 더욱 발전해 4월혁명의 종국적인 길이

'반봉건, 반외세, 반매판 민족통일'임을 밝혀, 그들의 행동방향과 역사의 흐름을 명백하게 제시하고 있다.

우리는 3, 4월의 항쟁을 계속 발전시켜야 한다. 지금 이 땅의 역사적 사실을 전진적으로 변혁시키기 위해서는 반봉건, 반외압세력, 반매판자본 위에 세워지는 민족혁명을 이룩하는 길뿐이다. 이 민주, 민족혁명 수행의 앞길에는 깨어진 조국의 민족통일이라는 커다란 숙제가 놓여 있다.

또한 "보수정객들이 국민의 적이요, 국민이 타도하기 위한 제1의 대상물"이라고 못 박고, 그들이 이 땅에서 "사라질" 것을 요구하고 있다.

이러한 학생들의 통일논의는, 5월 5일 전국 17개 대학이 참가한 가운데 민족통일 전국학생연맹 결성 준비대회를 열고, 남북학생회담 개최를 요구하는 데까지 발전했다. "가자, 북으로! 오라, 남으로! 만나자, 판문점!" "이 땅이 뉘 땅인데 오도 가도 못하는가!" 이 구호보다 더 절실한 분단민족의 구호가 있을까? 구호의 성격이 낭만적이라고 해도 좋다. 그들의 이상이 낭만적이라고 해도 좋다. 분단 40여 년을 살고 있는 오늘의 우리 민족에게 이처럼 뜨거운 구호가 있을까? 여기에는 좌도 우도 아닌 민족이 있을 뿐이다.

1960년대 학생운동의 기념비적인 이 외침은 즉각 민주당 정권을 당혹하게 만들었다. 5월 10일에 장면 총리는 남북학생회담 불허 방침을 천명했으며, 보수세력과 군부는 초긴장했다. 그러한 가운데 5월 13일 남북학생회담환영 및 통일촉진 궐기대회가 거행되었다. 그러나 오래지 않아 비운의 날이 찾아왔다. 5·16군사쿠데타가 일어난 것이다.

1960년대 학생운동의 기념비적 외침이었던 민족통일운동은 6개월 반만에, 5·16군사쿠데타로 막을 내렸다. 그러나 이 운동은 분단역사에 새로운 장을 만들었으며, 그 시대 학생운동의 최종목표로서 반외세 민족 통일 및 반독재 민주주의 건설이라는 4월혁명 정신을 확립했다.

이 운동은 미국과 존재기반을 위협받게 된 기성세력과 군부에 두려 움을 불러일으켰다. 그리고 학생들에 의해 주도된 민족통일운동도 힘의 상대를 정확하게 인식하지 못해, 또다시 쓰라린 상처를 안고 주저앉게 되었다. 민족통일운동은 비록 실패했으나, 4·19세대가 표출한 민족통 일의 이념은 역사적으로 그 의미를 평가 받을 것이며, 실제로 그 운동의 흐름이 1960년대 이후 학생운동의 이념적 원류가 되었음은 부인할 수 없는 사실이다.

1960년 11월 1일, 서울대학교 민족통일연맹 발기대회의 대정부·사회 건의문은 다음과 같다.

一. 기성세대는 남북 양단의 도의적 책임을 통감하고, 통일에 대한 젊은 세 대의 정당한 발언을 묵살 또는 억압할 자격이 없음을 시인하라.

二. 남한의 모든 정당 사회단체는 남북총선에 대비해, 공산당에 대항하기 위해 연합할 기틀을 마련하라.

三. 정부는 통일문제에 대해 현실에 입각한 적극 외교로 전환하라. 장 총리 는 이러한 외교의 일환으로 미국과 소련을 특별 방문하고 미소의 지도 자들과 회담하라.

四. 세계인권선언에 의해 보장된 인간의 기본권인 서신의 자유를 남북한에 한시바삐 시행하라.

한편 1961년 5월 5일 발표된 '남북회담에 관한 민족통일전국학생연 맹결성 준비대회' 결의문에서는 다음과 같이 선언해, 기성세대의 통일 논의를 불신하고 학생이 남북회담에 주역이 되고자 했다.

지난 5월 3일 서울대학교 민족통일연맹에서 남북학생회담을 제의한 것에 우리 민족통일 전국학생연맹 결성 준비위원회는 이를 적극 지지하며, 이를 위한 과감한 실천을 위해 다음과 같이 결의한다.

一. 북한 학생 및 당국의 적극적인 호응을 환영한다.

一. 남북학생회담 장소는 판문점으로 한다.

一. 회담시일은 5월 이내로 하며 정확한 일자는 추후에 발표한다.

一. 정부는 우리의 학생회담에 임하는 모든 편의를 제공하라.

一. 민족통일전국학생연맹은 지역별로 대표를 선정해 회담준비를 위한 만반의 태세를 갖춘다.

학생들의 남북학생회담 제의는 통일에 접근하는 하나의 방법으로서, 전 민족성원에 감동을 주었다. 1961년 5월 13일 서울운동장에서 개최된 '남북학생회담 환영 및 통일촉진 궐기대회'에서 채택된 결의문은, 당시 우리 민족의 통일에 대한 요구가 얼마나 절실한 것이었는가를 잘 보여준다.

一. 우리는 남북학생회담을 적극적으로 지지한다.

一. 우리는 남북학생회담뿐만 아니라 남북의 정당·사회단체도 조속한 시일 내에 민족 자주적인 남북 평화통일을 달성하기 위해 남북 정치협상의 만반의 태세를 갖춘다.

一. 우리는 남북학생회담을 조속히 실현하기 위해 회담에 참가할 학생들에게 물질적 준비를 제공하고자 일대 성금운동을 전개한다.

一. 장 정권 및 남북학생회담을 반대하는 인사들은 지금이라도 늦지 않으니 뉘우치고 적극 협조하라.

一. UN군은 평화와 자유를 위해 존재이유를 갖는다면 남북학생회담으로

가는 길을 스스로 열어주라.

一. 우리는 남북학생회담을 위해 판문점으로 출발하는 학생들을 거족적으로 환영해 보호할 것을 맹세한다.

그러나 민족적 열망을 반영한 이 통일운동도 5·16쿠데타로 좌절을 맛보게 되었고, 이 민족통일전국학생연맹사건으로 윤식, 유근일, 이영일, 황건, 심재택, 김승균, 이수병, 노원태, 연현배 등이 구속되어 징역 5년에서 10년까지를 선고받았다.

⑤ 향토개척단운동

1961년 5월 16일 군사쿠데타가 일어나자, 일주일 만인 5월 23일 서울대 학생회에서 5·16지지선언을 발표했고, 6월 9일 전국 대학교 총학장단은 혁명정책 지지 결의문을 발표했다. 그후 보름만인 6월 24일 서울대 향토개척단이 결성되었다. 5·16 후 39일 만의 일이다. 이토록 재빠른 학생들의 변신은 4월혁명에서 충족되지 못한 요구가 5·16으로 채워질 수 있으리라는 기대에 기인한 것이다. 그러한 기대의 하나가 바로 향토개척단으로 표출된 것이다.

이 시기의 학생농촌운동은 군사정부의 재건국민운동 정책과 그 궤를 같이하며 전개되었다. 서울대 향토개척단운동은 그때까지의 농촌운동을 비판적으로 검토하고, 학생 자신이 한 사람의 농민으로서 농촌에 참여해 4월혁명 정신의 마지막 보루로서 학생과 농민 간의 연대강화를 도모했다. 그러나 1962년 1월 26일 서울대 향토개척단이 창단되고, 7월 12일에는 서울시내 각 대학생 8,000여 명이 하기 봉사활동에 들어가면서, 향토개척단운동은 군사정부와 공존한다. 1963년 3월 28일, "갯벌이

옥토된다"는 구호 아래 덕양 향토개척단은 간척공사를 위한 모금운동을 전개했고, 5월 1일 서울대 향토개척단은 총 연장 350m, 간척면적 18정보(5만 4,000평)의 방조제를 완성함으로써 학생운동의 흐름을 체제내적인 움직임으로 돌렸다.

같은 해 7월 18일의 천보 향토개척단 선언문은 당시 학생들의 인식수준을 어느 정도 보여준다.

우리는 제국주의자, 독재주의자로부터 받은 유일한 유산인 패배주의, 도락적인 안일주의를 과감히 내던지고, 언젠가 사랑으로 충만한 사람들이 환희의 함성을 하늘 높이 부르짖을 거대한 기적을 완성할, 항구한 민족의 거점을 마련하는 성실한 작업을 수행할 민족의 마지막 보루이다.

위 선언문은 향토개척단운동 속에 내재된 민족주의를 낭만적으로 표현해, 이 운동이 4월혁명 정신의 계승임을 밝히고 있다. 4월혁명 세대들의 낭만적 인식수준의 한 단면을 보여주고 있는 글이며, 그들의 이상주의적 한계가 잘 드러난 글이기도 하다. 4월혁명 정신을 정치적 현실로 계승·발전시킬 수 없었던 학생들은, 혁명의 마지막 보루로서 민족의 영광된 미래를 위해 지금은 향토에 불씨를 묻자는 소박한 심정을 토로했던 것이다.

1963년에 들어서면서, 각 대학에는 향토개발연구회, 농촌문제연구회, 농어촌문제연구회, 총학생회, 농촌봉사부, 4-H연구회, 자진근로반 등이 조직되어, 1960년대 농촌운동의 전성기를 이루었다. 그리고 전국 농과대학연합회 주최로 각 대학에서 심포지엄, 세미나 등이 열려 농촌문제에 대한 학생들의 관심을 고취시키고, 전국대학 4-H연구회 연합체가 결성되어 농촌진흥청과 농림부의 후원 아래 학생농촌운동을 활발하게 전개했다. 이러한 운동은 1964년 한일회담 반대투쟁이 치열하게 전개되기까지 학생운동의 일각을 담당했고, 그 시기 학생운동의 하나의 양상으로 군사정부와 공존했다.

그러나 5·16군사정부가 4월혁명의 진정한 계승자가 될 수 없다는 사실을 깨달았을 때, 그들은 전열을 가다듬고 현실을 직시하기 시작했다. 군사정부의 혁명공약의 퇴색과 군사정부의 군정연장 선언, 민정이양의 불확실성 등은 학생들의 방황에 종지부를 찍고, 다시금 민족과 민주주의 수호를 위한 전선에 나서게 했다. 그동안 그들이 겪은 수많은 좌절과 그 처절한 경험을 통한 실천적 각성이 그들을 다시금 반외세 민족주의, 반독재 민주주의의 성전에 투신하게 했다. 이 성전이 바로 한일회담 반대투쟁이었으며, 박정희 군사정권에 대한 최초의 본격적 투쟁이었다.

한일회담 반대 학생운동

1. 한일협정문의 분석

한일회담 반대 학생운동의 전개과정을 서술하기 전에, 한일협정문을 분석해 그 문제점을 검토하고, 이에 대한 각계의 반응을 정리하고자 한다. 이것은 한일회담 반대운동의 역사적 정당성을 확인하기 위한 시도이며, 한일회담을 추진한 정부의 과오를 밝히는 길이기도 하다.

한일협정문을 세목별로 나누어보면, ① 기본관계조약, ② 청구권·경제협력 협정, ③ 한일 어업에 관한 협정, ④ 법적지위나 대우에 관한 협정, ⑤ 문화재·문화협력에 관한 협정 등이다. 이상 다섯 사항을 차례로 검토해보자.

① 기본관계조약

전문과 7조로 된 기본관계조약은 한일 국교정상화의 의의와 그 기본적 방향 등을 명시하는 내용으로 되어 있다. 기본관계조약을 검토할 경우, 우선 전문의 내용이 한일합방조약의 전문과 흡사한 데 놀라움을 금할 수 없다. 한일합방조약 전문에서는 "한국 황제폐하 및 일본국 황제폐하는 양국간의 특수하고 친밀한 관계를 돌아보아 행복을 증진해 동양의 평화를 영구히 확보하고자 하는 바……"라고 하고 있다. 여기에서 "동양의 영구한 평화"란 바로 일제의 식민지 건설임은 말할 필요도 없다. 기본관계에 대한 조약 전문 중 관련내용은 다음과 같다.

대한민국과 일본국은 양국 국민관계의 역사적 배경과 선린관계와 주권 상호존중의 원칙에 입각한 양국관계의 정상화에 대한 상호희망을 고려해 양국의 상호복지와 공동이익을 증진하고, 국제평화와 안정을 유지하는 데 있어서 양국이 국제연합헌장의 원칙에 합당하게 긴밀히 협력함이 중요하다는 것을 인정하며…….

위의 내용은 한일합방조약 전문에 흐르는 의미와 기본적으로 동일한 것이며 자구수정에 불과한 것이다. 일본 측은 역사적 대한對韓침략을 "선린관계"였다고 표현하고 있다. 일본정부의 이와 같이 파렴치한 대한인식에 기초해 한일합방조약의 재판이 작성된 것이다. 이처럼 전문에는 일본정부의 새로운 식민지를 건설하겠다는 간계와 그것을 묵시적으로 받아들인 한국정부의 대외의존성이 함께 담겨 있다. 굴욕외교의 발단은 이렇게 시작되었다.

또한 조약체결 전권위원들의 직함에 있어서도 한국 측은, "대한민국 외무부장관 이동원, 대한민국 특명 전권대사 김동조"라고 서명한 데 반해, 일본정부 측은 "일본국 외무대신 椎名悅三郎, 高杉晋一"이라고 서명했을 따름이다. 여기에서 椎名悅三郎은 공인임을 밝혔으나 高杉晋一은 공식직함을 밝히지 않았다. 일본정부의 외무대신이 두 사람이 아닌 이상, 공식직함을 밝혀야 한다. 외교문서에 자연인으로서 이름을 기재할 수는 없기 때문이다. 결국 한국정부는 일본 외무대신 椎名悅三郎과 자연인 아무개와 조약을 체결한 것에 불과하다. 당시 학생들이 한일회담을 굴욕적이라고 비난한 이유가 결코 지나친 것이 아니었음을 알 수 있다.

기본관계조약 제2조 역시 살펴볼 필요가 있는데, 일본정부 측이 한반도 일제 통치시대의 죄악상을 공식적으로 사과하지 않고, 심지어 "일본의 통치는 한국의 발전에 이바지했다"(구보타)거나 "일본 제국주의는 영광스러운 제국주의"(시나), "일한 양국은 부자지간"(오노) 등과 같은 망언을 서슴지 않은 이유가 나타나 있다. '이미'라는 단어에 주의를 기울이며 살펴보자.

1910년 8월 22일 및 그 이전에 대한제국과 일본제국 간에 체결된 모든 조약 및 협정이 <u>이미</u>(もはや) 무효임을 확인한다. (밑줄은 필자)

'이미'의 시점 이전에는 조약과 협정이 유효였음을 은연 중 밝히고 있다. 일본 측이 말하는 '이미'의 시점은 1951년 9월 8일 샌프란시스코 평화조약이 조인된 날을 말한다. 그 이전은 합법적 통치였으며 영광스러운 통치였다는 것이다. 일본정부는 착취와 압제, 창씨개명까지도 서슴지 않았던 일제하의 모든 행위가, 그 당시도 분명히 불법이었고 무효였음을 인정하고 사죄하는 입장을 밝혔어야 했다. 군대를 동원한 강화도조약, 임오군란을 핑계 삼은 제물포조약, 갑신정변을 계기로 한 한성조약, 1904년의 한일의정서, 굴욕적인 을사늑약, 1907년의 을미협정, 국치의 한일합방조약 등은 어느 하나 무력과 공갈과 협박으로 이루어지지 않은 것이 없다. 그런데도 그 시대에는 그 모든 것이 합법이고 유효했지만 지금에 와서는 무효라는 표현의 저의는, 배상금을 한 푼도 지불하지 않겠다는 것이다.

이러한 내용은 민족감정을 극도로 자극했다. 국민들의 빗발치는 항의와 반대 속에 강행된 한일협정은 성토·단식·시위 등 애국적 민족감정의 표출을 한국정부가 곤봉과 최루탄, 휴교조치 등 온갖 폭압적인 만행으로 저지하면서 조인한 것이다.

② 청구권 및 경제협력에 관한 협정

이 협정의 정식명칭은, '대한민국과 일본국 간의 재산 및 청구권에 관한 문제의 해결과 경제협력에 관한 협정'이다. 즉, 재산 및 청구권에 대한 한국 국민의 '권리행사'나 일본정부의 '의무이행'이 아닌, 단순한 문제의 '해결'에 관한 협정이라는 말이다.

대한민국과 일본국은 양국 및 양국국민의 재산과 양국 및 양국국민 간의 청구권에 관한 문제를 해결할 것을 희망하고, 양국간의 경제협력을 증진할 것을 희망해 다음과 같이 합의했다.

위의 전문에서 "양국 및 양국국민 간의 청구권"이라는 표현이 의미하는 바는 무엇인가? 일제 식민지 치하에서 착취와 학살을 당한 한국과 한국 국민이 일본정부와 일본 국민에게 그들이 저지른 죄악에 대해 배상을 요구할 수 있는 권리는, 한국과 한국 국민이 존속하는 한 사라질 수 없는 것이다. 그것은 '해결'이란 말로 해결될 수 없는 것이다. 그런데도 일본국과 일본 국민이 한국과 한국 국민에게 무엇을 청구할 권리가 있다는 것인가? 있다면 우리의 '용서와 관용'뿐일 것이다. 실제로 일본 측은 평화선을 넘나들며 해적행위를 하던 일본 어선을 한국정부가 나포한 데 따른 손해배상 청구권을 주장했다. 결국 이 전문의 내용은 일본도 한국에 청구권을 행사할 수 있다는 것이다. 이에 대한 합의는 한국정부가 스스로 평화선을 포기한다는 것을 의미했다. 이 협정에서 가장 중요한 내용을 담고 있는 것은 제1조와 제2조이다.

제1조 ① 일본국은 대한민국에 대해,

A. 현재의 1,080억 일본 엔으로 환산되는 미화 3억 달러와 동등한 일본 엔의 가치를 가지는 일본국의 생산물 및 일본인의 용역을 본 협정의 효력 발생일로부터 10년의 기간에 걸쳐 무상으로 제공한다. 매년에 있어서 생산물 및 용역의 제공은 현재의 108억 일본 엔으로 환산되는 3,000만 달러와 동등한 일본 엔의 액수를 한도로 하고, 매년에 있어서의 제공이 본 액수에 미달되었을 때에는 그 잔액을 차년 이후의 제공액에 가산한다. 단, 각 년이 제공 한도액은 양 체약국정부의 합의에 의해 증액될 수 있다.

위의 내용 중 우선 A항에서 3억 달러의 무상원조의 내용을 살펴보면, 어업협력 1억 달러와 원자재 1억 5,000만 달러를 제한 나머지 5,000만 달러 중 4,522만 9,398달러는 대일청산계정의 잔액이므로 빚을 갚고, 그 나머지인 477만 602달러를 무상 제공한다. 결국 2억 5,000만 달러에 해당하는 "일본국의 생산물 및 일본인의 용역"을 10년에 걸쳐서 연 3,000만 달러 규모로 제공한다는 것이다.

일본 상품 소비시장을 한국에 개설함으로써 결과적으로 한국경제를 대일의존 경제구조로 전환시키고, 일본인의 용역에 소요되는 모든 경비는 한국정부가 부담하게 됨으로써, 청구권 3억 달러란 한국인에게 사실상 득보다 실이 큰 것이었다. 40여년 간의 수탈과 학살의 모든 죄상을 3

억 달러로 모두 '해결'한다는 일본정부의 입장은, 지난날의 제국주의적 통치에 대한 일말의 양심적 가책조차 없는 것이다. 이 점이 또한 한일회담이 굴욕적이고 매국외교라고 규탄 받는 점이다.

   B. 현재의 720억 일본 엔으로 환산되는 미화 2억 달러 액수에 달하기까지의 장기저리의 차관으로서 대한민국 정부가 요구하고, 또한 3의 규정에 근거해 체결된 약정에 의해 결정되는 사업의 실시에 필요한 일본의 생산물 및 일본인의 용역을 대한민국이 조달하는 데 있어서 충당될 치관을 본 협정의 효력 발생일로부터 10년의 기간에 걸쳐 행한다. 본 차관을 일본국의 해외경제협력기금에 의해 행해지는 것으로 하고 일본국 정부는 동 기금이 본 차관을 매년 균등하게 이행하는 데 필요한 자금을 확보할 수 있도록 필요한 조치를 취한다.

   전기前記 제공 및 차관은 대한민국의 경제발전에 유익한 것이 아니면 안 된다.

   ② 양 체약국 정부는 본조의 규정의 실시에 관한 사항에 대해 권고를 행할 권리를 가지는 양 정부 간의 협의기관으로서 양 정부의 대표자로 구성될 합동위원회를 설치한다.

위 항목은 한국정부의 요청에 의해 일본정부가 2억 달러 유상차관을 제공해주되 그것도 생산물과 용역으로 대체한다는 내용을 담고 있다. 제1조 A항에 못지않게 굴욕적·노예적 구걸을 강요한 회담이라는 주장의 근거가 되는 내용이었다.

대일 청구권 및 경제협력에 관한 사항을 정리해보면, 청구권 3억 달러를 10년에 걸쳐 연 3,000만 달러 내외로 제공하고, 경제협력이라는 명목으로 유상차관 2억 달러를 10년간 해외경제협력기금에서 일본 내의 생산물과 일본인의 용역으로 제공한다는 것이다. 즉, 무상원조 3억 달러,

유상원조 2억 달러 상당의 일본상품과 일본인 용역이 10년에 걸쳐 한국 경제에 침투하게 되는 것이다. 위의 제공 및 차관은 한국의 경제발전을 위한 것이 아니라, 실은 일본의 경제질서 안정을 위해 제공되었던 것이다. 결국 일본의 경제적 이해에 바탕을 둔 본 협정은, 일본 자본의 본격적인 한국 진출과 한국 경제의 대일종속을 가속화시키는 경제침략의 서막을 연 셈이었다.

또 제2조의 ①항을 살펴보면 다음과 같다.

① 양 체약국은 양 체약국 및 그 국민(법인 포함)의 재산·권리 및 이익과 양 체약국 및 그 국민 간의 청구권에 관한 문제가, 1951년 9월 8일에 샌프란시스코 시에서 서명된 일본국과의 평화조약 제4조(A)에 규정된 것을 포함해 완전히 그리고 최종으로 해결된 것이 된다는 것을 확인한다.

무상원조 3억 달러와 유상원조 2억 달러, 그것도 유상원조는 빚이기에 무상원조 중 사실상 2억 5,000만 달러 상당의 생산품과 용역을 10년에 걸쳐서 제공하는 것으로 일제 40년의 모든 죄악이 합법화되었다. 그리고 일본은 과거 역사에 대한 사죄 한마디 없이, 또다시 한국의 상전으로 군림할 수 있는 합법적 토대를 마련하게 된다.

당시 한국정부는 한국이 참전국이 아니기 때문에 배상을 요구할 수 없다는 입장을 밝혔지만, 그렇다면 일제하 한국 국민이 일본을 위한 전쟁수행에 동원되어 목숨을 바친 대가는 어떻게 되는가? 그것이 아니라도 인도·파키스탄·인도네시아·말레이시아 등이 2차대전 당시는 영국 및 네덜란드 등의 식민지로서 어느 한 국가도 참전하지 않았지만 전후 배상을 받았으며, 이탈리아의 식민지였던 알바니아도 배상을 받았다는 사실은 어떻게 설명될 수 있는가? 또한 베트남도 일본과 전쟁을 하기는

커녕 평화회의에 초청조차 받지 못했는데도 독자적으로 배상을 받지 않았던가?

주권국으로서 이러한 굴욕외교와 민족경제 파탄의 길을 열면서, 곤봉세례와 최루탄 가스로 민중의 소리를 억누르면서까지 한국정부가 한일회담을 강행한 배경은 무엇인가? 그것은 미국의 전반적인 달러방위정책에 따른 대한 미국원조의 매년 감소분을 일본의 경제력으로 보충하려는 미국과 한국정부 간의 묵계와, 과잉 설비 및 공급에 허덕이던 일본경제의 돌파구를 한국에 대한 경제협력이라는 방법으로 해결하려는 미국과 일본의 의도였다. 또한 당시의 한국정부가 일본을 축으로 하는 미국의 아시아 정책에 맹종했다는 점도 있다.

한일협정은 현대 국제사회 외교가 자국의 국가이익 추구에 기초하고 있다는 기본인식조차 갖지 못한 한심한 외교정책의 산물이며, 전체 민족의 자존심을 내던지고 노예적 굴종을 자초하면서 국가민족의 백년대계보다는 미국과 일본의 후원 아래 정권유지라는 목전의 이해관계에만 연연한 한국정부의 정권유지를 위한 단견의 소산이었다.

③ 어업에 관한 협정

한일 어업협정은 일제 36년간 일본 어부들이 한국의 연해어장과 수산자원의 대부분을 유린하고 남획해 일본어업의 발전에만 이용한 간악한 행위에 대해서는 사죄조차 받지 못하고, 한국의 100만 어부들의 생활터전인 한국 연해어장을 일본 어부들의 어장으로 제공한 협정이다. 한국 어민들만이 어로할 수 있는 수역을 12해리로 축소시켜놓고서 자국 연해어장을 다른 일개국과 이등분하는 협정을 체결한 것은 세계사에 처음 있는 일이다. 평화선이 있어도 수시로 넘나들며 불법 어로행위를 하던 일본이, 국제회의에서도 12해리 전관수역문제가 타결되지 못하고 있는 상황에서 우리나라 연해어장을 한입에 삼켜버린 것이다.

1965년 4월 26일 니카라과는 자국기선基線에서 20해리까지의 수역을 배타 어로수역으로 선포했다. 이러한 세계 추세도 아랑곳없이 한일 어업협정 제1조는 "한국이 기선에서부터 12해리까지의 연안수역만을 한국 어민들의 전관수역"으로 할 수 있도록 일본으로부터 허가를 구하는 조문이다.

세계 해양 각국은 어느 나라를 막론하고 자국의 직선기선直線基線을 확정할 때는, 국제 해양법에 규정된 직선기선확정요항에 준해 기술적으로 확정한 후 국회 의결을 거쳐 세계에 공포한다. 세계 해양국들이 모두 20해리를 전관수역으로 하고 있는데 어째서 한국만이 마치 구걸하듯 12해리를 협정할 수 있었을까? 상상할 수 없는 치욕적인 협정의 또 한 면이 100만 어민의 생명줄을 조인 것이며 우리 어장을 해방된 지 20년 만에 다시 일본에 넘겨버린 것이다.

협정 제2조는 "공동규제수역을 설정해 한국 연해어장이 일본과 공동 소유"임을 밝히는 내용의 조문이다. 36년간 일본인들이 마음대로 노획한 한국 어장을, 일본 어장으로 인정하고 그들의 어획 실적을 인정하는 것이다. 협정체결 전에도 일본은 14년간이나 어업협정을 연기하면서 평화선을 침범해 어획실적을 올렸다. 이 침탈행위도 기본조약에서는 없었던 일로 '해결'되어버렸다.

제3조에서는 "본문에서는 형식만 갖추고 일본에 불리한 점은 전부 부속문서로 보강"한다고 되어 있다. '바다의 갱'이라고 불리는 기선저인망 어구의 사용은 어류의 씨를 말리는 것이기 때문에 세계의 모든 해양국에서 이를 사용하지 못하도록 금하고 있다. 그러나 이 협정에서는 세계에서 한국이 최초로 타국 어민을 위한 기선저인망 정책을 받아들였

다. 기선저인망 어구가 한국 연해어장에서 5년만 사용된다면 한국 어업은 재기불능 상태에 빠질 것이며 수산자원은 고갈될 것이다. 일본정부는 자국의 연해어장에서는 기선저인망 어구사용을 금지했으나, 한국 연안 어장에서 기선저인망 어구를 사용하고 있는 것이다.

제4조는 "일본 어부들이 협정 이외의 수역에서 범칙하면 일본정부가 자국 법에 의해 자국 법정에서 재판한다"는 것이다. 이는 내놓고 강도질 하겠다는 일본정부의 의도를 노골적으로 드러낸 조문이며, 한국정부로서는 백해무익한 조항이다. 더구나 조약의 1차 유효기간이 6년이라는 데 더욱 문제가 있다. 일·소 어업협정의 유효기간이 1년임에 비하면 그 6배인 셈인데 그것도 사정에 따라서 얼마든지 연장할 수 있게 되어 있다.

한일 어업협정 중 가장 굴욕적이고 반민족적인 내용은 '평화선의 철폐'이다. 평화선을 12해리 전관수역과 공동규제수역, 공동자원조사수역으로 변형해 사실상 평화선은 유명무실하게 되었다. 이러한 한일어업협정 배후에서 미국은 한국에 파견한 이선득 장군에게 적극적으로 일본의 방침에 협력하게 했다.

④ 재일교포의 법적지위와 대우에 관한 협정

이 협정은 재일교포들에게 불안과 당혹을 안겨 주었다. 교포들의 법적 지위는 협정 이전보다 더욱 불리해졌다. 본 협정에 의해 일본 내에서 재일교포에 대한 차별대우를 공식화할 수 있는 근거가 마련된 것이다. 원래 재일교포는 일본이 한반도를 강탈해 착취와 학살을 감행하고, 수많은 한국인을 전쟁터로 끌어가고, 군수산업의 생산도구로 혹사시키고, 정신대로 끌고 간 과정에서 생겨난 일본의 대한 식민정책의 산물이다. 그런데 재일한국인 교포들에 대한 책임규명과 이에 대한 일본 측의 사죄도 없이 이 협정은 비준된 것이다.

정식 명칭이 '대한민국과 일본국 간의 일본국에 거주하는 대한민국 국민의 법적 지위와 대우에 관한 협정'으로 되어 있는 이 협정의 전문은 다음과 같다.

대한민국과 일본국은 다년간 일본국에 거주하고 있는 대한민국 국민이 <u>일본국의 사회질서하에서</u> 안정된 생활을 영위할 수 있게 하는 것이 양국간 및 양국 국민 간의 우호관계 증진에 기여함을 인정해 다음과 같이 합의했다. (밑줄은 필자)

여기에서 "대한민국 국민이 일본국의 사회질서하에서 안정된 생활을 영위"할 수 있도록 한다는 내용에 주목할 필요가 있다. "일본국의 사회질서"란 일본정부가 필요에 따라서 자의적으로 해석할 수 있는 것이다. 영주권·강제퇴거 등의 문제를 두고 벌어지는 교포들에 대한 차별대우가 "일본국의 사회질서하에서"라는 문구 속에 완전히 합법화되었다. 한국정부가 보호해야 할 대상은 재일 한국국민이지 일본정부가 아니다. 세계 어느 나라가 타국에 있는 자국 동포를 타국 정부의 임의적 처분에 맡기는 협정을 체결할 수 있겠는가.

그러나 한국정부 당국자는, "이렇게 바쁜 판에 교포의 법적 지위 문제로 교섭을 더 지연시킬 수 없다"는 망언을 서슴지 않았다. 이 협정 제6조에는, "본 협정은 비준되어야 한다"고 되어 있다. 이것은 한일합방조약 체결 당시의 일본정부의 자세와 다를 바가 없는 것이다. 이 모든 굴욕을 감수하며 협정을 조인했던 한국정부는 무엇을 생각했는가? 그들의 안중에는 민족 비극의 유산인 재일교포들의 비참한 일본 생활이 떠오르기나 했을까?

⑤ 문화재·문화협력에 관한 협정

이것은 한일협정문 가운데 가장 노골적으로 일제 통치를 합법화한 내용의 협정이다. 이 협정으로 일제가 36년간 불법으로 강탈해간 모든 한국 문화재가 일본의 소유물로 인정되어버렸다. 문화협력이라는 것도 일제가 한국에서 강탈해간 문화재를 합법적인 것으로 한국정부가 인정한다는 의미에서의 협력인 것이다. 그 내용은 다음과 같다.

〈대한민국과 일본국 간의 문화재와 문화협력에 관한 협정〉
　대한민국 및 일본국은 양국 문화의 역사적인 관계에 비추어 양국의 학술 및 문화의 연구와 발전에 기여할 것을 희망해 다음과 같이 합의했다.
　제1조 대한민국 정부와 일본국 정부는 양국 국민 간의 문화관계를 증진시키기 위해 가능한 한 협력한다.
　제2조 일본국 정부는 부속문서에 열거한 문화재를 양국 정부 간에 합의된 절차에 따라 본 협정 효력발생 후 6개월 이내에 대한민국 정부에 인도한다.

강탈해간 모든 문화재를 조건 없이 인도해도 민족감정이 치유되지 않을 터인데, 일제하 우리 문화를 파괴하고 문화재를 강탈해 한국의 문화를 식민지 문화로 만든 데 대한 사죄의 말은커녕 진짜는 빼고 쭉정이만 문화재랍시고 부속문서에 열거해 선심 쓰듯 문화협력의 차원에서 인도해준다는 일본정부의 입장을 어떻게 이해해야 하는가. 더 기가 막히는 것은 부속문서인 의사록의 내용이다.

〈문화재와 문화협력에 관한 협정에 대한 합의 의사록〉
　한국 측 대표는 일본 국민의 사유로서 한국에 연유하는 문화재가 한국 측에 기증되도록 희망한다는 뜻을 밝혔다. 일본 측 대표는 일본 국민이 소유하는 이러한 문화재를 자발적으로 한국 측에 기증함은 한일 양국간의 문화협력 증진에 기여하게 될 것이므로 정부로서는 이를 권장할 것이라고 말했다.

한국 측은 빼앗긴 자기 물건을 일본 국민의 사유로 인정하고 그것을 기증해주도록 '희망한다'는 뜻을 밝혔다. 이것은 어디까지나 희망사항에 불과한 만큼 일본 측이 이 요청을 들어주지 않으면 그만인 셈이다. 일본 측 역시 빼앗아간 물건에 대한 자기들의 소유권을 기정사실화한 상태에서, 일본 국민에게 한국과의 문화협력을 위해 기증하도록 '권장하겠다'는 입장을 밝히고 있다. 이 역시 일본 국민들이 일본정부의 권고를 수락하지 않을 경우 달리 도리가 없는 것이다.

한일회담이 자주적인 정상외교였다면 한국 측은, "일제하 한국 문화재를 악랄한 수법으로 강탈해간 일본국과 일본 국민은 한국 문화를 훼손시킨 잘못을 깊이 뉘우치고, 일제 강점기에 강탈해간 모든 문화재를 즉각 반납해야 한다"고 요구했어야 했다. 일본 측 역시 "일제하 온갖 만행으로 한국의 문화재를 강탈해옴으로써 한국 국민의 민족적 긍지를 손상시켰고 나아가 한국의 문화를 파괴한 점을 깊이 사과하며, 일본국이나 일본 국민에게 있는 모든 한국 문화재를 즉각 반납할 것을 약속합니다"라는 정도의 입장을 밝혔어야 하지 않을까?

또 협정문 제3조에서는 "가능한 한의 편의를 제공"한다는 표현으로 일본 문화의 직접적인 침투의 길을 열고 있다.

대한민국 정부와 일본국 정부는 각각 자국의 미술관, 박물관, 도서관 및 기타 학술·문화에 관한 시설이 보유하고 있는 문화재에 대해 타방국의 국민에게 연구의 기회를 부여하기 위해 가능한 한의 편의를 제공한다.

인류 역사상 힘이 있는 나라의 문화가 힘없는 나라로 침투하는 예는 있었어도, 힘없는 나라의 문화가 힘 있는 나라로 침투해간 경우는 없었다. "가능한 한의 편의 제공"으로 일본정부는 그후 한국에 공보관을 개설하고 일본인 학교를 세우는 등 본격적으로 일본문화를 한국에 상륙시켰지만, 한국정부는 일본에 변변한 학교 하나 제대로 세우지 못했다.

이상 한일협정문의 전문을 세목별로 분석 검토해볼 때 어느 하나 굴욕적이지 않은 것이 없다. 결국 무상원조 3억 달러, 유상원조 2억 달러를 10년에 걸쳐 제공받는다는 조건으로 한국정부는 민족적 자존심을 모두 팔아넘긴 것이다.

2. 한일회담에 대한 각계의 반응

① 지식인의 반응

1965년 〈사상계〉에서는 각계에 걸쳐 한일회담에 대한 설문조사를 실시한 일이 있는데, 조사 대상자 중 115명이 설문에 응답했다. 그 내용과 이에 응답한 대다수의 답변은 다음과 같다.

> 1. 이번 조인을 다수 국민은 굴욕적이라고 보는데, 귀하는 어떻게 생각하십니까? — 굴욕적이라고 본다.
> 2. 이 협정의 비준동의가 국회에서 강행된다면 그후에 벌어질 정정에 대해 귀하는 어떻게 생각하십니까? — 매우 심각한 사태가 벌어지리라고 본다.
> 3. 만약 이 비준의 강행을 막아야 한다고 생각하신다면, 이 강행을 막기 위

해 우리는 어떻게 해야 한다고 당신은 생각하십니까? ― 모든 국민은 총력으로 막아야 한다고 보며, 필요하다면 총선을 다시 해야 한다.

4. 귀하는 한일국교가 어떠한 토대 위에서 이루어져야 한다고 생각하십니까? ― 한일국교의 토대는 선 일본의 사죄 후 평등한 입장에서 실제적인 경제 건설에 도움이 되어야 한다.

물론 다소 견해를 달리하는 대답이 있기는 했지만, 전반적인 시각은 대동소이한 것이었다. 115명의 응답자 중 경향신문 논설위원이었던 송건호의 응답을 인용해보면 당시 지식인들의 분위기를 알 수 있을 것 같다.

1. 이번 협정대로 국교 정상화되면 한국이 일본경제에 예속되는 것을 막기 어렵다. 일본의 한국에 대한 야심은 한국에 경제 침투하겠다는 것이다. 우리 정부는 너무 서두르고 너무 양보했다. 굴욕적이라는 비난을 받는 것은 무리가 아니다.

2. 전국적으로 매우 심각한 사태가 벌어지리라고 본다. 만약 비준이 강행된다면, 그것으로 언론이 가라앉지 않고 사태는 그때부터 본격적으로 악화될 것이다. 정부는 51차 국회에서 비준을 강행하려는 사고를 버려야 할 것이다.

3. 1963년 총선 때 한일회담으로 신임을 물은 것이 아니니, 비준을 보류하고 총선을 다시 하는 것이 민주적 절차라고 본다.

4. 자세한 것은 말할 지면이 없으나 우리의 자립경제에 도움이 되는 보장을 세우는 토대 위에서 연구되어야 할 것이다.

송건호는 한일회담은 일본의 경제침략을 합법화하는 것이라고 진단해 이후 한국경제의 대일의존을 예견했다.

② 종교인의 반응

1965년 7월 1일, 김재준, 박형규, 함석헌 등 기독교 목사·교역자 166명의 연서로 성명서가 발표되었다. 성명서에서는 ① 평화선 포기로 어민의 생존권을 위협한 것, ② 청구권을 무상공여로 해 일본의 침략 정신을 인정한 것, ③ 과거 일본 통치를 합법화한 것, ④ 한국의 신식민지화를 초래한 것, ⑤ 국민의 사기를 저하시킨 것, ⑥ 한일회담 시작 후 부정부패가 극심한 것 등을 지적하고, 국민·국회·정부에 다음과 같이 호소했다.

> ① 국민의 애국적 행위를 권력으로 탄압하지 마라.
> ② 국민 여론에 순응해서 협정에 임하라.
> ③ 한일협정 비준을 거부하라.
> ④ 정부는 국내 정치를 쇄신하라.
> ⑤ 굴욕적인 조약을 포기하라.

③ 문학인의 반응

1965년 7월 9일, 재경 문학인 82명 역시 성명서를 발표했는데, 그 요지는 ① 한일 국교정상화는 한국 우위의 입장에 서야 하는데 ② 한일조약 전문이 일본에게 유리하게 되어 있음을 지적하고, ③ 비준의 전면 거부와 ④ 한일조약에 대한 국민의 정당한 의사를 탄압하지 말고 애국학생을 석방하라는 요구를 담고 있다.

④ 대학교수단의 반응

1965년 7월 12일에는 재경 대학교수단 359명이 한일협정 비준 반대 선언을 발표했는데, 그 요지는 이랬다. 우리 정부는 ① 조약에 굴욕적인 전제를 인정했고, ② 일본 자본의 경제적 지배의 소지를 마련했으며, ③ 평화선 포기로 한국 어업이 일본 어업에 예속되게 했다. 또 ④ 재일교포의 법적 지위는 식민지주의적 처우로 비인도적인 배신을 자행했고, ⑤ 문화재를 자진 포기했다는 것이다. 그리고 이상의 요지를 근거로 대학교수단은 "첫째, 치욕적인 불평등 협정을 결연히 거부하고, 둘째, 애국학생들에 대한 비인도적 처사를 사과하고 구속학생을 즉시 석방하라"고 요구했다.

한편 이 선언문에는 상당히 중요한 대목이 있다. 이 대목은 한일회담 반대운동의 성격을 추출해낼 수 있는 대목이기도 하기 때문에 그대로 옮겨 본다.

정부는 이 모든 희생을 무릅쓰는 이유가 일본과 제휴해 반공태세를 강화하는 데 있다고 주장, 미국 역시 이를 뒷받침해왔다.

한국정부는 궁지에 몰리면 '반공'을 내세우고 있는데, 반공태세를 강화하기 위해서라면 굴욕적이든 매국적이든 노예적이든 상관하지 않겠다는 식의 반민족적·반민주적 이 같은 처사와 이에 대한 미국, 일본의 지원은 용납될 수 없다는 것이다. 민족적 이상을 살리고 민주주의적 이상을 살리는 것이 국가와 민족의 백년대계를 위하는 길이다. 한국 민족이 나아갈 길은 강대국의 굴레에서 벗어나 진정한 민족국가를 수립하는 데 있는 것이다. 당시 선언문에 서명한 교수들 중에서 문익환, 성래운,

206

유인호, 서남동, 김동길, 김찬국 등은 1970년대에는 민주화운동에 참여한 교수들이다.

⑤ 예비역 장성들의 반응

1965년 7월 14일, 예비역 장성 11명이 한일협정을 반대하는 성명서를 발표했다. 그런데 그들 중에는 5·16쿠데타에 참가했던 인물도 있어서 당시 국민들의 관심을 끌기도 했다. 이들 예비역 장성 중 한두 사람은 그후 박 정권에 참여하기도 했으나, 나머지 사람들은 끝내 박 정권과 등지고 말았다.

> 잔학과 수탈로 일관했던 과거의 일본 식민정책에 대한 속죄와 보상은 전혀 몰각이 되고 '이미 무효'임을 천명함으로써 일제의 죄책을 합법화시켰으며, 연간 1,000만 달러 상당의 '무상공여'와 국제적 비교로 봐서 가장 불리한 조건의 차관 2,000여 만 달러어치의 일본 상품과 용역의 도입으로 우리의 생명과 재산과 문화의 강탈에 대한 청구권에 대차한다는 것은 이 민족의 역사가 그것을 용인할 수 없습니다.

이상으로 당시 한일회담을 반대하던 각계 인사들의 반응을 개략적이나마 살펴보았다. 한일회담을 반대하는 입장들에 있어서 공통되는 주장은, 한일회담이 굴욕적이며 신식민지화를 초래할 수 있는 매국 협정이라는 평가였다. 국가민족의 장래를 염려하는 지식인들의 이러한 주장은 곧 한일회담 반대 학생운동의 정당성을 밑받침해주는 것이다.

한일회담 반대투쟁 당시의 학생들은 비록 일제강점기를 경험하지 못한 해방 후 세대라고는 하지만, 그들의 정신사적 바탕은 식민지 치하에서 민족해방을 위해 싸웠던 선배들과 8·15 직후 민족통일을 위해 싸웠던 선배들, 이승만 독재정권을 타도한 4·19 선배들이 제시했던 반외세·반독재의 길에 접맥되어 있었다. 이러한 학생들의 진보적 실천력은 항상 역사를 새롭게 하는 원동력이 되었다. 그리고 이러한 학생운동이 범국민적 지지기반을 확보하고, 국민 일반의 주의·주장과 일치를 보았던 것은 4·19 이후로는 6·3 한일회담 반대투쟁이 처음이었다.

3. 한일회담반대 학생운동의 전개

① 운동의 배경

4·19 이후 학생운동의 민주화 노력과 기백이 5·16 쿠데타 이후 차츰 희미해져가는 상황에서, 한일협정문에 나타난 외세의 파렴치한 의도는 한국 국민으로서는 도저히 묵과할 수 없는 것이었다. 민족의 장래에 어두운 그림자를 드리우는 한일회담을 반대해 처음으로 궐기했던 것은 서울의 대학생들이었다.

1962년 6월 6일 고대 학생들은 한미 행정협정 체결촉구 궐기대회에서 "미국의 피원조 국가가 아닌 완전한 주권재민의 자주독립국가"를 추구한다는 민족자주성을 선언했다. 그리고 국민에게 보내는 메시지에서는, "우리의 여건에 합리적인 조건을 제시해줄 길은 과연 무엇인가? 주권이다. 이것이야말로 민족의식의 총화요, 민족운명의 동일체다"라고 주장했다. 즉, 주권수호야말로 한국이 미국과 대등한 입장에 설 수 있는 길이며, 그 주권은 민족의식의 총화로서 민족운명의 동일체로서 수호해야 한다는 것이었다. 그들은 또한 궐기의 목적이 반미에 있는 것이 아니라 민족주의에 있다고 주장했다.

당시는 군사정부가 민심을 얻기 위한 인기작전의 하나로 '민족적 민주주의'를 표방하고 있었던 때인 만큼, 학생들의 이러한 주장은 군사정부와 심각한 마찰을 빚지는 않았다. 학생들 역시 성격이 불투명하나마 군사정부를 일단 믿고 자신들의 민족주의적 주장을 피력했다. 그러나 극동방위전략상 한국의 정치적·군사적 안정을 필요로 했던 미국의 이해와 5·16으로 소원해진 대미관계를 개선하고 군정에 대한 미국의 지지가 절실한 군사정부의 이해가 맞아떨어지면서, 군사정부는 당초 성격이 불투명했던 민족주의적 입장을 포기하고 미국의 '핵우산' 속에 스스로 편입되었다.

이에 따라 군사정부 특유의 변신과 탄압이 시작되었으며, 변신의 첫 징조가 바로 군정연장 선언과 민정이양을 둘러싼 혼란이었다. 그리고 학생들은 이를 계기로 5·16 초기에 군사정부에 대해 가졌던 환상에서 깨어나기 시작했다. 그리고 군사정부에 의한 신악新惡이 만연하자, 5·16이 결코 4월혁명 정신의 계승일 수 없다는 사실을 인식하게 되었다.

1963년 3월 29일, 서울대생들은 자유수호 궐기대회를 열고, "이제 우리는 4월 선열의 뜻을 이어 긴박한 역사적 상황 위에 새로운 깃발을 세운다"고 밝히면서 "한국의 정치사에 불합리한 방법으로 집권연장의 가능성을 수립하려는 군정의 비논리를 규탄한다"고 선언했다.

4월 19일에는 4·19 제4 선언문을 발표하고 침묵시위에 들어갔다. 그리고 그들은 "뜨거운 피의 적이었던 백색독재와 그를 밑받침한 사회적 제 모순, 즉 사회경제적 봉건적 구조와 외세의존의 매판적 정치경제 질서, 의식의 보수성 등 온갖 질곡은 온존된 채, 4월의 정신은 왜곡되고 자기 합리화의 선전물로 타락했다"고 선언했다.

이 선언문의 내용을 검토해보면 학생들이 4월혁명 정신을 반독재, 반봉건, 반외세, 반보수로 파악하고 있음을 알 수 있는데, 이것은 4월혁명의 기본이념이 반외세 민족주의 및 반독재 민주주의로 정립될 수 있음을 의미하는 것이다. 그런데 군사정권이 정권유지를 위한 자기 합리화의 선전물로서 4월혁명 정신을 왜곡하고 있는 현실을 비판하고, 나아가 군사정부가 4월혁명의 타도대상이었던 백색독재, 사회경제적 봉건적 구조, 외세의존의 매판적 정치경제 질서, 의식의 보수성 등을 계승하고 모순을 심화시키고 있다고 규탄했다.

이들 운동이념은 군사정부에 의해 여지없이 왜곡되고 자기합리화 되었기에, 학생들은 자신들의 이념을 진정으로 실천하기 위한 새로운 돌파구를 찾기 시작했다. 1963년 5월 16일, 경북대학교에서 군정연장 반대시위가 발생함으로써 이제 학생들과 군정의 공존관계는 더 이상 유지될 수 없게 되었고, 보수와 진보의 이념대결이 불가피해졌다.

5·16 이후 정치현실에 대해 침묵으로 일관하면서 학내 운동과 농촌운동에 전념했던 학생들은, 1963년 봄에 접어들면서 비로소 4월혁명의 기본이념인 반외세 민족주의, 반독재 민주주의를 실천함에 있어 군사정부의 반동적 기능을 인식했다. 4월혁명의 결과에 대한 정치적·경제적 기대가 무너짐과 동시에 학생들은 교육적·학원내적 민주화의 기대조차 환상에 불과하다는 사실을 자각했으며, 그러한 자각을 바탕으로 부정적 현실을 극복하려는 실천적 움직임에 재차 돌입했다.

학생들은 그동안의 학내운동을 "전진과 창조 없는 슬픈 방황"이라고 자기 진단하는가 하면, "반민족적이고 반민주적인 전근대적 정치체제에 대한 항쟁과 민족사의 전진을 위한 피어린 몸부림이, 동일한 체질의 변모에 불외한 정권에 의해 유린되고 봉쇄"당했다고 선언했다. 그리고 5·16 군사정부의 성격이 "반민족적이고 반민주적"이라고 규정하고, 이에 대한 항거를 "민족사의 전진을 위한 피어린 몸부림"으로 정의하며

210

질식할 것 같은 정치현실에서 "민족사의 전진적 승리를 쟁취하기 위해 다시 자유의 광장으로 모여들자"고 외쳤다.

학생들은 또한 군사정부에 대한 직접적 비판을 통해 이념을 무장하기 시작했다. 즉, 군사정권하의 "기본권 유린, 매판자본의 비만, 정보정치, 외세 예속적 경제구조"를 비판하고, 이러한 체제에서 벗어나 민족자존의 영광된 길을 걷기 위해서는 외세의존의 모든 사상과 제도의 근본 개혁, 매판자본의 타도, 외세의존과 매판자본을 지지하는 정치질서의 타도가 요구된다고 선언했던 것이다(5·20 선언문).

이러한 운동의 흐름은 4월혁명 정신의 계승인 반외세 민족주의와 반독재 민주주의의 실천적 장을 요구하게 되었다. 그리하여 학생들은 외세 극복의 논리에서 한·일 간의 대등한 권리와 한·미 간의 평등한 권리를 요구하고, 일제 36년 치욕의 역사를 청산하기 위해서는 일본이 적극적으로 사죄하고 배상해야 한다고 주장했다. 또한 미국이 우방이라면 간섭이 아닌 우정을 보이라고 주장했다. 이러한 반외세 논리는 한일회담을 앞두고 특히 일본에 대해 집중되었다. 학생들은 일본문화·일본경제의 침투로 한국이 일본의 식민지화할 것을 경계했던 것이다. 이와 같은 학생의식의 실천적 표출은 광범위한 학생·대중의 잠재된 민족감정에 불을 붙였다. 한일회담반대 학생운동이 당시의 경직된 사회분위기를 깨뜨리고, 거국적인 운동으로 파급될 수 있었던 요인 중의 하나가 바로 이러한 민족감정이었다.

물론 한일회담 반대운동에 참여했던 학생들을 모두 동질적인 집단으로 파악할 수는 없는 일이다. 그 중에는 사회개혁을 주장하는 학생들이 있었는가 하면, 반일 감정에 철저한 애국적 민족주의자들도 있었고, 학원자유 수호를 주장하는 학원 민주화론자들이나 농촌운동에 전념하는 낭만적 이상주의자도 있었다. 그러나 어느 유형에 속하든 간에 5·16 군사정부가 4월혁명 정신의 계승자일 수 없다는 사실에 대한 공통된 인식을 가지고 있었다. 그리고 한일회담의 결과 초래될 신식민주의의 존재를 재빠르게 간파하였기에, 학생들은 4년여의 침묵을 깨고 4월의 광장으로 다시 뛰쳐나간 것이다.

② 한일 굴욕회담 반대투쟁 73일(1964년 3월 24일~6월 3일)

1964년 3월 21일 5시 50분, 서울고등학교에서 '대일굴욕외교반대 강연회'가 개최된 후 서울의 거리에는 시위의 세찬 바람이 예상되었다. 3월 23일, 굴욕외교 반대 군중시위가 발생한 후 국회의사당 주변에는 '대일굴욕외교반대투위' 이름으로 유인물이 살포되었다.

3월 24일, 서울대, 고대, 연대 등에서 5,000여 학생들이 한일회담 반대시위에 나섰다. 이날 경찰과의 첫 대치에서 150명이 연행되고 40명이 중경상을 입고 34명이 긴급 구속될 정도로 시위가 치열했다. 이날 서울대 문리대생 300명은 "사수하자 평화선" "일본 제국주의 말살하자" 등의 플래카드를 내걸고 성토대회를 개최했다. "일본 제국주의의 잔혹한 압제 하에 피어린 항쟁을 통해 쟁취한 해방조국의 민족 자주성은, 다시 제국주의적 일본 독점자본의 독아에 박살 위기 한걸음 전에 있다"는 내용의 선언문을 발표한 후, "민족 반역적인 한일회담을 즉각 중지하고 동경체재 매국 정상배는 일로 귀국하라" "평화선을 침범하는 일본 어선은 해군력을 동원해 격침하라" "한국에 상륙한 일본 독점자본가의 척후병을 즉시 축출하라" "박 정권은 민족 분노의 표현을 날조, 공갈로 봉쇄하지 말라" 등 결의문을 채택하고 이완용과 이케다 수상의 허수아비 화형식을 했다.

오후 3시, 고려대생 1,000여 명은 성토대회 후 "일본을 신임하는가"

등의 플래카드를 들고 시위에 나서, "공화당 정부가 내걸었던 민족주의는 어디로 사라져 가버리고, 우리의 우방 미국이 덮어씌운 면사포가 정부를 현혹한다. …… 우리는 절규한다. 우리의 피어린 노력으로 우리끼리 살아보자. 중국, 일본, 미국은 차례로 우리의 종주국이었다. 종주국 없이 한번 잘살아 보자. 이것이 우리의 핏덩이 같은 절규다"라고 뜨거운 민족주의적 감정으로 호소했다. 또한, "일본 제국주의의 악랄한 독점 자본가들이 국가를 경제적 식민주의의 질곡과 철쇄에 덮어씌우려 한다. …… 우리는 구한말의 쓰라린 역사를 또다시 반추해야 된단 말인가"하고 반문해, 과거의 쓰라린 경험에 비추어 일본에 의한 신식민주의의 위험을 경고했다.

이날 연세대에서는 고 장준하 씨와 함석헌 옹의 시국강연회가 끝난 후 학생 2,300명가량이 시위에 나섰다. 그들은 선언문에서 "4·19이념과 민족 자립경제의 반역적 망국재벌을 처단하고, 그 재산을 국가에 환수해 민족자본화하라"고 주장해, 민족자본의 육성으로 매판자본을 견제할 것을 요구했다. 이와 같은 각 대학교 학생들의 선언은, 한일 굴욕회담 반대와 강력한 평등지향적 민족국가 확립 요구 등 4월혁명 정신에 접맥된 민족주의 이념을 잘 나타난다.

3월 25일, 학생시위가 전국으로 확산되어 굴욕외교 반대의 함성이 산하를 휩쓸었다. 이날 부산에서는 동아대와 수산대 3,300여 명이 시위에 참가했고, 대구에서는 경북대와 대구대 1,400여 명이 "한일회담 즉시 철회" "야당은 우리를 이용 말라" 등의 플래카드를 들고 시위에 나섰으며, 전북대 150여 명은 "일본에 있는 김종필을 즉각 소환" "서울 구속학생 석방"을 요구하며 시위에 들어갔다. 그리고 서울의 국회의사당 앞에는 연세대·중앙대·한양대·건국대·경희대·동국대명·외국어대 등의 1만 7,000여 명의 대학생과, 배명고·수송고·성동고 등의 고등학생 3,000명이 시위를 벌였다.

전국적으로 약 3만여 명이 시위에 참가하는 등 학생시위가 확산되자, 정부는 서울시내 37개 대학 대표 98명과 연석회담을 주선해 학생들과의 정면충돌을 피하려고 했다. 그러나 회담은 소득 없이 결렬되었고, 이에 시내 각 대학에서 2만여 명의 시위대가 청와대 앞에 집결하자, 정부는 서울시 전 경찰력과 완전무장한 수도경비군 2개 중대병력을 동원, 시위 저지에 투입했다.

3월 26일, 서울, 대전, 이리, 수원, 광주, 대구, 부산 등지로 시위가 확산되었다. 이날의 시위에서는 특히 전국적으로 고등학생이 대거 참여했던 점이 주목된다. 서울에서는 배재고, 중동고, 동도공고, 한양공고, 마포고, 경신고, 성북고, 삼선고, 보성고가, 지방에서는 광주농고, 대전고, 부산고, 부산남고, 남성고 등이 시위에 참여했다. 고등학생들이 한일회담 반대시위에 대거 참여하자 정국은 상당히 긴장되었다.

3월 27일, 13개 도시에서 30여 개 학교가 시위에 참가했으며, 이날 역시 고등학생들이 대대적으로 참여했다. 박 정권은 연 나흘째 시위가 계속되자 일본에 있는 김종필을 긴급 소환하고, 학생시위가 범국민적 시위로 번질 것을 우려해 서울시내 종합대학교 학생대표들과의 대통령 면담을 주선했다.

3월 30일, 박 대통령과의 면담을 끝낸 학생들은 일단 학원복귀를 선언하고, 4월 17일 시위가 다시 일어나기까지 학내에서 한일문제 강연회, 심포지엄, 세미나 등을 열면서 한일회담 반대의 이론적 근거 확립에 힘쓰는 한편, 정부의 성의 있는 해결책 제시를 기다렸다. 이 기간 중 학생들은 주로 자체정비에 힘쓰면서 4월혁명 이래 학생운동의 목표와 방향을 재점검하고, 보다 광범위한 민족주의적 자각을 학생사회에 불러일으키려는 노력을 계속했다.

학생들은 한일회담의 일본 측 주관자인 구보타, 오노 등이 원흉급 전범자들임을 중시해, 문화재 반입, 재일교포의 법적지위, 청구권, 어업협정 등에 대한 일본정부의 파렴치한 논법과 박 정권의 매국행각을 비판적인 눈으로 지켜보면서 정부의 태도를 예의주시했다. 한편 학생들은 일본 독점자본의 전위세력인 미쓰이·미쓰비시 등 40여 개 상사의 세금 포탈과 불법적인 상행위를 고발하고, 이들의 축출을 강력하게 요구하기도 했다. 그러나 4월에 들어서도 정부 측은 성의 있는 회답을 제시하기는커녕 시위탄압을 위한 만반의 준비를 진행시켰다. 시위 탄압책을 마련할 시간을 벌기 위한 정부의 회유책에 기만당했다는 사실을 깨달은 학생들은, 마침내 3월보다 더 거센 저항을 시작했다.

4월 17일, 서울대에서 다시 시위가 시작되었다. 이날 기획원 앞까지 진출한 학생들은 "한일굴욕외교 반대" "학원사찰 즉각 중지" "구속학생 석방" 등을 요구했다. 그리고 4월 10일에 서울대와 4월 11일에 고려대·연세대에 각각 배달된 정체불명의 소포 속에 불온문서와 미화 100달러가 들어 있었던 사실을 폭로했다. 학생 회유공작에 정보부가 3,000만 원을 뿌렸다는 소문이 학생들 사이에 퍼지기 시작했다. 시위대에는 즉각 학원자유수호의 외침이 물결쳤고, 학생들은 정보정치와 학원사찰을 즉각 중지할 것을 요구하며 학생 정보조직인 YTP(Young Thought Party, 당시 정보부에서 학생운동을 내부에서 붕괴시키기 위해 만들었다는 단체) 등 사이비 학생조직을 폭로했다. 4월 18일, 서울대 사범대에서 "못살겠다! 정보정치, 정보부 해체하라"는 구호를 외치며 시위를 했다. 이후 4월의 학생운동의 주요 이슈는, 3월의 반일 민족주의에서 일보 후퇴해, 당장 절실한 학원자유화 요구로 전환하게 된다.

학생운동은 조직적 저항운동이나 철저한 이념운동이 아니기 때문에, 운동 초기에는 흔히 상대방의 전술에 끌려가게 된다. 3월 20일 대통령 면담 이후 4월 17일까지 끓어오르던 운동의 열기를 스스로 식혀버린 점이나, 계속해서 대일투쟁에 전념해야 할 때 다시 학내문제로 관심을 돌려버린 사실은 바로 학생운동의 이러한 한계를 잘 보여준다. 그러므로 정보부는 가능한 한 시간을 끌어서 학생들의 열기를 식히고, 가능한 한 학내문제로 학생들의 관심을 돌리기 위해 갖은 술책을 마련하는 것이다. 시위대가 일단 학내로 복귀하기만 한다면, 학생들의 발언은 이제 학생 내부의 문제로 돌려 묵살해버릴 수 있기 때문이다.

4월 19일, 서울시내 수개 대학과 고교에서 시위가 일어나 61명이 입건되고 6명이 구속되었다. 4월 20일, 서울대 문리대생들은 4·19기념탑 앞에 모여 "애국적 시민은 우리 대열에 서라" "경찰은 애국적 시민을 막지 마라" 등의 구호를 외치면서 시위에 들어갔고, 성균관대 학생들은 "정치 사찰하는 정보기관을 해체하라" "한일회담 중지하고 초당파적인 대표단을 구성하라" 등의 구호를 외치며 시위에 돌입했다.

4월 21일, 성대생 1,000여 명이 "구속학생 즉시 석방하라" "5·16은 4·19의 연장일 수 없다" 등의 구호를 외치면서 시위를 벌였으며, 경찰은 시위학생 106명을 연행해 88명에 영장을 신청하고 7명을 구속했다. 4월 23일, 서울대 문리대생들은 '학원사찰 진상규명 대회'를 열고 당국의 학원침투 행각과 YTP의 내부구조 등을 성토하면서, 학원자유화 요구를 실천적 운동으로 발전시켜나갔다.

4월의 각 학교의 선언문, 결의문, 성명서, 구호 등에는 빠짐없이 학원자유화, 정보정치 철폐 등의 요구가 들어 있다. 학원자유는 학생들로서는 우선적으로 해결해야 할 문제이기는 하지만, 그로 인해 3월의 반일구국의 운동열기를 잠시나마 체제 내로 일탈시켰다는 데 대해서는 안타까움을 금할 길이 없다. 어쨌든 학원자율화는 1964년 학생운동의 주요 이슈의 하나였다. 그리고 학원의 존립을 위한 학원자유화운동이 1960년대

학생운동의 주요 목표의 하나가 되었다는 사실은, 1960년대야말로 정치권력이 처참하도록 학원을 짓밟은 시기였다는 점을 반영하는 것이다.

5월에 들어서자 학생들은 학생운동의 본래적 목표였던 민족문제로 복귀하게 되었고, 이 운동은 급기야는 반체제운동으로까지 승화하게 된다. 학원자유에 대한 제도적 장애가 체제 자체의 성격에 기인한다는 사실을 학생들은 자각했다. 5월 11일, 연세대 2,000여 명은 성토대회를 열고 "학생요구 하나도 관철 안 됐다" "부정부패 일소" "학원사찰 중지" "여야는 학생들을 정치적으로 이용하지 말라" 등의 구호를 외치면서 가두시위를 벌여 정부의 강력한 시위저지선을 무너뜨렸다. 이에 서울대, 고려대, 성균관대, 동국대, 건국대, 경희대 등이 대학연합체를 구성하고, 5월 15일에는 연세대와 타 대학들이 이에 가입해 학생대회를 개최했다.

5월 20일, 오후 1시 45분경 서울대 문리대 교정에 모인 학생들은 '한일굴욕외교반대 학생총연합회' 주최로 '민족적 민주주의 장례식'을 거행하고, 1,500여 명이 관을 메고 시위에 들어갔다. 민족적 민주주의 장례식은 곧 5·16 군사정부에 대한 장례식이었다. 학생들은 선언문에서 "4월혁명의 참다운 가치성은 반외압세력, 반매판, 반봉건에 있으며, 민족·민주주의의 참된 길로 나가기 위한 도정"이었지만 "5월 군부쿠데타는 이러한 민족수호 이념에 대한 정면적인 도전이었으며 노골적인 대중탄압의 시작"이었다고 주장하고, "농민, 노동자, 소시민의 피눈물을 밟고서 홀로 살쪄가는 매판성 악덕재벌을 처단하라" "굴욕회담 즉시 중단하라"는 결의문을 통해 대정부 투쟁의 방향을 제시했다. 그리고 "시체여, 너는 오래 전에 죽었다. 죽어서 썩어가고 있다"는 조사로 군사정권을 장송했다. 학생들은 두건을 쓰고 죽장을 짚고 교문을 나섰다. 동국대, 성균관대, 건국대 학생들이 이에 합류해 대대적인 가두시위를 벌였다.

5월 22일, 서울시내 32개 대학 연합으로 '한일굴욕외교반대 학생총연합회'가 정식으로 결성되어 학생운동이 조직적인 체계를 갖추게 된다. 5월 25일, 서울시내 각 대학에서 '난국타개 궐기대회'를 개최하고 비상구국선언을 발표했다. 이날 한일굴욕외교반대 학생총연합회 학생대표 32명은 결의문에서 "구속 중인 애국학생 즉시 석방" "파국에 직면한 민생고 타개는 망국 독점매판재벌의 엄단 몰수에서 출발" 등을 결의했다. 그리고 학생대표들은 "일주일의 냉각기간에 정부가 반성하지 않으면 극한투쟁도 불사한다"는 대정부 통고문을 발송하고 5월 30일까지 유예기간을 설정했다.

5월 26일, 정부는 25일의 궐기대회에 참가한 학생 41명을 즉심에 회부해 8명을 구속하고 84명을 훈방함으로써 학생들이 설정한 유예기간을 적절히 활용했다. 이와 같은 상황을 보다 못한 전남대생들은 5월 27일에 "애국충정 있거든 하야로 보답하라" "권고, 권고, 하야 권고" "광주발언 취소하고, 네 책임 네 가져라" 등 구호를 외치면서 시위를 벌였다. 4·19 이후 군사정부의 퇴진과 대통령 하야를 요구하는 구호가 학생시위에 등장했던 것은 이날이 처음이었다. 같은 날 서울대 교수협의회에서는 구속학생 석방을 요구하는 결의문을 발표해, 한일회담 반대의 뜻을 간접적으로 밝혔다.

5월 29일, 서울시내 34개 대학 대표들이 서울법대에 모여 "100만 학도는 지난 25일 정부 당국에 과감한 혁신을 이룩해줄 것을 요구한 바 있다. 그러나 우리의 외침에 정부는 무관심한 회유정책 내지는 매카시 수법으로 그 초점을 흐리고 있다. 이에 우리는 지난번의 구국비상결의 선언대로 행동할 것"임을 정부에 통고했다. 5월 30일, 서울대 문리대생들은 '자유쟁취 궐기대회'를 열고, 1960년대 학생운동에서는 최초의 시도인 '단식투쟁'으로 투쟁방법을 전환했다. 학생들은 단식농성에 들어가기에 앞서 선언문을 발표하고, "반매판, 반외세, 반봉건, 반전제"가 한일

굴욕외교 반대 학생투쟁의 기본이념이자 운동의 실천적 목표임을 천명했다.

6월 1일, 학생대표들이 단식농성 등 극한투쟁을 불사하자 정부 또한 초강경책으로 이에 맞섰다. 서울시내 32개 종합대학교 대표 35명이 단식농성에 들어가자 정부는 대표 전원을 연행했다. 그러나 6월 2일 서울대 문리대생들의 단식농성이 3일째로 접어들었고 참가자는 120여 명으로 늘어났다. 그들은 비장한 각오로 '민생고 책임자 허수아비 화형식'을 거행했다. 그리고 고려대, 서울대 등 3,000여 명은 대대적인 가두시위를 벌였다. 학생들의 구호는 이제 거의 통일되어 있었다. "박 정권 하야하라" "공포정치 중지하라"는 노도와 같은 외침이 서울의 골목골목, 거리거리를 휩쓸었다. 이날은 비가 내렸다. 우중에 경찰이 쏜 최루탄을 몸으로 막으면서 시위대가 점점 시내 중심가로 좁혀 들기 시작하자, 경찰은 최루탄·연막탄·곤봉 등으로 발악적으로 시위대를 저지하면서 시위대 선두에 선 학생 200여 명을 연행했다. 이에 학생들은 순간적으로 "간다 간다 교도소로, 투쟁하러 나는 간다"고 외치며 500여 명이 자진해 경찰 앞으로 나아갔다. 학생들의 구호에서 "박 정권 하야"가 투쟁의 종국적인 목표로서 등장하자 정부는 비상조치를 강구하게 되었다.

6월 3일, 서울대에서는 단식농성 인원이 300명으로 급증하고 6명이 실신, 졸도하는 등 사태가 극한으로 치달았다. 이날 서울시내 학생 2만여 명은 "무단 박 정권 물러가라"는 구호를 외치면서 결사적인 시위를 감행했으며, 수원 농대생 600여 명은 걸어서 서울까지 가두시위를 벌였다. 충남 농대 등 전국 지방대학에서도 시위의 구호가 '박 정권 하야'로 통일되었다. 3월 24일 이래의 한일회담 반대, 굴욕외교반대, 학원자유수호 등의 구호가 '박 정권 하야'로 승화되면서 학생투쟁의 양상은 불을 뿜는 듯한 열기에 휩싸였다.

정권존립의 위기를 의식한 박 정권은 마침내 비상조치를 선포한다. 오후 9시 40분 대통령 포고 11호로 서울시 전역에 비상계엄령이 선포된 데 이어, 각급 학교에 무기휴교령이 내려졌다. 정권유지에 혈안이 된 박 정권은 자신들의 과오를 사죄하기는커녕 5·16의 총칼을 다시 한 번 국민 앞에 들이댔다. 애국충정에 불타던 수많은 청년학생들은 총칼 위에 서린 동족의 눈빛을 보고, 전율할 것 같은 분노를 안으로 삭일 수밖에 없었다. 6·3계엄령 이후 각 대학에서는 학생징계를 대대적으로 단행했고, 정부는 구속된 학생들을 전원 군사재판에 회부했다.

3·24이래 6·3까지의 학생운동은 4·19의 열기를 그대로 이어받은 피나는 투쟁이었으나, 73일 만에 비극적인 막을 내렸다. 한 정권을 타도할 수 있을 정도로 학생들의 거대한 에너지가 집결되었음에도, 결국 총칼 앞에 무릎을 꿇게 된 이유는 무엇인가? 이 질문에 답을 구하는 작업은 곧 학생운동의 순수성 및 한계를 밝히는 작업이 될 수도 있다. 한일회담 반대투쟁의 실패 원인은 대략 다음과 같이 정리할 수 있을 것이다.

첫째, 4월혁명과 같은 범국민적 운동으로 승화, 발전시키지 못했다. 학원내의 격렬했던 투쟁의욕과 그것을 주시하는 사회여론 사이에는 현저한 격차가 나타났고, 이 격차는 학생투쟁이 격화될수록 더욱 크게 벌어졌다.

둘째, 군사정부의 배후에 미국과 일본이 엄존하고 있었다. 한일회담에 있어서 미국과 일본은 이해관계를 함께하고 있었고, 특히 미국의 경우 군사정권을 대체할 정치세력에 대한 전망이 불투명한 상황에서는, 극동지역 전략상 미국의 국익수호 기지로서 한국을 유지하기 위해서는 군사정권을 계속해서 지원해야 했기 때문이다.

셋째, 한국전쟁으로 상처받은 국민들이 군사정부에 대한 미련을 갖고 있었고, 국내정세가 불안하면 북한이 남침한다는 흑백논리를 극복하지 못했으며 박 정권이 이 논리를 유효 적절히 이용했다.

넷째, 학생운동이 처음부터 혁명적 정권타도를 목표로 한 것이 아니었다. 이것은 곧 학생운동의 순수성을 말해주는 것이기도 하다.

다섯째, 학생운동이 조직적인 체계를 갖추지 못했고 운동을 조직적으로 발전시켜 나갈 지도이론이 빈곤했다. 3·24에서 6·3까지 운동이 전개 과정을 보면 몇 차례나 투쟁의 현장, 투쟁의 근본목표에서 이탈하고 있음을 알 수 있다. 3월 30일 대통령 면담 이후 4월 중순까지의 휴식과 4월에 들어서서 학원자유화로의 방향전환, 5월 25일에서 5월 30일까지의 행동유예는 결과적으로 정부로부터 학생운동을 저지할 온갖 방책을 수립할 기회를 준 것이었다.

1919년 3월 1일 만세운동이 일어난 이후 이튿날이 일요일이어서 국내 기독교 세력이 운동을 쉬었기 때문에 일제에게 숨 돌릴 시간을 준 사실, 1944년 말부터 1945년 초까지 벌어졌던 학생들의 반일운동이 결정적인 순간에 시간을 연장함으로써 실패했던 대구학병사건의 경우에서 보듯이, 운동의 고양기에 운동의 열기를 뚜렷한 이유 없이 식혀버리는 것은 곧 운동의 포기와 다름없는 결과를 초래한다.

학생운동은 정당운동도 아니고 사회단체 운동도 아니기 때문에 조직적인 지도력의 결여나 실천과정상의 시행착오, 학생운동 참여자들의 이론적 빈곤 등이 있기 마련이다. 하지만, 한국적 상황에서 학생들이 거의 유일한 압력집단이라는 점을 고려할 때 학생운동의 이러한 한계는 충분히 비판, 검토되어야 했다. 학생운동 참여자들의 이러한 인식의 맹점은, 6·3운동 당시 감옥살이까지 한 지식인들이 그후 서서히 체제 안으로 흡수·동화되어, 그들이 반대했던 체제나 정권의 수호에 진력하고 있다는 데서 여실히 드러난다. 뿐만 아니라 4·19세대들에게도 나타나는 권력추수주의 경향은 한국 학생운동의 한계의 한 단면이기도 하다.

1960년대 학생운동사에서 가장 빛나는 선언문과 성명서를 발표해 한국 학생운동의 방향을 제시했던 학교나 학생들이, 당시 그들이 제시했던 이념이나 실천력을 한갓 추억으로 돌리고 권력의 향배에 급급해 한다는 것은 한국 학생운동의 내일을 위해서도 결코 바람직한 일이 아니다. 학생운동 선상에서 세칭 명문교 출신일수록 운동의 활력소가 되는 것이 빠른 반면 권력에 참여하는 기회를 잡는 데도 빠른 것은, 지식인 운동가의 기회주의적 속성을 드러내는 한 단면이 아닐까 생각된다. 한국 학생운동에는 두 가지 은어가 있다. '서양냄비'와 '온돌'이 그것이다. 금방 달았다가 금방 식어버리는 학생들을 서양냄비에, 천천히 달았다가 천천히 식는 학생들을 온돌에 비유한 것이다.

6·3계엄령으로 각급 학교가 문을 닫자 20일 후인 6월 23일 서울대학교 향토개척단은 기다렸다는 듯 7차운동을 개시해, 6·3의 열기를 조용히 그리고 재빠르게 농촌으로 돌려버린다. 그후 7월부터 각 대학에서는 다시 농촌활동에 참가하게 되고 그해 11월 18일에는 서울대 향토개척단 주최로 제2회 향토의식 초혼굿 및 녹두장군 진혼제가 열렸다. 못다한 6·3의 한을 달래자는 것이었는지도 모른다. 아니면 피나게 외쳤던 반외세 민족주의의 함성과 반독재 민주주의의 외침을 꽹과리, 징, 장구 소리에 묻어버리자는 것이었는지도 모른다. 73일간의 처절했던 민족혼의 싸움은 이렇게 막을 내렸다.

③ 협정비준 반대투쟁 190일(1965년 2월 18일~8월 27일)

1965년 2월 18일, 6·3에 참가했던 10여 명의 학생들이 '이토 히로부미 망령 을사 기원 61년 회갑기념' 성토대회를 열고, 오후 1시 30분경 가두시위를 벌였다. 이어서 2월 20일 한일 기본조약이 가조인되자, 대학은

6·3사태 이후의 좌절의 늪에서 점차 헤어나 다시 전열을 가다듬기 시작했다.

그러나 학내에서는 아직도 6·3사태에 대한 검증과 가동 가능한 역량을 두고 의견들이 엇갈렸다. 6·3에서 주도적으로 싸웠던 학생들이 2선으로 물러났는데다가, 6·3사태의 비극적 현실을 목도한 학생들 사이에 좌절감이 컸고 현실참여의 한계에 부딪힌 일부 학생들은 계속 농촌문제에 매달려 있었다. 현실참여파 학생들과 농촌참여파 학생들 사이에는 좀처럼 시국에 대처할 공통의 길이 발견되지 않았다. 농촌참여파는 6·3사태 이후 민족주의적 정열의 도피처로서 농촌을 찾았으며, 그러한 취향은 갈수록 그들을 감상주의에 젖어들게 했다.

한편 6·3사태의 경험을 토대로 정부는 더욱 강경하고 더욱 철저하고 더욱 지능적인 대학 탄압정책을 수립해가고 있었다. 3월 6일, 야당에서 '한일회담 즉각 중지' 결의안을 국회에 제출하자, 학생들은 한일협정 비준이 임박하다는 것을 알아차렸다. 6·3학생들은 민족적 정열의 상실과 좌절의 늪에서 이제 서서히 현실로 돌아오기 시작했다. 3월 26일 동국대생들이 "치욕적인 제2을사조약 가조인 무효"를 주장하는 성토대회를 연 것을 시발로 1965년 한일협정 비준 반대투쟁의 실마리가 풀린 것이다.

3월 31일 전남대 학생 800여 명은 '매국외교 결사규탄대회'를 열고, "빼앗겼다 평화선" "평화선 철폐여부를 국민투표에 물으라" 등의 구호를 외치면서 가두시위에 들어갔다. 경찰은 즉각 32명을 연행하고 2명을 구속했다. 이날 경찰과의 투석전으로 학생 20여 명이 부상당했다. 4월 2일 원주 대성고 학생 400여 명이 "굴욕외교 반대" "매국적 외교행각 집어치워라" 등 구호를 외치면서 시위에 들어가자, 반일 민족주의 학생운동의 열기는 지방에까지 넓고 빠르게 확산되어갔다.

이렇게 시작된 1965년도 한일회담 비준반대 학생투쟁은 6·3사태의 경험을 살려 초기에는 체제 대결적 발언을 삼갔다. 한편, 평화선 문제와 미국의 외교적 압력에 대한 반발로, 1964년의 반일감정이 1965년에는 반미감정에까지 확산되면서 반외세 민족주의에로 승화되었다.

4월 7일 '평화선사수 학생연합투쟁위원회'가 서울시내 종합대학 대표들로 구성되어 "민족의 생명선, 황금의 보고인 평화선을 약탈하려는 일본의 간교한 외교 술책에서 우리들은 제국주의적 상흔을 보았고 민족적 공분을 느낀다"는 호소문을 발표했다. 4월 9일 동국대생 500여 명이 "한일협정 철회하라"는 성토대회를 열고, "굴욕적인 한일협상 즉시 중지하라"는 플래카드를 내걸었다. 학생들은 "조속히 한일회담을 중지하고, 60만 어민의 생명선인 평화선을 사수하라"는 결의문을 채택하고 시위에 들어갔다.

4월 10일 서울법대생들이, 4월 12일 경희대생과 연대생 2,300여 명이 "평화선 사수" "애국학생 석방" "학원사찰 중지"를 외치면서 시위에 들어갔다. 4월 13일 고대·연대·경희대·동국대·중앙대·외대·숭실대·한양대·서라벌예대·대구대·성대·국학대 등 13개 대학에서 대규모 시위에 들어갔다. 4월 14일 중앙대·성균관대 등이 성토대회를 마치고 시위에 들어가자, 정부는 시위학생 연행·불구속·구속 등으로 탄압했다.

4월 15일, 고등학생들이 6·3 이래 대규모 시위가 일어났다. 경기고 학생 1,000여 명이 "평화선 암매, 을사년은 통곡한다" 등의 플래카드를 들고 나왔고, 안국동에서 경찰과 투석전이 벌어져서 33명이 연행되고 수십 명이 부상했다. 고려대 1,000여 명, 제주대 300여 명, 대구대 300여 명도 시위를 벌였다. 이날 서울대 법대생 300여 명은 성토대회를 끝내고 5일간의 단식을 결의했다. 정부가 4·3 시위학생 217명을 연행해 8명을 불구속 입건하는 등 시위진압의 강경자세를 조금도 누그러뜨리지 않는 가운데 학생들의 열기는 점점 고조되어갔다.

4월 16일 동국대 시위학생 김중배 군이 경찰 곤봉에 맞아 두개골 골절상으로 사망하자, 동국대생들은 위령제를 마치고 조기를 달고 애국가와 교가를 부르면서 시위에 들어갔다. 학생들은 "김중배를 누가 죽였나"라는 플래카드를 들고 나왔다. 이날 건국대, 이화여대, 중앙대, 경희대 등에서 8,500여 명도 시위를 벌였고, 서울대 법대와 상대 학생들은 농성에 들어갔다.

4월 17일 서울시내 3개 고교생 3,000여 명이 시위했다. 배재고는 "신을사조약 반대", 보성고는 "김중배 군의 사인규명", 마포고는 "매국조약 폐기"의 플래카드를 내세우고 시위에 들어갔으며, 경찰은 시위학생 466명을 연행하고 4명을 구속했다. 시위의 열기가 고등학생에까지 확산되고 점차 그 강도가 높아지자, 정부 당국은 전국 34개 대학, 119개 고등학교에 4월 24일까지 휴교조치를 내렸다.

그러자 시위는 지방대학으로 확산되어 19일 제주대, 20일 전북대, 21일 부산 수산대 등에서 1,000여 명이 시위를 했다. 그 중 부산 수산대 학생들은 "굴욕외교반대" "일본 해적행위를 규탄한다" "황금어장 사수하라" 등의 구호를 외치면서 시위해, 그들의 관심이 바다에 있음을 나타냈다.

4월 22일에는 경북대생 200여 명이 "평화선 사수" "김중배 살해범 엄단" 등을 외치면서 시위했고, 23일에는 대구대와 청구대 1,000여 명이 "굴욕외교 반대" "3,000만은 통곡한다" 등의 플래카드를 들고 시위에 들어갔다. 27일에는 한신대생 100여 명이 "조인만 강행 말고, 국민여론 접수하라"는 구호를 외치면서 시위를 벌였다. 4월에는 정부당국이 시위 학생들에 대해 구속·연행·구타·최루탄 등으로 맞선 데 비해, 학생들의 주장은 그들 행동과는 달리 지극히 온건했다. 정권하야 요구로 6·3을 경험한 탓인지 학생들의 구호는 한결같이 "평화선 사수" "굴욕외교 반대"의 선에서 머무르고 있었다.

5월에 접어들면서, 학생들은 정부의 배후에서 한일회담에 압력을 가하고 있는 나라가 미국이라는 것을 간파하고, 투쟁의 대상을 미국으로 돌려 반미 학생투쟁을 시작했다. 1964년의 반일투쟁이 1965년의 반미투쟁으로 번진 것은 5월부터였다. 미국의 외교적 압력에 대한 비난은 1964년부터 계속되었는데, 미국이 일본 중심의 극동정책의 일환으로 한일 간의 국교정상화를 강요하고, 그에 힘입어 일본은 새로운 침략의 길을 여는 협정을 추진한다는 것이 당시의 일반적인 견해였다.

1964년 시위가 '박 정권 하야' 요구로 발전했듯이, 1965년의 시위도 반미 민족주의 단계를 거쳐 체제대결로 발전되어갔다. 5월 10일 서울대 법대생들은 미국이 한일회담에 너무 깊이 관여하고 있음을 주시해, "더 이상 관여하지 말 것"을 촉구하는 결의문을 발표했고, 18일에는 "우정은 좋지만 간섭을 싫다Friendship Yes, Interference No"고 외쳤다. 서울대 사대생들은 이날 결의문에서 "미국은 우리 민족의 주체성을 말살하는 행동을 삼가라"고 엄중 경고했고, 6월 29일 고려대생들은 "양키여 침묵하라 Yankee Keep Silent"라고 절규했다.

8월 18일 서울대 법대생들은 "매국협정을 배후에서 조정해온 미국은 민주국가가 본연의 자세로 돌아가, 또다시 이 민족에 죄악을 범치 말라"고 해, 그들의 죄악이 한두 번이 아님을 '또다시'라는 말로 경고하고 있다. 8월 25일 고대생들은 "매국정권 하의 미국은 싫다"고 절규했다.

이에 앞서 6월 27일 이화여대 학생들은 미국 〈워싱턴 데일리뉴스〉 편집국장 앞으로 항의문을 발송한 적이 있다. 이 항의문을 보면 당시 미국이 한일조약에 어느 정도 신경질적인 반응을 보였는지를 알 수 있다. 〈워싱턴 데일리뉴스〉지는 사설에서 6월 24일자 UPI 통신을 인용하면서 "한국 학생들의 데모는 그 근거가 확실치 않다"고 단정했다. 또한 7월 2일자 〈타임〉지에서는 한국 학생시위가 마치 좌익의 선동에 의한 것처럼

해석하고 있다. 여기에 항의하는 뜻으로 이대생들이 발송한 항의문은
다음과 같다.

　…… 첫째로 귀지가 추측한 대로 데모를 한 한국 학생들이 거의 20세 전후
로 일본의 전제통치를 겪지 않은 것은 틀림없는 사실입니다. 그러나 그렇기
때문에 일부 야당의 조종에 의한 것이라는 귀지의 천진하리만큼 단순하고도
횡포한 주장에 정말 아연했습니다. 이것이 사실이라면 5월초 귀국의 워싱턴
지성들이 베트남정책을 둘러싸고 밤새운 입의 공방전이나 마라톤 대회도 공
산치하를 전혀 받아본 일이 없는 미국 학생 및 교수들이 야당인 공화당의 사
주에 의한 것입니까? 그리고 또, 전혀 공산통치를 모르는 존슨 대통령 및 민
주당 행정부의 베트남 지지 태도는 누구의 조종이라고 논평하겠습니까?
　…… 셋째로 학생들의 운동을 계속 억제하기 바란다는 귀지의 주장을 보고
자유 민주주의의 기수로 알려진 귀국에서 어떻게 이러한 주장이 나올 수 있
는지 전율조차 느낍니다. …… 설마 베트남정책에 반대하는 귀국 대학생 및
교수들에게 또는 흑백 분리를 끈기 있게 주장하는 남부 대학생들에게도 정부
의견을 따를 때까지 귀국의 민주경찰이 폭력을 쓰라고 귀지는 감히 주장하십
니까? ……우리는 일찍이 1905년 귀국의 육군장관 태프트와 일본수상 가쓰
라 사이에 한국의 이권을 두고 맺은 묵계와, 역시 같은 해 포츠머스조약을 귀
국이 주선함으로써 일본이 한국을 통치하도록 묵인했던 그러한 역사의 오점
을 반복하지 않도록, 다만 한국을 올바르게 이해하라고 호소하는 것입니다.

이 항의서에는 한국 학생들이 미국을 보는 눈과 미국이 한일회담에
임하는 저의 등이 잘 나타나 있다. 비록 이러한 반미운동이 치열하게 전
개되지는 않았다 할지라도, 한일회담 반대와 미국의 외교적 간섭 배제
를 중시했다. 이 또한 1965년도 학생운동의 기본이념의 하나가 반외세

민족주의라는 것을 잘 알 수 있다.

5월 11일, 광주 숭실고와 광주고 등 지방고교에서 시위가 발생한 데 이어, 5월 18일에는 대대적인 시위가 시작되었다. 이날 서울대 사대·문리대·법대 학생 300여 명은 한일회담 반대 성토대회를 마친 후 "반민족적 반민주적 한일회담을 정부는 즉시 중지하라" "미국은 한일회담에 간섭 말라" "구속학생 석방하라" 등을 결의하고, '일장기 화형식'과 함께 시위에 들어갔다.

그러나 5월 24일, 서울대 법대생들은 학원자유화를 요구하면서 무기한 동맹휴학에 들어간다. 반외세 민족 구국투쟁의 장에서 학내문제로, 그것도 맹휴로 들어가면서 운동의 열기는 급속히 식어버린다. 그러나 투쟁방법의 다양화와 힘의 축적을 위해서는 불가피한 일이었다.

며칠 동안 힘을 축적한 법대생들은 6월 12일 150여 명이 "분쇄하자 매춘외교, 타도하자 매판재벌"이라는 플래카드를 들고 시위에 들어갔다가, 6월 14일 또다시 거리에서 학내로 복귀해 단식투쟁을 결의했다. 투쟁을 극한상황으로 몰고 가기 위해서는 운동의 방법도 극한적인 방법인 단식을 택할 수밖에 없었다. 단식 5일째인 18일에는 6명이 실신 졸도하는 극한투쟁이 전개되었다.

이 무렵에는 전국 각 대학에서 단식투쟁을 하지 않는 학교가 없었다. 어떤 대학은 4·19기념탑 앞에 드러누워 있기도 하고, 어떤 대학에서는 학생회관이나 학생식당을 점령해 바리케이드를 치고 농성을 하는가 하면, 어떤 대학은 대강의실 문을 안에서 못으로 박고 책걸상을 쌓아 막고 단식을 했다. 이렇게 해서 단식투쟁은 1965년도 학생운동의 한 특징이 되었다. 6월 19일, 단식이 6일째에 접어들며 91명이 졸도하는 가운데 서울대·고대 등에서 '민족 주체성 확립대회'를 개최하고 "즉각 철회 한일회담"이라는 플래카드를 내걸었다.

한일협정 정식조인을 하루 앞둔 6월 21일, 정부는 15개 대학, 58개 고교에 방학 및 휴교령을 내렸다. 이에 즉각적인 반발로 서울의 10여개 대학과 3개 고교에서 1만여 명이 시위로 응수했다. 서울법대에서는 단식 학생 158명이 졸도하는 일대 참사가 빚어졌다. 서울의대생들도 성토대회 후 법대의 단식에 합류했고, 고려대·숭실고·대광고는 시위에 나섰으며, 숭실대·동국대·외국어대·경희대 등에서도 대대적인 시위를 벌였다. 6월 21일은 시위로 해가 떠서 시위로 해가 졌다. 조인 전야의 마지막 몸부림이었다. 그러나 정부는 이 모든 민족적 요구를 묵살한 채 6월 22일 정식조인을 강행했다.

6월까지의 학생운동을 적극 투쟁에로 전환시키지 못했던 것은 기존 학생회의 어용성에 기인한다고 규정한 학생들은 각 학교에서 기성 학생회를 해체하고 비상 총학생회, 한일협정 비준반대 비상 총학생회, 비상 구국투쟁위원회 등 자생적인 학생조직을 결성했다. 6월 22일 한일협정이 정식조인된 이후 학생운동은 이러한 자생적 학생조직에 의해 주도되었다. 그 결과 7월 13일에는 '한일협정 비준반대 대학연합체'가 결성되었으나, 학생운동의 통일체로서의 역할을 수행하지는 못했다.

이와는 별도로 각 대학에서 실질적으로 시위를 주도하던 학생들이 '대학연합체'를 결성해 대학별로 진행되던 산발적 시위를 극복하고, 기간을 정해서 일시에 시위를 할 계획을 세우기 위해 서울대 간호학과 앞 숲속, 서울대 문리대 옥상, 아스토리아 지하다방, 건국대 호숫가 등지에서 연일 비밀회담을 가졌다. 이 그룹이 1965년 6·22 조인 이후 위수령까지 한일회담 비준반대 투쟁을 이끌었다. 당시 학생들은 이 보이지 않는 존재를 '잠수함'이라고 불렀다. 그러나 잠수함도 각 대학에서 지명수배자가 속출하자 모임을 유지할 수 없게 되어, 위수령 직전에는 이 모임도 해체되었다.

비준 당일인 6월 22일에 각 대학은 사실상 방학에 들어갔으나, 전국적으로 각 대학 학생들은 방학에 관계없이 캠퍼스에서 단식농성에 들어갔다. 서울농대, 인하공대, 부산대, 제주대, 경북대 등이 단식농성을 벌였다. 이날 부산대 학생들은 교정에 모여 "오늘 조인되는 한일협정을 인정치 않는다"는 결의문을 채택했고, 경북대생들도 "매국외교를 즉시 중단하라" "살인원흉을 엄중 처단하라" "이동원을 소환하라" 등의 플래카드를 들고 시위를 벌였다. 22일에는 전국의 23개 대학에서 시위와 성토가 벌어졌다. 한편 정부는 이날 경찰전문학교 학생 150명을 포함한 4,000여 병력을 동원했고, 안암동로터리에는 트럭 12대, 스리쿼터 5대에 분승한 무장군인이 출동했다. 정부는 한일협정 조인 이후의 학생시위에 대한 초강경책을 세우고, 휴교령 이후 시위 주동학생을 구속조치와 징집영장 발부 등으로 학생들의 사기를 꺾었다. 사실상 한일협정 조인 저지는 '벼랑에 선 저지'였다. 정부는 전국에 갑호 비상경계령을 내리고, 학생시위에 대한 무력저지 방침을 확고히 했다. 경찰은 6·22 시위학생 1,134명을 연행했다.

6월 23일에는 이화여대·숙명여대·성균관대·서강대·서라벌예대·가톨릭의대 등이 시위를 벌였고, 특히 이대생들은 30여 발의 최루탄을 맞아 상당수가 부상당했다. 24일에는 이화여대·성균관대·연세대·서강대·경희대·중앙대·덕성여대·서울의대 등이 단식에 들어갔고, 26일에는 중앙여고·충주실업고·동양공전 등이 시위를 벌였다. 6월 26일 이화여대 교수단이 "애국지성 짓밟지 말라"는 대정부 항의문을 냈고, 성균관대·성남고·숭의여고·건국대 등에서 시위를 했다.

6월 29일 연세대 의대생들은 한일협정 비준반대 성토대회를 마친 후, '일제상품 보이콧' 운동을 범국민적으로 전개할 것을 호소했다. 이것을 계기로 학생들의 운동방향이 잠시 본 궤도에서 이탈한다. 7월 1일 건대·

연대·이대·이화여고·상명여고 등이 '일본상품 안 사기 운동'을 전개하면서 운동의 흐름이 4·19 직후의 신생활운동과 유사한 성격을 띠자, 정부는 이 운동에 대해 강력한 탄압을 가하지 않았다. 이 운동은 주로 고등학생들에게 크게 파급되었다. 운동의 흐름이 학내의 단식과 일부에서 전개된 일제상품 불매운동 등으로 기본목표에서 벗어남으로써 학생운동이 소강상태에 접어들었다.

그런데 7월 2일, 서울대 향토개척단이 단원 1,000여 명을 전국 50개 지구 농촌으로 파견하는 것을 계기로 학생운동의 열기는 완전히 식는다. 어린 고등학생들까지 단식투쟁으로 교정에서 쓰러지고 있는데, 서울대 향토개척단은 왜 1,000여 명이나 되는 학생을 농촌으로 하향시켜버렸을까? 6월의 운동을 7월로 승계시키는 데 결정적인 제동을 건 이유는 무엇일까? 서울대 향토개척단뿐만 아니라 당시 전국 농과대학 학생연합회, 전국 대학 4-H연구회 연합회, 각 대학 총학생회 농촌부, 각 대학 농촌문제 연구회 등은 하나같이 쓰러진 학우들을 뒤로 하고 농촌으로 앞을 다투어 내려가버렸다. 이러한 운동은 당시 정부의 정책과도 일치했으므로, 정부와 학교 당국으로부터 모든 편의와 경제적 지원을 제공받았다.

학생들의 현실 대응책이 일치하지 않았던 것은, 1965년도 학생운동의 시초부터 여과되지 않고 있던 학생들의 현실인식의 차이에 기인한 것이며, 이러한 측면이 긍정적으로 보다면 학생운동의 순수성이고 부정적으로 보면 한계이다. 시위에 지친 학생들의 낭만적 피신처로서, 농촌은 그들에게 적당한 곳이었을 것이다. 그러나 일부 학생이 농촌으로 떠난 뒤에도 7월 2일 보성여고 600여 명이 단식투쟁에 들어갔고, 이대생들은 '비준반대 서명운동'을 전개해 하루에 1만 2,000여 명의 시민으로부터 서명을 받았다. 가톨릭의대 450명도 단식시위에 들어갔으며, 동래고교생 1,000여 명도 시위를 벌였다.

7월 3일에는 서울의대생 200여 명이 가운을 입고 "한일협정 속발증은 치료불능 악성종양"이라는 플래카드를 들고 시위를 했다. 동북고·배재고 등에서 시위와 단식농성에 들어갔다. 7월 5일에는 경복고·동성고·한영고·용문고·영등포고 등 학생 1,500여 명이 조기방학 철회를 주장하며 "선열의 피값 3억 달러인가" "지키자 겨레의 얼" 등의 플래카드를 들고 시위를 벌였다. 7월 7일에는 대구 청구대 300여 명이 빗속에서 시위를 감행했고, 7월 8일에는 제주시 오현고·신성여고가 단식에 들어갔다. 1965년 7월의 학생운동은 단식투쟁으로 접어들면서 사실상 힘의 대결에 한계를 노정했다. 지방의 고등학생까지 단식에 참여하는 등 7월 초까지 끌어온 학생운동은 더 이상 발전하지 못하고, 7월 12일 재경 대학교수단이 한일협정비준 반대 선언문을 발표해 학생운동을 간접적으로 지원하는 가운데 7월의 운동은 막을 내렸다.

2월 18일 이래 학생들은 반일·반미 민족주의적 주장에서 '일제상품, 친일 위정자 화형식'을 거쳐 일본상품 안 사기 운동, 외래 사치품 불매운동, 비준반대 서명운동 등을 통해 민족주의 및 민주주의 실천운동을 했다. 그러나 미·일의 엄호 아래 무단정부, 무장경찰의 최루탄·곤봉·연행·구타·구속 등으로 학생들의 애국적 의지는 무참하게 압살되었고, 정부는 8월 14일 일당 국회에서 마침내 비준안을 변칙 통과시켜버렸다. 학생들은 드디어 그동안 침체되었던 학생운동의 대열을 정비하고, 운동의 목표를 그토록 조심해왔던 체제와의 대결로 발전시켰다. 박 정권 하야 요구로 6·3계엄령을 당했던 학생들로서는 헌정중단의 위기를 피하고 운동의 전술적 묘를 최대한 살린다는 것이, 1965년도 전반기 운동을 대하는 기본 입장이었다. 그러나 8월 14일의 비준안의 통과는 학생운동의 흐름을 발전적으로 승화시켰으며, 또 한 차례 체제와의 대결을 불가

피하게 했다.

'국회해산과 총선거'를 최종목표로 들고 나온 8월 이후의 학생운동은 정치인 전반에 걸친 불신감의 표출이자 민주주의의 이상을 짓밟고 반민족 행위를 서슴지 않는 일당독재 체제에 대한 강력한 항거였다. 이러한 운동은 자연스럽게 체제대결적인 운동으로 발전해갔다. 한편 6·3사태를 경험한 정부도 더욱 고압적인 방침을 취하게 되었다. 1965년의 학생운동이 전반기의 반외세 민족주의 투쟁과 후반기의 반독재 민주주의 실천 투쟁을 함께 전개하는 이유가 여기에 있다.

8월의 반독재 시위는 8월 14일 제주대학에서 '횃불성토대회'를 열고 "야당은 어떠한 희생으로라도 국민 앞에서 구국의 특공대가 되라"고 요구하며 시작되었다. 서울대·고대·연대·이대·건대·동대·중대·숙명여대 등 8개 대학 연합체가 '매국문서 무효선언'을 발표하고 강력히 투쟁할 것을 선포하자, 7월 이래 농촌운동에 참여했던 학생들도 이 투쟁의 대열에 합류했다. 8월 17일 각급 학교 학생조직들은 개학 즉시 실력으로 비준 무효화 투쟁을 전개할 것을 결의했다.

8월 20일 경희대, 경기대, 부산 동아대 등의 학생들이 국회해산을 요구하면서 실력투쟁에 들어갔다. 이후 위수령이 발동되기까지의 10여 일 동안, 한국 학생운동은 총칼로 진압되는 1960년대 최대의 비극적 상황에 처하게 되며, 무력에 의해 학원이 짓밟히는 선례를 남기게 된다. 이날 경희대 2,000여 명은 "비준무효 공식; 날치기＋일당국회＝0"이라는 비준무효 플래카드를 들고 가두시위에 나섰다. 동아대생 2,000여 명은 "민족적 양심으로 매국국회 해산하라"는 플래카드를 들고 시위했다. 1964년에도 3·24 시위 이후 전남대생들이 최초로 박 정권 하야를 요구하는 시위를 벌였던 것과 같이 1965년의 학생운동에서도 동아대가 처음으로 국회해산을 요구하고 있음을 볼 때, 지방대학생들이 본질적인 문제를 훨씬 빨리 파악했다고 할 수 있다.

한편 서울법대는 "한때나마 학원자유화운동(1965년 6월 20일)으로 본래의 운동목표를 이탈하고, 학원자유화 요구 맹휴로 들어가서 운동의 방향을 학내로 끌어들이게" 했으나, 그것이 "본래의 목표가 아니었다고 반성하고 한일회담 반대투쟁을 재개한다"는 성명서를 발표했다. 이러한 시행착오는 거의 모든 대학에 공통된 현상이었다. 학생들은 휴교철회, 조기방학 반대, 학생처벌 반대 등으로 운동의 열기를 학내로 분산시키기도 했으며, 농촌봉사활동 등으로 운동의 기본목표를 변질시키기도 했다. 그러나 이러한 시행착오는 학생운동의 순수성이라는 측면에서 볼 때, 결코 학생들의 의식의 후퇴를 의미하는 것은 아니었다. 박 정권의 비준안 날치기 통과라는 매국행각 앞에 학생들은 그동안의 시행착오를 청산하고 운동의 열기를 결집해 1965년 8월 투쟁의 봉화를 들게 된다.

8월 21일 서울대 문리대와 법대, 한양대·동국대·중앙대·고려대·연세대 등 3,000여 명이 '매국문서·매국국회·매국정권 화형식'을 갖고, "매국협정 무효화하라"는 플래카드를 들고 시위를 벌였다. 8월 23일 전국의 14개 대학에서 1만여 명이 한일협정 무효화 시위를 감행했고, 건국대·명지대·전남대 학생들은 성토대회를 열었다. 이날 경찰과 투석전이 일어나 많은 부상자가 발생했다.

한편 서울대 법대에서는 유기천 학장의 퇴진과 법대 학생회장의 복교를 요구하면서 또다시 무기맹휴에 들어갔다. 거리에서는 동료 대학생들과 어린 고등학생들이 최루탄과 곤봉세례로 쓰러지고 있는데 그들은 학내문제로 무기맹휴에 들어감으로써, 한일회담 반대투쟁의 본래의 목표에서 이탈해버렸다. 결정적인 시기에 결정적인 역할을 수행해야 할 학생들의 이탈은 많은 학생들의 분노를 샀다.

8월 24일 서울시내 10개 대학에서 국회해산을 요구하며 격렬한 시위를 벌이자, 정부는 시위저지에 처음으로 무장군인을 출동시켜 사태의 긴박성을 알게 했다. 이날 서울대·연세대·중앙대·고려대·단국대·외대·명지대 등에서 1만여 명이 대학별로 성토대회를 마치고 가두시위에 들어갔다. 경찰과 무장군인들은 방독면을 쓰고 최루탄·연막탄을 쏘며 총력으로 시위를 저지했다. 25일에도 계속해서 서울시내 10여개 대학에서 1만여 명이 대대적으로 가두투쟁을 전개하자 박 정권은 초강경책으로 이에 맞섰다.

8월 25일 오후 1시 30분경 500여 명의 무장군인들이 고려대에 침입해 강의실·고대신문사·도서실·강당·식당 등에 난입했다. 군인들은 야전용 곡괭이 자루로 유리창을 부수고 도서관 열람실과 강의실 등에 최루탄을 던지고 여학생회관에도 최루탄을 쏘았으며, 학생들을 구둣발로 짓이기고 곡괭이 자루로 강타하고 수십 명의 학생들을 손을 뒤로 돌려 묶어 개를 끌듯이 끌고 갔다. 중위 계급장을 단 무장군인의 지휘로 군인들을 말리는 여학생까지 사정없이 구타했다. 역사상 유례없는 무장군인의 학원난입은 이렇게 시작되었다.

6·3사태를 무력으로 저지했던 박 정권은 또다시 군부의 무력을 동원해 민주주의의 피나는 외침을 짓밟고, 민족주의의 빛나는 함성을 곤봉세례로 막아버렸다. 고대생들은 쑥밭이 된 학원에서 거리로 뛰쳐나와 "독재정권 해산하고 총선거 실시하라" "매국정권하의 미국은 싫다" 등의 플래카드를 들고 6·3전야의 '박 정권 하야'의 목소리에 운동의 흐름을 일치시켰다. 이날 서울대·한양대·경희대·건국대·외대·국민대·중앙대, 경기초급대와 성동공고생 등 4만여 명이 곳곳에서 무장군인과 충돌하면서 시위를 벌였다. 4·19 당시의 진압군이 평화군이었다면 6·3 당시의 진압군은 침략군이었다.

8월 26일 전날에 이어서 반독재 시위의 열기가 전국으로 확산되는 가운데 고대생 2,000여 명과 교수 60여 명은 교정에 모여 '무장군인 난입 난동 규탄대회'를 열었다. 시위단은 이때 "백색 테러단의 학원 내 난입·난동으로 도괴 직전의 위기에 처한 상아탑을 지켜 대학의 자유를 수호하는 역사의 증인이 되고자 한다"고 선언했다. 이날에 무장군인이 연세대에도 난입했으며, 고려대에는 재차 침입해 상주해버렸다. "데모를 계속하면 학교를 폐쇄하겠다"는 대통령의 초강경 방침에도 불구하고, 서울대·동국대·성균관대·경희대·고려대 등 서울시내 8개 대학 8,000여 명이 "한일협정 비준 무효" "학원자유 수호"를 외치며 가두투쟁을 전개했다. 대광고, 광운전자고 등 고등학생도 시위에 나섰다.

무장군인과 애국학생들의 사투가 계속되자, 박 정권은 또다시 서울시 전역에 위수령을 발동했다. 비극의 8월 26일이었다. 이어 각 대학은 다시 휴교조치를 내리고, 시위 참가학생들에게 대대적인 징계조치를 내리라는 문교부의 지시에 따라 27일 하루에 44명을 제적했다.

위수령 발동 이튿날인 8월 27일, 각 대학교 교정에 진주한 군인들은 야영 캠프를 설치하고 학교 출입을 일절 차단했으며, 교직원도 증명을 제시해야만 출입시켰다. 이러한 상황 속에서도 고대생 1,000여 명은 '학원 방위 학생 총궐기 대회'를 열고 이렇게 외쳤다. "우리는 현재 무장군인·무장경찰에 포위되어 있고, 우리에게는 연행과 구타와 구속만이 남았습니다. 우리는 학원을 지키고, 우리는 신변을 무력으로부터 보호해야하겠습니다. 우리는 이곳을 떠날 수 없습니다."

같은 날 고대생 1,000여 명과 건국대·중앙대·성균관대·한양대·경희대 등 학생 100여 명이 고대 강당에 모여 '학원 방위 학생 총궐기 대회'를 열고, 무장군인의 학원난입을 규탄한 뒤 결의사항에 대한 충분한 조치를 요구하면서 30일까지 기한부 단식농성에 들어갔다. 학생들은 강당 전면에 "한일협정 완전무효" "구속학생 석방하라" "현사태의 모든 책임은 대통령이 져라"등의 플래카드를 내걸고, "첫째, 정부는 일당국회에서 비준 강행된 매국적 한일협정을 즉각 폐기·무효화하라. 둘째, 매국국회는 즉시 해산, 국민의 심판을 받으라"등 5개 항목의 결의문을 채택했으며 계속 투쟁할 것을 다짐했다. 또한 이화여대·연세대·숙명여대·성균관대·서울의대·동양의대·서울사대 등도 난입군인과 박 대통령의 발언을 규탄한 뒤 농성에 들어갔다.

그러나 1965년의 학생운동은 190일간의 처절한 투쟁 끝에 결국 무장군인들의 학원점령으로 막을 내렸다. 박 정권은 6·3계엄령으로 1964년에 정권존립의 위기를 넘겼고, 8·26 위수령으로 1965년에 또 한 번 정권존립의 위기를 넘겼다. 박 정권을 군사정권이라고 비판하는 이유는 바로 군대의 힘으로 정권을 잡고 군대의 힘으로 정권을 유지했기 때문이다. 정권은 위기를 넘겼으나 민족은 이날부터 위기를 맞은 것이다. 거리마다 캠퍼스마다 "애통! 학문의 자유여" "게다짝에 멍든 대학, 총칼 앞에 통곡한다" "학원침입이 국토방위냐" "대학생 철부지라 총칼정치 하는 거냐" "범법학교 폐쇄 전에 범법국회 해산하라" "양키는 침묵하라"등 학생들이 토해낸 피맺힌 구호만이 바람 따라 흘러다녔다. 한국 학생운동사에 총칼이 대학을 굴복시키는 비극적 교훈을 연출한, 반외세 민족주의 및 반독재 민주주의를 기본이념으로 한 실천적 투쟁은 2년간에 걸쳐 263일간 계속된 끝에 군대의 학원강점에 부딪쳤다.

학원에는 이제 제적과 퇴학과 구속만이 가을바람에 가랑잎마냥 아무데나 마구 내려앉았다. 10월 15일 서울대 농대 학생들은 전국에 코스모스 심기 운동을 전개해 상처만 남은 학생들에게 낭만적 도피처를 제공했다. 11월 19일 서울대 향토개척단은 제3회 초혼굿을 벌여 학생들의 민족적 열기를 조용히 학내로 빨아들였다.

1964년과 1965년의 학생운동을 종합해보면 두 개의 흐름이 동일선상에서 발전함을 알 수 있다. 한일회담 반대로 시작된 학생운동은 반외세 민족주의 이념으로 4월혁명 정신을 계승·발전시켰고, '박 정권 하야'로 발전한 운동은 반독재 민주주의 이념의 표출로 역시 4월혁명 정신을 계승·발전시킨 것이다. 투쟁의 방법으로 단식·맹휴 등이 등장했고, 특히 고등학생들이 대거 참여해 1960년대 학생운동의 질적인 깊이와 양적인 폭을 확대했다. 한편 한일회담 반대라는 기본목표를 두고서도 때로는 학원자유화 요구, 농촌계몽운동 등으로 운동의 열기를 식히기도 했다. 그러나 학원의 존립과 민족의 장래에 위기가 온다고 판단했을 때, 모든 학생들은 사적인 이해관계나 주관적인 판단을 버리고 흔쾌하게 학생운동의 대열에 참여함으로써, 민족 내부의 주체적인 힘의 근거지로서 신뢰를 두텁게 쌓아갔다.

④ 한일회담 반대 학생운동과 인혁당 사건

1964년 3·24 한일 굴욕외교 반대시위에서 6·3계엄령에 이르기까지 박 정권은 중대한 시련에 봉착하게 된다. 5·16 이래 최대의 위기를 맞은 박 정권은 밖으로부터 오는 압력과 내부로부터 오는 항거의 갈등 속에서, 정권을 보다 더 튼튼하게 다질 제도적 장치가 절실하게 요구되었다. 학생들로부터 오는 거대한 항거를 제지할 방안에 고심하던 중, 1964년 8월 14일 중앙정보부장 김형욱은 세칭 인혁당 사건을 발표해 한일회담 반대투쟁을 마무리지으려 했다.

북괴의 지령을 받고 대규모적인 지하조직으로 국가를 변란하려던 '인민혁명당사건人民革命黨事件'을 적발, 일당 57명 중 41명을 구속하고 나머지 16명을 전국에 수배 중에 있다.

인민혁명당은 북괴 노동당 강령을 토대로 지난 1962년 1월 혁신계 일부 인사, 일부 현직언론인·대학교수·학생·회사원을 주동인물로 해 조직을 확대하고, 지난 3월 24일 한일 굴욕외교를 반대하는 순수한 학생데모가 일어나자 절호의 기회가 온 것으로 판단, 데모주동 학생을 포섭해 데모의 방향과 구호를 통일토록 전국 학생조직에 지령하는 동시, 현 정권이 타도될 때까지 학생데모를 계속 조종함으로써 북괴가 주장하는 노선에 따라 남북평화통일을 성취할 것을 목표로 암약했으며, 중앙당·서울시당·일반당부·학생부·노동부·농민부·청년부·언론기관부·합법정당부 등을 인민혁명당의 주요 조직부서로 결성하고, 3·24 학생데모가 일어나자 도예종·정도영 등은 박현채를 중앙당 데모 총지휘자로 기용, 데모주동 학생들과 기자들을 포섭했고, 이를 전국적으로 배후 조종했다.   (1964년 8월 14일, 동아일보)

중앙정보부에서는 47명을 송치했으나 서울시 공안부 이용훈 부장검사, 김병리·장원찬 검사가 공소유지 불가능을 이유로 기소를 거부함과 동시에 사표를 제출했다. 그리고 한국인권옹호협회에서는 인혁당사건의 무료변호를 맡기로 결정하고, 사건에 대한 철저한 내막을 조사하기 위해 특별조사단을 구성해 피고인들에게 가해진 혹독한 고문내용을 폭로했다. 9월 5일 한옥신 검사는 47명 중 26명만 국가보안법 위반으로 구속·기소했으나, 재수사 결과 14명이 공소 취하되고 나머지 12명은 반공법으로 공소 변경이 되었다(양춘우가 추가 기소됨).

서울형사지법 합의 제2부 재판장 김창규, 배석 하경철, 현순철, 동부 서기 박태준 등은 8월 16일부터 4일간 외부와의 모든 접촉을 끊고 합숙까지 하면서 약 1만 5,000여 페이지의 기록을 검토했다. 1심 만기기간인 6개월을 하루 앞둔 1월 20일, 재판부는 피고 13명 중 도예종에게 반공법 4조를 적용해 징역 3년(구형 10년)을 선고하고, 양춘우에게 징역 2년

(구형 7년)을, 나머지 피고인 11명에게는 전원 무죄판결을 내렸다. 재판부는 판결문에서 "11명의 피고에게는 북괴의 활동을 찬양하거나 고무 동조한 일이 없고, 북괴를 이롭게 하려는 단체를 구성하거나 이러한 단체에 가입한 증거가 없을 뿐더러 편의를 제공한 증거조차 없다"고 판시하며 무죄를 선고한다고 판결의 취지를 밝혔다. 다음은 1심 선고내용이다. 이들 모두 구형은 3~10년을 받았다.

도예종: 징역 3년, 무직   양춘우: 징역 2년, 무직
박현채: 무죄, 서울상대 강사   정도영: 무죄, 합동통신 조사부장
김영광: 무죄, 회사원   김금수: 무죄, 회사원
이재문: 무죄, 대구매일 기자   임창순: 무죄, 태동 고전연구소 주간
김병태: 무죄, 농협자문위원, 대학강사 김경희: 무죄, 회사원
전무배: 무죄, 서울신문 기자   박중기: 무죄, 한국여론사 취재부장
김한덕: 무죄, 사업

이날 오전 10시 무죄판결이 나자 피고인들은 가족을 향해 손을 번쩍 들기도 하고 방청석의 환성과 박수소리로 재판이 중단되기도 했다. 그러나 한옥신 검사의 즉각 항소로 5월 29일 한일회담 비준반대 학생투쟁의 열기로 전 대학가가 술렁이고 곳곳에서 시위가 벌어지는 가운데, 서울고등법원 형사 항소부 정태원 부장판사, 서울고검 박중휘 검사 관여 하에 항소심 선고공판이 열려 피고인 전원에게 1심을 뒤엎고 유죄판결이 내려졌다. 도예종에게는 징역 3년, 양춘우 등 피고 6명에게 징역 1년, 김금수 등 피고 6명에게 징역 1년에 집행유예 3년을 선고하고, 징역 1년을 선고받은 박현채·정도영·김영광·김한덕·박중기 등을 법정 구속했고, 이재문·전무배·김경희·김병태·임창순·김금수 등은 불구속된 상태

에서 집행유예를 선고받았다.

이 사건이 6·3 한일회담 반대투쟁의 뒤처리라는 인상을 더욱 뚜렷하게 한 것은, 이 사건으로 구속되었다가 공소 취하된 학생들이 3·24 학생 시위의 중심인물이었다는 점이다. 인민혁명단사건의 학생구속자 명단은 다음과 같다.

오병철(서울대 철학과)　서정복(서울대 철학과)　김배균(부산상대 경제과)
황건(서울대 법학과)　　김정강(서울대 정치과)　김정남(서울대 정치과)
김중태(서울대 정치과)　현승일(서울대 정치과)　김도현(서울대 정치과)
백승진(서울대 사학과)　김승균(성대 동양철학과)　정만진(대구대 법학과)
하일민(서울대학원 철학과)

이중에는 4·19 이후 민족통일학생연맹 등을 결성하고 민족문제해결에 노력했던 4·19 주역들로서, 5·16 이후 혁명재판에 회부되어 장기형을 받았다가 4·19 유공자로 사면되어 늦게 복학한 학생들도 있고, 3·24 한일 굴욕외교 반대 서울대 시위를 주동한 학생들도 있었다. 이 사건의 피고인들은 이 사건이 혹독한 고문에 의한 수사기관의 조작임을 폭로하고, 공소사실 전부를 부인했다.

인혁당 사건은 한일회담 반대 학생투쟁의 와중에서 발표되었고, 학생들 10여 명 이상이 구속됨으로써 학생운동에 한때 찬물을 끼얹었다. 그러나 중앙정보부 발표내용과 검찰의 기소여부를 둘러싼 찬반논쟁이 일어나고, 관련 검사 세 사람이 사표를 내는 등으로 세간에 물의를 일으켰다. 더구나 사법부의 판결내용과 중앙정보부 발표내용이 상당히 달라 당시 한국의 인권침해사건, 학생운동 탄압 사건으로 국내외에 알려졌다. 이 사건에 관여한 김은호 변호사는 1심 판결 직후, "무죄는 지극히 당연하다"고 말했다. 그후 한일회담 반대 학생투쟁이 1965년 위수령 발동으로 막을 내리자 인혁당사건도 잊혀갔다.

6·3 학생운동이 4·19 이래 최대 규모의 학생운동이었다는 점과 당국이 학생운동에 대처하는 방법이 다양해졌다는 점 등 이 사건은 여러 가지 의미에서 학생운동에 끼친 영향이 컸다.

4. 한일회담 이후의 한일 경제관계

한일회담 이후의 한국경제는 대미 예속경제에서 대일 예속경제로 옮아갔다. 이런 예속관계의 변화는 한일회담을 반대해왔던 학생들의 우려가 기우가 아닌 현실로 나타난 것이다. 한일회담을 추진했던 박 정권은 미국의 달러방위정책에 따른 한국원조의 감소에 따라 더 적극적으로 일본에 매달리게 되었다. 이것은 미국의 극동정책의 일환으로서 한일회담의 배후세력이 미국임을 알게 해준다.

한일협정 비준 이후 일본자본이 얼마나 깊숙이 한국경제에 침투해 한국경제를 일본경제에 예속시키고 있는가는 그후 각종 통계에 잘 나타난다. 한일회담 이후 한일 경제협력이 가져온 경제적 귀결을 한마디로 표현하면, 급증하는 상업차관과 시간이 갈수록 벌어지는 무역역조로 특징지을 수 있다. 한일 무역역조 폭은 1965년의 1억 2,270만 달러에서 1970년에는 5억 7,500만 달러로 확대되었다.

1967년에서 1971년 사이에 외국차관은 미국이 35건인 데 비해 일본은 119건으로 급증했다. 한국경제의 매판성과 미일 경제예속에서 일미 경제예속으로 기울어지고 있었다. 이것으로 보면 전체 822건 중 미국이 127건, 2억 8,045만 8,000달러인데, 일본은 611건, 6억 4,094만 8,000달러이다. 그리고 1981년 6월 30일 현재 국별 수입통관 현황을 보면 미국은 2억 9,795만 달러이고, 일본은 6억 3,390만 달러로 일본이 2배 이상 앞선다. 특히, 일본은 농수산업, 광공업, 사회간접자본에서 미국을 훨씬 능가해 한국에 침투하고 있다. 이러한 전체산업의 일미의존은 갈수록 증가하고 있다.

이들 외국자본이 침투한 구체적 업종을 보면 농림, 수산, 가공, 광업, 제조, 식품, 섬유 및 의류, 제재 및 목재, 화학, 의약, 비료, 석유, 요업, 금속, 기계, 전기 및 전자, 수송기구, 잡화, 금융, 건설 및 용역, 운수보관, 호텔관광 등 전 산업에 걸쳐 있다. 한일회담 후 한국경제는 심각할 정도로 외국자본에 의존하고 있는 것이며 특히 일본자본에 의존하고 있다. 유럽에서는 한국에 투자하려면 '일본 눈치'를 봐야 한다고까지 했다. 이것이 다름 아닌 신식민주의적인 경제현상인 것이다. 36년 동안 총칼로 우리를 다스렸던 일본은, 패전 40여 년 만에 돈으로 다시 우리를 다스리고 있다고 해도 과언이 아니다.

끝으로 1981년 말 현재 나라별 출자금 회수 현황을 보면, 미국은 1968년부터이고 일본은 1971년부터 시작되었는데도 총 합계는 미국이 8,197만 달러, 일본이 1억 1,732만 달러이다. 출자금회수 총액이 2억 3,074만 달러인데, 전체 구성비로 보면 일본이 미국을 훨씬 앞지르고 있다.

한일회담 학생운동의 이념적인 구호를 상기해보면, 학생들이 외친 '반외세, 반봉건, 반매판, 반전제, 굴욕외교, 망국외교, 매국외교, 매국조약, 제2을사조약, 게다짝에 멍든 학원, 평화선 사수' 등은 모두 정당한 주장이었음이 역사적으로 증명되는 것이다. 그러나 정당한 외침으로 민족의 자주성과 생존권을 지키려고 했던 학생운동은 수없이 탄압받고 억압받았다.

1960년대 후반기 학생운동

1. 1960년대 후반기 학생운동의 개요

6·3 학생운동의 막이 내렸을 때, 대학에 남은 것은 만신창이 상처뿐이었다. 학생운동을 주도한 학생들은 1965년 말까지 끈질기게 체포·구속·제적당했고, 학내의 제반 민주적 학생조직은 해체되고 존경받던 교수들은 정치교수로 몰려 학원을 떠나야 했다. 대학은 더 이상 학생들의 민족주의적 정열과 민주주의적 실천을 수용할 수 없었다. 박 정권은 더욱 학생탄압에 박차를 가했고, 학내의 비민주적 행정체계는 학생들을 질식케했다.

1965년 11월 2일 고려대 학생들은, "① 협력을 가장한 일본 식민주의 재침 가능성, ② 외세와의 절대적 유대관계하의 독재체제 출현 가능성, ③ 외국자본과 결탁한 이중 착취적 자본가의 대두 가능성"을 지적하는 선언문을 발표하고 학생투쟁의 재기를 다짐했으나, 학교당국은 학생활동 금지와 학생회 해체로 간단히 입을 봉해버렸다. 질식할 것 같은 학원사찰과 공포 속에서 1966년 3월 10일 숙명여대생 5,000여 명이 관선이사 배격 등 6개 항목을 내걸고 학원자유화 투쟁을 전개한 후, 1966년의 학생운동은 학원자유화 운동으로 시작되었다.

5월 10일 광주 20개 중고교생 2,000여 명이 학생대회를 갖고 '학생헌장'을 선포했다. 6월 3일 서울문리대 학생들이 학원자유화 성토대회를 가졌으나, 10일 향토개척단은 이런 분위기와는 다르게 창단 5주년 기념 개척제를 개최해 학원자유화 운동의 흐름과 다른 길을 걸었다. 그들은 향토에 대한 애정을 민족주의적 정열의 발로로 생각했으나, 당시 학생운동의 흐름과는 상당히 빗나가는 낭만적이고 유희적인 운동에 불과했다.

상반기 운동이 실효 없이 막을 내리고 후반기인 9월 27일 서울대 학생들이 삼성재벌 밀수 규탄 성명서를 발표하자, 대학은 1964년 이래 집요하게 매판세력 타도의 구호를 외쳤던 정열로 민족주체성 확립의 '반외세, 반매판' 정신을 상기하고 재벌의 밀수행각을 민족적 범죄로 단정했다. 10월 17일 서울문리대 반밀수재벌 학생투쟁위원회는 다음과 같은 결의문을 채택했고, 10월 8일 서울법대 250명도 밀수규탄 성토대회를 열었다.

　　민족의 피를 빤 이병철을 즉각 구속하고, 민족적 대죄를 진 악덕재벌의 재
　　산을 몰수하라. …… 조국의 경제적 질서를 도괴시키고 살쪄가는 밀수의 아
　　성과 미쯔이를 비롯한 일본상사를 즉시 추방하라.

10월 이후에는 밀수규탄의 반매판 민족수호 학생운동의 방향은 또다시 학내자유화 요구 등으로 급선회하게 된다. 학생운동은 항상 학내문제에서 시작해 체제가 안고 있는 구조적 모순에 도전하게 된다. 탄압이 강하면 강할수록 저항이 강한 것이 학생운동의 한 특징인 것이다. 그러

나 1966년 학생운동은 학원자유화 → 밀수규탄 → 학원자유화로 성과 없이 끝났다.

1967년 6월 8일 민정이양 이후 두 번째 총선거가 대대적인 부정선거로 감행되었다. 이에 6월 9일 연세대에서 부정선거 규탄성토를 시발점으로 해 서울대·경북대 등에서 시위에 들어갔으나 서울대는 17일까지 휴업령이 내려져 모든 활동이 봉쇄되었다. 6월 13일 고대 2,000여 명과 시내 7개 대학 8,000여 명이 부정선거 규탄시위를 벌였고, 6월 14일은 시내 10개 대학 1만 2,000여 명과 4개 고교 3,200여 명이 시위에 참여하자, 시내 11개 대학교에 휴교령이 내려졌다. 6월 15일 전국 21개 고교와 5개 대학이 시위에 들어가고 3개 대학이 단식에 들어가자, 또 정부는 전국 22개 대학과 57개 고교에 휴교령을 내렸다. 6월 16일 전국 16개 고교와 2개 대학이 시위에 들어가고 3개 대학이 단식에 들어가자, 정부는 계속해 전국 28개 대학과 219개 고교에 휴교령을 내렸다.

6월 21일 서울대, 고대, 연대, 성균관대, 건대 등 학생대표가 모여 '부정부패 일소 전학생투쟁위원회'를 결성하고 부정선거규탄 성토대회를 열었다. 6월 23일에서 30일 사이에 서울대·고대·연대·경희대·중앙대 등에서 학원주권수호와 부정선거규탄을 내걸고 산발적으로 시위를 감행했으며, 7월 3일에는 서울시내 14개 대학 1만 6,000명이 부정선거규탄 시위에 참가해 6·3 이후 다시 한 번 학생운동의 위력을 과시하면서 학생들이 얼마나 절실하게 민주주의를 갈망하는가를 여실히 보여주었다. 7월 3일 서울시내 고교가 무기한 휴교를 계속하고, 7월 4일부터 각 대학에서는 조기방학을 실시해 1967년도의 반독재 민주주의의 실천적 학생운동은 막을 내렸다.

1967년은 부정선거규탄 학생운동으로 6·3 운동의 이념적 맥을 실천적으로 계승한 반독재 민주화운동의 해였다. 그러나 정부는 휴교령, 또는 조기방학으로 반독재 민주주의의 실천적 학생운동을 봉쇄해버렸다.

1968년과 1969년은 1967년의 부정선거 규탄으로 민주화를 요구했던 학생운동이 심화 발전된 헌정수호·민족수호 운동이었으며 '3선개헌 반대투쟁'의 해였다. 공화당 정권은 6·8 부정선거로 간신히 재집권하자, 학생들의 애국적인 부정선거 규탄의 요구를 묵살하는 것은 물론 한 걸음 더 나아가 그들 임의대로 헌법을 뜯어고쳐 박 정권의 장기집권을 시도했다. 1964~1965년 2년간의 들끓는 국민적 요구를 묵살한 채 굴욕적인 한일회담을 감행해 신식민지를 자초하는 길을 열었던 박 정권은, 1968~1969년 2년간의 민주주의에 대한 갈망과 몸부림을 외면하고 1969년 9월 1일 국회 제3별관에서 개헌안을 변칙 통과시킴으로써 한국의 민주주의 발전을 가로막는 쐐기를 박고야 말았다.

1968년 6월 12일 서울법대 500여 명이 헌정수호 성토대회를 개최한 이후, 1969년 12월까지 실로 1년 반 동안 전국 각 대학과 고등학교에서 하루라도 시위가 그칠 날이 없었다. 3선개헌 반대로 독재정권의 하야를 요구하는 체제변혁 요구의 시위로 발전했다. 1968년 6월 27일 계명대생 400여 명은 헌정수호 성토대회를 개최하고 "우리들을 더 미치게 하지 말라"라고 외쳤다. 4·19혁명의 시발지인 대구가 이승만 정권을 무너뜨린 경험을 되살려, 1968~1969년 운동의 가장 격렬한 싸움터가 되었다. 대구시내 전 대학과 고등학생은 총동원되었으며, 경북대에서는 '황소파 시즘 화형식'을 거행했다. 박 정권의 성격을 '파시즘'으로 규정한 의미 있는 투쟁이었다.

한편 장기집권을 획책하는 박 정권의 시위저지 방법은 더욱 발전해 갔고, 휴교령을 내리고 대학의 학과를 통폐합하는 등 갖은 수단을 모두 동원해 개헌안을 통과시켰다. 이에 학생들 또한 가두시위, 화형식, 성토대회, 단식투쟁 등 다양한 투쟁방법으로 저항했다. 3선개헌은 처절한 애국적인 민주화 투쟁에도 불구하고 권력을 가진 자들의 의도대로 진행되고 말았다. 1960년대 학생운동의 마지막 장이었던 3선개헌 반대 민주화운동도 상처만 남긴 채 끝나버렸고, 1960년대 민주주의는 개화와 동시에 시들어버렸다. 4·19의 찬란한 여명은 1969년 피투성이가 된 학생들의 얼굴을 조명하면서 1960년대 학생운동의 막이 내렸으며, 한국 학생운동의 한 시기를 긋게 되었다.

2. 민비련 사건과 통혁당 사건

1967년 선거에서 박정희 후보가 윤보선 후보를 힘겹게 이기자, 부정선거 규탄바람이 전국적으로 일어났다. 이러한 항거에 내무부는 자체조사에 나서는 한편, 대대적인 인사조치로 부정선거를 마무리 지으려고 했다. 정부와 여당은 정치적 조치로서 공화당 국회의원에 당선된 9명을 제명하고 3명을 의원직 사퇴시키는 등 겉으로는 부정선거를 규탄하는 국민여론에 어느 정도 이성을 찾는 듯했으나, 내부적으로는 장기집권을 위한 만반의 준비에 들어갔다. 3선개헌 작업은 1967년 선거과정에서부터 발상했는지도 모른다. 1967년 대학가에서 민주주의의 장송을 의미하는 6·8 부정선거 규탄시위가 다시 광범위하게 일어났다. 6·3 한일회담 반대투쟁에서는 안팎으로 몰려서 학생운동의 순수의지를 관철하지 못했지만, 6·8 부정선거 앞에서 반독재 민주주의의 횃불을 다시 들기 시작했다. 그러나 정부 또한 6·3의 경험을 거울삼아 학생운동을 원천적으로 봉쇄하기에 전력을 기울였다.

1967년 7월 8일, 6·8 부정선거가 끝난 지 꼭 한 달 만에 부정선거의 뒤처리가 마무리되지도 않은 가운데, 1964년에 인혁당사건을 발표했던 김형욱 중앙정보부장은 '북괴 대남 간첩단사건' 세칭 '동백림사건'에 교수와 학생 등 194명이 관련되었다고 발표했다. 이어 7월 11일 북괴 대남 간첩단사건 제2차 발표 때 서울대 '민족주의 비교연구회'(이하, 민비련) 사건을 발표하면서, 이 단체 또한 북괴 대남 간첩단사건의 한 공작부서로 반국가단체라고 했다. 민비련사건의 지도교수 황성모 교수가 대남간첩이며, 민비련 관련 학생이 3·24 시위와 6·3 시위를 배후조종했다는 것이다. 결과적으로 한일회담 반대시위가 북괴를 이롭게 하기 위한 이적행위라고 주장하는 것과 더불어 시위에 따른 모든 혼란의 책임을 학생들에게 돌려, 학생운동을 근원적으로 봉쇄하려 했다.

민비련 지도교수였던 황성모는 공화당 사전조직체인 재건동지회 때부터 관여했고, 그 사건 후에도 국립대학 교수, 정신문화원 교수를 했다. 또한 민비련 회장을 했던 이종률은 박 정권하에서 유정회 국회의원이었던 것을 보면 당시 민비련사건이 학생운동의 원천적 봉쇄정책의 하나일 것이라는 의구심을 갖게 한다. '동백림을 거점으로 한 북괴 대남적화 공작단사건'에 대한 발표는 제7차까지 이루어져 피고인들의 범죄사실을 전면 보도했다. 제1차 진상발표문의 내용은 다음과 같다.

> 명지대학 조교수 임석진과 당시 서독 유학생이던 서울대 문리대 부교수 황성모 박사 등 15명의 대학교수와 의사, 예술인, 공무원, 학생 등이 1958년 9월부터 1967년 5월 사이에 동독주재 북괴대사관을 왕래하면서 접선, 간첩활동을 해왔으며, 특히 그 중 임석진, 조영수 등 7명은 소련, 중공 등을 경유해 직접 평양을 방문, '밀봉교육'을 받고 귀국, 간첩활동을 해왔다.

그 가운데 서울대 황성모 박사는 귀국 후 민비련이라는 학생서클을 조직해 "불온사상을 고취해왔다"는 것이며, 무려 194명이 관련된 대간

첩사건이라고 했다. 이날 발표된 관련 혐의자들은 전부 지식인이었다.

임석진(명지대 조교수)　정하용(경희대 조교수)　조영수(전 외대 강사)

천병희(서울사대 전임)　황성모(서울문리대 부교수)　최창진(전북문리대 조교수)

강○口(서울상대 조교수)　김중환(서울외대 조교수)　강하이드론(서강대 전임강사)

김종대(프랑크푸르트대 강사)　　　　　정규명(프랑크푸르트대 재학)

강성종(미국 노트르담대 화학연구소원)　주석균(농업문제 연구소장)

장덕상(중앙일보파리특파원) 이응로(재불화가)　윤이상(재서독 음악가)

박민종(재서독 음악가)　이희세(재불화가)　공광덕(잘츠부르크 대학생)

노봉유(재불 유학생)　조상권(재불 유학생 회장)　박협(재불 변호사)

이순자(국회도서관 직원)　어준(현대 계장회사 근무)

김광옥(동양 카프로락탐 기술과장)　　정성배(재불 정치학박사)

방준(재불 TWA 항공회사) 김옥희(공무원)　어원(외기노조 오산지구 상무)

이어서 7월 11일 발표한 민비련사건의 관련자들은, 1964년 인혁당사
건에 관련되어 공소 취하되었던 당시 서울대 학생 김중태, 현승일, 박범
진, 김도현과 이종율(전 유정회 국회의원), 박지동 등이었다. 민비련 사건
의 중앙정보부 발표는 다음과 같다.

중앙정보부는 11일 오전 '동백림을 거점으로 한 북괴 대남적화 공작단사
건'의 수사 제2차 발표에서 이른바 '민족주의 비교연구회'의 동 사건과의 관
련혐의 사실을 밝혔다. 이 발표에 의하면 세칭 민비련 사건의 관련혐의자는 8
명으로 그 중 7명은 구속되고 1명은 미체포로 되어 있으며, 또 민비련의 지도
교수 황성모는 북괴의 동독대사관 공작요원인 김종근으로부터 북괴찬양 선
전 및 교양훈련을 받고 공작금을 받는 등 북괴 간첩으로 활약했고, 1963년 9

월 서울대학교 문리과대학 정치학과 학생들을 모아 민비련을 발족시켜 북괴가 지령하는 공작 사명을 수행했다.

그 밖에 이에 규합한 박범진, 현승일, 김중태, 이종율, 박지동 등 20여 명이 있는데 이들은 한일협정 반대 투쟁을 펴는 한편, 제3공화국의 타도를 기도했고, 1964년 5·20선언문, 결의문, 성토문 작성을 각각 담당하고 '황소적 민족적 민주주의' 장례식을 결행하고 불법가두시위를 감행해, 경관 수백 명에게 상해를 가하고 230만 원의 공공기물을 파괴해, 황성모와 모의한 사항을 실천함으로써 반국가단체인 북괴를 이롭게 했다.

학생들의 한일굴욕회담 반대가 민족을 외세로부터 보호하고 국가를 독재로부터 수호하려는 것임을, 박 정권은 이해하지 못했다. 이 두 사건으로 학생운동은 사기가 꺾였고 박 정권은 1968년에 들어서면서 3선개헌 작업을 점점 구체화해갔다.

1968년 4월 3일, 서울대생 5명이 지하조직 획책혐의로 구속되어 1967년 민비련 사건 이후 비슷한 유형의 사건이 또 하나 발생했다. 당국은 "서울대 재학생 및 졸업생이 중심이 되어서 '독서회'라는 반국가단체를 조직하고, 불온서적을 탐독하고 공산당의 지하조직을 획책해 공산당식 점조직을 확충하려 했으며, 이들은 '우리의 임무는 남한에서 프롤레타리아 혁명을 일으키는 것'이라는 강좌를 해오며 북괴노동당 하부조직으로 서울사대 안에 중앙위원회라는 반국가단체를 만들 것을 합의했다"고 발표했다. 이른바 서울사대 독서회 사건이었다. 이때, 구속된 사람은 김기수, 김이부, 김각, 이양호, 이종태, 정동오 등이었다.

1967년 동백림사건과 민비련사건, 1968년 4월 서울사대 독서회사건에 이어, 8월 24일 김형욱 중앙정보부장은 '통일혁명당 간첩단사건'을 발표해 세상을 깜짝 놀라게 했다.

주모급인 김종태가 전후 4차례에 걸쳐 북괴를 왕래하면서 괴수 김일성과 면담하고, 북괴 대남사업총국장인 허봉학(북괴군 대장)으로부터 지령과 미화 7만 달러, 한화 2,350만 원, 일화 50만 엔의 공작금을 받아 가칭 '통일혁명당'을 결성해 혁신정당으로 위장하고 합법화해 반정부·반미 데모를 전개하는 등 대정부 공격과 반정부적 소요를 유발시키려는 데 주력했으며, 이 지하당 사건에 관련된 사람은 모두 158명이며, 정보부는 그 중 1차적으로 73명(구속 50명, 불구속 23명)을 송치하고 나머지 85명에 대해서도 계속 조사 중…….

이 사건에 관련된 주요서클은 다음과 같다.

① 새문화연구회: 서울대 문리대 출신 이진영이 주도
② 청년문학가협회: 성균관대 출신 문학평론가 임중빈이 주도
③ 불교청년회: 성균관대 출신 김희순이 주도
④ 동학회: 서울문리대 출신 노인영이 주도
⑤ 민족주의연구회: 동국대 출신 권오창이 주도
⑥ 경우회: 서울상대 출신 이종태가 주도
⑦ 기독청년경제복지회: 서울상대 출신 박성준이 주도
⑧ 청맥회: 서울상대 출신 신영복이 주도
⑨ 학사주점(1960년대 학사회): 서울대 출신 이문규가 경영

통혁당사건 피고인들의 대부분이 대학 출신 지식인이란 점과 4·19 및 6·3 이후 학생운동에 관여했던 사람들인 관계로 말미암아, 1960년대 후반기 학생운동이 민족문제를 정면으로 제기하는 선에서 후퇴했다. 1967년 6·3 부정선거규탄 및 1969년 3선개헌 반대 학생운동이 체제 내적인 반독재 민주주의 항쟁으로 시종하게 된 이유의 하나가 통혁당사건에 있

었다. 통혁당사건 피고인 중 지도급인 김종태, 김질락, 이문규 등은 법정에서 검찰 공소사실을 대부분 시인했다. 이 사건에 관련된 학생운동 출신자들을 보면 다음과 같다.

김질락(청맥지 주간) 이문규(청맥 편집장) 이재학(보험회사 홍보과장)

오병철(비봉 중학교사) 윤상환(데버드원사 상무) 신향식(상업)

허정길(농촌지도소지도원) 이해경(서울문리대 재학생) 김병영(이문규의 처)

송준철(해군대위) 노인영(과학기술처 주사)

이종태(인구문제 연구소 연구원) 임중빈(문학평론가)

김희순(전 해군문관) 임규택(회사원) 권오창(동국대 대학원생)

이영율(공군 정훈장교) 신영복(육군중위, 육사교관) 박성준(서울상대 재학생)

이수인(전 법무장관 비서) 심재주(신문사 기자) 김국주(외환은행원)

은철수(한국은행원) 박경호(서울문리대 재학생)

1960년대 후반기 학생운동에서는 6·3에서 제기된 반외세 문제는 통혁당사건 이후 실로 10여 년간 학생운동의 구호에서 멀어져 갔고, 학생운동이 지하로 들어갔을 때의 결과가 어떠하다는 것도 통혁당사건에서 잘 보여주었다. 그후 10·26으로 박 정권이 붕괴되기까지 학생운동 출신자들의 지하운동은 이심전심으로 금기사항이 되었고, 1960년대에 있었던 인혁당사건, 동백림사건, 민비련사건, 독서회사건, 통혁당사건 등으로 학생 운동가들은 조직기피증에서 헤어나지 못했다. 통혁당사건 이후 만 10년 만에 '남조선 민족해방전선' 사건이 터지고, 이 사건에 또 학생운동 출신들이 대량으로 관련될 때까지 10년간의 학생운동은 소극적인 반독재 운동으로 시종했다.

1960년대 학생운동의 역사적 의의

1960년 4·19혁명으로 시작된 1960년대의 한국 학생운동은 1969년의 3선개헌 반대운동을 끝으로 막을 내리게 된다. 1960년대 학생운동은 4·19에서 3선개헌까지 같은 맥락을 가지고 있으며, 4·19때 표출된 반독재의 이념이 1960년대 말미를 장식한 3선개헌 반대까지 일관되게 흐르고 있다. 이러한 반독재의 민주주의 이념은 분단된 조국의 상황에서 민족문제의 평화적인 해결 없이는 실현될 수 없다는 것을 학생운동의 주체세력은 절실하게 깨달았다.

4·19혁명의 도화선이 된 3·15 마산의거를 좌익의 배후조종으로 몰아세우려 했던 당시의 집권자들, 6·3 한일회담 반대투쟁 역시 좌익의 배후조종으로 몰아세우려 했던 당시의 집권자들, 심지어 "학생운동을 좌익계에서 선동하고 있다"라고 망언해 학생운동의 정의감을 북돋아주기는커녕 모함을 한 국립대학 총장의 뇌리 속은 '백색 테러리즘'으로 가득차 있다는 것을, 1960년대의 학생운동은 감각적으로 체험한 것이다. 이러한 맹목적인 보수이념이 민족의 분단을 기회로 이 땅에서 독재정권의

장기집권을 존속하게 했다. 이 땅에 있어서 반독재 민주주의는 민족문제의 해결 없이는 불가능하다는 것을, 1960년대의 학생운동은 실천적으로 검증한 것이다. 민족문제를 해결하는 방책은 무엇인가? 한반도를 둘러싼 외세가 자국의 이익을 우선적인 바탕 위에 놓고 한반도 정책을 구사하는 한, 그런 해결은 불가능하다는 것도 1960년대의 학생운동은 체험한 것이다.

4·19혁명의 초기, 당시 미국의 태도가 어떠했는가를 우리는 잘 알고 있다. 이승만 독재정권이 무너질 결정적인 시기에, 그들은 대체정권이 민주당이 될 것을 확신하고서야 4·19혁명에 대해 긍정적인 입장을 취했다. 그리고 5·16 군사쿠데타가 반민주주의적 수법인 것을 알았음에도 불구하고, 힘의 소재가 군부에 있다는 것을 간파했을 때 그들은 군사정부를 지지했다. 1965년도에 한일회담이 타결될 때까지, 미국이 직간접으로 개입한 것은 미국의 달러방위정책의 일환이었다. 미국은 한국에서의 경제적 후퇴를 그들과 같이 극동방위와 반공의 보루인 일본으로 하여금 메우게 하고, 극동방위 정책 수행의 경제적 부담을 일본과 같이 나누어지겠다는 자국 이익 우선주의 때문에 한국 민족의 이해관계를 무시하고 일본을 지지했다.

1905년에 있었던 태프트 – 가쓰라의 묵계를 새삼 예로 들 것도 없이, 그들의 대한정책은 국내에서 항상 힘 있는 자들을 편들면서 그들을 핵우산 아래 끌어들이는 것이었다. 평화선 문제, 청구권 문제, 문화재 반환 문제, 교포의 법적지위 문제, 경제협력 문제 등 어느 하나 우리의 통분을 자아내지 않는 것이 없었다. 그러나 그들은 미국과 손잡고 새로운 경제 침략의 호기를 노리면서 한일회담을 강행했다.

한국의 민족문제를 해결하는 데 있어서, 이러한 외세와의 함수관계를 한국의 국익에 맞게 풀어나가지 않는 한 민족문제 해결은 험난한 것이다. 민족 내부의 역량이 외세로부터 오는 압력을 능가할 수 있을 때, 비로소 민족문제의 해결은 가능한 것이다. 1960년대 한국 학생운동은 이러한 독재권력을 비호하는 외세의 존재를 간파한 운동이기도 했다.

그러므로 1960년대 한국 학생운동은 반독재의 선결과제인 반외세를 주장할 수밖에 없었다. 민족의 평화적 통일을 위해서는 바로 이러한 외세와 결탁한 국내 독재정권을 무너뜨려야만 한다는 것을 인식한 시기가 1960년대인 것이다. 그러므로 4·19혁명이 자유당의 장기집권을 무너뜨리자 학생들은 오래지 않아 민족통일 운동에 그들의 의지를 모았고, 6·3 한일회담 반대투쟁에서는 일본과 미국의 힘의 개입을 반대했던 것이다. 학생들은 "우정은 좋고, 간섭은 싫다"고 외쳤으며, "양키는 침묵하라"고 절규했다. 따라서 1960년대의 한국 학생운동은 민족의 지상과제인 민족통일을 이루기 위해서는 반독재 민주주의를 실현해야 했고, 반독재 민주주의를 실현하자면 그 독재세력을 비호하는 외세와 싸워 반외세 민족주의를 실천해야 했다. 여기에 1960년대 한국 학생운동이 반외세 민족주의 및 반독재 민주주의 투쟁이라고 말할 수 있는 정당성이 있는 것이다. 이 운동의 종국적 목적은 한반도의 영구적 평화를 위한 평화통일의 달성인 것이다.

4·19혁명은 독재정권의 타도에는 성공했으나 또다시 독재정권이 들어서는 것을 막지 못하고 제도적 모순을 해결하는 데 실패했으며, 6·3 한일회담 반대투쟁은 민족이 나갈 향방을 제시했으나 무력 앞에서 실패했다. 1966년 이후 밀수규탄 운동, 학원자유화 운동, 3선개헌 반대 민주수호 운동 등도 민주주의의 실천적 과제를 제시한 것이었으나 무력 앞에 실패했다. 그러나 1960년대 학생운동의 의의는 실패한 것만은 아니다. 1960년대의 한국 학생운동이 국가와 민족에 미친 영향은 무한한 것이다. 그것은 대일, 대미 자세에서 확고한 민족적 주체의식을 정립했고,

자립적 민족경제를 도외시하고 미일 위주의 신식민지적 경제를 경고했으며, 파렴치한 재벌들의 매판행각에 경종을 울려주었고, 독재가 장기화할 때는 민중의 저항이 거세어진다는 것을 보여주었다. 그리고 1960년대의 학생운동은 4·19에서 3선개헌 반대까지 일관된 맥락을 이어감으로써, 그것이 역사발전의 기본 방향과 궤도를 같이하고 있음을 보여주었다.

학생운동의 성공여부는 처음부터 권력의 쟁취에 있는 것이 아니다. 학생운동은 그 시대 민족의 생존권과 자주권이 침해당하거나 그 시대 민주질서가 위기에 처했을 때, 국가와 민족 앞에 새로운 사회의 향방을 제시하는 운동인 것이다. 그러므로 학생운동은 끊임없이 새로운 것을 추구해야 하며 끊임없이 새로운 것을 향한 실천적 발전을 이루어야 하는 것이다. 1960년대의 한국 학생은 민족수호의 전사였으며 민주쟁취의 투사였다.

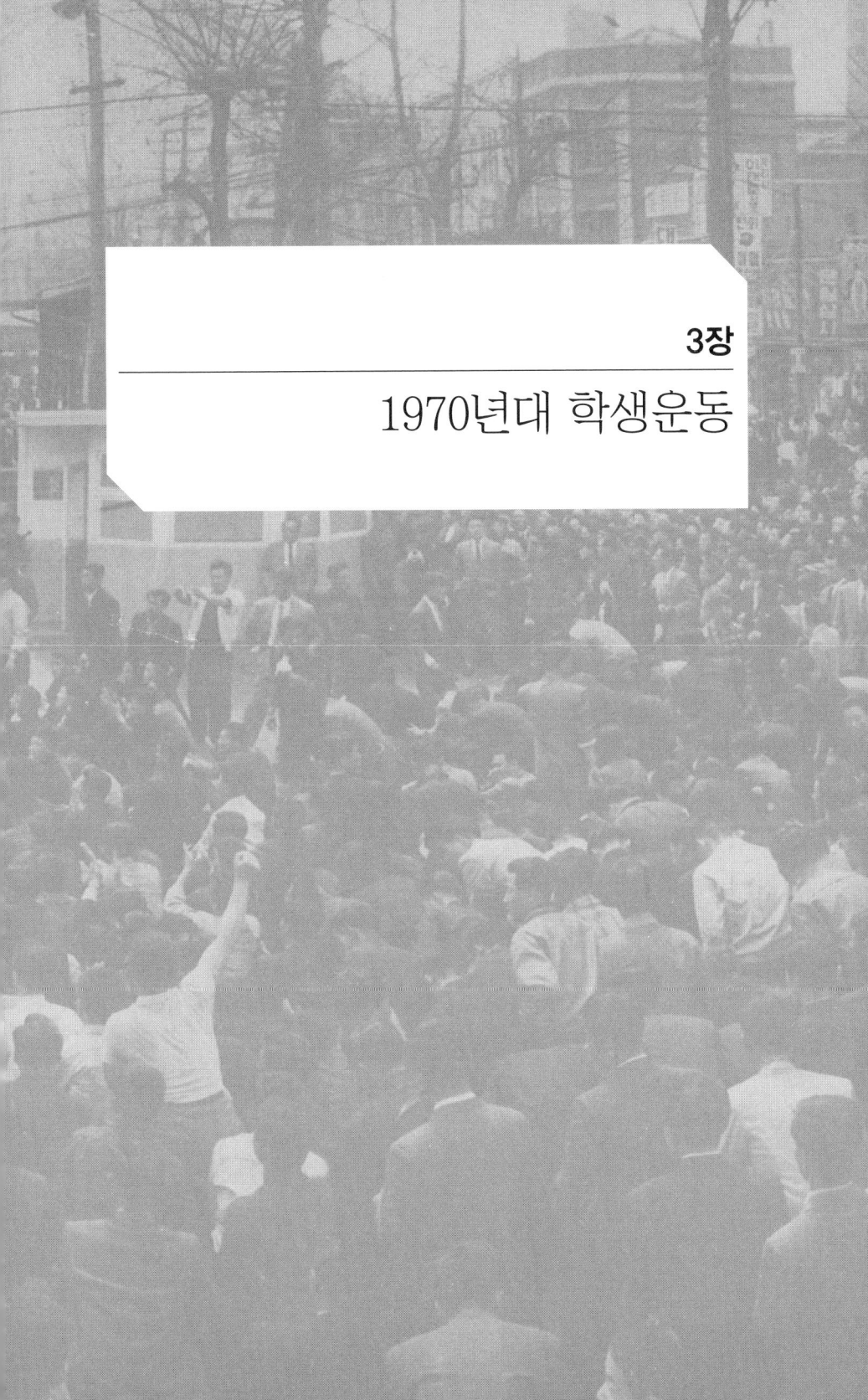

3장
1970년대 학생운동

1970년대 학생운동의 개관

1. 개관

1970년대는 닉슨의 중공과 소련 방문으로 시작된 데탕트 시대로서, 전후 미소의 세계전략상 한반도 문제가 재론되는 시기였다. 미국은 구호로나마 한국에서의 미군철수를 시사하게 되었고, 베트남에서의 미국의 패전은 분단국가인 한국에서의 위기감을 더욱 고조시켰다. 또한 국내적으로도 1970년 전태일 분신사건, 1971년 영등포 노동자 김진수 타살사건 등으로 저임금, 비위생적 환경 등의 열악한 노동실태의 진상이 밝혀지면서 폭력적 노동운동이 나타나기 시작했다.

국제적 해빙무드와 탈 이데올로기, 국내적 많은 문제로 정권의 존폐에 위협을 느낀 박 정권은 국가안보를 구실로 한 탄압을 더욱 강화할 수밖에 없게 된다. 1971년 4·27 선거로 정권을 다시 잡은 박 정권은 곧이어 10월유신을 선포해 일인 장기집권체제를 굳히기에 이른다. 그러나 끊임없이 일어나는 유신반대 항쟁에 몰리자 긴급조치 1호, 4호, 9호를 연이어 선포하지만, 반정부 여론은 끊이지 않았다.

이러한 반유신, 반독재, 반외세의 학생운동은 1960년대의 4·19나 6·3과 같은 거대한 반독재 학생항쟁은 없었으나, 1960년대의 학생운동과는 구별되는 양상을 띠게 되었다. 그것은 전태일 분신자살 사건과 민청학련 사건을 계기로 학생운동이 노동현장과 농촌, 빈민운동에 깊은 관심을 갖고 동참하게 되었다는 것이다. 이것은 주로 학생운동 출신자들과 기독교 학생운동자들에 의해서 이루어졌으며, 이후의 학생운동이 민중 지향적 시각을 갖는 단초를 마련했다.

1970년대 학생운동이 1960년대 학생운동처럼 비록 비조직적이고 무계획적인 점이 없지 않으나, 밖으로부터 오는 민족수호의 위기와 안으로부터 오는 독재체제의 장기화에 대응해, 민족의 운명을 개척하고 새로운 사회를 준비하는 학생운동의 본질에는 변함이 없었다. 긴급조치 4호로 8명의 사형수를 내고도 긴급조치 9호를 선포해야 하는 박 정권의 속사정은 바로 민주주의 성장에 대한 독재정권의 불가항력의 일면이었다. 긴급조치 9호가 광범위하게 국민을 탄압하고 학생운동을 억압하자, 1975년 이후 학생운동은 소그룹 운동으로 재편성되고, 일부 학생들은 '민투' 등 지하단체에 가담해 반독재 민주화운동에 투신했다. 1978년부터 학생단체 등록기준이 강화되자 학생운동이 지하화하는 경향이 나타났으며, 1979년경부터 검정고시 야학이 노동야학으로 전환하면서 학생운동의 경향이 1970년대 후반에 들어서자 크게 변모했다. 이러한 추세들은 10·26을 거쳐 1981년 소위 '무림霧林·학림學林' 논쟁을 낳았다.

1979년 10월 남민전 사건, 부마사태, YH사건 등 유신시대의 말기적 현상의 노출은 결코 우연이 아니었고, 1960년대와 1970년대를 통치한 박 정권의 반민주적 행위에 대한 누적된 민중항거의 표출인 것이었다. 1970년대 학생운동은 직접적으로 정권을 퇴진시키지는 못했으나, 10·26

을 낳게 한 결정적인 역할을 했다. 1960년대 4·19가 이승만 독재정권을 무너뜨리는 직접적인 항쟁이었음에 비해, 1970년대 학생운동은 박 정권이 붕괴되지 않을 수 없는 시대적 분위기를 창출하는 데 기여했다.

따라서 1970년대 학생운동은 근대화가 가져오는 외세의존의 경제구조에서 벗어나고, 유신체제가 가지고 있는 반민주주의적 독소를 제거하는 반외세 민족주의 및 반독재 민주주의의 실천적 투쟁으로 이해되어야한다. 즉, 1960년대 반외세 민족주의 및 반독재 민주주의를 기본이념으로 하는 학생운동의 흐름은 1970년대에도 그대로 이어졌다.

2. 시대적 배경

① 7·4 남북공동성명

1969년 3선개헌을 결심하게 된 이유를 박정희 대통령은 이렇게 밝혔다.
"값싼 인기에 영합하고 나만 편안한 길을 가려면 나에게도 얼마든지쉬운 길이 있다는 것을 잘 알고 있습니다. 영광된 후퇴가 얼마나 아름다운 것인가도 나는 잘 알고 있습니다. 그러나 다가오는 1970년대를 깊이생각한 끝에, 나를 버리고 국가를 위해 한 번 더 십자가를 지겠다는 결심에서 나는 이 길을 택한 것입니다. 나의 이러한 생각들은 추호도 나를위주로 한 생각에서가 아니라, 오직 국가와 민족의 장래를 생각한 일념에서 이루어진 것입니다."

국가를 위해 꼭 대통령을 한 번 더 해야겠다는 것이었다. 이어 1969년 7월 29일 공화당 의원총회는 이러한 박 대통령의 결의를 "전폭적으로지지하는 동시에, 대통령 각하의 용단에 대해 만공의 경의"를 표명함으로써, 천하의 공당이 아니라 박 대통령 개인의 사당私黨임을 스스로 공표했다. 이러한 3선개헌 안이 학생들과 국민들의 반대에도 불구하고, 1969년 10월 17일 국민투표로 확정되자 박 정권의 앞날은 열린 듯했다. 그러나 1970년대 초반의 국내외 정세는 박 정권의 3선개헌 의지와는 일치하지 않았다.

전후 미국의 냉전전략이 서서히 변하기 시작했으며, 그에 따라 한반도에서의 미국의 전술도 바뀌기 시작했다. 미소 양국은 대결의 정치에서 화해의 정치로 정책을 수정했다. 1969년 11월 2일, 한국이 3선개헌 파동에서 헤어나지 못할 때, 닉슨과 사토는 공동성명을 통해 "아시아와 극동에서 일본으로 하여금 미주의 대역"을 담당하게 한다는 방침을 확고히 했다. 1970년 2월 18일 닉슨 미국 대통령의 외교백서 '1970년대의 미국의 대외정책'(평화를 위한 새로운 전략)이 발표되었는데, 이른바 닉슨 독트린이라고 불리는 이 전략은 "① 아시아에서의 중공과의 관계 개선, ② 베트남전의 조속한 종결, ③ 아시아에서의 일본의 역할 증대" 등을 제시, '아시아인에 의한 아시아'라는 구호를 낳게 했다.

이어서 1970년 7월 6일 주한 미국대사 윌리엄 포터는 주한 미군 병력의 일부 철수를 한국정부에 정식 통고했고, 8월 24일부터 26일까지 서울을 방문했던 미국 부통령 애그뉴는 "5년 이내에 한국에서 미군의 전 병력을 철수하겠다"고 발표했다. 미 국무성은 한국에서의 미군철수를 위해 "① 남북한의 적대관계 개선을 통한 한반도의 긴장 완화, ② 남북관계 해결을 위한 주요 국가들의 공동 노력"에 최선을 다할 것을 약속했다.

이러한 미국의 정책 변화는 3선개헌으로 장기집권에 골몰해 있던 박 정권에게는 커다란 충격을 안겨주었다. 그리고 냉전의 부산물인 남북분단이라는 민족적 비극을 유효적절하게 정권안보에 이용해온 박 정권으로서는 한반도를 둘러싼, 국제적으로 변화되는 정책에 대응해 새로운 돌파구를 찾지 않을 수 없었다.

한편, 1970년 11월 13일 평화시장 재단사 전태일은, "근로기준법 준수하라" "우리는 기계가 아니다" "일요일은 쉬게 하라" "노동자를 혹사하지 말라"고 외치면서 분신자살했다. 전태일의 죽음은 1970년대의 저임금과 열악한 노동조건 등으로 혹사당하는 노동자들의 실태를 단적으로 드러내는 것이며, 1960년대 이후 공업화정책에 따른 사회·경제적 모순이 1970년대에 들어와서는 더욱 첨예화되었다는 것을 의미한다. 이 시기는 고도성장의 그늘 속에서 빈익빈 부익부의 현상이 극대화되어가고 있었으며, 도시공화국, 농촌공화국이라는 신조어가 나오기도 하던 때였다.

1971년 4·27 대통령선거에서 김대중을 누르고 당선된 박 대통령에게는 이처럼 안팎으로 산적한 문제를 해결하기 위해 무엇인가 중대조치가 필요했고, 이러한 조치는 미국의 대한국정책과도 부합해야 했다. 이러한 가운데 1971년 8월 10일 광주 대단지 사건, 9월 15일 파월 노동자 대한항공 습격 사건, 10월 5일 원주 천주교 부정부패 규탄대회 등이 잇달아 터지자, 드디어 박 정권은 미국의 대극동정책과도 부합하며 국내 반대여론도 함께 해결하는 실로 중대한 발표를 하게 되었다. 이른바 7·4 남북공동성명이 그것이었다.

정부는 1972년 5월부터 6월초에 걸쳐 평양과 서울에서 비밀리에 북한과의 고위 정치협상을 갖고 조국통일의 원칙과 긴장완화 등에 관한 7개항의 합의에 도달했음을, 7월 4일 오전 10시를 기해 서울과 평양에서 동시에 발표했다. 공동성명은 자주적이고 평화적인 통일을 기약하고, 이를 위해 민족적 대단결을 도모한다는 조국통일 원칙과 '남북조절위원회' 구성 및 서울·평양 간 직통전화 설치, 운용 등에 합의했다며 다음과 같이 밝혔다.

1. 쌍방은 다음과 같은 조국통일 원칙에 합의를 보았다.

　　첫째, 통일은 외세에 의존하거나 외세의 간섭을 받음이 없이 자주적으로 해결해야 한다. 둘째, 통일은 서로 상대방을 반대하는 무력행사에 의거하지 않고 평화적 방법으로 실천해야 한다. 셋째, 사상과 이념, 제도의 차이를 초월해 우선 하나의 민족으로서 민족적 대단결을 도모해야 한다.

2. 쌍방은 남북사이의 긴장상태를 완화하고 신뢰의 분위기를 조성하기 위해 서로 상대방을 중상 비방하지 않으며, 크고 작은 것을 막론하고 무장 도발은 하지 않으며, 불의의 군사적 충돌을 방지하기 위한 적극적인 조치를 취하기로 합의했다.

3. 쌍방은 끊어졌던 민족적 연계를 회복하며 서로의 이해를 증진시키고 자주적 평화통일을 촉진시키기 위해 남북 사이에 다방면적인 제반교류를 실시하기로 합의했다.

4. 쌍방은 지금 온 민족의 거대한 기대 속에 진행되고 있는 남북적십자회담이 하루빨리 성사되도록 적극 협조하는 데 합의했다.

5. 쌍방은 지금 돌발적 군사사고를 방지하고 남북 사이에 제기되는 문제들을 직접 신속, 정확히 처리하기 위해 서울과 평양 사이에 상설 직통전화를 놓기로 합의했다.

6. 쌍방은 이러한 합의사항을 추진시킴과 함께 남북 사이의 제반문제를 개선 해결하며 또 합의된 조국통일 원칙에 기초해 나라의 통일문제를 해결할 목적으로 이후락 부장과 김영주 부장을 공동위원장으로 하는 남북조절위원회를 구성, 운영하기로 했다.

7. 쌍방은 이상의 합의사항이 조국통일을 일일천추로 갈망하는 온 겨레의 한결같은 염원에 부합된다고 확신하면서 이 합의사항을 성실히 이행할 것을 온 민족 앞에 엄숙히 약속한다.

분단 이후 이보다 더 감격스러운 날은 없었다. 8·15 이후 숱한 좌우투 쟁과 통일에 대한 노력도 7·4공동성명만큼 감격을 주지는 못했다. 그것 은 분단의 질곡이 그만큼 깊었기 때문이기도 했고, 이때만큼 명쾌하게 통일의 의지를 정부 당국자가 천명한 적도 없었기 때문이기도 했다. 그 러나 같은 날, 김종필 총리는 다음과 같은 논평을 통해 공동성명에 깔린 정치적 저의가 정권안보에 있었음을 여실히 드러냈다.

남북 공동성명이 발표되었다고 우리는 조금도 긴장이 풀리거나 너무 큰 기대를 가져서는 안 된다. …… 비상사태를 선언한 뜻이 바로 총력안보를 위 한 것이었음이 분명하니 우리는 더욱 총력안보를 위해 단결해야 될 것이다. …… 닉슨 대통령이 중공과 소련을 방문하는 등, 얼핏 보아 국민들의 일반적 인 관념을 앞선 외교활동을 할 수 있다는 것도 국력의 뒷받침이 있었다는 사 실을 명심하고 우리는 국력배양에 총력을 기울이는 것이 무엇보다 중요하다.

한편 당시 야당 대변인은 7·4성명이 국민적 합의에 바탕을 두지 않은 박 정권의 밀담으로서 진정한 통일의지가 아닌 정치적 술수에 의한 통 일방안임을 시사했다.

국가운명을 좌우하는 이처럼 중대한 문제에 대해 국회는 물론 여야에 하등 의 사전협의 없이 박 정권의 일방적인 밀담으로 회담이 이루어졌음은 허락할 수 없다. 국내적으로는 국민에게 비상사태의 선언, 보위법 처리 등으로 북괴 의 도발을 구실로 한 위기의식을 조성하고 민권을 탄압하면서 정부 내의 특 정인이 북괴와 이런 회담을 했음은 국민을 우롱하는 처사이며, 이번의 합의 내용은 지금까지의 우리의 국체 및 국가질서를 위태롭게 하는 위험한 부분이 허다하다.

이처럼 7·4공동성명은 민족의 운명을 타개하고 민족통일을 한 발 앞당겨놓는 내용이었음에도 불구하고, 그후 오래지 않아 남북 쌍방간의 정치적 입장이 바뀜으로써 그 의미를 상실했으며, 그것이 가진 기만성은 10월유신의 선포로 더욱 확실해졌던 것이다.

② 10월유신

박 정권의 장기집권 기도는 이미 3선개헌 과정에서 논란이 있었으며, 1971년 대통령 직선제의 마지막 선거유세 과정에서 야당후보 김대중 씨는 박 정권이 총통제를 기도한 바 있다고 폭로했다. 어쨌든 1971년 3선의 길에 들어선 박 정권은 영구집권을 기도하기 위해 새로운 제도적 장치를 마련한다. 그것이 바로 1971년 선거에서 대통령에 당선된 지 1년 6개월여 만에 선포한 유신체제였다. 이는 "국가를 위해 인권을 유보"한다는 1970년대 '한국적 민주주의'를 창출해내고, 근대 민주주의 국가에 전무후무한 암흑기를 만들었다. 유신체제를 지지하는 사람만이 자유와 평화를 누리고, 반대하는 사람들이 갈 곳은 오직 감옥뿐이었다.

이러한 유신체제는 1972년 10월 17일 하오 7시를 기해 전국에 비상계엄을 선포하고, 대통령 특별선언을 통해 국회해산 등 헌법의 기능 일부를 정지시킴으로써 막이 올랐다. 이날 박 대통령은 계엄령 선포와 비상조치에 대한 특별선언을 통해 다음과 같이 발표하고, 계엄사령관에 육군참모총장 노재현 대장을 임명했다.

① 1972년 10월 17일 19시를 기해 국회를 해산하고, 정당 및 정치활동의 중지 등 현행 헌법의 일부 조항의 효력을 정지시킨다.
② 일부 효력이 정지된 헌법 조항의 기능은 비상 국무회의에 의해 수행되

며, 비상 국무회의의 기능은 현행 헌법의 국무회의가 수행한다.

③ 비상 국무회의는 1972년 10월 27일까지 조국의 평화통일을 지향하는 헌법개정안을 공고해, 이를 공고한 날로부터 1개월 이내에 국민투표에 붙여 확정시킨다.

④ 헌법개정안이 확정되면 개정된 헌법 절차에 따라 늦어도 금년 연말 이전에 헌법질서를 정상화시킨다.

또한 이날 박 대통령은 특별선언에서 이 조치의 필요성에 대해 "이는 결코 한낱 정권의 입장에서가 아니라 국권을 수호하고, 영광스런 통일과 중흥을 이룩하려는 실로 우리 민족의 운명과도 직결되는 불가피한 조치"라고 밝혔다. 영광스런 통일을 위해 비상계엄령을 선포해야 한다는 것이며, 10월유신의 근본의도가 조국의 평화통일에 있다는 것이었다. 또 박 대통령은 "정상적인 방법으로 개혁을 시도한다면 혼란만 심해지기 때문에 부득이 비상조치를 통한 체제개혁을 단행하게 된 것이다"라고 했다. 체제개혁을 헌법적 절차에 의해 평화적 선거를 통해 하지 않고 비상조치를 통해 가능하다고 함으로써 모든 혁명, 모든 쿠데타, 내란 등이 모두 비상조치에 의해 정당화될 수 있었던 것이다. 이것은 정치체제를 변혁시키려고 하는 중대한 음모를 비상조치로 행하려 한 것이다.

그러면서도 박 대통령은 "이런 비상조치를 취하는 것이 절대로 대의민주주의 제도를 포기하는 것이 아니라 오히려 민주제도를 강화하기 위한 것"이라고 강변했다. 민주제도의 강화란 국민의 자유스럽고 민주적인 의지에서 창출되는 것이고, 선거라는 모든 국민의 실천적 경험을 통해 이루어지는 것이지, 독재자 한 사람의 정권욕에 의한 발상에서 강화되는 것은 아닌 것이다. 더구나 박 대통령은 한층 논리를 비약시켜서 "만일 여러분이 헌법 개정에 찬성하지 않는다면, 이것을 남북대화를 원

268

치 않는다는 국민의 의사표시로 받아들이고 조국통일에 대한 새로운 방안을 모색할 것임을 아울러 밝혀두는 바이다"라고 헌법개정의 찬성여부와 남북대화를 직결시킴으로써 개정헌법이 마치 통일을 하기 위한 것인 양 호도했다.

이렇게 해서, 1972년 10월 27일 공포된 유신헌법의 골자는 다음과 같다. ① 모든 권한이 대통령에게 집중되고, ② 대통령은 통일주체국민회의에서 선출하며, ③ 대통령은 국가의 위기라고 판단될 때 언제든지 긴급조치를 발동해 헌법기능을 정지시킬 수 있고, ④ 대통령은 얼마든지 연임할 수 있으며, ⑤ 선거구를 2명의 국회의원을 뽑는 중간선거구로 바꾸어 모든 선거구에서 여당의원이 적어도 한 사람씩은 당선되도록 해놓았다.

이러한 일인 장기집권의 제도적 장치는 이른바 유신헌법이란 이름으로 1972년 11월 21일 국민투표에 붙여, 투표율 91.9%, 찬성 91.5%로 확정되었다. 이어 1972년 12월 23일 8대 대통령선거에서 대의원 2,359명 참석에 2,357표(무효 2표)로 당선되어 사실상 일인 종신체제를 굳혔다. 박 대통령은 대통령 취임사에서 "10월유신이야말로 우리가 그동안 추구해온 새로운 정치질서의 확립을 위한 유일한 기회"라고 했는데, 이는 새로운 정치질서는 비상조치를 통해서만 가능하다는 증언을 해놓은 것이다.

그러면 '유신維新'이란 무엇을 뜻하는가? 송규상은 〈정경연구〉 1974년 11월호에서 "혁명 대신에 유신維新이 택해진 이유는 우선 우리가 발전 저해 요인의 제거를 통해 이룩하려는 목표가 현재 우리가 달성하려 하고 있는 목표와 동일하다는 데서 찾을 수 있다"라고 했다. 이는 유신 이전이나 유신 이후가 자유 민주주의 체제의 발전인데, 다만 유신 이전은 박 정권에 대한 반대(발전저해 요인)가 너무 심해, 다시 말하면 민주주의적 모든 방법으로는 도저히 정권을 연장시킬 수 없기 때문에, 유신이라는 편법으로 민주주의적 모든 방법을 봉쇄한다는 것이다. 그러기 위해선 굳이 혁명이 아니라도 유신이면 되었던 것이다.

그는 또한 "그러면 유신이 목표하고 있는 민족발전은 구체적으로 무엇을 의미하는가? 현대에 있어서 제국주의는 규탄의 대상이 되고 있다. 따라서 유신의 목표인 민족발전은 민족의 영토적 확장은 배제한다. 즉 유신의 목표인 민족 발전은 민족사회 내부의 질적 진보를 뜻한다. 근대화를 완성하고 민족적 주체성을 확립하고 경제번영을 이룩하고 복지 사회를 건설한다는 것은 모두 이 민족사회 내부의 질적 진보를 뜻한다"(밑줄 필자)라고 했다.

유신의 목표에서는 "민족의 영토적 확장은 배제"된다고 했다. 민족의 영토적 확장이란 무엇인가? 그것은 제국주의적 영토침략을 뜻한다. 그러나 사실 우리나라가 과연 제국주의적 영토침략을 할 수 있는가. 유신을 하건 하지 않건 그것이 불가능한 것은 너무나 명백한 것이다. 따라서 그 의미는 '통일을 배제한다'고 해석될 수 있는 것이다.

그리고 "민족사회 내부의 질적 진보"가 유신의 목표라고 했는데, 민족사회 내부의 질적 진보란 무엇인가? 송규상은 이것이 "① 근대화 완성, ② 민족적 주체성 확립, ③ 경제번영, ④ 복지사회 건설"을 뜻한다고 했다. 그러나 이 4개 사항은 굳이 유신이 아니라 하더라도 얼마든지 가능한 정책이며 어느 정권이든 마땅히 해야 할 지극히 상식적인 구호인 것이다. 더구나 '민족사회 내부의 질적 진보'를 뜻하는 4개 사항에 '민족의 평화적 통일'은 들어가지 않았던 것이다.

결국 10월유신의 목표는 철저한 독재체제의 확립으로, 일인 종신집권 체제를 구축하기 위해 모든 장애적인 요소들을 제도적 장치로 제거하겠다는 것 외에 아무것도 아니었다.

③ 긴급조치 1호

1972년 10월 17일 이른바 10월유신이 선포된 이래 합법적인 민주주의 활동은 사실상 봉쇄되었다. 이른바 한국적 민주주의라는 이름 아래, 국가를 지키기 위해 개인의 인권을 유보한다는 논리 앞에, 진정한 민주주의를 위한 운동은 침묵을 강요당했다. 언론·집회·결사·사상의 자유가 유보되었고, 각종 유신사업만이 범람했다. 이런 가운데 유신의 벽을 깨려는 시도가 1973년 10월 2일 서울대 반유신 데모와 재야인사들의 반유신 운동이었다.

1973년 9월 28일 파고다공원에서 '민족수호 국민협의회'(대표 함석헌, 김재준, 이병린, 천관우)와 '민족수호 청년협의회'(대표 이재오)의 인사들이 중심이 되어 비상시국선언대회를 열기 위해 준비했으나 한두 원로들의 불참통고로 이 대회는 유산되었다. 그러나 이러한 재야의 반유신 운동과 10월 2일 서울대 데모로 인한 학원가의 반유신 운동은 박 정권으로 하여금 유신정치에 대한 새로운 불안을 가지게 했다. 1973년 12월부터 재야 민주인사들이 유신헌법 개헌청원운동을 공개적으로 감행하자, 박 정권은 1974년 1월 8일 개헌언동을 금지하는 긴급조치를 선포했다. 이리하여 유신시대의 대명사인 긴급조치 시대의 막이 열렸다. 긴급조치 1호의 내용은 다음과 같다.

대통령 긴급조치 제1호
1. 대한민국 헌법을 부정, 반대, 왜곡 또는 비방하는 일체의 행위를 금한다.
2. 대한민국 헌법의 개정 또는 폐지를 주장, 발의제안 또는 청원하는 일체의 행위를 금한다.
3. 유언비어를 날조, 유포하는 일체의 행위를 금한다.

4. 전 1, 2, 3항에서 금한 행위를 권유·선동·선전하거나 방송·보도·출판 기타 방법으로 이를 타인에게 알리는 일체의 언동을 금한다.

5. 이 조치에 위반한 자와 이 조치를 비방한 자는 법관의 영장 없이 체포·구속·압수·수색하며 15년 이하의 징역에 처한다. 이 경우에는 15년 이하의 자격정지를 병과할 수 있다.

6. 이 조치에 위반한 자와 이 조치를 비방한 자는 비상군법회의에서 심판, 처단한다.

7. 이 조치는 1974년 1월 8일 17시부터 시행한다.

박 대통령은 긴급조치에 대한 담화 속에서 "급변하는 국제정세와 특히 국제경제가 몰고 온 거센 풍랑, 그리고 북한 공산주의자들의 각종 도발행위 등으로 조국의 현실은 그야말로 백척간두에 처해 있다"라고 긴급조치 발동이유를 밝힌다.

하지만 긴급조치 선포의 실제적 이유는 "불행하게도 국가적 현실을 이해하지 못하고 아직까지 과대망상증에 사로잡혀 있는 일부 인사들과 불순분자들은 작년 말부터 부질없는 선동과 악의적인 유언비어를 유포시키면서 사회혼란을 조성해 헌정질서인 유신체제를 부정하고 이를 전복"하려 한다는 주장에서 알 수 있는 것처럼, 유신체제를 반대하는 사람에 대한 대응책이 필요했기 때문이었다. 긴급조치 1호 선포로 해서 유신헌법의 본질이 한층 더 명확해졌으며, 유신헌법 철폐를 향한 각계각층의 의지 또한 더욱 강해졌다. 그 결과로 일어난 것이 민청학련사건(전국민주청년학생 총연합)이었다.

④ 긴급조치 4호

10·2시위에서 반유신의 의지를 표출한 학생들은 보다 광범위하게 학생운동을 조직화해나갔으며, 반독재 민주화운동의 실천의 장場에 몸을 던졌다. 긴급조치 1호로 장준하, 백기완 등이 구속되고, 종교계에서도 이규상 등이 구속되었다. 학생들 중에서도 서강대학교 박석률 등이 구속됨으로써 개헌청원운동은 일시 중단되었으나, 내적으로 반유신 운동은 질적으로 성숙해가고 있었다. 학생사회에서의 반유신 분위기가 심화되고 국민들의 유신체제에 대한 반응이 냉담해져가는 가운데, 1974년 4월 3일 밤 10시 박 대통령은 헌법 제53조에 의한 대통령 긴급조치 제4호를 선포했다. 그 내용은 다음과 같다.

1. '전국민주청년학생총연맹'과 이에 관련되는 제 단체(이하 단체라 한다)를 조직하거나 또는 이에 가입하거나, 단체나 그 구성원과 회합 또는 통신, 기타 방법으로 연락하거나, 그 구성원의 잠복, 회합, 연락 그 밖에 활동을 위해 장소, 물건, 금품 기타의 편의를 제공하거나, 기타 방법으로 단체나 구성원의 활동에 직접 또는 간접으로 관여하는 일체의 행위를 금한다.
2. 단체나 그 구성원의 활동에 관한 문서, 도서, 음반, 기타 표현물을 출판, 제작, 소지, 배포, 전시 또는 판매하는 일체의 행위를 금한다.
3. 제1항, 제2항에서 금한 행위를 권유, 선동 또는 선전하는 일체의 행위를 금한다.
4. 이 조치 선포 전에 제1항 내지 제3항에서 금한 행위를 한 자는 1974년 4월 8일까지 그 행위 내용의 전부를 수사, 정보기관에 출석해 숨김없이 고지해야 한다. 위 기간 내에 출석, 고지한 행위에 대해는 처벌하지 아니한다.
5. 학생이 정당한 이유 없는 출석, 수업 또는 시험의 거부, 학교관계자 지도,

감독하의 정상적 수업, 연구활동을 제외한 학교 내외의 집회, 시위, 성토, 농성 기타 일체의 개별적, 집단적 행위를 금한다. 단, 의례적 비정치적 활동은 예외로 한다.

6. 이 조치에서 금한 행위를 권유, 선동, 선전하거나 방송, 보도, 출판, 기타 방법으로 타인에게 알리는 일체의 행위를 금한다.

7. 문교부장관은 대통령 긴급조치에 위반한 학생에 대한 퇴학 또는 정학의 처분이나 학생의 조직, 결사, 기타 학생단체의 해산 또는 이 조치 위반자가 소속된 학교의 폐교처분을 할 수 있다.

8. 제1항 내지 제6항에 위반한 자, 제7항에 의한 문교부장관의 처분에 위반한 자 및 이 조치를 비방한 자는 사형, 무기 또는 5년 이상의 유기징역에 처한다. 유기징역에 처하는 경우에는 15년 이하의 자격정지를 병과할 수 있다. 제1항 내지 제3항, 제5항, 제6항 위반의 경우에는 미수에 그치거나 예비음모한 자도 처벌한다.

9. 이 조치에 위반한 자는 법관의 영장 없이 체포, 구속, 압수, 수색하며 비상군법회의에서 처벌한다.

10. 비상군법회의 검찰관은 대통령 긴급조치 위반자에 대해 소추를 안 할 때에도 압수한 서류 또는 물품의 국고귀속을 명할 수 있다.

11. 군 지역사령관은 서울특별시장, 부산직할시장, 또는 도지사로부터 치안질서 유지를 위한 병력출동의 요청을 받은 때에는 이에 응해 지원해야 한다.

12. 이 조치는 1974년 4월 3일 22시부터 시행한다.

실로 우리 민족사에 유래 없는 일대 폭거였다. 이른바 '민청학련' 사건 하나를 해결하기 위해 긴급조치 4호를 선포했던 것이며, 긴급조치 1호가 나온 지 만 3개월이 안 되어서 박 정권은 유신체제 유지를 위한 또 하나의 비민주적 폭압장치를 발동하지 않으면 안 되었다. 이 사건 관련 혐의자 1,024명 중 253명이 긴급조치 4호로 구속, 송치되어 180여 명이 기소되었다. 유사 이래 단일사건으로 가장 많은 구속, 기소자가 나왔다. 180명 중 학생이 114명이었고, 현직 교수 2명, 정치인 10명, 일반인 17명, 종교인 10명, 변호사 1명 외에 교사, 회사원, 전직공무원 등이 관련되었다. 사형이 8명, 무기 7명, 30년 형, 20년 형, 15년 형, 12년 형 등 실로 엄청난 형량을 받았다. 8명의 사형수는 끝내 이듬해 사형집행되었다. 참고로, 일제하에서 민족독립운동에 가담했던 학생들의 형량이 거의 3년을 넘지 아니했고, 일제 말 평양과 대구의 학병반란사건 주모자들도 12년을 넘지 아니했으며, 해방 직후 민주학련 유격대사건은 최고 징역이 8년이었다.

박 정권은 긴급조치 4호로 유신체제를 확고히 하고, 반유신 세력을 전부 소탕하려 했다. 그러나 학생이건 교수건 신부건 목사건 할 것 없이 유신반대자는 무조건 감옥으로 보내는 이 엄청난 긴급조치 4호도 박 정권을 유지시켜주지는 못했으며, 박 정권은 긴급조치 9호까지 발동해야만 했다. 반면 긴급조치 4호로 학생운동은 양적 성장을 이룩했다. 결과적으로 긴급조치 4호는 한국 민주화운동의 발전적 계기를 마련해준 셈이 되었다.

⑤ 긴급조치 9호

1974년에 선포한 긴급조치 1호, 4호에도 불구하고 유신체제가 안고 있는 반민주적 제반요소는 국민들에게 날이 갈수록 심한 의구심을 불러일으켰다. 경제적으로도 고도성장, 산업근대화, 수출증대 등의 그늘에 가려 도시 저임금 노동자들은 닭장에서 칼잠을 자야 하는 인간 이하의 생활을 영위하게 되었고, 농촌의 이농현상의 급증으로 농촌경제는 좀처럼 안정이 되지 않았다. 국내에서 부익부 빈익빈의 사회구조가 심화되는 가운데, 국제적으로는 미국이 베트남전에서 손을 뗌으로써 1975년 4월 30일 베트남은 결국 공산화되었다.

베트남 공산화 이후 미국의 국제적 위신은 심하게 실추되었으며, 아시아의 반공국가인 한국에서도 그 반응은 즉각 나타났다. 정부는 북괴가 금방 남침이라도 하는 듯이 국민에게 공포감과 불안감을 대대적으로 조성하고, "북괴가 전면전을 감행하면 전술 핵무기 사용도 검토하겠다"는 서울발 외신보도를 크게 보도하는가 하면(1975년 5월 14일, 〈서울신문〉), 베트남 공산화가 마치 한국의 공산화를 가져오는 듯이 국민들에게 심한 불안감과 공포감을 조성시켰다.

뿐만 아니라 긴급조치 4호로 형이 확정된 8명의 사형수를 대법원 확정 다음날인 4월 9일 전격적으로 사형집행함으로써 종교계를 비롯해 국내외적으로 심한 충격을 주었다. 이런 상황 속에서 박 정권은 긴급조치 1호로 개헌운동을 봉쇄하고, 긴급조치 4호로 민청학련의 활동을 봉쇄해 학생운동과 재야 민주운동에 일대 타격을 가해놓고도, 정권안보에 불안한 나머지 1975년 5월 13일 긴급조치 9호를 선포했다.

5월 13일 박 대통령은 특별담화를 통해 멸공 구국행동으로 국론분열에 종지부를 찍어달라고 호소했다. "작금의 인도차이나사태를 계기로 여러 우방들이 미국의 공약에 대해 불안감이나 의구심을 표시하는 경향이 나타나고 있으며, 일부 우방에서는 대미관계의 재조정을 모색하는 듯한 움직임마저 보이고 있습니다."(1974년 7월 14일, 〈서울신문〉) 베트남에서 손을 든 미국을 간접 비난하고, 그 결과 미국을 믿지 못하는 현시점에서 우리는 총력안보로 국력을 강화해야 한다는 논리였다. "만일 북한 공산집단이 정세를 오판해 남침을 해올 경우, 우리는 이 기회에 단연

코 이를 섬멸하고야 말 것입니다. 따라서 무모한 남침은 북한 공산집단의 자멸을 초래할 뿐임을 엄중히 경고해두는 바입니다"라고 해, 마치 북한이 이미 남침을 선포한 듯한 위기감을 조성했다.

분단국가에는 전쟁의 위험은 상존한다. 새삼스레 안보와 남침을 이유로 긴급조치 9호를 선포해야 할 이유가 없었다. 그러고 보면 긴급조치 9호는 국가안보가 아니라 정권안보용이라는 인상이 더욱 짙어지는 것이다. 5월 13일 선포한 긴급조치 9호의 전문은 다음과 같다.

1. 다음 각 호를 금한다.
① 유언비어를 날조·유포하거나 사실을 왜곡해 전파하는 행위. ② 집회, 시위 또는 신문, 방송, 통신 등 공중전파 수단이나 문서, 도화, 음반 등 표현물에 의해 대한민국 헌법을 부정, 반대, 왜곡 또는 폐지를 주장, 청원, 선동 또는 선전하는 행위. ③ 학교 당국의 지도·감독하에 행하는 수업, 연구, 또는 학교장의 사전허가를 받았거나 기타 의례적, 비정치적 활동을 제외한 학생의 집회, 시위 또는 정치관여 행위. ④ 이 조치를 공연히 비방하는 행위.

2. 제1에 위반한 내용을 방송, 보도, 기타의 방법으로 공연히 전파하거나 그 내용의 표현물을 제작, 배포, 판매, 소지 또는 전시하는 행위를 금한다.

3. 4. (해외경제 및 도피관계, 생략)

5. 주무장관은 이 조치 위반자, 범행 당시의 그 소속, 학교, 단체나 사업체 또는 그 대표자나 장에 대해 다음 각 호의 명령이나 조치를 취할 수 있다.
① 대표자나 장에 대한 소속 임직원, 교직원, 또는 학생의 해임이나 제적의 명령. ② 대표자나 장, 소속 임직원, 교직원이나 학생의 해임 또는 제적의 조치. ③ 방송, 보도, 제작, 판매 또는 배포의 금지 조치. ④ 휴업, 휴교, 정간, 폐간, 해산 또는 폐쇄의 조치. ⑤ 승인, 등록, 인가, 허가, 또는 면

허의 취소 조치. ⑥ 국회의원이 국회에서 직무상 행한 발언은 이 조치에 저촉되더라도 처벌하지 아니한다. 다만 그 발언을 방송, 보도, 기타의 방법으로 공연히 전파하는 자는 그러지 아니한다.

6. 이 조치 또는 이에 의한 주무장관의 조치에 위반한 자는 1년 이상의 유기징역에 처한다. 이 경우에는 10년 이하의 자격정지를 병과한다. 미수에 그치거나 예비 또는 음모한 자도 또한 같다.

7. 이 조치 또는 이에 의한 주무장관의 조치에 위반한 자는 법관의 영장 없이 체포, 구금, 압수 또는 수색할 수 있다.

8. (공무원 수뢰에 관한 것, 생략)

9. 이 조치 위반의 죄는 일반 법원에서 심판한다.

10. 이 조치의 시행을 위한 필요한 사항은 주무장관이 정한다.

11. 국방부장관은 서울특별시장, 부산시장 또는 도지사로부터 치안질서 유지를 위한 병력출동의 요청을 받을 때에는 이에 응해 지원할 수 있다.

12. 이 조치에 의한 주무장관의 명령이나 조치는 사법적 심사의 대상이 되지 아니한다.

13. 이 조치는 1975년 5월 13일 15시부터 시행한다.

청와대 김성진 대변인은 이 조치의 배경설명을 통해, "이 긴급조치보다 더 효과적으로 국민총화와 국가안보를 공고히 다지는 정책은 없다고 믿으며, 이것이 바로 지금 전국적으로 표시되고 있는 국민의 소리에 부응하는 것"이라고 말했다. 하지만 이 조치는 김 대변인의 설명과는 정반대의 성질을 지니고 있었다. 국민들의 소리에 부응하기는커녕 분노의 대상이 될 뿐이었다.

긴급조치 9호 시대는 유언비어의 홍수시대였다. 언론탄압이 노골화되어 정론이 없어지고 진실을 보도하려는 뜻있는 기자는 직장에서 쫓겨나야 했고, 진실을 보도하려는 신문은 광고탄압을 당해야 했다. 신문이 신문의 기능을 제대로 못하자 떠도는 뒷소문은 유언비어를 범람케 해 유비통신이란 신조어를 낳기도 했다. 긴급조치 9호 시대는 불신의 시대였다. 친구와 대화를 나눌 때나 술집에서 술을 먹을 때에도 주위를 살펴야 했고, 국민들은 정부나 공무원의 말이라면 곧이듣지 않으려 했다. 심지어 간첩을 잡았다 해도 국민들은 믿지 않았다. 긴급조치 9호 시대는 감옥의 시대였다. 이 조치에 직접 저항했던 학생들은 물론이고, 시골 주막에서 신세 한탄하던 밥상장수, 교단에서 학생들을 가르치던 교사, 교회목사, 신부, 심지어는 레코드회사 사장, 점쟁이 등 실로 투옥되는 층도 다양했다. 그 모두가 사실왜곡, 유언비어 날조 혐의였다.

긴급조치 9호 시대는 한마디로 민주주의의 암흑기였다. 당시의 유행어는 전국토의 감옥화(교도소 증설 풍자), 전국민의 죄수화(긴급조치 9호 위반자의 급증에 따른 풍자), 전경제의 매판화(차관 급증의 풍자)와 같이 한결같이 박 정권에 대한 국민들의 불신과 민주주의의 부재를 이야기한 것들이었다.

긴급조치 9호 시대는 지하 유인물의 시대였다. 합법적이고 공개적인 민주화운동이 탄압받자 운동은 자연 지하로 들어가게 되었다. 각 대학에서 만들어내는 지하 유인물이 범람했고, 1977년 1월부터는 민투라는 지하운동단체의 이름으로 계속 유인물이 시내에 살포되었으며, 각종 정체불명의 조직에서 만들어내는 유인물이 실로 부지기수였다. 긴급조치 9호시대는 또한 재판의 시대였다. 수많은 긴급조치 위반자들이 법정에서 토해놓은 법정진술은 민주주의 교육의 요람이었다. 서릿발 같은 판사의 권위도 칼날 같은 검사의 눈초리도 아랑곳하지 않고 학생들은 법정에서 만세를 불렀고, 애국가를 불렀다. 그리고 그들은 그들이 가지고 있는 민주주의적 소신을 거침없이 진술했다. 유신제도가 갖고 있는 반민족적, 반민주적 요소를 지적하고, 민족의 앞날과 민주주의 국가의 승리를 위해서 학생들은 너무나도 떳떳하게 싸웠다.

동아일보에서 쫓겨난 어느 기자는 민권일지사건에 관련되어 긴급조치 9호 위반으로 투옥되자, 1심법정 최후진술에서 "이 시대에 가장 반민주적으로 후세에 비판받아야 될 사람들은 판사와 교수와 기자다. 정의로운 판결을 내리지 않는 판사, 정의로움을 가르치지 않는 교수, 정의로움을 보도하지 않는 기자, 이 사람들이야말로 이 시대의 범법자이다"라고 말해 방청객에게 박수를 받은 것도 긴급조치 9호 시대이다.

교사극단 '상황'을 창단해 연극을 통한 교육활동에 몸담고 있던 현직교사 이재오가, 1976년 극단 상황 망년회에서 유흥 프로로 연출한 10분짜리 풍자극이 한국의 인권탄압을 풍자했다고 해서 구속되었다. 그리고 법정 최후진술에서 그가 "이 시대는 유신을 지지하는 자들만이 자유와 평화를 누리고, 유신을 반대하는 사람들이 갈 곳은 오직 감옥밖에 없다. 감옥은 가더라도 유신은 철폐되어야 한다"고 절규한 것도 긴급조치 9호 시대였다.

서울대 사학과 신동수는 항소 이유서를 너무나 당당하게(?) 썼다는 이유로 2심법정에 출정하지도 못한 채 기각되었고, 긴급조치로 수배되었던 장기표가 검거되어서는 반공법으로 바뀌어 재판받는 과정에서 검사가 오히려 민주주의를 공부하게 된 것도 긴급조치 9호 시대였다.

긴급조치 9호 시대는 박 정권의 종말을 예고하는 마지막 신호였다. 전 국민을 유신의 노예로 만들려 했던 기도는 그후 5년 반 만에 막을 내리게 되었으며, 그 어두움 속에서 전개된 학생운동, 민주화운동은 어둠 속에서 광명을 준비하는 한줄기 빛이었다.

1970년대 학생운동의 이해를 위한 전제

1. 민주공화당에 대한 이해

1970년대 학생운동을 이해하기 위해서는 우선 민주공화당에 대한 이해가 필요하다. 민주공화당은 박 정권의 사당으로서 거수기였고, 박 정권 18년간의 독재에 들러리를 한 정당이다. 그러므로 공화당 정권이라기보다 박 정권이라고 하는 것이 타당할지도 모른다. 그러므로 박 정권 치하에 줄곧 여당이었던 민주공화당에 대한 몇 가지 기본적인 이해 없이는, 1970년대 학생운동이 왜 그토록 박정희 대통령 한 사람의 퇴진에 집중되었는가를 이해할 수 없다. 1961년 5·16 이후 계엄상황하에서 모든 정당활동 및 정치활동이 중단된 가운데 사전조직된 공화당은 16개월간이나 비밀리에 조직작업을 했다.

1963년 1월 1일 정치활동이 재개되면서 비로소 그 베일을 벗기 시작한 공화당은 김종필 팀의 민정인수 구상에서 나온 사전조직이었다. 5·16군사혁명 위원회에서 발표한 성명서 제6항은, "우리의 과업이 성취되면 새롭고 양심적인 정치인에게 정권을 이양하고 우리들 본연의 임무에 복귀할 것이다"라고 했다. 여기에 이미 군사정권이 민정이양에서 민간정권으로 둔갑할 수 있다는 저의를 숨겨놓았다. '새롭고 양심적인 정치인'이란 판단은 군사혁명위원회가 하는 것이다. 국민의 선거에 의해서 결정하는 것이 아니고 쿠데타를 일으킨 일부 장교들이 판단하는 것이다. 그러므로 그들이 군복을 벗고 자기들이야말로 새롭고 양심적인 정치인이라고 하면, 정권은 그들에게 돌아가는 것이었다.

그리고 '우리들 본연의 임무에 복귀'한다는 것은 결코 군대로 돌아간다는 것이 아니었다. 그들 본연의 임무가 국방을 담당한 군인이었다면 그들은 정권의 향방에 관계없이 군무에 충실했어야 할 것이며 결코 쿠데타에 가담하지 않았을 것이다. 그러므로 쿠데타를 일으킨 군인들의 본연의 임무란 쿠데타일 수밖에 없다. 그러므로 5·16 이후 이 땅에 군사정권이 상존할 수 있는 가능성을 이미 마련해놓은 이른바 혁명공약 6항이었다. 이에 따라 5·16이 일어난 지 3개월 만인 8월에 김종필은 민정인수 구상의 하나로 공화당을 사전조직하기 시작했던 것이다.

이러한 공화당 사전조직은 박정희의 재가를 얻은 김종필 플랜이었고, 김종필은 새 정당 창당구상 연구팀으로, 책임자는 예비역 육군중장 최영두이고 윤천계(고대)·김성희(서울대)·강상운(중앙대) 교수와 이종극, 김운태, 윤태림, 정범모, 박종화, 유호선, 김정렴, 김학열, 최규하, 이필석, 홍승면 등으로 구성되었다. 또한 연구실 실무요원으로는 정지원 소령, 김영병, 최종명, 홍대건 대위, 이명선, 이두우 등이었고 계획서 작성은 주로 강성원 소령이 담당했다.

이들은 1962년 1월 이 연구실의 이름을 '동양화학 주식회사'로 위장하고 종로 2가 뒷골목 제일 전당포 2~3층에 사무실을 차렸다. 조직확대 작업에 제일차로 참여한 사람들은 서인석, 이호범, 황성모, 이용남 등이다. 이때는 이미 재건 동지회라는 이름을 붙였으며 조직에 참여한 사람들에게 "목숨을 걸고 비밀을 지킬 것이며 조직의 규율에 복종한다"는 서약을 하고 재건 동지회 입회서에 서명했다.

1962년 3월 재건 동지회 중앙기구가 편성되고, 4월 지방조직 작업에 들어갔다. 이때 중앙기구의 기간요원은, 서인석, 황성모, 이호범, 이용남, 신광순, 소두영이었고, 지방조직 책임자는 서울 김홍식(법제처 차장), 부산 예춘호(동아대 강사), 경기 이영호(농장주), 강원 김수영(변호사), 충북 정태성(충북대 강사), 충남 정인권(전 대전시장), 전북 박노준(전북대 강사), 전남 최정기(조선대 총장), 경북 김호칠(동아대 교수), 경남 박규상(동아대 강사), 제주 이승택(제주대 교수) 등으로 거의 그 지방대학 강사 및 교수였다. 이 조직의 자금은 증권업자 윤응상이 맡았으며, 이러한 사전조직에 들어가는 막대한 돈은 김종필의 세칭 4대 의혹사건으로 불리는, "① 증권파동, ② 워커힐 사건, ③ 빠징꼬 사건, ④ 새나라 자동차 사건" 등을 통해 염출했다.

이러한 사전조직은 몇 고비 우여곡절을 극복하고, 1963년 2월 2일 '민족중흥과 조국의 근대화'라는 정치이념을 천명하고 민주공화당 창당식을 가졌다. 그들은 발기선언문에서 "이 땅의 민족은 새 질서를 요구하고 있으며, 새 질서는 힘의 소유자만이 이룩할 수 있다"고 주장해 공화당의 실질적 배경이 군부임을 천명했으며, 공화당 통치전략이 힘에 의한 정치임도 천명했다. 8월 31일 제3차 전당대회에서 대장으로 군복을 벗은 박정희를 총재에 추대하고, 박정희는 대통령 후보지명을 수락함으로써 명실공히 공화당과 박정희는 하나가 되었다.

1963년 10월 15일 대통령 선거에서 공화당은 "민족적 이념을 바탕으로 한 자유민주주의의 대결"이라고 선전했고, 야당인 민정당은 "민주주의를 위장한 이질적인 사상과의 대결"로 맞섰다. 보수정당으로 한민당

이래의 전통을 자랑하는 민정당은 박정희 후보가 주장하는 민족적 민주주의라는 구호에 심한 거부반응을 보이자, 박정희 후보는 "선량한 시민을 빨갱이로 몰아붙이던 옛 한민당 수법을 되풀이하는 매카시즘"이라고 통렬하게 공박했다.

박정희 후보의 이러한 발언 등은 5·16 초기 군사정부가 국민들의 폭넓은 지지를 얻는 데 상당한 도움을 주었다. 국민들은 구태의연한 보수 야당의 파벌싸움에 지쳐 있었기 때문에, 비록 거짓 구호나마 민족적 민주주의를 부르짖는 박정희 후보에 마음이 끌린 것도 사실이었다. 선거 결과 윤보선 후보를 15만여 표로 눌러서 박정희 후보는 제3공화국의 대통령이 되었다.

이후 1967년 6월 8일 심한 부정선거를 자행해 다시 대통령에 재선된 박정희는, 1969년 국민들의 온갖 반대에도 불구하고 공화당을 동원해 3 선개헌을 강행했고 3선 대통령이 되었다. 공화당은 3선개헌 가운데 반당분자를 숙청하고 전열을 가다듬은 후, 1971년 선거에서 김대중을 다시 누르고 1972년 10월유신에 거수기가 되어 1979년 10·26까지 박정희 사당으로 충실하게 봉사했다.

2. 1970년대 민주화운동의 서전

1970년 말부터 3선개헌의 후유증에서 깨어난 각계각층은 1971년 4월 27일의 민주주의 사활이 걸린 대통령선거를 앞두고 전열을 가다듬기 시작했다. 3선개헌이 국민들의 전체의사가 아니라는 것을 선거를 통해 보여주는 것만이 일인 장기독재 집권을 막고 민주주의 기본헌정을 부활하는 것이라고 판단했다. 그래서 각계각층은 1971년을 민주수호의 해로 생각하고, 3선개헌이 반민주적 처사임을 박 정권에게 인식시키는 일은 4·27선거가 공명정대하게 치러지는 것이라고 생각했다.

이리하여 4·27 선거를 앞둔 각계각층의 지식인 원로들과 4·19 및 6·3 세대 청년, 학생들, 기독교 학생들은 민주수호협의회를 결성했으며, 이 것이 1970년대 민주화운동의 서전을 열었다.

① 민주수호 국민협의회의 결성

1970년 4월 8일 오후 7시 서울 YMCA 8층 회의실에서는 학계, 언론계, 법조계, 종교계, 문학계 등 각계를 망라한 저명인사들이 모임을 갖고, 4· 27 대통령선거와 국회의원선거에서의 공명을 다짐하는 민주수호선언을 채택하고 '민주수호 국민협의회'를 결성하기로 합의했다.

동아일보 천관우 이사의 사회로, 이병린 변호사의 개회사에 이어 이병 용 변호사의 경과보고, 김재준 목사의 민주수호선언 낭독과 조향록 목 사의 만세삼창으로 끝난 이날 모임에서는 김재준, 천관우, 이병린, 이병 용, 장용, 김정례 등 6명으로 준비소위원회를 구성하고, 앞으로의 동 협 의회 구성문제와 활동방향을 이 위원회에 위임했다.

이날 민주수호선언에 서명한 사람으로는 정석해, 정하은, 조용범, 장 용, 이병린, 이병용, 신순언, 천관우, 양호민, 남정현, 구중서, 김지하, 박 용수, 이호철, 방영웅, 최인훈, 조태일, 한남철, 박태순, 김재준, 장기철, 조향록, 박형규, 윤현, 김정례 등 25명과 박근창, 유인호 등 회의에 불참 한 19명이며, 이날 채택된 선언문에는 다음과 같은 내용이 있다.

우리는 눈앞에 닥친 선거가 우리나라 민주주의 사활이 걸려 있는 중대한 분수령이라고 판단하고, 이 선거가 민주적이며 공명정대한 것으로 일관되도록, 모든 국민이 적극 발언·참여하는 것이 조국의 엄숙한 명령이라고 믿어 민주수호 범국민운동을 발의한다.

이로써 민주수호운동이 공명선거를 위한 범국민운동임을 천명하고, "언론·출판·집회·시위·결사 등 국민의 기본적 권리는 유명무실하게 되어 국민의 자유에 관한 한 우리 민주주의 역사상 최악의 상태에 와 있다"라고 해 이미 박 정권의 폭압상태를 진단했다. 이어서 "우리는 더 강대한 것이 없는 민중의 힘을 믿으며, 거대한 힘으로 민주주의 수호에 총궐기, 일체의 반민주적 책동을 국민의 힘으로 분쇄하자"라고 해 민주주의 수호에의 범국민적 참여를 주창했다.

그후 1971년 4월 19일 오전 10시 서울 대성빌딩에서 지난 발기선언에 참여했던 학계, 언론계, 종교계, 문학계 등 각계 인사들이 모여 민주수호 국민협의회를 결성하고, 민주수호 선언문과 결의문을 채택하고 임원 구성을 했다. 이날 대회에서 대표위원에 김재준, 이병린, 천관우 등이 선출되었고, 운영위원에 신순언, 이호철, 조향록, 김정례, 법정, 한철하, 계훈제 등이 선출되었다. 한편, 이날 선언문은 4월 8일의 발기준비위원회에서 채택한 선언문을 그대로 채택했으며 결의문에서는 다음과 같이 밝혔다.

① 우리는 민주적 기본질서가 파괴된 오늘의 현실을 직시하고, 그 회복을 위해 국민의 총궐기를 촉구하며, ② 우리는 이번 양대선거가 민주헌정사의 분수령임을 자각해 반민주적 부정 불법을 감행하는 자는 역사의 범죄자로 인정하고, 이를 민족의 이름으로 규탄하며, ③ 우리는 국민 각자가 이번 선거에서 권력의 압력과 금력, 기타 모든 유혹을 일축하고 신성한 주권을 엄숙히 행사할 것을 호소하며, ④ 우리는 학생들의 평화적 시위를 탄압하는 정부 당국

의 처사에 공분을 느끼며, 이에 엄중 항의한다.

이어서 김재준 목사가 '학원의 자유', 동아일보 천관우 이사가 '언론의 자유', 이병린 변호사가 '민주적 기본질서'란 제목으로 각각 강연했으며, 또한 이날 이병린 변호사는 기자와의 인터뷰에서 민주수호 국민협의회가 할 일에 대해 "양심적이고 비판적인 지식인이 박해를 받으며, 약고 아부하는 자만이 출세하고, 정직하고 정의감 있는 자는 매장되는 사회풍토를 바로잡는 데 최선을 다할 생각입니다. 그리고 공명선거를 위해 각 지방의 뜻있는 청년들이 '표 지키기 운동'을 자발적으로 전개하고 부정을 고발하는 정신을 가지도록 고취할 작정입니다"라고 해 민주수호 국민협의회의 성격을 말했다.

이렇게 해 민주수호 국민협의회라는 재야 지식인 연합체가 탄생했으며, 광주, 대구, 전주, 부산, 목포, 천안 등에서 민주수호 국민협의회 지부가 결성되었다. 광주대표는 홍남순 변호사, 대구대표는 유한종, 천안대표는 김숭경 박사 등으로 했다. 민주수호 국민협의회 구성원은 지방으로 갈수록 정당정치에 관계한 사람들이 많았으므로 내부적인 갈등요인이 되기는 했으나, 대표위원 전원이 비정치인이었기 때문에 마지막까지 정당정치와는 초연한 입장에서 민주주의적 실천운동으로 일관할 수 있었다.

② 민족수호 국민협의회의 활동과 의의

1971년 4월 16일 민주수호 국민협의회 결성준비위원회는 당시 교련강화반대 등으로 일어나던 학생데모에 관련해 다음과 같은 성명서를 발표했다.

학원의 자유와 언론의 자유를 요구하는 학생들의 평화적 시위를 무자비하게 탄압하고 있는 정부 당국의 처사를 예의주시한다. …… 설사 일부 시위가 과격하다 하더라도 적수공권의 학생에게 인체에 유해한 화학무기를 쏘아대고, 심지어 대항하지 않는 행렬까지도 잔혹하게 구타함으로써 질서유지를 위한 경찰활동의 한계를 지나치게 넘어서고 있는 데 대해 분노를 금할 수 없다. …… 무장경찰이 학원 내에까지 난입하는 상황하에서 학교 당국이 휴강이라는 이름 아래 교문을 닫는다는 것만을 능사로 삼고, 학생의 일방적인 자중을 요구하고 있는 그 교육질서의 미봉책에 대해서도 항의한다.

이것은 민주수호 국민협의회의 최초의 대정부 성명서였다. 이에 이어 민주수호 국민협의회는 강연회, 좌담회, 성명서 발표, 인권탄압 사례조사 등과 공명선거를 위한 선거참관인단 구성 등으로 부정·부패를 규탄하는 활동을 전개해갔다.

4월 21일, 민주수호 국민협의회는 공화당과 신민당에 "오는 대통령선거 투·개표 참관인의 추천을 원한다면 가능한 한의 인원을 추천할 용의가 있다"는 공한을 발송하고, "지난 14일 집총경관의 서울사대 난입사건, 기독학생시위에서의 십자가 파손사건 및 동 협의회 창립준비위원 소설가 박용숙의 수협중앙회에서의 면직사건 등에 대해 조사단을 구성해 조사에 착수했다"고 밝혔다.

4월 24일 민주수호 국민협의회는 4·27 대통령선거를 앞둔 마지막 호소라고 전제하면서, "국민은 이번 선거가 공명선거가 되느냐 하는 문제에 대해 사활을 걸고 사태의 추이를 날카롭게 주시하고 있다"는 성명을 발표하고, "만약 투·개표에서 위협·매수·협잡·폭행 등의 부정이 발생한다면 우리 국민은 그것을 결코 좌시하지 않을 것이므로 걷잡을 수 없는 불행한 사태가 발발할 것을 미리 경고한다. 정치인들이 국민의 이러한 비장한 각오를 얕잡아보고 부정을 통해 승리하겠다는 망상에 사로잡혀 있다면, 그것은 사태판단을 크게 잘못한 것으로서 반드시 후회하게 될 것이다"라고 엄숙하게 경고하고, 투·개표 참관인 1,213명을 선정해 신민당에 명단을 제시했다. 이어서 4월 27일, 청년·학생 등으로 이루어진 참관인단 6,139명을 전국에 파견했다.

그러나 4·27선거가 끝나자 전북대 등 일부 대학에서는 선거 참관인단에 관여한 학생들(1,095명)을 제적시키는 방침을 세웠다. 이에 대해 29일 국민협의회는 "이 같은 방침은 법리상으로나 도의상으로나 언어도단이며 학생들의 참관활동은 정치활동이 아니고 민주국민의 정치참여권의 행사"라는 성명서를 발표하고, 다음날 4월 30일에는 4·27선거가 행정조직과 금력에 의한 원천적 부정선거라는 성명을 발표했다.

또 원천적 부정의 사례로 ① 신문·방송에 대한 정부의 부당한 간섭, 특히 국영 라디오·TV의 편파보도, ② 선거인명부의 부당한 작성, ③ 금력에 의한 매수 및 선심행정 등을 들었다. 이어서 "정부는 관이 주동이 된 이번 선거에 대해 국민이 납득할 수 있는 성의 있는 사후조치를 취해주어야 한다. 신민당은 불리한 조건에 있었다 하더라도 선거인명부 열람에 등한했고, 당 추천 선거관리요원이 매수된 일이 있었던 사례에 비추어 국민의 귀중한 의사가 짓밟히는 데 결과적으로 동조한 책임을 면키 어렵다"고 해 민주수호 국민협의회의 입장이 여야를 초월한 순수한 입장임을 분명히 했다.

4·27선거가 부정으로 치러지자 국민협의회는 곧 5·25 국회의원 선거 거부운동을 주선했다. 5월 3일 국민협의회는 국민당·대중당·민중당·통사당 등 4개 정당 대표자 연석회합을 주선했다. 이 자리에서 4개 정당 대표들은 다음과 같은 결의를 한다.

① 4·27 선거는 원천적 부정선거이므로 무효다.

② 현 정권의 이러한 불법적인 부정선거 체제하의 선거는 민주주의의 위장 수단이다.

③ 따라서 이 모임에 불참한 신민당도 우리와 뜻을 같이할 것을 전제로 5·25 국회의원선거를 거부할 것을 선언한다.

그러나 이무렵 신민당은 여당과 협의해 국회의원선거 참여 방향으로 기울어졌다. 이에 5월 5일 국민협의회는 "형식적인 여야단결이라는 국회의원선거 운동의 결과는 대통령선거의 원천적 부정에 대한 거론의 근거가 봉쇄되는 것과 제1여당 및 그 육성하의 제2여당으로 명목상의 국회를 성립시키는 것 이외의 아무것도 아닌 것"이라고 주장했다.

5월 21일 국민협의회는 부정선거를 규탄하다가 구속된 학생들을 위한 변호인단을 구성하고, "조직적인 원천적 부정선거인 4·27 대통령선거를 공명선거라고 강제 위압하는 현 처사에 대한 학생들의 항거는 민족정기의 발로이므로, 당국은 이 사태를 원인적으로 해결하는 근본대책을 제시하라"고 요구했다. 한편 정부는 대학생들의 시위가 점차 가열되자, 문교부로 하여금 서울지역 대학의 휴업을 명령하게 했다. 이에 협의회는 "학생들의 반발의 주된 원인은 부정선거와 학원탄압에 있다"고 주장하고, "데모풍조를 뿌리 뽑겠다고 휴업령을 내리고, 대학 당국을 위압해 학생들을 구속·제적·처벌하는 것은 근본적인 해결책이 될 수 없다"고 당국의 처사를 규탄했다.

이무렵 판사가 향응을 받았다는 이유로 검사가 구속영장을 신청하자, 사법부 판사들은 전면적으로 사표를 내는 등 사법부 존립의 중대한 파동이 일어났다. 사법부 파동에 이어 대학가의 소요가 정부와 학생 간에 심한 마찰을 일으키자, 이를 근본적으로 해결하기 위한 방법으로 8월 28

일 민주수호 국민협의회는 국회에 청원할 '학원정상화를 위한 법률개정안'을 마련했다. 개정안의 요지는 다음과 같다.

1. 교육법 개정안

① 대학자치위원회와 대학교수협의회 제도를 신설, 인사·학사 등에 대한 광범위한 권한을 부여한다. ② 교수와 학생의 자유활동을 보장하는 규정을 신설하고, 특히 학내의 각종 신문·학보 등 학생 간행물의 사건허가를 없애고, 학생들의 교내 집회 및 결사도 사건허가를 인정 않는다. ③ 학원 내 경찰권 행사의 한계에 관한 규정을 신설, 경찰관 또는 정보원이 학원 내에 상주하거나 학교 당국의 승인 없이 학교 구내를 출입할 수 없고 학원분규에서 곤봉, 페퍼포그, 유동성 화학무기를 사용 못 한다. ④ 박사 및 명예박사 학위 수여권은 문교부 장관의 승인 필요 없이 대학 당국이 자율적으로 수여한다.

2. 교육공무원법 개정안

① 대학교의 총장, 부총장, 학장, 교수 등의 임용 또는 보직은 대학자치위원회 또는 교수회에서 선출하거나 교수회에서 동의권을 행사하도록 한다. ② 교육공무원 징계에 관한 규정을 구체화, 종래 행정공무원 일색으로 구성된 징계위원회를 개선토록 한다.

3. 사립학교법 개정안

① 분규가 있는 학교 법인에게 문교부가 임시이사를 선임 못 한다. ② 사립학교 총장, 부총장, 학장, 교원 등의 임명 및 해면에 대한 문교장관의 승인권을 없앤다.

4. 중앙정보부법 개정안

2조 1항, 3호 중 "국가보안법 및 반공법에 규정된 범죄"에 관한 수사권을 삭제, 동 수사권을 일반 수사기관이 행하도록 한다.

한편 이 무렵 국내외는 국가보안법, 반공법 등에 대한 논란이 비등했는데, 8월 8일 동아일보는 '대내외 정책난제를 풀어보는 좌담'(공화당 국회의원 이동원, 신민당 국회의원 이철승, 동아일보 논설위원 송건호)을 갖고 반공교육은 이성과 현실에 바탕을 두고 행해져야 하며, 반공법의 운영의 묘가 악용될 수도 있다고 지적했다. 이어 8월 10일 민주수호 청년협의회가 '격변하는 국제정세와 국가보안법 및 반공법'이란 주제로 대공청회를 열자 김종필 국무총리는 국회에서 "우리의 국시는 민주주의가 아니라 반공"이라고 발언해 '국시논쟁'이 일어났다.

9월 21일 민주수호 국민협의회는 김 총리의 발언에 대해 "우리 헌법의 근본이념은 제1조에 명시된 바와 같이 민주주의"라고 말하고, "반공의 필요가 없을 정도로 평화적 공존이 이루어질 때 우리의 국시는 무엇이겠느냐"라고 공박하는 한편, "반공법 제4조의 찬양, 고무, 동조, 기타 방법으로 적에게 이익을 주는 행위"라는 막연한 문구는 죄형 법정주의 정신을 외면한 악조문이므로, 반공법은 조속히 개정되어야 한다고 주장했다. 이러한 국시논쟁에 이어 공화당 국회의원 고문사건, 고대 군인 난입사건, 원주교구 탄압사건 등이 일어나자, 동 협의회는 10월 8일 성명을 통해 "민주주의 기본질서를 그 근저에서 파괴하는 행위"라며 규탄했다.

공명선거를 위해 출발한 국민협의회는 민주수호 운동으로 점차 체제와 대결의 양상을 띠게 되었다. 그러나 학원의 계속적인 저항과 민주수호 운동의 체제대결적인 움직임은 10월 15일 위수령 발동으로 서서히 고개를 숙이게 되었다. 11월 8일 국민협의회는 당국에 위수령 발동 이후의 학원사태에 대한 7개 개선책을 촉구하는 성명서를 발표하고 마침내 그 실질적 활동을 중단하며, 1972년 10·17 유신선포 후 자연 모든 활동이 중단되었다.

1970년대 민주화운동의 시발점으로서 민주수호 국민협의회의 의의는 실로 큰 것이었다. 국민협의회는 1969년 3선개헌의 파동 이후 재야 민주세력의 구심점이 구축되지 않은 상태에서 학생운동과 청년운동과의 동일한 민주운동으로서의 재야 지식인운동이 필요한 시기에 결성되었다. 비록 7개월 정도의 짧은 기간이었지만 민주주의의 기본질서를 수호하기 위한 범국민적인 의사를 대변하는 순수한 지식인운동이었던 점에 그 의의가 있다.

협의회는 각계의 저명인사들로 구성되어, 시시각각 제기되는 비민주적 행위에 대한 규탄과 시정을 촉구하는 성명서와 민주주의 기본권 수호를 위한 강연회, 부정선거 감시 참관인 파견, 민주적인 법률안 개정 촉구 등의 활동을 했다. 즉, 박 정권이 자행하는 비민주적 정치질서를 비판하고 새로운 개선점을 추구해나갔다.

또 민주수호 국민협의회 운동은 1970년대 들어서서 '민주인사'라는 용어와 '민주화운동'이라는 용어가 처음 생기는 계기가 되기도 했다. 협의회의 대표위원들은 종교계를 대표하는 함석헌 선생, 김재준 목사 등과, 법조계를 대표하는 이병린 변호사, 언론계를 대표하는 천관우 선생 등 모두 비정치인이었기에 비록 7개월이나마 일사불란한 지식인 연합운동으로 일관할 수 있었다.

그리고 민주수호 국민협의회의 활동을 계기로 각계의 젊은 민주인사들이 1970년대에 활발하게 활동하게 되었는데, 법조계의 황인철, 홍성우, 조준희, 이세중, 한승헌 등을 비롯해 문단에도 김병걸, 남정현에 이어 이호철, 박용숙, 구중서, 신세훈, 신상웅, 임헌영, 백승철, 염무웅, 박태순, 조태일, 김지하, 방영웅, 한남철, 백낙청 등의 활동이 두드러졌다. 그리고 협의회 공동대표위원이었던 김재준 목사, 이병린 변호사, 동아일보 천관우 이사, 함석헌 옹, 계훈제 선생 및 동 협의회 결성에 처음부터 관여해온 4·19세대 김승균 등의 개인적인 수난 또한 이때부터 시작되었다. 그후 협의회는 긴급조치하의 '민주회복 국민회의'와 '민주주의 및 민족통일을 위한 국민연합'의 모체가 되기도 했다.

그러나 그것은 각계를 대표하는 저명인사들로서 구성되었으면서도 끝내 범국민운동으로 승화되지 못하고 시종 지식인운동으로 일관했으며, 동 협의회의 조직구성에서 4·19 및 6·3세대의 청년들을 배제해 이후 민주화운동의 세대간 단절을 심화하는 일면도 있었다.

③ 민주수호 청년협의회의 결성

1960년대 4·19와 6·3 학생운동에 참가했던 학생들은 1970년대에 청년기에 들어서자 민족의 향방에 관심을 갖기 시작했다. 이들은 6·3 이후 일부는 현실정치에 관계해 정당 정치인으로 변신했고, 일부는 재야에서 민주주의 실천에 몸담고 있었다. 1969년 3선개헌 이후 조국이 처한 민주주의적 위기에 더 이상 침묵할 수 없다는 의견들이 광범위하게 일어났다.

1971년 총선거가 민주주의의 사활이 걸린 선거라고 생각해, 1970년 10월부터 4·19 및 6·3세대 몇몇이 발의해 청년들의 대동단결로 민주주의를 수호하자고 결의했다. 이들은 도렴동 송죽여관에 방을 얻어놓고, 4·19 및 6·3세대들을 광범위하게 접촉했다. 그 결과 1971년 2월 서울 YMCA 2층에서 '민주청년협의회'가 결성되기에 이르러, 정연우를 회장으로 선출하고 효제동 사학회관 옆에 사무실을 얻었다.

그러나 선거가 임박해지자 참여하는 사람들의 입장이 점차 각양각색으로 바뀌기 시작했으며, 이미 학교를 떠나 생업을 갖고 있는 사회인들이 대부분이어서 연일 탁상공론만 계속될 뿐, 실천적인 청년운동으로 나아가지 못했다. 민주청년협의회 결성에 관계했던 몇 사람들이 청년운동의 질적 발전을 위해 민주청년협의회를 발전적으로 해체하고, 재야 민주수호운동과 보조를 맞추는 민주수호 청년협의회를 결성하자는 제 안을 했다. 그러나 그 제안을 논의할 운영위원회 소집조차 제대로 되지 않는 날이 계속되었다.

그러는 가운데, 4월 19일 민주수호 국민협의회가 결성되었다. 이 국민 협의회 결성에서 4·19 및 6·3세대 청년들의 참가문제에 대한 논의가 있 었는데, 청년층은 별도의 조직체를 갖고, 운동은 연합해서 하자는 쪽으 로 기울어졌다. 이에 따라 1971년 4월 21일 저녁 7시 서울 YMCA에서 '민주수호 청년협의회' 결성대회를 갖고, 백기완을 초대회장으로 추대 했다. 이날 채택된 결의문은 다음과 같다.

① 국민의 기본권인 언론, 출판, 집회, 시위, 결사, 학원 및 종교의 자유를 쟁 취하기 위한 운동에 앞장서며, ② 금권과 관권의 횡포를 과감히 규탄 응징하 고, ③ 유권자의 60%를 차지하고 있는 청년 유권자들에게 기권 방지를 호소 하고, 청년 유권자들이 금권이나 관권 또는 탄압을 물리치고 정정당당히 주 권을 행사할 것을 호소하는 운동을 전개하며, ④ 투·개표 과정에서의 어떠한 반민주적 책동이라도 분쇄하는 전위 행동대로 나서고, ⑤ 투·개표가 끝난 후 에 반민주적 음모나 책동이 야기된다면 그것이 어떠한 형태를 취하건 철저히 분쇄하는 데 앞장선다.

청년협의회가 4·27선거를 불과 일주일 앞두고 결성되었으므로 당면 한 선거가 민주적으로 실시되도록 하는 것을 최우선의 실천적 과제로 삼았다. 이 민주수호 청년협의회의 전격적인 결성으로 재야 청년운동은 비로소 제 궤도를 찾기 시작했다. 협의회 결성·운영·활동에 관계했던 사람들은 다음과 같다.

백기완, 이우재, 김승균, 심재택, 조영근, 박종열, 임헌영, 김정태, 황민영, 최동전, 정수일, 이재오, 김영일, 신상웅, 문정길, 조동재, 송철원, 김도현, 이안조, 전대열, 배용상, 정연우, 오목상, 오대영

④ 민주수호 청년협의회의 활동과 의의

민주수호 청년협의회 결성을 전후해 '민주수호 전국청년학생총연맹'(위원장 심재권), '민주수호 기독청년협의회'가 결성되었다. 19일 결성된 민주수호 국민협의회와 이들 3개 청년단체는 자연 공동보조를 취하게 되어 그 연락을 민주수호 청년협의회(이하, 민수청)가 맡게 되었다.

4월 24일, 4개 단체 공동명의로 "이번 4·27선거가 민주주의 존영의 최후의 보루"라고 선언하고, '공명선거 실시'를 촉구하는 성명서를 발표하고, 4월 26일 선거참관인 312명을 국민협의회에 등록했다. 협의회는 결성된 지 일주일 만에 대통령선거를 맞았고, 체제정비가 미흡한 상태에서 선거전에는 주로 공명선거 촉구에 관한 선전, 계몽, 성명서 발표 등의 활동이 전부였다.

4월 27일 선거참관 보고대회에서 참관했던 회원들이 4·27선거의 부정을 폭로하자, 협의회는 5월 13일 4·27선거 이후 최초로 성명을 발표해 선거무효를 선언하고, "박 정권의 총통체제를 강화하기 위한 협찬기구로서의 국회를 구성하는 5·25 국회의원 선거를 전면 거부할 것을 재야 각 정당에 요구한다"라고 했다. 4·27 이전에는 공명선거 실시를 촉구했지만, 성명발표 후에는 박 정권과의 체제대결을 불사하는 민주화운동의 협의체로 발전했다.

민수청이 선거에 임박해서 결성되었기 때문에 친야라고 정부에서 말했으나, 민주수호 국민협의회와 마찬가지로 여야를 초월한 순수한 민주

화운동을 기본으로 했다. 5월 20일 민수청은 부정선거 규탄시위로 학생들을 대량 구속하는 사태에 대해 "고대생과 서울대생의 구속사건이 가져다주는 모든 책임은 여야 정치인에게 있다"고 선언하고, "구속학생의 즉각적인 석방"을 요구했다.

5월 23일은 최근의 경찰의 폭압적인 처사에 대해 "경찰은 민주주의를 외치는 청년학생들을 적군 대하는 듯하며, 데모진압에 독가스를 살포하고 있다"고 비난하고 "경찰은 각종 화학무기 사용을 즉각 중지하라"고 요구하는 성명서를 발표했다. 이어 "5·25총선거가 공화당 일당 정권의 협찬기구로서의 의미밖에 없기 때문에 전체 국민은 이러한 선거에 불참할 것"을 호소하고, "① 구속학생석방, ② 2중 등재 등 타락선거에 관계되는 모든 정치인의 정계은퇴, ③ 지역감정을 유발시킨 이효상의 사죄" 등을 요구하고, 박 정권의 퇴진을 "정치인의 정계은퇴"라는 표현으로 처음 사용했다. 또 5월 29일 다음과 같은 성명을 발표한다.

① 박 정권은 5·25총선거에서 나타난 모든 타락선거의 원흉을 여야를 막론하고 처단하고, ② 민주청년·학생의 요구를 정당하게 인정하고, 즉각 구속학생을 석방하고, ③ 정당한 민주양심의 발로인 학원탄압을 중지하고, 즉각 휴업령을 철회하며, ④ 박 정권은 5·25총선에서 민심의 소재를 확실히 알고 있는 이상 5·16 이후 부패에 관련된 자를 공개 처단하라.

4·27선거 이후의 부정선거 규탄, 학원민주화운동, 민주질서 회복을 주장하는 성명서 운동은 이날의 성명서를 마지막으로 끝내고, 6월부터는 '신배일新排日운동'으로 방향을 전환했다.

공화당 정권은 미국의 닉슨독트린 선언 이후 급작스레 친일정책으로 방향을 돌렸는데, 그 단적인 예로 박 대통령의 취임식에 일본 수상을 초청한 것과 자위대 막료장의 방한이었다. 더군다나 일본 막료장이 김포 공항에서 한국군 의장대를 사열하며, 더 나아가 아직도 국민들에게 깊숙이 배어 있는 반일감정을 무시한 채 일본문화 침투의 합법적인 기관인 일본공보관을 서울에 개설했다. 한일회담 이후 이러한 친일 급선회 정책으로 국민들은 매우 당황했다. 이리하여 민족이 새로운 피식민적 상태로 들어갈 것을 우려하고, 일본경제의 급속한 한국 침투가 신식민지적 경제구조를 야기해 민족의 존립마저 위협한다는 비판이 광범위하게 일어났다. 대부분이 1964년 6·3을 겪었던 민수청 회원들은 새로이 전개되는 한일 유착관계를 우려해 1971년 6·3 배일 성명서를 발표했다.

일본이 군국주의의 저의를 노골화하고 있는 만큼 한일관계는 민족이익의 차원에서 재검토와 반성이 필요하다. 정부는 대통령 취임식에 사토 수상을 참석시키기 위한 방한 초청을 즉시 철회하고 일본 자위대의 방한도 새로운 군국주의 노선의 탐색으로 간주되므로 일본 군인의 입국을 허용하지 마라.

이날 서울 대성빌딩에서는 6·3사태 8주년 기념대강연회를 열고, 6·3 당시 학생운동에 참여했던 김도현과 협의회 회장 백기완, 덕성여고 교장 지명관 등이 연사로 나와 새로운 한일관계에 대해 4시간에 걸쳐 연설했다.

6월 10일 민수청은 "사토 일본 수상과 자위대 간부의 방한은 문화침략의 본격적 계기가 될 것이 분명하므로 우리는 현 단계에서 그들의 방한을 결코 용납할 수 없음을 거듭 다짐한다"는 성명을 내고, "일본의 문화침략의 실상을 냉철히 인식하고 민족문화의 발전을 확보할 일대 국민투쟁을 제창한다"는 신배일운동을 선언했다. 이어서 6월 22일 거듭 성명을 발표해, "오늘날 일본 국내에서의 급진적인 군국주의 진행과 군국 일본의 한국 진출 기도는 용서할 수 없는 낡은 역사의 재현이다. 사토는 이 반역적 운동의 선봉자이며, 그의 방한은 군국주의의 선무공작에 지나지 않는다"고 주장했다.

이처럼 사토 방한을 반대하는 기운이 고조됨에도 불구하고 정부 측에서 아무런 언급이 없자, 6월 30일 오전 10시 서울 대성빌딩 강당에서 재야인사 78명의 서명을 받고 '민족수호 선언대회'를 개최했다. 이날 선언문에 서명한 재야인사는 함석헌, 이희승, 이병린, 이태영, 천관우, 양호민, 박두진, 안수길, 박근창, 유인호, 김병걸, 남정현, 조기준, 신일철, 김준보 등이며, 선언문의 내용은 다음과 같다.

> 일본은 신식민주의 노선을 철두철미 관철하면서 한국에 대한 경제적 예속을 전면적으로 진행하고 있고, 신군국주의 기운을 강화해 경제적 지배에서 정치 군사적 지배로까지 나아가고 있어 우리 민족의 통일을 저해하는 세력으로 등장하고 있다. …… 사토 수상과 자위대 간부 34명의 입국은 우방국의 단순한 사절이 아니라 신식민주의와 신군국주의의 집행사절임을 확신하므로 이들의 입국을 민족의 이름으로 반대한다.

이 민족수호 선언에서 민수청은 일본의 실체를 분명히 파악해 일본이 단순한 우방이 아니라 한반도의 통일을 저해하는 외세라고 규정하고, 이러한 외세가 추구하는 바가 '정치, 경제, 군사적 신식민지 건설과 군국주의 팽창'이라고 폭로했다. 이 민족수호 선언은 민수청이 5월까지의 반독재 민주화운동에 이어, 반외세 민족주의 운동으로 폭을 넓히는 계기가 되었다. 이 민족수호 선언을 준비하면서 백기완에 이어 이재오가 2대 회장이 되었으며, 대구, 수원, 광주, 부산 등 지방지부 조직사업을 확장하고, 강연회, 공청회, 토론회 등으로 대중동원에 역점을 두고 활동해나갔다.

7월 15일 민수청은 일본 사토 수상의 자위대 강화정책에 대해 "일본 군국주의의 부활이며 아시아 평화에 대한 협박과 한반도에 대한 군국적 지배 야욕을 노골화한 것"이라며, "① 일본의 재침을 새롭게 인식한 전 국민적 긴장, ② 정부의 이에 대한 대책 공개, ③ 주한 일본 공보관 개관 불허" 등 정부의 대책을 요구했다.

이어 7월 24일 오후 1시부터 YMCA 2층 회의실에서 7월 31일부터 문을 여는 '주한 일본 대사관 공보관실 설치와 제 문제점'에 대한 토론회를 개최했다. 조기준(고려대 교수), 함석헌, 박근창(중대 상경대학장), 이영희(합동통신 조사부장) 등과 국내외 기자 30여 명, 일반인 50여 명이 참가한 이날 토론회에서 이영희 조사부장은 이렇게 문제제기했다.

일본 측은 박정희 대통령의 취임식에 참석한 사토 수상 및 자위대 간부들의 방한에 대한 한국민의 반응을 본 후 이제 국민 감정상 델리케이트한 공보관 설치를 정식 요청한 것으로 보인다. …… 어느 민족, 국가 간의 관계란 정치·경제·군사·종교, 예술 등 그 나라의 대외정책의 연관관계 속에서 파악되어야 할 것이기 때문에 어떤 메시지를 전달하는 문화활동만을 공보관실의 활동으로 국한시킬 수 없다는 관점에서 이 문제가 검토되어야 할 것으로 생각한다.

이어 함석헌 옹은 "우리 국민이 이 문제를 너무 신경질적으로 받아들이는 것 같다"고 말했으며, 조기준 교수는 "첫째 상대가 일본이기 때문에 문제가 되는 것이며 특히 젊은 층보다는 사대사상에 젖어 그들과 연합하려는 지도층이 더욱 문제가 된다"고 지적했다. 박근창 교수는 한일 간의 경제적 격차를 우선 지적하며 이렇게 주장했다.

"한일협정 이후 고도성장 정책을 쓴다고 해 우리 정부는 일본이 한 것을 그대로 받아들였다. 그러나 일본은 제1차산업에 바탕을 두고 그 위에 성장정책을 썼으나, 한국은 1차산업부터 외자로 건설, 도시와 농촌 사이에 큰 격차가 생겨나게 되었다. 우리는 경제적인 면에서 너무 일본 측에 의존하고 있다. 일본에서 쌀을 수입하는 농업정책은 국민들에게 납득을 주지 못한다. 한일 경제협력은 누구를 위한 것인가. 대다수 국민은 일부 계층만을 위한 경제협력을 환영하지 않는다."

한편, 1970년 8·15선언에 의한 비적대국 외교에 따라 국내외적으로 국가보안법, 반공법 등에 대한 여론이 비등했다. 민수청은 1971년 8월 9일 오후 5시 대성빌딩에서 '격변하는 국제정세와 국가보안법'이란 주제로 대공청회를 개최했다. 이 공청회는 4·19 이후 최초로 거론되는 국가보안법과 반공법 공청회로 수많은 방청객이 몰려들었다. 이날 공청회에 나온 연사는, 부완혁(사상계 사장), 송건호(동아일보 논설위원), 홍승만(공화당 국회의원), 이항녕(홍익대 총장), 이병용(변호사), 윤길중(신민당 국회의원) 등으로 여당과 야당의 국회의원이 참석했다는 점에서 국가보안법과 반공법의 문제가 더욱 부각되었다.

이병용 변호사와 윤길중 의원은 과거 국가보안법 또는 반공법이 정치적 목적이나 야당 탄압에 이용된 적이 있었다고 지적하고 개정되어야 한다고 주장했다. 송건호 논설위원은, "법이 제정된 10년 전의 세계정세와 오늘날의 세계정세는 크게 변모했기 때문에 개정논의가 나오고 있으며, 개정한다면 시대에 적응할 수 있게 개정되어야 하며, 형법 등 관계법 가운데 중복되는 부분은 정리하는 방향으로 개정되어야 할 것"이라고 의견을 제시했다.

이항녕 총장은 "국가보안법이나 반공법을 폐지하는 것은 시기상조이며 개정한다면 뚜렷한 목적범만 처벌하도록 하고, 학문적으로 연구하는 것은 그 분위기를 보장할 수 있도록 하는 방향으로 개정"해야 한다고, 부완혁 사장은 국가보안법 및 반공법의 재정 유래를 설명하면서 "이들 두 법이 국가안보를 위해 생긴 것이기 때문에, 집약된 국민의 의견과 참다운 민주정치가 이루어지도록 개정해야 할 것"이라고 강조했다.

그러나 공화당 위원 홍승만은 의견을 달리해, "세계평화 무드가 우리에게까지 영향을 미친다고 보지만, 그러나 우리는 우리의 적인 북괴가 있기 때문에 세계의 화해무드에 따라 관계법을 개정하는 것이 시기상조이며 다만 김일성의 태도나 진의에 따라 그 운명이 좌우되는 것"이라고 개정을 반대함으로써 홍승만을 제외한 다섯 명 전원이 개정을 주장했다. 민수청은 이러한 공청회 결과를 성명서를 통해 밝히고, 국가안보를 이유로 개인의 인권을 침해할 수 없다고 주장했다.

이무렵 서울시는 철거민들을 경기도 광주대단지로 집단이주시켰는데, 그곳은 수도와 식량 등이 해결되지 않는 이른바 달동네, 별동네라는 산꼭대기로 철거민의 굶주림이 극한 상태에 달하게 되었다. 게다가 서울시가 철거민들에게 주택 불하가격을 부당하게 책정한 것이 직접적 계기가 되어, 주민 약 3만여 명이 분양지 불하가격 인하를 요구하면서 파출소를 방화하고 관용차 4대를 방화하는 등 폭동을 일으켰다. 이 사건을 두고 정부 당국은 난동이라고 규정하고 주모자를 구속했으며, 국회에서는 여야가 이 문제로 논란을 일으켰으며, 언론에서도 이 문제가 단순 난동이 아니라는 여론이 지배적이었다.

민수청은 대성빌딩에서 '민란이냐 난동이냐'라는 주제로 광주대단지 사태에 대한 강연회를 개최했다. 조용범(고려대 교수), 장을병(성대 교수), 전성천(전 광주대단지 국민대표) 등이 참석한 이 강연회에서 조용범, 장을병 교수는 "국민의 생존권에 의한 저항"이라고 해 광주대단지 사태를 난동으로 볼 수 없다고 주장했다.

9월에는 종로 5가 기독교회관에서 작금 일어나는 인천시장 상인들의 철거, 인턴·레지던트의 파업, 고도성장의 그늘 아래 도시 저임금 노동자들의 생존권에 대한 저항 등에 대해 '경제파단이냐 대중저항이냐'는 주제로 심포지엄을 개최했다. 작금의 조세저항 및 정세에 대한 이재오의 발제 강연에 이어, 황민영의 사회로 박근창, 장원종, 임종철, 주봉규, 김성식 등이 참여해 2일간에 걸쳐 진행되었다.

10월 8일은 일련의 학원사태에 대한 성명을 통해 "우리는 역사를 거역하고 민주주의를 거부하는 집권층에 의한 제반 행동을 결단코 묵과하지 않겠다"고 경고했다. 그리고 10월 14일에 무장군인 고대 난입사건을 집중적으로 규탄해 "대학의 병역신고 업무 강조에 관한 유제흥 국방부 장관과 민관식 문교부 장관의 담화와, 학내 간행물의 폐간 및 학생단체 해체 지시를 취소하고 고압적 수단으로 사태를 해결지으려 함은 사태를 더욱 악화시킬 뿐"이라는 성명서를 발표했다. 그러나 다음날 정부는 서울 일원에 위수령을 발표했고, 이 위수령 발동과 동시에 민수청 간부들에 대한 지명수배가 내려졌다. 그후 민수청 간부들은 피해 다니면서 재야 민주인사 비상 시국선언을 발표해 위수령 해체를 촉구하기도 했다. 그러나 실질적인 활동은 이때부터 거의 중단되었으며, 이어 10월유신을 당함으로써 사실상 활동이 중단되었다.

민수청은 1971년 4월 21일 결성 이래 6월까지는 주로 4·27, 5·25 양대선거를 둘러싸고 성명서를 통한 부정선거 규탄 등의 반독재 민주화운동을 전개했으며, 7월 이후는 일본 공보관 개설 반대 등의 신배일운동을 통해 반외세 민족주의 운동을 전개했다. 그후 국가보안법, 반공법에 대한 공청회, 광주대단지 민란에 대한 강연회, 경제문제 심포지엄 등을 통해 대중들에게 정치적 참여의식을 고양시키는 민주주의적 실천운동을 전개했다.

민수청이 약 1년간의 활동기간에 소수의 인원으로 청년운동을 정착시켜나갈 수 있었던 근본적인 힘은, 민수청 관계자들이 4·19 및 6·3을 주체적으로 경험한 청년들이었기 때문이었다. 그리고 4·19 이후 청년운동이 조직적으로 전개되고 또한 학생운동과 재야 민주화운동과 동일선상에서 진행된 것으로는 민수청이 처음이었다.

민수청은 1970년대 초반, 격변하는 국내외 정세에서 민족의 살길을 개척하는 반외세 민족주의 및 반독재 민주화의 실천적인 운동을 전개했고, 1970년대 민주화운동의 향방을 제시했다고 볼 수 있다. 민주수호 국민협의회와 민주수호 청년협의회의 활동은 확실히 1970년대 민주화운동의 서전이었다고 할 수 있으며, 이 협의회에서 활동했던 사람들의 거의 대부분이 1970년대 민주화운동에 몸담았다.

1970년대 초 학생운동의 전개

1. 학원민주화운동 및 근로조건 개선운동

1970년의 학생운동의 양상은 크게 2가지로 나눌 수 있다. 하나는 학원민주화운동인데, 3선개헌 반대의 격렬한 투쟁의 여파로 많은 학생들이 구속되어 학생운동은 좀처럼 체계적이고 통일적인 연대가 없이 산발적이고 비조직적으로 일어났다. 둘째는 1970년 11월 13일 전태일의 분신자살을 계기로 학생들이 무기력하고 침체되었던 분위기에서 벗어나, 노동 현실로 눈을 돌리게 되는 근로조건 개선운동이었다.

① 학원민주화운동

1970년 학생운동은 3월 11일 연세대 학생들이 일본의 이중외교를 규탄하고 일본상품 불매운동을 제창함으로써 막이 올랐다. 3월 26일에는 서울법대생 200여 명이 지난 3선개헌 반대 데모와 관련, 주동혐의로 자퇴한 행정과 2년 안평수와 박봉규의 복교를 요구하면서 성토대회를 벌이고, 낮 1시부터는 무기한 농성에 들어갔다. 서울문리대 학생 100여 명도 교내 4·19탑 앞에 모여서 3과폐합 철회, 자퇴학생 복교를 내걸고 성토대회를 벌였다.

4월 10일은 서강대 학생들이 와우아파트 붕괴에 따른 건설감독청을 규탄하고, 와우아파트 붕괴로 숨진 전자공학과 3년 조재순 군의 추도식을 가졌다. 어느 학교에서나 3선개헌 반대운동으로 인한 후유증이 너무나 깊이 스며들어, 학생운동의 방향을 찾지 못한 채 산발적인 데모에 그쳤다. 4월 13일 서울 문리대, 법대생 역시 처벌학생 구제문제에 대한 백서를 발표하는 데 머물렀고, 4월 18일 서울법대생 100여 명이 4·19 열돌 기념식과 백서를 발표하고 밤 8시 30분경에 초혼제를 지냈다. 4월 19일 서울대생 100여 명은 4·19기념탑 앞에서 기념식을 갖고 전국대학생연맹의 이름으로 '학생운동의 나아갈 길'이란 백서를 발표했다. 이 백서건으로 서울법대 4학년 조희부가 반공법으로 구속되어 1970년 학생운동에서 반공법 구속자 제1호가 되었다.

5월 19일에 동국대 학생들이 재단부정에 대한 성토대회를 갖고 무기 동맹휴학에 들어가자 학교는 3명을 퇴학, 7명을 무기정학시켜버렸다. 이어 7월 들어 농촌 봉사활동에 들어감으로써 3선개헌의 후유증에서 쉽게 깨어나지 못한 채 상반기를 보냈다. 긴 휴식에 이어 11월 3일 서울대·고려대·연세대·성균관대·서강대 등 5개 대학교 총학생회는 '우리의 외침'이란 공동선언문을 발표하고, "비판의 자유를 보장하라" "학원의 자유를 보장하라"는 등의 3개 사항을 요구하면서 후유증에서 조금씩 깨어나기 시작했다.

② 근로조건 개선운동

1970년 11월 13일 전태일 분신자살 사건은 1970년대 학생운동사에 하나의 분수령이 되었다. 뿐만 아니라 1970년대 기독교 학생운동이 현장운동에 관심을 갖는 계기가 되기도 했다. 근로기준법 화형식을 거행하면서 분신자살해 스물두 살의 짧은 생애를 노동자의 불꽃으로 승화하기까지의 전태일의 삶은 곧 한국의 노동현실이었다.

전태일의 죽음은 1970년대 노동운동의 활성화뿐만 아니라, 학생운동의 하나의 방향을 개척하는 계기가 되었다. 이러한 자각은 1974년 민청학련사건 이래 학생운동 출신자들이 현장으로 깊숙이 들어가는 원인이 되었다.《전태일 평전》에서는 그가 죽는 순간을 이렇게 묘사하고 있다.

불길은 순식간에 전태일의 전신을 휩쌌다. 불타는 몸으로 그는 사람들이 아직 많이 서성거리고 있는 국민은행 앞길로 뛰어나갔다.

"근로기준법을 준수하라."

"우리는 기계가 아니다! 일요일은 쉬게 하라!"

"노동자들을 혹사하지 말라!"

그는 몇 마디의 구호를 짐승의 소리처럼 외치다가 그 자리에 쓰러졌다.

…… 불길이 꺼지고 잠시 후 전태일은 다시 일어났다. 그리고 또다시 외쳤다.

"내 죽음을 헛되이 하지 말라."

그것은 지옥 끝에서도 볼 수 없을 것 같은 실로 참혹한 풍경이었다.

전태일의 죽음 이후 평화시장 일대의 상황은 이렇게 그려졌다.

한 재단사가 분신자살했다는 소문은 순식간에 평화시장 일대에 퍼졌다.

…… 소식을 듣고 여기저기 흩어져 있던 재단사들과 수십 명의 노동자들이 달려왔다. …… 그들은 미친 듯이 울부짖으며 데모를 벌이기 시작했다.

"우리는 기계가 아니다!"

"누가 전태일을 죽였는가?"

"우리도 사람이다. 16시간 노동이 웬 말이냐?"

이로부터 만 닷새가 지난 11월 18일, 서울상대 학생 200여 명은 노동운동과 학생운동을 결부시켜 추진해나가기로 결의하고, 근로조건 개선을 요구하며 무기한 단식농성에 들어갔다. 1970년대 학생운동이 노동운동과 연계되는 최초의 사건이었다. 이어 11월 20일 서울대, 이화여대, 고려대, 연세대 등에서 전태일의 추모식을 거행하며 "근로조건을 개선하라"는 결의문을 채택하고, '서울시내 각 대학 학생회 일동'의 이름으로 실태조사를 발표했다.

…… 학생들이여! 우리는 항상 민족의 이익을 신장하고 민주주의를 창달하는 첨병으로 자부해왔고, 또 이것을 지키는 최후의 보루로 있어 왔다. 우리는 우리만이 할 수 있는 위대한 일을 해왔다. 그러나 전태일 선생의 죽음은 우리에게 숙연한 반성의 눈물을 삼키게 하고 있지 않은가. "나에게는 왜 대학생 친구 하나 없는가? 이럴 때 대학생 친구가 있으면 얼마나 힘이 될까?" 이렇게 한탄하며 근로기준법을 연구했다.

전태일 선생, 아아 부끄럽고 죄스럽구나. 이 영웅적인 투사의 죽음을 방관한 우리는 죽고 싶구나. 우리는 선생 앞에 고개를 들 수 없구나. 그러나 선생은 우리를 용서하시리라. 우리가 선생의 뒤를 따라…….

근로조건 개선을 내건 학생들의 움직임이 집단화하기 시작하자, 11월

21일 서울법대 교수회의에서는 2학기 강의를 앞당겨 종강했다. 한편 숙명여대 학생들도 전태일 죽음에 조의를 표하고 노동조건 개선이 조속히 이루어지기를 바란다는 성명서를 발표하고, 23일부터 노동조건이 개선될 때까지 검은 리본을 달기도 했다. 새문안교회 대학생 40여 명은 전태일 분신자살에 대한 '참회와 후회의 금식기도회'를 가졌다.

23일 연세대 법대학생 300여 명은 '오적 화형식'을 갖고 "전태일 죽음을 헛되게 하지 말라"는 성토대회를 열었고, 24일 외국어대, 예장신학대 학생들이 전태일 추도식을 갖고 근로조건 개선 결의문을 채택했다. 25일은 서울문리대 학생들이 4·19탑 앞에서 근로조건 개선을 촉구하는 성토대회를 갖고 농성에 들어갔다. 이어 26일은 서울대, 고대, 연세대 학생들이 '노동자 실태조사'를 위한 학내 연구활동을 보장하라는 7개 항목의 요구조건을 내걸고 성토대회를 했다. 전태일이 죽은 11월의 학생운동은 근로조건 개선운동이었다.

12월에 들어서자, 교련강화를 반대하는 움직임이 일기 시작했다. 12월 2일 연세대 학생 500여 명은 교련강화 반대 및 언론탄압 반대데모로, 1970년대 최초의 교련반대 데모를 감행했다. 이어 7일 12시경 "교련강화 반대" "학원사기를 쟁취하라"는 플래카드를 내걸고 성토대회를 해, 1969년 이래 시들어간 학원에 불길을 붙이려고 했다. 대구에서는 경북대 학생 200여 명이 대학 교련강화 반대 성토대회를 개최함으로써 교련반대 데모는 지방으로 확산되었다. 12월 8일은 연대 자유수호 투쟁위원회 학생 100여 명이 "학원을 병영기지화 마라"는 플래카드를 내걸고 학원민주화 투쟁을 제창하고 교련강화 반대 성토대회를 개최했다. 이렇게 되자 각 대학은 서둘러 겨울방학에 들어갔다.

2. 민주수호운동(1971년)

1971년 1월 27일, 문교부는 대학 교련강화 방안을 시달해 총 수업시간의 20%를 교련시간으로 배정토록 지시했다. 2월 23일 각의에서 대학교련을 필수로 한 교육법개정안을 의결했다. 이에 각 대학에서는 교련반대의 대대적인 데모가 격발했으며, 이후 1971년의 학원은 대학의 데모 열풍과 이를 봉쇄하려는 정부의 강경대책으로 대학사상 유례없는 시련을 겪었다.

1학기부터 시작한 교련강화 반대 데모는 4·27선거를 계기로 부정부패 규탄 등으로 전국적으로 확산되어 체제비판으로 발전하게 되었다. 이에 위협을 느낀 정부는 10월 15일 서울 일원에 위수령을 내리고 서울대, 고대, 연대 등 7개 대학에 군대를 주둔시키는 한편, 8개 대학에 휴업령을 내렸다. 또한 문교당국은 데모 주동자 117명을 제적시킴과 동시에 군대로 보내고, 74개 학생서클을 해체하고 미등록 간행물 14종을 폐간시켰으며, 7개 대학의 학생회 기능을 정지시키고, 징계 제적자는 재입학하거나 편입학할 수 없도록 학칙을 보강시켰다.

① 민주수호 전국청년학생연맹

4월 9일 재야인사들이 민주수호 국민협의회 결성 준비대회를 하고 나자, 학원에서도 민주수호운동이 일어나기 시작했다. 4월 14일 오전 11시 서울문리대·법대·상대·사대·공대, 고려대·연세대·서강대·성대·경북대·전남대 등 11개 대학생 대표 200여 명이 서울상대 도서관에 모여, '민주수호 전국청년학생연맹'(이하 학생연맹)을 결성하고 교련철폐운동과 공명선거 캠페인을 벌이기로 결의했다. 이어서 학생대표들은 "① 대학이 폐쇄되는 한이 있더라도 끝까지 교련철폐투쟁을 계속한다. ② 공명선거를 저해하는 온갖 부정부패를 사직 당국에 고발하고 대학 단위로 선거참관 운동을 벌인다"는 등 10개 항목의 행동강령을 채택했다. 4월 19일 오전 11시, 13개 대학 학생연맹 대표들은 고대 학생식당에서 4·19 기념식을 갖고 공동 시국선언문을 발표했다.

3선개헌을 통한 장기집권의 야욕은 국민주권을 우롱하고, 배신과 아부가 판치는 반윤리를 사회에 만연시켜 국민간의 불신감을 조장시켰다. (중략) 우리 대학인은 사라져가는 대학의 자유를 되찾고, 이번 4·27대통령선거가 타락·부정선거로 점철되지 않게 국민의 정당한 권리로써 공명 민주 선거가 되도록 적극 참여, 모든 힘을 쏟겠다.

한편 공명선거의 한 방법으로 학생들의 선거참관을 허용해줄 것을 요구하고 20일까지 여야 양당의 답변을 요구했다.

4월 21일은 각 대학 학생회장 내지 민주수호 투위 위원장 등 27명이 연세대에서 회의를 갖고, 4·27선거가 공명선거가 되도록 학생들은 23일까지 냉각기를 갖기로 결정한다. 그리고 선거 참관운동에 들어가기 위해, 선거 참관인단 참여를 위해 신청해오는 학생들을 25일까지 접수하여 참관인단 결성식을 가진 후 시골로 내려보내기로 결정하고, 22일 성명서를 발표해 "최근 일부 인사들이 순수한 학생운동을 야당이나 북괴의 조종이라고 말하고 있는데 이는 학생들의 순수성을 모독하는 것이며…… 학생들의 순수한 운동으로 민주주의를 수호하는 데 중단이 있을 수 없다"고 주장했다.

24일 전국 30개 대학 학생대표로 구성이 확대된 학생연맹 대표들은 오전 11시 서울의대 교수회관에서 기자회견을 갖고, 그동안 서울대생

360명 등 전국 13개 대학생 1,250명으로부터 서명을 받았다고 밝히고, 경북 250명, 강원 110명, 충북 150명, 전북 200명, 경남 200명, 충남 200명, 전남 100명, 경기 50명을 각각 보내기로 결정했다. 26일 오전 10시 서울대 상대 학생회의실에서 학생연맹 대표들은, "이번 선거에 참관하는 학생들은 오는 29일 오전 11시 대학별로 선거참관 보고대회를 갖겠다"고 밝히고, 25일 선거참관인 결단식이 관계 당국의 방해로 유산되었다고 발표했다. 그러나 결단식에 관계없이 참관 희망자 1,250명이 26일 오전 중 민주수호 국민협의회의 신임장을 갖고 각 지방으로 출발했다.

4·27선거가 부정선거로 드러나자, 학생연맹 대표들은 5월 3일 정오 서울법대 도서관 휴게실에 모여서 "선거 참관학생들의 보고서를 종합한 결과, 이번 선거는 반민주적 세력에 의해 자행된 부정불법 관권선거"라고 주장하고, "민주질서의 회복을 위해 선거라는 유일한 민주적 수단이 유명무실해진 이제 민주수호를 위해 끝까지 투쟁하겠다"고 선언했다. 4·27부정선거로 인해 학생운동은 학원자유, 교련철폐에서 민주주의적 제반 질서를 정상화시킬 것을 요구하는 반독재 운동으로 발전했다.

5월 17일은 서울사대 학생들이 신설동을 지나 청량리 쪽으로 가는 대통령 경호차에 집단 투석했다. 이에 경호를 담당했던 기동경찰 70여 명이 완전무장해 서울사대에 난입해 학생, 교수들에게 무차별 폭행과 폭언을 했다. 이때부터 학생연맹은 직접적인 탄압을 받기 시작했으며, 이어 5월 27일 서울대 4개 단과대에 휴업령이 내려졌다.

그리고 6월 1일 학생연맹 대표들이 "학생 처벌을 즉각 백지화하라"고 선언한 이후, 민주수호 전국청년학생연맹의 활동은 각 대학 학생운동으로 귀속되어버렸다. 그러나 민주수호 전국청년학생연맹은 1970년대 최초의 학생운동 연합체로서 학생운동의 방향설정과 단계설정에 있어서 많은 교훈을 남겼다.

② 민주수호 기독청년협의회

4월 20일 밤 8시 종로구 도렴동 종교교회에서 한국 기독학생회 총연맹 회장 양국주(연대 철학과), 전국 신학생 연합회 회장 허달수(장로교 신학대), 서울지구 교회청년협의회 회장 김영수(한양대) 등 3개 기독학생단체 대표들이 모여 '민주수호 기독청년협의회'를 결성했다. 이들은 선언문에서 "신앙의 자유수호투쟁을 위한 공동전선"에 나서기로 결의하고, 이 협의회 소속 회원들이 공명선거 참관인으로 지원하기로 했다. 그리고 4·27선거가 부정으로 치러질 경우 어떠한 투쟁도 불사할 것을 밝히고, 민주수호 국민협의회와 공동투쟁 등의 행동지침을 마련했다. 이날 이후부터 민주수호 국민협의회, 민주수호 청년협의회, 민주수호 전국청년학생연맹, 민주수호 기독청년협의회 등 4개 단체의 공동전선으로 민주수호운동이 본격화되기 시작했다.

4월 23일 오후 4시 30분 경, 민주수호 기독청년협의회는 서울 새문안교회 교육관에서 구국기도회 및 선거참관인 결단식을 갖고, "이번 4·27 대통령선거에서 부정이 발견되면 죽은 민주주의를 살리기 위해 생명을 걸고 투쟁할 것"을 결의했다. 그러나 4·27 대통령선거가 원천적 부정으로 드러나고, 이어 5·27 서울대 4개 단과대학에 휴업령이 내려지자, 6월 5일 기독청년협의회 대표들은 감리교 신학대학 학생 휴게실에 모여 휴업령 철폐와 학생처벌 백지화, 어용교수 사퇴 등을 요구하는 결의문을 채택했다. 또한 이들은 자기들의 결의가 관철될 때까지, 각 대학에 재학중인 기독학생들의 힘을 모아 순교적 자세로 투쟁할 것을 다짐했다.

그러나 민주수호 4개 단체 중 학생단체인 민주수호 기독청년협의회는 민주수호 전국청년학생연맹과 마찬가지로 5·27 휴교령 이후 탄압이 노골화되면서, 연합운동으로서의 활동이 중지되고 각 대학 차원으로 합류해버린다. 민주수호 기독청년협의회는 얼마 안 되는 활동이지만 기독학생들의 연합운동으로 대사회적 투쟁을 시작해, 기독학생들이 갖는 한계성을 깨고 일반 민주운동 단체와 공동전선을 형성했다는 데 의의가 있다.

③ 교련반대 및 학원자유수호 운동

정부는 1971년 1학기부터 대학교련을 대폭 강화해 종래 주 2시간이던 일반 교육을 주 3시간으로 늘리고, 여기에 집체교육까지 곁들여 대학 재학 중 무려 71시간의 교련을 받아야만 졸업할 수 있게 하고, 교관도 예비역으로는 교육효과를 못 올린다고 전원 현역으로 바꾸었다. 사실상 학원을 병영화함으로써 6·3 이래 격화되는 학생데모를 원천적으로 봉쇄하려는 것이었다.

이에 교련강화를 반대하는 학생들을 1학기 수강신청에 교련을 거부하거나 수강신청을 해놓고도 강의를 받지 않거나 하다가, 3월 이후 학생들은 드디어 교련반대 실력행사를 하기 시작했다. 4월 2일 연대 학생 500여 명이 교련거부 성토대회를 가진 후, 4월 6일 성균관대, 고려대, 서울상대 학생 1,000여 명은 각각 "교련 결사반대"를 성토한 후 가두데모에 들어갔다.

4월 8일 서울상대 학생 200여 명이 교련반대 리본을 달고 교문을 나와 경찰과 대치하자, 고려대 학생들이 이에 합세해 데모를 벌였으며, 서울문리대 학생 200여 명과 연대생 1,000여 명도 "교련강화 철회" "언론탄압 중지" 등을 외치고 가두데모에 나섰으며, 서울사대 학생들은 교련문제에 대한 학생들의 의사를 투표에 붙였다. 서울법대생들은 언론인 각성 촉구 성토대회와 교련 철폐 성토대회를 가진 후 '교련복 화형식'을 거행했다.

4월 9일은 서울대 1,000여 명, 연대생 700여 명 등이 교련반대 데모를 강행했으며, 고려대는 9일부터 12일까지 기한부로 데모를 보류하기로 했고, 외대도 15일까지 당국의 대답을 요구했다. 4월 10일 연세대와 서울대에서도 당국의 답변을 기다린다는 이유로 냉각기를 가졌고, 서울 음대생들은 교련반대 구호를 외치면서 연좌데모에 들어갔다. 한편, 이날 종로 5가 기독교회관 2층에서는 기독학생 200여 명이 '부활과 4월혁명'이란 주제로 모임을 가진 후 십자가를 메고, 가두데모를 진행하자 경찰은 십자가를 부수고 무자비하게 학생들을 난타했다. 이러한 십자가 파손 사건은 기독교계에 큰 파문을 일으켰으며, 경찰들은 민주수호 국민협의회에 의해 고발되기도 했다.

4월 13일이 되자 더 이상 학생데모를 막을 길이 없다는 판단 아래 서울문리대·법대는 임시 휴강을 했고, 서울사대·상대, 경북대, 연대, 고려대, 성대, 경희대생 등 4,000여 명이 교련반대 가두데모를 감행해 곳곳에서 경찰과 충돌했다. 고대생들은 시민회관 앞까지 진출해 가두시위를 벌였다. 14일 역시 서울사대·공대, 연세대, 고려대 등 3,000여 명이 교련반대 가두데모를 벌였으며, 고대생들은 "학원자유만세"라는 플래카드를 내걸고 안암동로터리까지 진출해 경찰과 충돌했다.

이어 15일 서울사대·상대·가정대 등이 휴강에 들어가자 사대생 200여 명이 철야농성에 들어갔으며, 연대, 성대, 고대, 감신대, 서강대, 서울약대·공대, 경희대, 외대, 서울치대, 서울의대, 서울신학대, 숭전대(현 숭실대) 등 2만여 명이 가두시위에 들어가 교련반대 데모의 절정을 이루었다. 또한 이날, 한양대에서는 "정부 언론탄압 중지" "대학 내 현역군인 철수" 등의 결의문을 채택하고 가두데모에 들어갔다. 또한, 서울대 학생 총회에서 "제1시국선언문"을 발표했으며, 서울대 대학원생 40여 명이 "학원자유요구"를 외치면서 성토대회를 벌였다.

15일 이후 "교련반대"의 구호는 "학원자유화"의 구호로 바뀌어나갔다. 4월 19일 학생연맹 대표들이 "공동 시국선언문"을 발표하고 학생데모에 화학무기를 사용하는 것에 대해 강력히 항의했다. 고대생 1,500여 명, 숭전대 400여 명도 가두로 진출했으며, 연대생 2,000여 명은 "4·19정신 이어받아 학원자유 수호하자"는 구호를 외치면서 가두데모에 들어갔다. 성대생 500여 명은 '교련복반환' 운동을 제창하고 데모에 들어갔으며, 건대생 2,000여 명은 주간시험을 거부하고 데모에 들어갔다. 이어 20일, 21일 계속해 "교련철폐" "학원자유"를 외치는 데모는 각 대학에서 계속 일어났다.

그러던 중 4월 22일 민주수호 전국청년학생연맹에서 공명선거를 위해 27일까지 냉각기를 갖는다고 발표하자, 각 대학은 공명선거 캠페인 리본달기(중대), 선거참관 운동 등으로 27일까지 데모를 중단했다. 이어 4·27선거의 부정이 밝혀지자, 4월 30일 전북대생들 800여 명이 부정선거 규탄, 학원사찰 중지 등을 요구하며 데모에 들어갔다. 이어 5월 3일 서울법대, 5월 4일 서울상대에서 4·27선거의 무효를 주장하는 데모가 있었으며, 5월 5일 서울문리대 학생회장 이호웅(정치학과)이 "4·27선거는 불법선거"이므로 "전면 무효화"해야 한다는 성명을 발표, 이후 5월 한 달은 "부정선거 규탄" "민주수호" "학원자유수호" 등의 데모가 전 대학을 휩쓸었다.

5월 6일 감리교 신학대학생 100여 명이 4·27선거 무효 선언대회를 했고, 7일은 서울문리대 300여 명이 4·27 무효를 주장하는 데모를 벌였다. 11일 서울대 총학생회는 야당이 5·25 국회의원 선거에 참여하겠다는 의사를 보이자 선명야당을 촉구하는 성명서를 발표했으며, 문리대생 200여 명은 성토대회를 가졌다. 12일 고대생 100여 명도 "4·27부정선거 규탄" "교련철폐"를 요구하며 연좌데모를 했고, 14일 서울문리대 학생회는 "4·27선거는 무효이다. 재선거 실시하라"는 성명서를 발표했다. 한편, 이날은 연·고전이 있는 날이었는데, 연·고전 후 고대생 300여 명이 "교련철폐" "언론자유" "공명선거" 등을 외치면서 가두시위를 했다.

5월 16일 고대생 데모주동 혐의로 김병수, 유청인, 오여진 등이 구속되자, 17일 고대에서는 구속학생 석방과 학원자유를 요구하며 데모를 벌였으며, 20일 서울문리대 학생회에서는 구속학생 석방 요구 서명운동을 전개하고 21일부터 구속학생이 석방될 때까지 전면 수업거부를 결의했다. 21일은 서울문리대·법대·상대, 연대, 고대생들이 구속학생 석방을 요구하고 수업을 거부하고 가두데모에 들어갔으며, 고대 여학생들은 구속학생이 석방되고 학원자유 보장 등의 요구가 관철될 때까지 검은 스커트와 흰 블라우스를 입겠다고 선언했다.

22일 서울대에서 구속자 석방요구 데모를 하고, 문리대생 150여 명은 횃불 데모를 했다. 이어 24일 서울상대·문리대·사대생들의 구속학생 석방 가두시위, 25일 서강대생들의 횃불시위농성, 26일 서울공대·의대·치대생들의 구속학생 석방요구 성토대회 등이 계속되자, 문교당국은 5월 27일 서울문리대·법대·상대·사대에 휴업령을 내렸다. 이에 5월 28일부터 서울 각 대학은 휴업령 철회의 데모로 구호가 바뀌게 된다.

6월 1일 연세대학 민권쟁취 청년단 대표 윤재걸(대학원생)은 학생운동을 사회정화운동의 차원으로 방향을 모색하겠다고 성명을 발표해, 학생운동의 학내차원으로 돌아서는 것을 경고하기도 했다. 한편, 6월 7일 서울대 대학원생 60여 명은 '서울대학교 대학원 자유수호위원회'를 구성하고, 박찬동을 위원장으로 선출해 대학원 학생들이 학원자유화 운동에 참여하는 계기를 마련했다.

19일이 되자 고대 총학생회가 교련철폐 서명운동을 전개하는 등 각 대학에서는 다시 교련철폐운동으로 학생운동의 방향을 바로잡고, 학원

자유의 제도적 장해에 대한 인식을 가다듬기 시작했다. 방학이 끝나고 2학기에 들어서, 8월 21일 고대 총학생회, 23일 연대, 서강대 총학생회에서 2학기 교련 수강거부를 성명하자, 거의 동시에 전국 각 대학에서 2학기 교련 수강거부 성명이 나오게 되었다.

한편, 학생들의 끊임없는 자유와 민주의 의지에 대한 정부 측의 무조건적인 탄압 가운데 양심 있는 교수들의 고뇌는 "자주선언"이란 형태로 나왔다. 21일 서울상대·공대 교수들이 대학자율 입법화를 요구하고 '교수자주선언'을 채택했으며, 23일 경북대 교수협의회에서도 "대학의 자주성 확립을 위한 교육자치제 실시를 정부에 요구"키로 결의했으며, 부산대 교수협의회에서도 '교수처우개선'을 요구했다.

각 대학 총학생회에서는 이러한 교수들의 자주선언을 적극 지지하고 나섰으며, 25일 충남대, 충북대에 이어, 27일 부산대 교수협의회에서 자율결의문을 채택했고, 9월 4일 제주대 교수협의회와 진주농대교수 90명 전원도 자주선언을 결의했으며, 9월 13일 지방국립대 교수협의회에서도 자주선언과 자주쟁취를 결의했다. 이리하여 2학기가 시작된 9월 한 달은 교수 자주선언 지지와 교련철폐 데모가 각 대학에서 광범위하게 일어났다.

그러던 중 10월 5일 새벽 수도경비사 장병 약 30여 명이 고대에 난입해 학생 5명을 불법연행 구타하는 사건이 일어났으며, 12일에는 국방, 문교 양부장관의 공동명의로 교련거부 학생은 전원 징집하겠다는 내용의 '병무신고 이행에 관한 담화문'이 발표되고, 14일 중앙청에서 전국 총학장회의가 소집되었다. 이리하여 10월에 들어서서는 무장군인 난입 사건 규탄과 교련철폐 데모가 최대의 규모로 발전하게 되었다. 10월 5일 서울문리대 교련철폐 데모로 시작해, 6일 서울상대, 7일 고려대, 경북대, 외대, 서울문리대, 서울법대, 8일 경북대, 서울상대, 연세대 등이 고대 무장군인 난입사건 규탄과 교련철폐 데모를 감행해 정국은 긴박감이 흐르고 있었다.

8일 서울대 총학생회에서, "정보정치 종결과 부패 특권층의 처단"을 위한 성명서를 발표해 중앙정보부 폐지, 군의 정치적 중립 등을 요구했다. 그러나 정부 당국은 학생과 화해할 수 없다는 판단에 강경책을 세우게 되었다. 11일 고대, 연대, 성대, 서강대 학생 3,000여 명이 "학원자유수호" "교련철폐" "고대 난입군인 처단" 등을 외치면서 데모를 감행했고, 12일도 연대, 고대, 전남대, 서울상대·법대·공대, 동국대, 서울사대 등 학생 1만여 명이 가두데모를 감행했다. 13일 문교부는 데모방지의 근본적인 대책으로 각 대학가의 지하신문, 서클 등의 단속을 강화하라는 지시를 총·학장에게 강력히 시달했다.

한편, 이날 한국신학대학생들은 국회의원 조찬기도회가 열리는 세종호텔 앞에서 "부정부패자 공개"를 요구하며 시위를 했고, 고대와 연대에서는 부정부패와 고대 군인 난입사건에 대한 성토대회를 열고 13, 14일 등교거부를 결의했다. 14일도 성대, 동대, 외대, 연대대학원, 이대, 한양대 학생 약 1만여 명이 "학원자유수호" "군인학원난입 규탄" "부정부패 척결" "교련철폐" 등의 구호를 제창하면서 가두시위를 벌였다.

이렇게 전 대학가로 학생시위가 확산되자, 이에 위기의식을 느낀 박정권은 드디어 10월 15일을 기해 서울 전역에 위수령을 발동하고 '학원 질서 확립을 위한 특별명령'을 발표했다. 이 특별명령의 내용은 다음과 같다.

① 학원질서를 파괴하는 모든 주도 학생을 학원에서 추방하라.
② 앞으로 학생들의 여하한 불법적 데모, 성토, 농성, 등교거부 및 수강방해 등 난동행위는 일절 용납할 수 없다. 이러한 행동을 주도한 학생은 전원

학적에서 제적케 하라.

③ 제적된 자에 대해는 즉일로부터 학생 신분상의 모든 특권을 인정해주지 마라.

④ 학술 목적을 제외한 각 대학 내의 모든 서클은 곧 해산케 할 것이며 학술서클이라고 할지라도 주임교수가 그 지도와 결과에 대해 책임을 지도록 하라.

⑤ 대학에서 정당히 인가한 이외의 여하한 신문, 잡지, 기타 간행물도 발간할 수 없다.

⑥ 학원의 자유, 자주, 자치는 강조되어야 한다. 불법적 데모, 성토, 등교거부 및 수강방해 등으로 학원질서가 파괴된 대학에 대해서는 학원의 자유, 자주, 자치 등을 인정할 수 없다. 따라서 이들 학교에 대해서는 ㉮ 모든 학생단체를 해산케 하고 학교 당국이 직접 지휘 감독케 한다. ㉯ 경찰은 학원 내에 들어가서라도 주도 학생을 색출해 치안유지에 만전을 기하라.

⑦ 군은 필요한 때에도 절차에 따라 문교부, 내무부 및 지방장관의 요청에 적극 협조하라.

⑧ 군사교련은 중단될 수 없으며 교관단은 긍지와 사명감을 갖고, 충실한 교련강의에 임하라.

⑨ 각 대학의 학칙을 더욱 엄격히 보강케 해 학교 자체의 질서확립과 교권확립을 기하게 하라.

이른바 10·15조치로 학원은 쑥밭이 되었다. 15일 서울대, 고려대, 연세대, 성균관대, 외국어대, 경희대, 서강대에 위수군이 진주하고, 이들 학교와 전남대를 합친 8개 대학에 휴업령이 내렸다. 연행된 학생 1,889명 중 1,797명은 일단 훈방되고, 92명은 조사한다고 밝혀졌으며, 서울지방검찰청은 데모 주동학생 119명을 구속한다는 방침을 세웠다. 8개 대학에 휴업령이 내리자 건국대, 국민대, 이대, 숙대, 중대 등 많은 대학도 자진 휴강해버렸다.

또한 문교부에서는 제적대상의 주동학생 기준으로, "① 불법적인 데모, 성토, 농성, 등교거부, 수강방해 등을 선동 또는 주동한 자, ② 학술적인 목적을 벗어나 학원질서를 문란케 한 서클의 주동자, ③ 미등록 간행물을 발간, 배포해 학원질서를 문란케 한 자, ④ 교련 수강거부를 주동한 자"등을 규정해 각 대학에 데모주동 학생을 모두 가려내어 제적시키고 보고하도록 지시했다. 이에 따라 23개 대학에서 177명의 학생을 제적시켰다.

〈학교별 제적생 수〉
서울대 65명, 고려대 21명, 연세대 15명, 중앙대 4명, 성균관대 11명,
우석대 2명, 동국대 4명, 건국대 4명, 서울농업대 3명, 서강대 7명,
명지대 1명, 외국어대 9명, 국민대 1명, 경희대 5명, 한신대 4명,
충남대 1명, 강원대 2명, 경북대 4명, 영남대 3명, 전북대 2명,
전남대 9명, 부산대 2명, 동아대 2명

이들은 주로 학생회 간부, 서클 간부, 미등록 간행물 발간자 등이었다. 이들 제적생들은 즉각 입영 조치되었다. 또한 7개 대학 74개 서클이 해체되고, 5개 대학 14종의 미등록 간행물이 폐간되었다.

〈해체된 주요 서클〉
서울대: 문우회·후진국사회연구회·부문회·사회법학회·산업사회연구회·낙산사회과학연구회·사회과학연구회, **고려대:** 한맥회·한국사상연구회, **연세대:** 한국문제연구회·통일문제연구회, **경북대:** 정진회 등

서울대: 의단·전야·자유의종·터·활화산·새벽·햇불·향토개척, **고려대:** 한맥·산지성, **연세대:** 내나라·활로, **이화여대:** 새얼 등

위수령 발동 이후부터 1973년 10월 2일 반유신 데모가 일어나기까지 사실상 학생운동은 공백기로서, 학습, 수련, 토론 등을 통해 학생운동의 질적 발전을 위한 새로운 방향을 모색하게 되었다.

④ 서울대 내란음모사건과 유인물사건

1972년 5월 초순 조영래, 장기표, 심재권, 이신범, 김근태 등 서울대 재학생들이 혁명을 모의했다는 수사기관의 발표로 이른바 서울대 내란음모사건이 발생했다. 공소장의 주요 내용을 보면, 이들은 1971년 6월 경 학생시위가 한창 격렬한 때를 이용해 다음과 같은 음모를 꾸몄다는 것이다.

① 서울시내 대학생 9만 명 중 3만 명 내지 5만 명을 동원해 격렬한 반정부 시위를 할 것

② 화염병 100여 개를 제조해 경찰에 투척하고 그 저지선을 뚫을 것

③ 경찰이 발포하도록 유도해 사상자가 발생하면 시위학생을 폭도화시킬 것

④ 폭도화한 시위군중이 중앙청 및 경찰서 중요관서를 파괴하고 점령할 것

⑤ 박정희 대통령을 강제로 하야시킬 것

⑥ 각계 대표로 혁명위원회를 구성할 것

⑦ 임시조치법을 제정해 헌법의 기능을 정지시키고 삼권을 통괄할 것

⑧ 과도적으로 집권하면서 중앙정보부를 폐지하고 부정부패자 처단 등 중

요 과업을 수행할 것

⑨ 사태가 안정되면 총선거를 실시해 새로운 정부를 수립하고 이에 정권을 이양토록 할 것

그러나 이렇게 터무니없는 생각을 하는 대학생이 있을 리가 없었다. 사건은 거의 조작된 것이다. 이 사건이 터지자 민주수호 국민협의회에서는 즉각 변호인단을 구성하고 사건의 조작을 폭로했고, 공소된 5명 가운데 김근태를 제외한 구속된 네 사람들은 법정에서 공소사실 전부를 완전 부인했으며 무죄를 강력히 주장했다. 결국 재판은 흐지부지되어 본래 기소되었던 내란음모죄가 아닌 반공법 등의 위반으로 집행유예 등 가벼운 처벌이 내려졌다. 이 사건은 1971년 서울대 시위에 대한 학생탄압의 한 양상에 불과했다.

1971년 10·15조치 이후 1972년에 들어와서 10·17 유신선포로 사실상 학생운동이 공개적으로 활성화되기는 지극히 어려웠다. 따라서 이 시기에는 지하 유인물이 범람했다. 이러한 지하 유인물로 인한 국가보안법 및 반공법 위반사건이 1973년에 2건이 발생했다. 10월유신 이후 학생운동이 거의 전무한 상태에서, 1973년 6월 21일 고대 'NH회' 사건 일명 '민우지' 사건으로 12명이 구속되고, 검은시월단 일명 '야생화' 사건으로 7명이 구속되었다. 1971년 고대 학생운동에 관계했던 함상근, 박영환, 정진영 등이 이 사건으로 구속되었고, 고대 교수 김낙중과 고대 노동문제연구소의 노중선 등도 이 사건에 연루되어 구속되었다. 이 사건은 민주화운동이 1973년 이래 하강기에 접어든, 학생운동의 공백기에 발생했기에 정치적 석방운동이 전무한 채 전원 만기출옥하는 비운을 맛보았다.

이와 비슷한 사건으로 전남대 〈함성〉지 사건이 있었다. 이 사건 또한

1973년 6월에 발생한 사건으로, 전남대 학생운동에 깊이 관여해온 재학생 및 졸업생 12명이 구속되어 반공법 및 국가보안법으로 재판을 받았다. 1972년 10월유신 이후 전남대학 및 광주일원에도 여러 종류의 지하 유인물이 배포되었다. 그 중 가장 대표적인 것이 〈함성〉이란 지하신문이었는데, 이것은 서울, 대구, 부산 등지에까지 배포가 되었다. 이 사건에 연루된 박석무는 6·3한일회담반대 학생운동 당시 전남대학의 중심인물이었고, 그후 광주지역 청년·학생운동 및 민주화운동의 중심인물이었다. 그는 전남대 대학원에서 법학을 전공했는데, 이 사건으로 대학 강단에 설 기회를 박탈당했다. 이 사건의 중심인물인 이강, 김정길, 김남주 등은 전남대 학생운동의 중심인물이었고, 이 사건 이후 민청학련, 남민전 등의 사건에도 연루되어 젊은 나이를 감옥에서 지냈다.

3. 반독재 민주화운동(1973년)

① 서울대 문리대 10·2시위의 의의

1972년 7·4 남북공동성명으로 전 국민들에게 일시적이나마 감격을 주었던 박 정권은, 10월 17일 10월유신으로 독재체제를 더욱 강화했다. 1973년의 대학가는 지난해에 이어 참으로 침울한 날의 연속이었다. 학생들은 점점 움츠러들기만 하고 민주화운동의 불씨는 점점 꺼져가는 것만 같았다. 재야 민주운동 쪽에서는 내부에서부터 심각한 균열이 오기 시작했다. 유신 이후 감옥을 불사하고 계속 민주화 투쟁을 하자는 사람이 있는가 하면, 시기상조를 내걸고 대기상태에서 안주하려는 사람들도 있었다. 1973년 7월 28일, 파고다공원 비상시국선언대회가 유산된 것도 바로 이 시기상조론에 밀려났기 때문이었다.

학생운동 또한 예외일 수 없었다. 그들은 지난 2년간을 학습과 토론으로 자신들의 민주주의에 대한 이상을 실현하기 위해 부단히 노력했다. 그러나 전태일사건의 영향으로, 노동현장 중심으로 학생운동의 방향을 돌리려 하는 학외운동파와 학내운동파 사이에 심한 대립과 갈등이 야기되었다. 여기에서도 시기상조론이 강력하게 대두해, 지금은 역량을 축적할 시기라는 논리로 유신에 도전하기를 두려워했다.

하지만 역량의 축적이란 운동의 실천에서 되는 것이지 앉아서 기다린다고 해서 저절로 이루어지는 것은 아니었다. 결국 나병식과 같은 적극적인 학생들에 의해서 유신의 벽은 깨져나가기 시작했다. 이 싸움의 개시가 바로 서울대 문리대의 10·2 반유신 시위였다. 이 기습적인 시위가 전국적으로 일파만파로 전파되어, 2개월 만에 시위는 전국 대학으로 번져나갔다.

시위가 일단 번지자 예년과 같은 일련의 과정이 되풀이되었다. 경찰들은 학생들이 교문 밖으로 나오지 못하게 저지했고 학생들은 투석으로 맞섰다. 연행, 구속, 처벌, 시위확대, 조기방학, 구제라는 순서로 사태가 전개되었다. 대학가는 가을의 단풍이 뒹굴어야 할 자리에 돌멩이, 곤봉, 최루탄이 널려 있었고, 학생들의 의지와 권력의 의지가 평행선을 그은 채 10·2 시위는 앞으로 진행될 학생운동의 이정표가 되어 독재의 장벽은 싸워서 무너뜨려야 한다는 교훈을 남겼다.

② 반독재 민주화운동의 전개

1973년 10월 2일 오전, 서울 문리대생 250여 명은 교내 4·19기념탑 앞에서 비상 학생총회를 열고 "자유민주 체제를 확립하라"는 등의 선언문을 낭독한 뒤 스크럼을 짜고 교정에서 2시간 동안 시위를 벌였다. 학생들이 가두로 진출하려고 하자 경찰은 교내로 침입해 데모대를 강압적으로 해산시키고 그 중 180명을 연행했다. 학생들은 선언문을 통해 다음과 같이 밝혔다.

오늘 우리는 전 국민 대중의 생존권을 위협하는 이 참혹한 현실을 더 이상 좌시할 수 없어 스스로의 양심의 명령에 따라 무언의 저항을 넘어서 분연히 일어났다. (중략)

학우여! 자유와 정의 그리고 진리는 대학의 생명이다. 오늘 우리는 너무도 비통하고 참담한 조국의 현실을 직시하며 사회에 만연된 무기력과 좌절감, 불의의 권력에 비굴하게 목숨을 구걸한 모든 패배주의, 투항주의, 무사안일주의와 모든 굴종의 자기기만을 단호히 걷어치우고 의연하게 악과 불의에 항거해 이 땅에 정의, 자유, 그리고 진리를 기어이 실현하려는 역사적인 민주투쟁의 첫 봉화에 불을 붙인다.

절대로 굴복하지 않고, 절대로 타협하지 않고, 절대로 주저앉지 않고, 과감히 항거하는 우리의 투쟁은 더없이 뜨거운 정의의 불꽃이며, 더없이 힘찬 민중의 아우성이며, 더없이 고귀한 민족 생존의 활로이다. 우리의 외침을 억누를 자 그 누구냐?

학생들은 선언문에서 패배주의, 투항주의, 무사안일주의와 굴종의 자기기만에서 일어나 "역사적인 민주투쟁의 첫 봉화"에 불을 붙인다고 밝히고, 10·2 시위가 10월유신이 선포된 이후 최초의 민주투쟁이며, 그 이정표를 패배, 투항, 무사안일, 굴종, 자기기만에서 분연히 일어나는 것이라고 했다. 이어서 다음과 같이 결의했다.

① 정부는 파쇼통치를 즉각 중지하고 국민의 기본권을 보장하는 자유민주 체제를 확립하라. ② 대일 예속화를 즉각 중지하고 민족자립경제 체제를 확립해 국민의 생존권을 보장하라. ③ 중앙정보부를 즉각 해체하고 만인 공노할 김대중 사건의 진상을 즉각 밝혀라. ④ 기성 정치인과 언론인은 각성하라

학생들은 대외적으로는 자립경제 체제를 확립하고, 대내적으로는 자유민주 체제를 확립하라고 결의함으로써 4·19 및 6·3 이래 학생운동의 기본이념인 반외세 민족주의 및 반독재 민주주의를 그대로 이어받고 있었다. 그러나 이러한 충격적인 소식은 정부의 안보조치로 10월 8일에야 비로소 국내 신문에 보도되기 시작했다. 외신보도가 국내로 밀려들어오고 온갖 유언비어가 난무하자 어쩔 수 없이 일부만이라도 보도하게 된 것이다. 민주수호 청년협의회 경기도 지부 대표 김정태가 일본 공보관에서 이 선언문을 복사해 자기 선거구에 돌린 것이 발단이 되어, 민수청 회장 이재오와 지도위원 최동전 등이 구속되는 사건도 10·2 시위의 결과였다.

이어 10월 4일 서울법대생 200여 명이 교내 '정의의 종' 앞에 모여 유신반대 성토를 한 후, 문리대 앞까지 가두시위를 했다가 경찰의 제지로 해산했고, 10월 5일에는 서울상대생 300여 명이 교정에 모여 15일까지 시한부 동맹휴학을 결의하고 연좌데모를 강행했다. 이제 유신의 장벽은 한 조각, 한 조각 깨어지기 시작했고, 2년여에 걸쳐 고뇌했던 학생들의 민주주의에 대한 열기는 11월, 12월까지 이어졌다.

경찰당국은 2일, 4일, 5일에 일어난 서울대 문리대·법대·상대 시위에 관련된 학생 215명을 연행하고 그 중 23명을 집회 및 시위에 관한 법률 위반으로 구속하고, 9명을 불구속 입건, 61명을 25일간 구류, 나머지는 훈방했다. 또 학교 당국은 또한 시위에 관련된 학생 97명을 뽑아 23명은 제

명, 18명은 자퇴, 56명은 무기정학 등의 무더기 학사징계 처분을 내렸다.

서울대 문리대·법대·상대 등 3개 단과대학의 데모가 있은 뒤, 6일은 이화여대가 쌍쌍파티를 중단하고 성토대회를 했고, 10일은 숙명여대가 축제 때 오락행사 중단을 결의했다.

학생시위는 11월에 들어서서 전국적으로 확산되었다. 11월 5일, 경북대생 200여 명은 교내에서 성토대회를 가진 뒤 학교 뒷문으로 빠져나와 경북도청을 향해 200미터 가량 가두시위를 하다가 경찰과 충돌해 해산했다. 7일은 서울대 상대·공대·사대생들이 동맹휴학을 결의했고, 8일은 서울대 교양과정부·가정대생들이 동맹휴학을 결의하고 반유신 결의문을 채택했다. 9일, 서울대 농대·약대·치대, 한국신학대가 동맹휴학에 들어가고 성토대회를 가졌다. 12일에는 이화여대생 4,000여 명이 결의문을 채택한 이후 민주주의의 장송을 알리는 검은 리본을 달기로 했다. 이 당시 각 대학의 결의문, 선언문의 내용은 10·2 서울문리대 시위 때 나온 선언문의 내용과 거의 같았다.

13일은 고려대 학생회 간부들이 기한부 단식농성에 들어가고, 감리교신대, 중앙대, 서울문리대가 동맹휴학에 들어가면서 수업을 거부했다. 1971년 교련반대 시위를 경험한 학생들은 가두에서의 경찰과의 충돌을 피하고 주로 동맹휴학의 방법을 택했다. 14일은 전남대 학생들이 수업을 거부했으며, 15일은 고려대생 2,000여 명이 안암동로터리에서 경찰과 충돌해 투석과 최루탄전을 보였으며, 한국신학대 김정준 학장 등 교수 10명은 학생들의 입장을 지지하는 의미에서 삭발을 단행했다. 1973년 이래 한국신학대 학생들이 학생운동에서 두드러지게 활동한 것도 대학교수들의 분위기에 영향을 받은 것이었다. 16일은 서울대 상대생들이 교내시위를 한 데에 이어서 연세대생들이 교문 밖에서 연좌시위를 강행했다. 17일은 연세대 의대가 맹휴를 결의하고, 숙명여대는 수업거부를 했고, 서강대는 휴교를 해버렸다.

각 대학에서는 19일부터 학생시위가 더 이상 가열되지 않도록 하기 위해 조기방학 움직임을 보이기 시작했다. 21일 서울대 일부 단과대학과 수도여사대가 종강을 했고, 23일은 서울대 문리대, 외대가 방학을 했다. 그러나 26일에 연세대, 성대, 숭전대 등 3,000여 명은 시위를 강행했고, 서울치대학생들은 단식농성, 서강대생들은 시험거부를 했다. 27일에는 서강대, 성균관대 학생들이 가두시위를 강행한 데 이어, 28일은 새문안교회 학생들이 광화문에서 횃불을 들고 가두시위를 했다. 동국대, 건국대, 한양대생들이 가두시위를 했다. 이화여대생 4,000여 명은 정오부터 대강당에서 성토대회를 벌인 후 교문 밖으로 나가려다 경찰이 페퍼포그를 발사하고 무력으로 진압하자, 학생들은 대강당에 모여 새벽 4시까지 철야기도를 했다. 29일은 고대생들이 교문 앞에서 경찰과 투석전을 벌였고, 한양대, 경희대, 숙명여대생들이 가두시위를 벌였다. 30일은 고려대, 중앙대, 서강대, 홍익대, 단국대, 수도여사대 등이 가두시위와 성토대회를 했다.

이렇게 10월 2일 서울대에서 시작된 시위는 11월 한 달, 대학을 완전히 시위로 몰아넣었다. 그만큼 10·2 시위의 충격은 컸으며, 막힌 둑이 무너지고 난 뒤 갇힌 물이 쏟아지듯했다. 10월유신이 선포된 지 1년이 지난 당시 학생들의 민주주의를 확립하려는 실천적 의지는 10·15조치 이전보다 훨씬 더 강렬했다.

12월에 들어서자 1일 경북대생 1,000여 명이 경찰과 투석전이 벌였고, 영남대, 부산대생 1,000여 명도 경찰과 대치, 투석전을 벌여 지방대학생들이 더욱 강렬하게 싸우게 되었다. 이날 서울에서도 상명여대 사대, 동덕여대, 경희대, 서울법대생들이 성토대회와 가두시위를 벌였다. 3일은 이화여대생 1,000여 명이 검은 리본을 달고 시청 앞에 모여 애국가와 함께, "우리의 소원은 자유, 꿈에도 소원은 자유"라는 노래를 부르며 시위를 했고, 전남대, 가톨릭대, 명지대, 항공대, 국제대생들이 성토대회와 가두시위를 벌였다. 4일에는 대구 효성여대가 시위에 나섰으며, 5일에는 10월유신 이후 고등학생으로서는 처음으로 광주일고생들이 시위를 했다. 계속되는 시위로 각 대학은 11월 27일부터 12월 1일에 걸쳐 조기방학에 들어갔다. 광주일고에 이어 서울의 고등학교에서도 시위가 번지자, 에너지파동을 이유로 12월 4일부터 조기방학에 들어가버렸다.

10월 2일부터 2개월간 그 치열했던 학생운동에서 학생들의 주장은 무엇이었으며, 교수들은 무엇을 고뇌했던가? 학생들이 시위, 농성, 단식, 동맹휴학 등 집단행동을 통해서 내세운 주장은 ① 민주체제 확립, ② 학문 및 언론의 자유, ③ 사회의 부조리현상 제거, ④ 김대중 사건 해명, ⑤ 대일 경제예속 지양, ⑥ 관광매춘 중단, ⑦ 구속학생 석방 등이었다. 이러한 주장은 10·2시위 이후 일관되었으며, 이 속에 담겨진 학생들의 이상은 반외세, 반독재였다. 그들은 나라가 위기에 처한 것을 비단 외세의 침략이나 전쟁에서만이 아니라 민주주의의 가장 큰 위협인 독재정치에서 찾았던 것이다. 11월 30일 이화여대 교무위원회(대표 김옥길) 이름으로 나온 건의서에서는 학생들의 주장을 더욱 선명하게 정리해놓았다.

① 정보, 수사기관의 지나친 간섭과 횡포, ② 거기에 따르는 불신풍조의 증대, ③ 부정부패, ④ 언론, 결사, 집회자유의 지나친 위축, ⑤ 특히 김대중 납치사건에 대한 의심 등에서 오는 불신과 반발, ⑥ 외국부채 상환과 특히 일본자본에 대한 지나친 의존도에 관한 염려, ⑦ 신식민지적 예속상태에 대한 염려, ⑧ 일본인 관광사업에 유린당하는 여권에 대한 울분, ⑨ 호화주택에서 사치스럽게 생활하는 사람들이 있는 반면에 적은 수입으로 겨우 연명해야만 하는 노동자, 농어민과 빈민들이 있다는 엄청난 경제적 불균형에 대한 의분, ⑩ 가

난한 동포들에 대한 관심과 동정, ⑪ 체포, 구속 또는 투옥되는 학우들에 대한 뜨거운 우정

11가지 주장 중, 어느 하나가 참다운 민주주의를 위해서 버릴 것이 있는가? 학생들의 주장이 곧 민주국가의 이상인 것이다. 그러므로 학생들은 자기 일신을 돌보지 않고 그토록 처절하게 투쟁하는 것이다. 그것은 학생들만이 할 수 있는 일이며, 민족의 장래 또한 그들에게 달려 있는 것이다. 10·2 이후 학생들이 내걸었던 실제 구호는 다음과 같다.

자유민주체제 확립하라(서울대), 언론자유 보장하라(경북대), 대학인의 정의의 양심의 소리에 귀기울여라(이화여대), 정부는 국민의 기본권과 생존권을 최대한 보장하는 민주체제를 확립하라(이화여대), 자유·민주 실현, 학원사찰 중지(고려대), 민족의 양심과 자유 민주주의를 짓밟지 마라(연세대), 민족을 위한 구국기도(한국신학대), 민주주의 회복과 전 국민의 인간화를 촉구한다(한국신학대), 대일경제 예속탈피(한양대)

학생들의 문제가 이토록 심각하자 교수들의 고뇌 또한 깊어갔다. 12월 13일 전국대학 총학장회의에서 "학생들이 잘못된 사회 부조리를 알면서 가만히 있을 수 없다고 나설 땐 교수로서 답변할 말이 없다"고 실토한 교수들의 입을 통해서 당시의 사회부조리가 얼마나 심화, 누적되어왔는가를 알 수 있다.

한심석 서울대총장은 "학생들이 교내문제가 아닌 정치·사회적 이슈를 들고 나올 때는 대학만으로서는 대책을 세울 길이 없다. 자기 집 애들이 이웃 애들과 싸울 때 자기네 애들을 나무라듯이 대학 측은 항상 정부와 학생들 사이에 끼어 학생 쪽을 나무라기가 일쑤다. 그러나 학생들

만을 탓할 수는 없다. 대학의 이런 고민을 정부로서도 이해할 줄 알아야 한다"고 했다. 또 김정준 한신대학장은 "성경은 이 땅 위에서 올바로 살아가는 길을 가르쳐주고 있는데, 이러한 성경의 정신에 따라 학생들이 정당한 사회참여를 할 때 교수는 어떻게 해야 하느냐"고 괴로움을 나타내었고, 그 괴로움 때문에 삭발하게 되었다고 했다. 강기용 청주여사대 학장은 "데모의 근본원인을 그냥 두고 데모를 막자니 이중인격자가 되어가고 있는 것 같다"고 서글픈 표정을 지었다.

1973년 학생시위는 국회에서도 크게 논란이 되었다. 어떤 의원은 고려대학생과 외국어대학생의 선언문을 갖고 나와 "대체 이 속에 반국가, 반정부 구절이 어디 있느냐"고 따졌고, "대학 캠퍼스를 경찰이 들어갈 수 없는 지역으로 성역화하라"는 의견도 나왔다. 반면 정부 측 김종필 총리는, "국토가 양단되어 있고, 북한이 호시탐탐, 무력통일을 기도하고 있다" 그리고 "학생은 오늘의 주인이 아니고 내일의 주인이므로, 어떤 이유로든 공부에 전념해야 된다"고 하며 학생들의 주장에 대해서는 한마디도 언급하지 않았다.

10·2 시위에 이은 2개월간에 걸친 학생시위는 박 정권에게 돌이킬 수 없는 타격을 주었다. 1973년 학생시위로 인해 종교계 및 일부 재야인사들도 유신의 마취에서 깨어나기 시작했고, 학생들이 그토록 규탄하는 패배주의, 무사안일주의, 투항주의의 자기기만에서 벗어나 개헌청원 서명운동을 전개하기 시작했다. 이로부터 1979년 10·26까지 민주세력과 반민주세력 간의 쫓고 쫓기는 싸움이 만 6년간 계속되었다. 1970년대에 있어서 1973년은 실로 민주화운동의 분수령이었던 것이다.

4. 민청학련 사건(1974년)

① 발단

1973년 10·2 서울문리대 반유신 시위에 이어 2개월간에 걸친 반독재 학생시위는 문제제기로서 끝나버렸다. 당시 학생들의 주장은 광범위한 민주제도의 혁명적 개선 없이는 수렴될 수 없었던 것으로, 더욱이 박 정권으로서는 그들이 처한 국내외적인 입장 때문에 정권을 내어놓지 않는 한 학생운동을 탄압할 수밖에 없었다.

1973년 겨울방학 동안 학생들은, 1974년도를 민권쟁취·민주승리의 해로 정하고, 학생운동을 보다 더 질적으로 심화시켜서 분단민족의 향방을 제시하고 양적으로 확대시켜서 많은 민주 일꾼이 민주주의 건설에 몸 바쳐서 일할 수 있는 조직적인 운동을 모색했다. 1960년 4월에는 58일만의 항쟁으로 독재정권을 퇴진시켰으나, 그후 6·3 이래 학생운동은 수많은 피해만 가져왔지 그 실효를 거두지 못한 채 10여 년이 흘러온 것에 대해 반성과 분석을 했다. 그러한 움직임이 비단 조직적으로 형성되지는 않았다 하더라도, 1960년대 이래 반민주의 질곡 속에서 민족의 장래가 외세의 위압과 내부적인 반민주적 제반 모순으로 날로 암담해지고 국민생활이 있는 자와 없는 자로 균열이 극심해지자, 대다수 민중은 불안과 불신으로 살아가게 된 상황에서, 이 모든 것의 원인이 박 정권의 반민주적 통치에 있다고 보았다. 그 결과 박 정권을 지탱하는 유신헌법의 철폐와 동시에 박 정권의 퇴진을 요구하게 되었다. 이러한 학생들의 생각은 1974년 개학과 동시에 3월부터 각 대학 및 고교에서 성토대회, 수강거부, 유인물 배포, 농성 등의 사태로 나타났다.

1974년 4월 3일 밤 10시, 박 대통령은 이른바 '전국민주청년학생총연맹'과 관련해 긴급조치 제4호를 선포함으로써 민청학련사건이 발생하게 된다. 박 대통령은 특별담화문을 발표하고 민청학련에 대해 이렇게 규정했다.

소위 '전국민주청년학생총연맹'이라는 불법단체가 반국가적으로 불순세력의 배후조종하에 그들과 결탁해, 공산주의자들이 이른바 그들의 '인민혁명'을 수행하기 위한 상투적 방편으로 으레 조직하는, 소위 통일전선의 초기 단계적 지하조직을 우리 사회 일각에 형성하고 반국가적 불순활동을 전개하기 시작했다는 확증을 포착하기에 이르렀습니다. 이들은 그동안 우리 사회와 같은 공개사회가 지니는 특성을 역이용해 표면상으로는 합법성을 가장, 그들의 정체를 위장하고, 우리나라의 각계각층에 침투를 획책했습니다. 그리하여 특히 최근에 이르러서는 소위 전국민주청년학생총연맹이라는 지하조직을 결성해, 공산주의자들이 말하는 이른바 '인민혁명'의 수행을 기도했던 것입니다.

사건을 수사하기도 전에 이미 민청학련이 공산주의적 인민혁명을 수행하려고 했다고 사건의 결말을 제시해놓은 것이었다. 그후 사건조사는 박 대통령의 담화내용에 맞추어져나갔다.

② 전개

1974년 4월 25일 신직수 중앙정보부장은 다음과 같이 발표했다.

전국민주청년학생총연맹의 주동 학생들은 4단계 혁명을 통해 이른바 노동자, 농민에 의한 정부를 세울 것을 목표로 과도적 통치기구로서 민족 지도부의 결성까지 계획했으며, 이 민청학련의 배후에는 ① 과거 공산계 불법단체인 인혁당 조직과 재일 조총련계 일본공산당, ② 국내 좌파 혁신계가 복합적으로 관련, 학생을 포함한 1,024명이 조사를 받고 이 중 253명을 군법에 송치해 54명이 1차로 기소됐다.

그리고 정보부는 민청학련의 배후를 다음과 같이 발표했다.

① 인혁당 당수로 지하활동을 하다 복역했던 도예종 등은 1971년부터 1973년 11월까지의 경북대 데모를 배후조종, 학생폭거를 통한 사회주의 정권수립을 기도했으나 당국의 저지로 실패하자, 전국학생민족자주통일 중앙협의회 경희대 위원장 이수병 등을 통해 10·2 서울대 데모를 주도한 이철 등에 접근, 민청학련의 구성과 활동을 배후조종하고 자금을 지원해왔고, ② 재일조선인총연맹의 비밀조직원 곽동의의 조종을 받은 일본의 〈주간현대〉 등 주간지 자유 기고가인 다짜가와 마사기와 일본 공산당원인 하야가와 요시루 등이 관광 명목으로 우리나라를 왕래하면서 이철 등과 접촉, 폭력혁명 계획을 지원해왔으며, ③ 좌파 혁신계로 복역한 적이 있는 유근일 등은 이들 대학생들에게 자금지원, 유인물 원고제공 등 민청학련 활동을 지원해왔고, ④ 한국기독학생총연맹 간부들도 민청학련을 적극 지원, 참여키 위해 교회청년연합회를 조직, 4월 반정부 데모가 실패할 경우 2단계로 이 연합회가 나서기로 했었다.

그러나 민청학련 중심인물들은 법정에서 이러한 배후관계설에 대해 전면 부인했다. 특히 인혁당 관계자는 "1964년도 사건에 대한 보복"이라고 주장했다. 그러나 인혁당 관계자는 학생들과 분리되어 '인민혁명당 재건위원회'라는 사건으로 경합되어 재판을 받았다. 학생들은 법정에서 "누구의 조종을 받고 학생운동을 하기에는 우리가 너무 철이 들었다.""순수한 학생운동을 공산주의자들의 사주 운운으로 해, 학생운동을 근저에서 탄압하려고 하는 것이다"라고 말했다. 당시 강신옥 변호사는 민청학련 사건 변론 중에 "내가 차라리 피고인석에 서겠다"는 발언으로 구속되기도 했다. 한편 정부는 4단계 혁명구상에 대해 다음과 같이 발표했다.

1단계: 유신체제를 비민주 독재체제로 단정하고, 자원파동에 따른 경제적 어려움을 정부 실책으로 과장함으로써 '민주회복' 등의 명분으로 반대세력을 규합하고, 2단계: 4월 3일 전국 주요 대학이 일제히 봉기, 청와대 등 정부기관을 점거, 정권을 인수하고, 3단계: 민주연합정부를 구성하고 민족지도부와 10인위원회를 설치해, 4단계: 노동자, 농민에 의한 정부를 세운다.

'봉기만 하면 정권이 무너지고, 정권만 무너지면 노동자·농민의 정부를 세우는' 식의 단순논리가 이루어지기에는 분단 30년의 상처가 너무 깊었다. 분단 30년의 반공교육이, 대학생들이 일시에 데모한다고 정권이 무너지고 사회주의 정권이 들어설 수 있도록 해놓은 것은 아니다. 그리고 비록 분산적이고 비조직적인 학생운동을 체계적으로 연합한다고 해서, 그것이 곧 혁명을 위해서 하는 것은 아니다. 단지, 학생들은 자신들의 주장을 민주적 압력으로 행사하는 것이다.

그리고 학생들은 본질적으로 누구의 조종을 받기를 거부한다. 그것은 학생들만이 갖는 고유의 특징인 것이기도 하다. 이승만 정권 아래 "폭력으로 정권을 타도하려고 하는 것은, 곧 폭력혁명을 부르짖는 공산주의자들의 주장과 일치한다"는 흑백논리가 수많은 민주주의자들을 좌경분자로 몰아 탄압하는 주된 논리였다. 북한에서 '동무'라고 하니까 우리는 '친구'라고 해야 한다는 논리와 같은 것이다.

4월 25일 중앙정보부장은 기자회견에서 학생들이 국가변란을 일으킬 수 있다는 가능성에 대해 "학생들은 4·19혁명 때 자유당 정권을 전복시킨 역사적 유산을 갖고 있다. 그후부터 매년 정치·사회문제를 들고 거리로 뛰쳐나오려는 학원풍토가 조성되었다. 일부 학생들은 거의 직업적으로 이에 매달리고 있다"라고 했다. 학생들의 정의로운 주장으로 독재정권이 물러난 4·19는 국가변란이 아니었다. 학생들의 민족적 양심에 의해서 일어나는 시위로 설사 정권이 무너졌다 해도 그것은 '국가변란'은 아니다. 정권과 국가는 다른 것이다. 독재자들은 "자기의 정권이 곧 국가"라고 생각한다. 게다가 4·19 정신은 자유민주주의에 그 뿌리를 두고 있었으며, 그것이 반독재 항쟁을 가능하게 했던 것이다.

민청학련에 관련된 학생들은 법정에서 전국민주청년학생총연맹이란 이름은 수사기관에서 처음 들었다고 진술하기도 했다. 그리고 전남대 김정길은 수사기관에서 '김일성 만세'라고 자꾸 쓰게 해서 시킨 대로 했더니 나중에 그것이 자기 조서에 들어 있더라고 했다. 그리고 김지하, 나병식 등 관련인사와 학생들은 수사과정에서의 살인적인 고문행위를 전부 폭로해 국내외적으로 커다란 물의를 일으켰다.

③ 결말

1974년 9월 7일 오전 비상고등군법회의(재판장 이세호)는 민청학련사건 주모자급 48명과 일본인 2명 등 50명에 대해 긴급조치 위반, 국가보안법 위반, 반공법 위반, 내란 예비음모, 내란 선동 등의 죄로 선고공판을 열고, 사형 8명(1심은 9명), 무기징역 9명(1심은 17명), 12년 이상 20명(1심은 33명)을 선고했다. 이날, 선고는 학원관계 27명, 인혁당재건위 21명, 일본인 2명으로 분리해 선고했는데, 그 형량은 다음과 같다. 1심에서 김지하(무기), 김병곤(무기), 안양로(무기) 등과 이강(15년), 김정길(15년) 등 5명은 항소를 포기했다.

학원관계(27명)

-사형: 여정남(경북대졸, 29세)

-무기: 이철(서울문리대재, 26세) 유인태(서울문리대졸, 26세)

　이현배(서울대학원생, 30세)

-징역 20년, 자격정지 15년: 정문화(서울문리대재, 23세) 황인성(서울문리대재, 21세) 나병식(서울문리대재, 25세) 서중석(서울문리대재, 25세) 이근성(서울문리대재, 24세) 정윤광(서울문리대재, 27세) 강구철(서울문리대재, 20세) 김효순(서울문리대졸, 21세) 유근일(중앙일보논설위원, 37세) 정상복(KSCF 간사, 31세)

-징역 15년, 자격정지 15년: 이강철(경북대졸, 26세) 정화영(경북대재, 26세) 임규영(경북대재, 21세) 윤한봉(전남대재, 25세) 김영준(연세대재, 26세) 송무호(연세대재, 22세) 김수길(성대재, 20세) 안재웅(KSCF 간사, 34세)

-징역 12년, 자격정지 12년: 이직형(KSCF 총무, 37세) 나상기(KSCF 이사, 26세) 서경석(서울공대졸, 27세) 이광일(교회청년연합회장, 24세) 구충서(단국대재, 19세)

인혁당 재건위 관계(21명)

사형: 서도원, 도예종, 하재완, 송상진, 이수병, 우홍선, 김용원

무기: 김한덕, 유진곤, 나경일, 강창덕, 이태환, 전창일, 이성재

징역 20년, 자격정지 15년: 김종대, 이창복, 조만호, 이재형, 정만진

징역 15년, 자격정지 15년 ; 전재권, 임구호, 황현승

일본인 2명

징역 20년, 자격정지 15년: 하야카와, 징역 20년, 자격정지 15년: 타치

그러나 이들은 4월 3일 사건 발생일로부터 10개월 12일만 인 1975년 2월 15일 민청학련사건 관계자 중, 인혁당재건위 관련자 21명과 학원관계자 이현배, 유인태, 김효순, 이강철 등 4명을 제외한 148명이 출옥해 민청학련사건의 진위 자체를 의심하게 했다. 그후 1975년 4월 9일 인혁당 관계자 7명과 학원관계자 여정남 등 8명은 사형이 집행되었고, 1978년에 학원관계자 4명 중 이강철을 제외하고 3명이 출옥했고, 1979년 10·26 이후 이강철이 출옥했다. 1982년 3월과 12월에 인혁당 관계자들이 전원 석방, 출옥함으로써 사건 발생 약 9년 만에 사건이 종결되었다.

윤보선 전 대통령, 원주주교 지학순, 제일교회 목사 박형규, 연세대 교수 김동길, 김찬국 등도 이 사건에 관련되어 유죄판결을 받았다. 이 사건 관련자로 조사받은 사람만도 1,024명으로 사상 유례없는 대규모 사건이었으며, 민청학련에 관련된 학생들이 10여 년이 지나도록 복권이 되지 않은 채 사회각계에서 중진으로 활동하고 있다.

민청학련사건은 1970년대 후반 학생운동이 노동자, 농민 문제에 깊은 관심을 갖게 되는 직접적인 계기를 마련해, 1960년대의 학생운동과는 다른 발전적인 모습을 보여주었다. 뿐만 아니라 이 사건은 그동안의 산발적이고 자연발생적인 학생운동에 운동의 현실적 발현형태인 조직성을 부여해 학생운동의 새로운 방향성을 제시해주었다.

④ 1974년 후반기의 학생운동

1974년 전반기는 민청학련사건의 소용돌이 속에서 지나가버렸다. 자연히 1974년 후반기의 학생운동은 이 사건으로 구속된 이들의 석방운동이 되었다. 8·15광복절 기념식장에서 육 여사가 저격당하는 사건이 일어나자 반공 궐기대회가 전국적으로 일어났다. 게다가 8월 23일 긴급조치 1, 4호가 해제되었으므로 2학기의 학원가는 조용하리라고 생각했다.

그러나 정부의 예상과는 달리, 9월 23일 이화여대 4,000여 학생은 "정당한 법적 절차 없이 체포·구금·고문하는 불법행위를 즉각 중지하라"는 6개항의 결의문을 채택했다. 이어 서울대, 고려대, 한신대, 감리교신대 등이 차례로 교내외에서 성토대회 및 시위를 벌였다. 학생들의 공통적인 주장은 민주체제 확립, 유신헌법 철폐, 구속인사 및 학생 석방, 언론자유 보장, 학원사찰 중지 등이었다.

이렇게 학생운동이 정치투쟁화하는 가운데 연세대, 성대, 경희대 등에서는 총장의 사퇴를 요구하는 성토대회와 농성을 벌이기도 했다. 24일 감신대학생 100여 명이 구속학생 석방기도회를 가졌고, 25일 연세대, 한신대생들이 구속학생 석방기도회를 가졌다. 26일 서울대 총학생회에서 구속학생 석방 서명운동을 전개했으며, 27일 한신대생들이 구속자 석방 기도문을 발표한 뒤, 교수와 학생이 횃불시위를 해 민청학련사건 이후 첫 가두시위에 들어갔다. 홍익대생들도 구속학생 석방 서명운동을 했고, 28일에는 한신대 교수들이 학생들의 주장을 지지한다는 서한을 보냈다. 10월에 들어서서도 1일 서울대, 2일 서울치대, 8일 서울법대 등의 구속학생 석방 서명운동 전개에 이어 10일 고대생 2,000여 명이 구속학생 석방을 요구하며 교내시위를 하고, 서울상대생들이 고려대 앞까지 진출해 시위를 했다.

학생시위의 양상이 점차 교내시위에서 가두시위로 바뀌자, 10월 12일 박경원 내무장관은 특별지시를 내려 "데모 주동학생을 구속하고 투석자는 즉심에 회부하라"고 전국 경찰에 지시한 데 이어, 10월 14일 유기춘 문교부장관이 전국대학총학장회의를 소집해 "소요사태 주동학생을 제적하고 면학질서가 깨지는 대학은 학원관리 능력이 없다고 판단하고 휴교명령 등 적절한 조치를 취하겠다"고 강경태도를 밝혔다. 이어 충남대

박희범 총장은 14일 오후 즉각 긴급 교수회의를 열고 시위 주동학생 6명을 제적시키고 11명을 무기정학시켰다. 이어 11월 19일까지 12개 대학에서 19명이 제적되고 36명이 무기정학, 20명이 유기정학, 15명이 근신처분을 당하는 등 모두 90명이 학사징계를 받았다.

학생시위는 정부의 이러한 강경태도에도 굴하지 않고 10월 중순부터는 전국 대학으로 번져나갔다. 전국대학총학장회의가 열렸던 바로 그날, 중앙대, 동국대, 건국대, 부산대, 전남대, 충남대 등이 구국선언문 등을 채택하고 일제히 성토대회, 농성, 시위 등을 벌였고, 이어 경북대, 동아대, 숭전대, 성심여대, 서울신대 등 전국 대학에서 시위가 일어났다. 10월 18일 경에는 전국 대학이 거의 휴교상태에 이르렀다. 그러나 종교계의 끊임없는 구속자 석방기도회와 국회에서의 개헌논의, 언론인들의 자유언론실천운동 등은 학생들의 주장이 정당하다는 것을 뒷받침해주었다.

11월에 들어가서도 1일 한양대가 시위를 했고, 11일 경동교회 대학생들이 횃불시위를 벌이자 11월 중순, 유기춘 문교부장관은 서울대, 고대 등 13개 대학에 휴교 명령을 내리겠다는 계고장을 발부했다. 11월 하순에 들어가 서울 경기고, 동성고가 시위를 한 것에 이어 15일 광주일고, 18일 광주조대부고가 가두시위를 벌였다. 학생시위가 고등학교까지 확산되자 각 대학은 조기방학에 들어가버렸다. 한편, 재야 쪽에서도 민주수호 국민협의회가 결성된 이래 무려 3년 8개월 만에 긴 잠에서 깨어나 1974년 11월 27일 '민주회복 국민선언'을 발표하고 '민주회복국민회의'를 결성했다.

1974년의 학생운동이 미친 여파는 그 어느 해보다 컸으며 대학이 받은 상처 또한 깊었다. 학생들은 비어 있는 학우의 자리를 바라보며 고뇌했고, 학교를 떠난 학생들의 부모 또한 유난히 추운 겨울을 보냈다.

긴급조치 9호 시대

(1975~1979년)

1. 1975년 학생운동 개관

1975년 5월 13일 긴급조치 9호가 선포된 이후부터 1979년 10·26까지를 긴급조치 9호 시대라고 한다. 이 시기는 학생운동이 학교 및 서클 중심으로 가장 치열하게 전개된 때였지만, 긴급조치 9호로 인한 언론보도 금지로 거의 모든 학생운동이 보도되지 않았다. 모든 언론이 침묵과 굴종만을 능사로 알고 있던 시대였고, 모든 사람들이 비판하는 것은 고사하고 진실을 말하기도 두려워했으므로, 사회에서는 유언비어가 난무하고 학원가에는 지하 유인물이 범람했던 시기였다. 따라서 이 시기의 학생운동은 법정을 통해서만 밝혀지게 되었다.

 1975년 벽두 동아방송 광고탄압에 이어, 2월 12일 유신헌법 신임 국민투표를 실시해 투표율 79.84%에 찬성 73.1%를 얻자, 박 정권은 2월 15일 긴급조치 1, 4호 관련자(민청학련 관련자) 중 인혁당과 민청학련 관계 4명을 제외하고는 전원 석방했다. 그러나 3월 19일 국회에서 외국인

상대의 반국가 언동을 규제하는 형법개정안을 통과시켜 민주화운동에 새로운 위협을 가하고, 이어 4월 8일 고려대에 긴급조치 7호를 내려 휴교령을 내렸다. 이튿날엔 민청학련 관련 인혁당 관계자 7명과 학원관련자 여정남 등 8명을 사형집행해 국내외에 비상한 충격을 주었고, 11일에는 서울농대생인 김상진이 양심선언을 하고 할복자살하는 사건이 일어났다.

4월 29일 시국에 관한 대통령특별담화가 발표되고, 4월 30일 베트남이 공산화되자 국내에서는 반공궐기대회와 안보궐기대회가 거의 매일 개최되었다. 베트남 공산화의 여파는 박 정권으로 하여금 5월 13일 드디어 긴급조치 9호를 선포하고 유신체제에 대한 모든 비판과 정부, 대통령 등에 대한 모든 비판을 봉쇄하게 했다. 그러나 학생들은 이러한 안보조치가 민주주의에 대한 위기를 초래하며 집권 15년이 되어도 안보태세하나 확립하지 못한 박 정권은 더 이상 신뢰할 수 없다고 해, 국가의 안보를 위해 독재정권의 퇴진을 강력하게 요구했다. 그리하여 긴급조치 9호의 벽은 선포 10일 만에 서울대 5월 22일 김상진 추도식에서부터 깨져나갔다.

• 김상진의 죽음
3월 28일 서울농대 학생총회에서는 대학선언문을 발표하고 학원자유보장, 구속학생석방을 요구했다.

보라! 과연 이 시대는 죽은 것인가? 자유와 민주를 희구하는 대열은 잔인한 형벌로 탄압되고, 특권 지배층에 소외되고 억눌린 일반 민중은 소리없이 몰락하고 있다. …… 역사와 민족 앞에 이 닫힌 시대를 활짝 열기 위해 대학은 안이한 상아탑으로 남기를 거부한다.

이어서 4월 2일 박 대통령과 집권당에 대해 모든 불합리한 학원과 사회 제반 사태를 타개할 일대 결단을 촉구하는 선언문을 발표해 농과대학 전체 분위기를 술렁이게 했다.

만방에 묻노니, 그 누가 이 땅을 서서 살았던가. 바야흐로 역사는 더 이상 무릎 꿇고 살기를 거부한다. 해방 이래 30년, 4·19의 푸른 선혈은 자유당 10년 속에서 겨레의 가슴깊이 비상했고, 작금엔 우리의 민족사를 전락시킨 암흑의 무리가…… 학우여, 잠깐 보던 책을 덮고 귀를 기울여라! …… 이 한줌도 못 되는 부패 특권층의 부귀영화가 우리를 그 얼마나 피맺힌 가난과 소외의 골짜기로 넘어뜨렸더란 말이냐! …… 역사는 이러한 사태를 원하지 않으나 그러나 우리는 하나가 무너지고 또 하나가 무너지더라도 무릎 꿇고 사느니 서서 죽을 것임을 재천명한다.

이어 4월 4일에는 "학원자유 보장하라" "유신헌법 철폐하라" 등의 구호를 외치면서 300여 명이 시위를 행했다. 이날 시위로 김명섭과 학생회장 황연수가 연행되자, 학생들은 4월 10일을 기해 단식농성에 들어가기로 했다. 그러나 단식 일자를 하루 연기시킨 학생들은 연행된 학생들의 석방을 위해 700여 명의 서명을 받아 학장에게 제출했다. 이어 11일 오전 11시에는 농대 대강당 앞 잔디밭에 300여 명의 학생들이 모여 자유성토에 들어갔다.

11시 30분께 김상진이 세 번째 연사로 등장해 양심선언문을 읽기 시작했다. 그의 태도는 침착했으나 그의 어조는 정열적이었다.

더 이상 우리는 어떻게 참을 수 있으며 더 이상 우리는 그들에게서 무엇을 바랄 수 있겠는가! 어둠이 짙게 덮인 저 사회의 음울한 공기를 헤치는 죽음의 전령사가 서서히 우리에게 다가오는 것을 우리는 직시하고 있다. 무엇을 망설이고 무엇을 생각할 여유가 있단 말이냐! …… 민주주의란 나무는 피를 먹고 살아간다고 한다. 들으라, 동지여! 우리들의 숭고한 피를 흩뿌려 이 땅에 영원한 민주주의의 푸른 잎사귀가 번성하도록 할 용기를 그대들은 주저하고 있는가!

들어라! 우리는 유신헌법의 잔인한 폭력성을, 합법을 가장한 유신헌법의 모든 부조리와 악을 고발한다. 우리는 유신헌법의 비민주적 허위성을 고발한다. …… 저 지하에 선 내 영혼에 눈이 뜨여 만족스런 웃음 속에 여러분의 진격을 지켜보리라! 그 위대한 승리가 도래하는 날! 나, 소리없는 뜨거운 갈채를 만천하에 울리게 보낼 것이다.

차분히 꿋꿋하게 양심선언문을 읽고 난 다음 그는 서서히 품 안에서 20cm 길이의 과도를 끄집어내어 오른손에 쥔 다음 왼쪽 하복부에 찔러넣고 온 힘을 모아 위로 그어올렸다. 그리고 쓰러지면서 부축하는 동료들에게 "애국가를 불러달라"고 한 다음 혼수상태에 빠졌다. 김상진이 병원으로 실려간 이후 학원 안과 밖은 경찰과 시위대의 충돌로 전쟁터가 되었다.

12일 아침 8시경 수원 도립병원에서 2차수술에 실패해 서울대 의대 부속병원으로 옮기던 도중, 김상진은 앰뷸런스의 덜컹거리는 침대 위에서 운명했다. 7의 양심선언은 죽음을 각오한 열사의 최후의 소리였다. 그는 유서 '대통령에게 드리는 공개장'은 이렇게 끝맺고 있다.

저 민족의 들리지 않는 피맺힌 절규가 무엇을 뜻하며, 간절한 무언의 호소가 무엇을 바라는가를 왜 각하는 모르시는 것입니까? 죽음으로써 바라옵나니, 이 조국을 진정 사랑하는 마음에서 바라옵나니, 국민된 양심으로써 진실로 진실로 엎드려 바라옵나니, 더 이상의 무고한 희생이 가지 않도록, 더 이상의 혼란이 오지 않도록, 숭고한 결단을 내려주시기 바랍니다. …… 이 땅에 영원한 민주주의를 꽃피우려 갈망하는 우리 민족은 그것을 성취하기 위해 어떠한 압력에도 끝없는 투쟁을 계속해 싸워 이겨나갈 것이라는 것은 자명한 사실일 것입니다.

그러나 이러한 한 젊은 학생의 간절한 기원도 박 대통령은 끝내 외면했다.

• 김상진 장례식 및 추도식

김상진이 운명한 후 곧장 서울대학병원 영안실에 안치되었으나, 그날 오후 5시경 농대학생들이 조문 갔을 때 이미 화장되어 유해가 가족들에게 돌아가버렸다.

서울문리대 4학년생을 중심으로 한 가면극회와 문학회, 사범대 3학년생을 중심으로 한 야학문제연구회, 그리고 1971년 위수령으로 제적되었다가 복학한 학생들 등은 각각 5월 22일에 김상진 군 장례식 및 추도식을 거행한 후 대규모의 시위를 할 계획이었다. 그러나 사전에 정보를 입수한 기관원들이 너무 많이 학교 안에 몰려와 계획대로 진행되지 않았다. 그러나 김도연, 박연호가 극적으로 "의로운 죽음, 암장이 웬 말이냐"라고 쓴 플래카드를 들고 뛰쳐나가자, 도서관 앞의 중앙계단은 순식간에 학생, 교직원, 기관원의 난투장이 되었다. 그 혼란 가운데 김도연은 장례 선언문을 읽고, 김정환은 조시를 읽고, 천희상이 조사, 박연호가 반독재선언문을 낭독했다. 이때는 이미 모인 학생이 4,000여 명이 되었다. 학생들은 애국가, 정의가, 선구자 등의 노래를 부르고, 이어 500여 명이 교문 밖으로 스크럼을 짜고 나갔으나 출동한 경찰기동대에 의해 해산되었다. 경찰은 강의실까지 난입해 유인물을 가진 학생은 무조건 구타, 연행했다. 남부서는 80여 명을 연행하고 그 중 60명가량을 구속시켰다. 이 시위는 긴급조치 9호가 선포된 후의 첫 시위였던 만큼 당국이 신경질적인 반응을 보였다.

이 시위로 인해 한심석 서울대총장이 사임했고, 치안본부장과 남부서장이 경질되었다. 이 시위로 투옥되어 징역을 산 서울대 학생들은 모두 29명이었다.

• 천주교 정의구현 전국학생총연맹

천주교 정의구현 전국학생총연맹은 5월 22일 서울대 김상진 추도식 사건의 배후조사 중, 이 사건의 단서가 드러나 6월 3일부터 관계자들이 검거되기 시작했다. 이것은 1974년 민청학련 이래 또다시 범대학 연합체를 형성해 대규모 시위를 기도했던 것으로, 22명이 구속되어 최고 10년의 징역을 받았던 사건이다.

4월경부터 서울대 대학원생 심지연, 서울대 국사학과 4년 박홍석, 중앙대 신방과 4년 이명준, 고려대 정외과 4년 한경남을 중심으로 천주교 정의구현 전국학생총연맹의 결성을 목표로 전국 18개 대학을 연결해 조직하기로 하고, 발기문, 제1 시국 선언문, 제15차 4·19선언문 등을 제작하는 등 준비를 해오다가 6월 3일부터 관련자들이 연행되기 시작했다.

• 중앙대 지하신문 〈시론정보〉

긴급조치 9호 아래 언론이 제 기능을 다하지 못해 진실보도와 사실논평을 일체 하지 못하고 당국이 국민으로부터 알 권리마저 박탈한 상황에서, 중앙대생들은 국내의 현실을 학생들에게 올바로 알리기 위해 〈시론정보〉라는 유인물을 제작했다. 당시 타임지에 실린 한국관계 기사를 번

역하고, 김상진의 양심선언문 등을 수록했다. 그러나 6월 15일 작업현장에서 체포되어 긴급조치 9호 아래에서 지하 유인물 제작·유포로 최초로 구속되었다. 이때 구속된 학생은 이석표(사회사업), 백상태(정치외교), 안정배(경제), 김기선(사학), 경영준(도서학과) 등이었는데, 이들은 모두 1심에서 징역 1년, 자격정지 1년을 받았으나, 2심에서 모두 집행유예로 출감했다.

7월 9일 국회에서 사회안전법, 방위세법, 민방위기본법, 교육관계법 등 4대 전시입법이 통과되자 학생운동은 더욱 위축되어갔다. 학생들의 시위는 거의 미수에 그쳤고 각종 유인물 제작·배포 등으로 구속되기 시작했다.

• 수도여사대 시위미수

긴급조치 9호가 선포되고 9월 2일 학도호국단이 창단되자 학원분위기가 침체되어 가는 가운데 각 대학에서는 유인물이 활발하게 나돌았다.

9월 23일 수도여사대 과학교육과 3년 배경순은 '2천여 수도인의 함성'이란 유인물을 제작, 강의실에 살포하고 시위를 시도했으나 실패했다. 이 사건으로 배경순은 1심에서 징역 1년, 자격정지 2년을 받았으나, 2심에서 집행유예 2년으로 풀려났다. 이 사건은 긴급조치 9호 아래에서 여대생 사건으로는 첫 사건이었다. 그는 이 유인물에서 "유신헌법 철폐, 박 정권 퇴진, 긴급조치 해제, 석방자 복교·복직" 등을 주장하며 당시 학생들의 주장을 대변했다.

입이 있어도 말할 수 없는 시대, 귀가 있어도 들을 수 없는 시대, 비탄과 양심의 권리까지 침식당한 폐허 위에 우리는 무엇을 세울 것인가? 5·16반동쿠데타를 일으켜 정권을 장악한 현 독재정권은 반민주적, 반민중적 폭력과 고문, 정보정치와 특권주의적 족벌정치로 전 국민의 생존권마저 가사상태로 몰아가고 있다. 자유, 정의, 진리를 사랑하는 2천여 수도인이여! 소위 근대화와 경제건설이란 구호 아래 피와 땀을 빨아 파탄이 난 민중의 생활을 밟고 서서 거들먹거리는 포식한 무리들의 모습이 보이지 않는가! …… 자유와 민주주의의 전통이 다시 부활하는 때를 위해 과감히 구국투쟁 대열에 참여하자.

• 이화여대 〈새벽〉

이화여대 학생들이 유신헌법 철폐와 박 정권의 퇴진 등을 요구하는 선언문과 김지하의 양심선언 등 공개되지 않은 내용의 유인물을 수록한 20페이지 정도의 〈새벽〉이라는 소책자를 만들어 연대·이대·서울대 등의 강의실, 화장실, 교정에 배포했다. 이 사건에 연루된 학생인 이형량(사회), 정경임(국문), 정선자(국문) 등이 10월 10일 구속되었다.

이와 비슷한 것으로 10월에 흥사단 아카데미 대학생들이 김지하 양심선언을 프린트해 각 대학에 배포하다 구속된 일이 있었다. 이 일로 서울사대 송영인 등 5명이 구속되었다. 또 서강대에서는 '자유서강 3호'를 제작해 10월 23일 밤 10시 경에 서강대 교내에 살포한 일로 권오성(전자), 김윤(영문) 등이 구속되어 징역 2년과 징역 1년을 받았다. '자유서강 3호'의 주요내용은 "학생들 구속 계속되다" "학원에 정보요원이 집결" "억압된 노동자의 권리" 등 현실진단과 서강대생들의 현실각성과 행동을 촉구하는 것이었다.

11월 17일에는 국민대 장영달, 유길상, 권운상 등이 반정부 시위를 하려다가 미수에 그쳤다. 장영달은 민청학련사건으로 징역 10년을 받고 2·15조치로 석방되었으나, 이 일로 형집행정지가 취소되어 10·26 이후에나 출옥해 긴급조치 9호 아래에서 장기 복역한 학생 중 한 사람이 되었다.

• 서울대·경희대 연합시위 미수

1975년 학생운동의 마지막 장이었던 서울대·경희대 연합시위 미수 사건은 서울대생들과 경희대생들이 연합해 반독재 시위를 계획하고, 유인물 '민주·민족통일의 깃발을 높이 들자'를 작성해, 시위 당일 각 대학에 동시에 뿌리기로 했던 것이었다. 그러나 예정한 17일은 준비부족으로 18일로 연기해 감행하려고 했으나, 정보가 누설되어 17일 저녁에 관련자가 체포되어 중단되고 만다. 하지만 18일 경희대의 경우는 시위는 미수에 그쳤지만, 유인물은 경희대, 외대 등 각 대학에 살포되었다. 유인물의 주된 내용은 유신체제의 철폐, 박정희 독재정권 타도, 긴급조치 9호의 철폐, 학원자율화 등이었다.

지하 유인물로 싸움을 계속하던 대학가에 비록 2개 대학이나마 연합해 가두시위를 기도했다는 것이 정부당국 및 사회에 큰 충격을 주었고, 이들이 작성한 유인물은 명문장名文章으로 국내외에 널리 알려졌다. 이때 수배된 신동수(서울대)는 그후 계속 피신했다가 1977년 12월 구속되어 징역 1년 6개월을 받고 목포교도소에서 만기출옥했다.

1975년에는 또한 2건의 학원 간첩단사건이 발생해 많은 학생들이 관련되어 투옥되었다. 11월 5일 한신대 전병성과 김병수가 재일교포 간첩 김현철과 관련되었다 해서 구속된 사건이 있었다. 이어 11월 29일에는 서울의대 본과 2년생 재일교포 유학생 강종헌을 간첩으로 발표하면서 강종헌과 관련되었다고 해 서울의대 서광태 등을 구속한 사건이 발생했다.

이 사건은 학생들이 독재정권에 항거하고 기본권을 말살한 유신헌법에 반대하고 구속자와 민주인사 석방을 위한 운동을 한 데 대해, 간첩단이란 어마어마한 조직이 학생운동의 배후에 있다고 선전하는 대국민 반공교육용의 하나로 알려졌다. 변호사들도 한결같이 긴급조치 9호 위반죄는 시인하였으나 간첩죄는 무죄라고 주장했다. 이 사건 관계자 14명 중

강종헌, 박종열, 서광태만 실형을 받고 나머지는 전부 선고유예 및 집행 유예로 석방되었으며, 서광태 또한 10·26 이후 석방되어 복교까지 했다.

2. 1976년 학생운동 개관

1975년 5월 13일 긴급조치 9호 선포 이래 1975~1976년의 학생운동은 공개적으로 활성화되지는 못하고 주로 학내서클이나 교회서클 등에서 유인물 제작, 데모기도 등으로 이어졌다. 이러한 흐름은 1976년 12월까지 계속되어오다가 12월 8일 서울법대 농법회 주도의 시위로 비로소 학생운동이 활성화되어, 1977년부터는 학생운동이 데모 위주로 발전하게 되었다.

1976년 3월 1일 명동성당에서 재야인사들이 3·1민주구국선언을 해 학생운동에 다소 활기를 불어넣었으나 학생운동 활성화의 결정적 구실은 하지 못했으며, 종교계의 대정부 현실 참여운동에 한 계기를 마련했다. 그후 1976년 박동선이 미국 의회에 거액의 로비자금을 제공해 한·미 간 외교마찰을 일으킨 박동선 사건(이른바 코리아게이트 사건) 등으로 국제적으로 민족의 위신이 추락된 데 대해 민족적 분노와 아울러 박 정권이 안고 있는 반민주적 취약점을 폭로되고, 학생들의 박 정권에 대한 불신이 더우 깊어져 1977년 이후 학생운동이 더욱 치열하게 되는 계기를 마련해주었다.

● 정화영·김영준 구속
1974년 경북대학교 정치학과 3년 재학중에 민청학련에 관련되어 징역 10년, 자격정지 10년을 받고, 1975년 2·15조치로 석방되어 고향인 경북

예천에서 농사일을 하고 있던 정화영이 예천군 4-H 회장 선거 때에 재구속되어 3년을 선고받았다.

정화영은 경찰서 유치장에서 반체제 발언을 했다는 이유로 검찰에 인계되어 민청학련의 형집행 정지가 취소되어 1979년 10·26 이후에 출옥했는데, 이와 같이 긴급조치 4호의 형집행 정지가 취소되어 장기 복역하다가 10·26 이후 출옥한 사람으로는 장영달, 김지하 등이 있다. 정화영의 가택수색 중 역시 민청학련과 관련된 연세대생 김영준의 편지가 발각되었는데, 그 내용이 반체제적이라고 해서 김영준 또한 구속되었다.

• 부산 중부교회 대학생회 회지

2월에 부산 중부교회 대학생회 회장 김영일(부산대), 회원 조태원(부산대), 이해성(동아대) 등은 대학생부 회지를 발행해 교회 내 평신도, 신학원 학생들에게 배포하고, 부산진 교회 소속 대학생들에게도 배부했다. 그 내용은 국내 간행물 중 문병란 시 〈땅의 연가〉, 정희성 시 〈맨주먹〉, 박현채 논문 〈빈부격차의 심화현상〉 등이었는데, 조태원의 인사말 가운데 '한국적이나 유신 따위'라는 문구가 문제가 되었다.

> …… 한국적이나 유신 따위는 말고 좀 더 거시적인 안목으로 세계적이고 우주적인 눈으로써 이 땅 위의 인류를 위해서 우리를 사랑하시는 그리스도를 따라서 십자가를 짊어지고 골고다의 언덕을 향해서 힘차게 전진하자.

긴급조치 9호는 실로 말 한 마디, 문장 한 구절로도 구속, 투옥할 수 있는 제도였다. 유신제도는 바로 긴급조치 9호로 대변되는 정치제도였던 것이다. 결국 이 사건으로 김영일, 조태원, 이해성 등이 구속, 투옥되어 징역 2년과 자격정지 2년을 받고 집행유예로 풀려나왔다.

이와 비슷한 일로 3월에 신구전문대 김금용이 3·1구국선언문을 복사해 전주 시내에 배표해 긴급조치 9호로 징역 1년 자격정지 1년을 받은 사건도 있었다. 3월 27일 한신대 전점석, 박남수, 최갑성 등이 유신철폐, 긴급조치 9호 해제, 민주인사 석방, 해직교수 복직, 조향록 학장 퇴진 등의 주장을 실은 유인물을 작성해 채플시간을 이용해 시위를 기도하려다 미수에 그쳤다. 4월 19일 전남대 학생들은 4·19기념식을 갖기로 하고 강의실에서 선언문을 낭독하고, 광장에서 시위하려고 했으나 미수로 끝나버렸다.

6월에 들어서 대구 계명대학에서도 4·19선언문을 제작, 배포했다는 혐의로 백현국, 장의식, 서태열, 서석구, 김진태, 강봉기가 구속되었다. 세종대학교에서는 '세종인의 자율화를 위한 서장'이란 유인물을 교내에 뿌리고 시위를 하려다가 발각되어, 주동학생 남인순(국문), 이혁(경상계열), 신대범(경상계열) 등 3명이 제적된 사건도 있었다. 각 학교에서 이러한 크고 작은 유인물 사건이 계속되는 가운데 10월 15일 서울대에서 드디어 시위가 일어났다.

● 서울대 축제 시위

1975년 5·22 이래 당국의 무자비한 탄압과 철저한 정보 사찰 활동으로 학원 분위기는 매우 침체되어 있었다. 서울대도 1975년 말의 서울대·경희대 연합데모 미수 후 계속 침묵을 지켜왔다. 그러나 학생들은 끊임없이 그들 주장의 분출구를 찾기 위해 활동해왔다. 그러던 중 축제기간인 10월 15일, 서울대 본부 앞 속칭 감골마당에서 농대 농악팀의 농무로 모여든 학생들이 추수감사제와 탈춤이 끝난 9시 30분경 자연스럽게 스크럼을 짜면서 〈선구자〉 노래를 합창하고 독재타도·유신철폐의 구호를 외치면서 뛰어나가 교문 앞까지 진출했으나, 출동한 경찰에 의해 해산되었다.

이 사건으로 평소 감시를 받던 학생 40여 명이 연행되어 이들 중 양관수, 전재주 등이 제명되었다. 이 시위 이후 학생들은 모이는 기회만 주어지면 시위로 유발될 가능성이 현저해졌다고 판단한 정보당국은 더욱 학원 감시에 심혈을 기울이게 되었다.

• 서울법대 시위

졸업을 2개월 남겨둔 서울법대 4학년 박석운, 이범영, 백계문 등에 의해 시위가 주도되었다. '민주구국 선언문' 600부를 등사한 이들은, 12월 8일 도서관 등에서 학생들에게 400여부를 배포하고 애국가를 선창하고 선언문을 낭독한 뒤 〈정의가〉 등을 부르면서 시위에 들어갔으나, 평소 학교에 주둔해 있던 형사대에 의해 진압되었다.

이 시위는 졸업시험까지 끝내고 졸업을 2달 앞둔 4학년들이 주도했다는 점에서 충격을 주었는데, 이들은 유인물에서 "유신헌법 철폐와 정보정치 폭로, 긴급조치 해제, 구속인사 석방, 언론자유 수호, 호국단 해체" 등을 요구하고, 당시 국내외에 심한 충격을 준 박동선 사건에 대한 정부의 진상해명을 요구했다.

이 법대 시위가 5·22 이래 침체된 학원 분위기를 쉽게 점화시킬 수는 없었으나, 1976년도 학생시위에서 1977년 학생시위로 넘어가는 가교의 역할을 했다. 또한 4학년 학생들이 졸업에 연연해하지 않고 학생운동에 과감히 참여하는 계기가 되었다.

한편 이들이 채택한 결의문은 4·4조의 가락에 맞춘, 학생구호의 한 유형을 창조하기도 했다.

① 국제망신 민족망신 뇌물사건 공개하라

② 일인독재 장기집권 유신헌법 철폐하라

③ 인권탄압 정보정치 긴급조치 해제하라

④ 구속학우 민주인사 지체없이 석방하고

　돌려다오 제명학우 막지마라 교수양심

⑤ 허울좋은 안보빙자 기본권을 반환하라

⑥ 답답하다 눈뜬맹인 언론자유 수호하자

⑦ 물가고와 기아임금 생존권을 박탈마라

⑧ 꼭둑각시 호국학도 호국단을 해체하고

　중지하라 학원사찰 학생자치 막지마라

이외에 연대 기독학생회 야외 수련회에서 수련회 자료용으로 "① 서울의 의미, ② 민중이란 무엇인가, ③ 해방신학" 등의 유인물을 작성해 배부했는데, 이 사건으로 윤문종(사학), 태상호(화공) 등이 무기정학을 당하기도 했다.

3. 1977년 학생운동 개관

1975년 5월 긴급조치 9호 이후 각종 시위와 유인물의 건수가 대폭 줄어들었으나, 1977년 들면서부터 급증하기 시작했으며, 그로 인해 구속되는 학생들의 수도 전년에 비해 배로 증가했다. 긴급조치 9호라는 제도적 장치에 의한 학생운동의 침체된 상태가 이때부터 서서히 활기를 띠기 시작했으며, 이러한 학생운동의 왕성한 분위기는 1978년에서 1979년으로 이어져 박 정권의 말기증세를 연출했다.

• 장기표 구속

1974년 민청학련 당시 장기표는 '민중의 소리'를 작성해서 민청관련 학생에게 주었다는 혐의로 수배되었다가 1977년 2월 25일 검거되었다. 약 3년 동안 피신해 있다가 검거된 장기표는 긴급조치 9호 위반, 반공법 위반, 주민등록법 위반, 병역법 위반 등 네 가지 죄목으로 기소되었다. 그는 2심 법정에서 검사에게 이렇게 말했다.

"검사는 나의 행위를 영웅심에서 발로된 것이라고 주장했다. 나는 이 영웅심을 철저히 배격하는 사람이다. 민중이 고통을 받고 있는 것은 바로 소수 사람들의 영웅심 때문이다. 영웅주의가 배격되어야만 진정한 민주주의가 이룩될 수 있다고 믿는다. 그런데 검사의 항소 이유에서 영웅심의 발로라고 주장한 것은 심히 못마땅하다."

그러고는 공소 내용 하나하나를 설명해나갔다. 당시 이 재판은 민주주의 학습장으로 소문이 날 정도였다. 그는 1심에서 징역 5년, 자격정지 5년을 받았으나, 2심에서 징역 3년에 자격정지 3년을 받고 복역하다가 10·26 이후 출옥했다.

• 서울대 시위

3월 28일 서울대 경제학과 4년 양춘승, 역사학과 3년 박찬우, 역사학과 3년 김찬우 등이 유신정권 타도를 내용으로 하는 민주구국선언문을 학생 300여 명 앞에서 낭독하고 시위에 들어가려 했으나, 선언문 낭독 도중 기동경찰에 의해 중단되었다.

이들은 선언문에서 "① 학도호국단의 철폐와 학생회의 부활, ② 긴급조치의 해제와 언론탄압의 중지, 부정부패의 일소, ③ 굴욕외교의 중지와 박동선 사건의 공개수사 요구" 등을 열거하고 박 정권의 퇴진을 주장했다.

이들은 재판과정에서 "이들이 민주주의를 파괴해 사회혼란을 가져와 북한에 남침의 기회를 줄 수도 있는 죄를 저질렀다"는 검사의 주장에 대해, "유신체제야말로 민주주의를 말살하는 장본인이며, 국가안보의 참된 실현은 바로 유신체제의 철폐와 국민의사의 자유로운 표현과 그 종합에 의해서만 가능하다. …… 이번 사건은 하등의 죄가 아니라 국가의 위기에 나타난 국민의 정당한 저항권의 발현"이라고 항변해 방청석으로부터 우레와 같은 박수를 받기 했다. 결국 이들은 징역 1년 6월씩 받고 투옥되었으며, 옥중에서 유신철폐를 선동했다고 해서 추가 1년씩을 더 받았다.

이어 4월 5일, 광주 YMCA 소강당에서는 고난주간 집회를 갖고 전남 기독교장로회 청년연합회가 성명서와 결의문을 채택했다. 이들은 성명서에서 박정희 독재정권하의 비리에 분개하고 유신헌법 철폐 및 구속자 석방, 학원자유 보장, 종교사찰 중지, 언론자유 보장 등을 주장했다. 이일로 조봉훈(전남대), 배호경(전남 EYC회장) 등이 연행되자, 6일 10시부터 회원들은 광주서 앞에서 연좌농성을 벌이다가 유신철폐 등의 구호를 외치면서 가두시위를 했다. 그러나 두 사람이 석방되지 않자 각 교회와 지방으로 성명서를 발송하고 전교회 청년들과 학생들의 궐기를 시도해, 4월 10일 부활절 예배 장소인 중앙초등학교에서 감행하려고 했으나 사전에 발각되어 실패했다.

• 한신대 고난선언

4월 17일 한신대 채플실에서, 고난주간 예배가 끝나자 이영재가 '고난선언'을 낭독하고 김연수, 김하범 등이 유인물을 배포했다. 이들은 3월 15일 경부터 학생들의 공동 관심사인 현 정부 시책에 대한 비판을 가하는 '신앙고백'을 작성, 학도호국단 명의로 학내에 배포하고, 기독교 행사인 고난주간을 계기로 신앙고백서를 채택하고 정부를 규탄하는 집회와 시위를 기도했다. 집회하기 전에 학생들은 경찰에 4월 17일 시위를 사전에 알려주어 경찰이 출동되어 있는 상태에서 시위를 강행했다.

이들 주장의 주요내용은 "① 유신정권의 퇴진, ② 민주적 절차에 의한 새 정부 수립, ③ 문교 행정의 정치적 시녀화에서의 철저한 개혁" 등이었다. 또 학도호국단은 학생 전체의 의사를 무시한 어용단체로서 이는 해체되어야 하며, 그에 대체되는 학생회가 부활되어야 한다고 주장하고, "① 학내 여론의 자유 보장, ② 공업구조의 파행성과 특정 기업 편중으로 인한 물가고와 근로대중의 생존권에 대한 억압으로부터 해방, ③ 국가보위에 관한 특별조치법 폐지, ④ 근로자의 단체행동권 보장, ⑤ 적극적인 대일 자세 확립, ⑥ 유신헌법, 긴급조치 폐지, ⑦ 대통령 직선제" 등을 요구했다.

또한 민주구국 헌장에서는 한반도를 둘러싼 국제적인 관계와 특히 미군철수 논의와 인권문제, 뇌물사건 등 국제선린 관계의 파탄은 현 정부의 독재와 인권유린에서 비롯된 것으로서 "① 유신헌법, 긴급조치 철폐, ② 모든 정치범의 완전한 인권회복, ③ 고문·사찰·폭압과 정보정치 종식, ④ 학원자유 및 종교의 자유, 사법권 독립 보장, ⑤ 노동자, 농민 등 근로대중의 생존권 보장" 등을 주장했다.

1977년 들어서 학생운동의 주장이 단순히 반독재 민주주의 이념의 표현뿐만 아니라 민족자본의 육성 및 소득의 정당한 분배 등을 요구해, 학생들의 관심이 민족 전체의 이익을 위해서 상당히 폭넓게 전개되고 있음을 보여주었다.

이와 비슷한 시기인 4월 12일은 서울대에서 '4월 선언문'과 '민주구국 헌장'이라는 유인물을 배포해 4명이 구속되었으며, 4월 15일 감리교 신학대학에서도 '민주구국헌장' 복사해 학생들에게 배부하고 데모를 하려다가 미수에 그쳤다. 이와 같은 일은 연달아 일어났는데, 4월 11일에서 19일 사이에 고려대학교에서도 구속인사 석방, 유신헌법 철폐, 긴급조치 해제, 언론자유 보장, 학원사찰 금지 등을 내용으로 한 유인물을 작성해 고려대와 서울대에 배포했다는 혐의로 5명이 구속되었다.

4월 20일 전북대학에서는 유신헌법 철폐, 국가보안법 및 반공법으로 민주인사와 학생운동의 탄압 중지 등 13개 조항의 결의문을 채택하고 교내와 학교버스, 시내, 교회 등에 배포한 다음 시위를 하려다 미수로 그쳤다.

한편 4월 19일 연세대에서는 4·19예배를 마치고 나오는 학생들에게 김철기, 김성만, 강성구 등이 "오늘이 4·19입니다. 백지성명밖에는 낼 것이 없습니다"라고 말하면서 백지성명을 발표했다. 이들은 수사과정에서 "유신체제는 철폐되어야 하고 독재체제는 물러가야 한다는 것이 분명하나, 이와 같이 백지선언문밖에 돌리지 못하는 것이 유감이다"라고 당당히 말했다. 백지선언문은 억눌렸던 학생들의 의사표시의 새로운 방법이었고, 백지 속에 수많은 의미를 내포하고 있었다.

4월 24일 기독교장로회 청년연합회 주관으로 향린교회에서 부활절 기념예배를 마치고 반정부 유인물을 배포하고 명동까지 가두시위를 벌였다. 9월에는 국민대학 배기선(사회학과)이 반정부 유인물을 배부하다가 학도호국단 간부들에 의해 저지되고 또한 학도호국단 간부들에 의해 경찰에 넘겨져 구속되었는데, 이는 대학의 불신풍토의 결과로서 당시 학도호국단의 어용적 성격을 말해주는 일례라고 할 수 있다.

● 서울대 사회학과 심포지엄
서울대에서는 10월 7일 사회학과 행사로서 1학기부터 준비해온 '1920년대의 한국 민족운동의 고찰'이란 주제로 학생들의 심포지엄이 열렸다. 그리하여 오후 2시경 청중들 500여 명이 26동 대강의실에 모였다. 그러나 학교당국은 심포지엄이 끝난 다음 데모가 일어날 것을 우려해, 사전에 심포지엄에 참가할 학생 연사들을 붙들어놓고 "사정에 의해 행사를 연기한다"는 종이쪽지만 붙여놓았다.

이에 분노한 학생들은 자발적으로 노래를 합창하면서 항의농성으로 들어갔다. 농성이 진행되면서 사태의 진상에 대한 비판적인 토론이 시작되어 농성은 곧 성토장으로 변했다. 학교 당국이 사태의 해명 없이 강제로 해산시키려고 하자, 학생들은 "어용교수 물러가라"고 외치며 토론을 계속했다. 이때 학도호국단 개선방안, 축제거부 등을 논의하고, "사태 해명하라" "총장 물러가라" "학원탄압 중지하라" "긴급조치 해제하라" "유신헌법 철폐하라" 등의 구호를 외치면서 농성을 계속했다.

농성이 진행되는 동안 학생들의 의지가 고조되어 결국 무기한 단식 농성으로 발전했다. 한편 농성이 진행된다는 소식을 들은 학생들 400여 명은 강의실 밖에서 반독재, 반유신헌법, 학원자유보장 등을 요구하며 시위를 전개했다.

안팎으로 농성과 시위가 계속되자 드디어 경찰이 출동해, 페퍼포그를 무차별 난사해 강의실 안까지 쏘아넣었다. 강의실 밖의 시위를 진압한 경찰은 강의실 안으로 들어가 농성중인 학생 400여 명을 전원 연행해갔다. 경찰은 이들 중 80여 명을 문제 학생으로 지목해 남겨두고 나머지는 새벽 4시경에 훈방했다. 다음날 학교 당국은 휴강조치를 했고, 이에 분노한 학생들은 교문 밖에서 대대적인 시위를 벌여 경찰과 일대 충돌을 벌였다.

경찰은 구금한 80명 중 13명을 주동용의자로 추출하고 다시 8명을 뽑아내어 데모가 사전계획된 것인 양 고문하고, 이를 조작해 8명 전원을 긴급조치 9호 위반으로 구속했다. 구속된 학생은 심상완(사회학과), 박

홍렬(사회학과), 홍윤기(철학과), 전경재(독문학과), 최성일(사회학과) 등이다. 이들은 재판과정에서 애당초의 집회가 불법이 아니고 학생 당국의 승인을 얻은 공식행사였으며, 학교 당국의 부당한 간섭으로 생겨난 우발적인 시위임을 들어 무죄를 주장했다. 그리고 이번 시위가 일어나게 된 것은 정부 당국의 학원간섭에 그 원인이 있음을 맹렬하게 비난했다. 또한 그들은 그들을 구속하고 있는 긴급조치 9호를 비난하고 학생들의 요구는 당국의 불법행위에 대한 권리를 되찾기 위한 당연한 노력이었음을 적극 주장했으나, 재판결과는 다른 재판과 마찬가지로 실형이 선고되었다.

긴급조치 9호의 무분별한 적용과, 학내에서조차 학생들의 기본적인 자유마저 박탈하고 이어 휴교 조치를 내리게 된 처사에 대해 각급 학교 학생들은 분개해 적극적으로 학생들의 주장에 대한 정당성을 실천하게 되었다.

• 연세대학교 구국선언서

1975년도 이래 적극적인 학생운동이 전무했던 연세대에서는 10월 7일 서울대 시위로 서울대가 휴교 조치되자, 더 이상 침묵을 지킬 수 없다는 판단 아래 유신헌법 철폐와 긴급조치 해제 등을 주장하는 적극적인 반정부 선언서를 발표했다. 10월 13일에 연대생 노영민은 대강당에서 2,000여 명의 학생에게 '구국선언서'를 배포하고 선언문에 나오는 구호를 제창했다. 신과대 대강당에서도 김지성이 100여 명의 학생에게 같은 선언서를 배포하고 낭독한 후 만세삼창을 했다.

…… 아! 통탄한다. 학우여! 국민의 피와 살을 깎아낸 세금을 독재정권의 유지를 위해 외국 정치인을 매수하는 데 쓰이게 한 박동선 사건은 웬 말인가!

인간으로서 양보할 수 없는 기본권을 무시하고 소수 지배계급을 위한 긴급조
치는 또 웬 말인가! 정의를 위해서 싸우던 지식인, 종교인, 학생, 노동자들을
구해야 한다. ……

① 학원과 언론의 자유를 쟁취한다. ② 국제망신 박동선 사건을 철저히 규명
한다. ③ 정보정치의 주역 중앙정보부 해체를 위해 싸운다. ④ 노동자의 권익
투쟁을 지지한다. ⑤ 이 모든 비정의의 온상 유신헌법의 철폐를 위해 싸운다.

긴급조치 9호 선포 이후 연세대학에서 최초로 발생한 반독재·반유신
학생투쟁으로 뒤에 일어난 10월 26일 연세대 대규모 학생시위의 도화
선이 되었다.

• 연세대 반유신 데모

10월 7일 서울대 시위, 13일 연세대 구국선언서가 잇달아 발생하자, 17
일부터 22일 사이에 연세대에서는 각종 유인물이 배포되고 벽보가 나붙
기 시작했다. 학원 내 분위기가 긴장되어 학생동원이 가능하다고 판단
한 이대수, 오성광, 이상훈 등은 구체적 작전계획을 세우고 선언문 작성
등을 논의했다. 이들은 당시 연대 도서관 신축 공사장에서 자갈과 각목
이 많은 것을 착안해, 채플시간에 대강당 4층의 폐쇄된 박물관 안에 한
사람이 들어가 유리창을 깨고 플래카드를 내려뜨리고 선언문을 뿌리고,
학생들 사이에도 선언문을 뿌려 학생들을 선동해 도서관 신축공사장으
로 가서 데모를 진행하기로 합의했다.

10월 26일 12시 30분 경 채플이 끝나고 나오던 약 1,000여 명의 학생
들에게 플래카드를 내걸고 선언문 1,000여 매를 살포했다. 또 강성구는
유리창을 깨고 학생들을 집중시킨 뒤 플래카드를 내려뜨리고 다시 유리
창 두 장을 깨고서 깨진 창틀을 부여잡고 "유신헌법 철폐하라" "독재정

권 타도하자"는 구호를 외쳤다. 학생들이 박수로 호응을 보이자 이상훈은 다시 유인물 300여 장을 뿌리고 스크럼을 짜고 공사장 쪽으로 갔다. 이때 경찰이 이상훈을 연행하자 데모대는 흥분하기 시작, 데모가 점차 격화되어 이미 4,000여 명으로 불어난 학생들은 연락을 받고 달려온 경찰과 충돌하기 시작했다.

일부 학생들은 경찰 저지선을 뚫고 이화여대 정문 앞으로 해서 신촌 로터리를 시위 행진했고, 경찰은 최루탄을 발사하며 곤봉으로 닥치는 대로 학생들을 구타했다. 이 데모는 긴급조치 9호 발동 이래 가장 큰 규모의 학생데모로서 가장 격렬했다. 이 데모를 계기로 학생들은 무기력의 긴 늪에서 벗어나기 시작해 11월 11일 서울대 데모와 서강대 데모로 이어졌다.

● 서울대 반독재 데모

10월 26일의 연세대 대규모 학생데모에 이어 11월 11일 서울대에서도 반독재 데모가 일어났다. 11일 서울대 식당에서 문성훈, 양기준이 유신 체제의 반민중적, 반민족적 성격을 규탄하는 '민주구국 투쟁선언문'을 낭독하고 식당에 들어와 있던 형사들에 의해 붙잡혀가자, 이에 분격한 학생들이 식당 밖으로 나와 정의가 등을 부르며 시위에 들어갔다.

학생들의 수가 점차 많아지자 경찰이 즉각 출동해 데모진압에 나서고 학생들 일부는 도서관으로 들어가 장기농성 태세에 들어갔다. 이들이 창문에 마이크를 대고 선언문 낭독 등 격렬한 반정부 구호를 외치자, 건물 밖에서 시위하던 데모대를 진압한 경찰이 도서관 안으로 페퍼포그를 쏘면서 진입해 농성 중이던 학생 전원이 관악서로 연행되어갔다.

이 시위는 서울대생 3,000여 명이 참가한 대규모 시위로서 시위의 격렬성에 있어서도 10월 26일 연세대 데모를 방불케 했으며, 침체된 학생운동이 점차 되살아나고 있음을 보여주었다.

• 서강대 반유신 데모

서강대에서도 11월 12일 3학년 교련검열 도중 시위가 유발되어 500여 명이 1시간가량 교내시위를 벌였다. 학생들은 민주회복, 교련반대 등의 구호를 외치며 경찰과 대치하면서 데모를 벌여 59여 명이 연행되어갔으며, 학교 측에서는 곧이어 2일간 휴교에 들어갔다.

휴교가 끝난 14일 오후 3시경 2학년 교련시간에 학생들은 12일 시위로 연행된 학생들의 석방을 요구하면서 약 200여 명이 유신철폐, 구속학생 석방 등의 구호를 외치면서 재차 시위에 들어갔다. 그러나 긴급 출동한 경찰에 의해 제지가 되었으며 문교부는 서강대학교에 또다시 데모가 일어나면 폐교도 불사하겠다는 계고장을 보냈다.

그러나 18일 교수들로부터 이 사실을 전해들은 학생들은 드디어 '서강선언문'을 작성해 1,000여 부를 강의실에서 살포하고 데모에 들어갔다. 학교는 이날부터 종강을 해버렸으며, 학기말 고사를 리포트로 대치했다. 이후 각 학교에서 종강이 속출하고 기말시험을 리포트로 대치하는 것이 하나의 유행이 되었다. 이날 배포한 서강선언문에서 학생들은 아래와 같이 주장했다.

서강 학우들이여!

현 정부가 1972년 소위 10월 유신체제라는 정치적 기만 술책으로서 온 국민의 양심과 자유를 송두리째 박탈해온 이래, 학원의 자유 또한 더 이상 빼앗길 것도 양보할 것도 없는 시점에 이르렀다. 정치권력의 독재화와 창조적 지성의 질식사 과정이었음을 명약관화하게 드러내지 않았는가. …… 역사는 인간 의지의 축적이며, 자유의 수호는 고귀한 희생을 통해 이룩되었다는 것을 알고 있노라. 오, 기꺼이 이 역사적 사명에 흔쾌히 모든 것을 바치노라. 학우들이여! 자! 나아가자, 저 자유의 거리로 나아가자!

이에 우리는 다음 사항을 결의한다.

1. 11월 12일, 14일 교내시위에 관련되어 연행된 학생들을 무조건 석방하라.
2. 학도호국단의 즉각 해체, 학원 내의 기관원 출입금지, 학생회의 부활을 요구한다.
3. 긴급조치를 즉각 해제하고, 구속된 학생들을 전원 무조건 석방하라.
4. 유신헌법을 철폐하라.
5. 북괴는 학생들의 순수한 외침을 정치적 목적으로 기만하지 마라.

11월 12일부터 18일까지의 서강대 데모로 구속된 학생들은 이문범(화학), 박태율(경영), 이효율(물리), 유재현(철학), 장정수(사학), 한수동(사학), 김용진(국문), 임영준(물리) 등으로 모두 징역 1년에서 3년까지 받았다.

이어 12월 18일 기장서울청년연합회에서는 결의문을 내걸고, 수도교회에서 약 200여 명이 시위에 들어갔으나 사전에 출동한 경찰들에 의해 해산되었다. 이 사건으로 3명이 구속되었다.

긴급조치 9호 선포 이래 1975~1977년 초반기까지의 침체된 학생운동이 누적된 학생들의 주장을 유인물을 통해서 밖에 표현하지 못하던 한계성을 깨고, 1997년 후반기 들어서서는 10월 26일 연대, 11월 11일 서울대, 11월 12~18일 서강대 대규모 학생데모 등의 직접적 시위의 형태로 나오게 되었다.

4. 1978년 학생운동 개관

내부적으로 온갖 비리와 부정부패가 누적되고 국제적으로 끊임없이 위협당하는 경제적 제반 문제의 심화는 박 정권으로 하여금 더욱 강력한 탄압정책을 유발하게 해, 정권의 내부적 모순은 날로 심화되어 갔다. 이러한 모순은 학생운동에 대해서도 극심한 탄압을 자행하게 되었다. 그러나 정권의 심한 탄압에도 불구하고 학생운동은 1977년 후반기부터 침체를 벗어나면서 학생들의 반정부 투쟁은 갈수록 확대되어갔다.

• 부산대와 이화여대 유인물
4월 18일 오후 7시, 부산 중부교회에서 부산대 학생들이 '부산대 자율화 민주투쟁선언서'를 채택하고 "4월 19일 10시에 시계탑으로 모이자"라는 유인물을 배부했다.

> 부정, 부패, 불의의 온상이던 독재권력을 타도하고, 민족의 참된 역사 발전을 위해 숙의적 주장으로 민족의 민주 역량을 증언했던 4월 혁명 그날이 왔다. 지금부터 18년 전, 오늘은 실천적인 지성의 승리의 날이었다. …… 새로운 외세에의 굴종과 복종, 열악한 경제구조, 거리에 배회하는 타락한 소지식인들, 민족의 총체적 이익보다 권력에 결탁된 특정 소수 집권층에 우선되는 국민의 부, 매판자본으로 얼룩지는 국토, 경제성장이란 간판 아래 무참히 착취당하는 우리의 노동자, 농민, 주체 없는 잡종문화의 포화, 이따위들이 우리의 현실이다. …… 오늘은 진정한 민주 구국을 쟁취하는 날이다. 4·19정신은 어떠한 술책에도 맥맥이 살아남아 우리 민족의 앞길을 밝히고 있다.
> 자! 부대 학도들이여 반파쇼 항거운동에 전열을 가다듬자! 나가자!

이들은 6개항의 결의문과 역시 6개항의 행동강령까지 발표해 1978년 학생운동이 내적으로 얼마나 치열하게 전개되었는가를 짐작케 한다. 학생들은 어느덧 서서히 독재권력과 맞설 전열을 가다듬기 시작했던 것이다. 결국 4·19부산대 반정부 데모는 유인물만 뿌리고 미수에 그쳤으나, 재경대학 중심으로 전개되던 학생운동의 풍토에서 지방대학의 적극적 참여가 돋보이게 되었다.

한편 이화여대에서는 학도호국단 주최의 '학생연구 발표회'가 끝날 무렵 김안나(사회생활)가 유인물을 살포한 데 이어, 5월 4일 사대 축제 마지막날 대강당에서 학도호국단 종교부장인 박인혜(국문), 문예부장 오현주(시청각교육), 지도부장 한경희(가정관리) 등이 유인물을 살포했다.

8천 이화인이여! 우리 학생들은 이 나라 역사와 사회현실을 외면할 수 없다. …… 우리는 학원의 자유와 참된 민주주의를 위해 다음과 같은 사항을 결의한다.
- 허수아비 학도호국단을 해체하고, 자위적인 학생대표 기관을 구성하라
- 학원사찰을 즉각 중지하고 자유로운 학생활동을 보장하라.
- 구속학생을 무조건 석방하고 즉각 복교시켜라.
- 노동자에 대한 탄압과 기만을 중지하고 모든 언론기관은 이들의 고난과 호소를 정당하게 보도하라.
- 국민의 기본권을 박탈하는 유신헌법을 철폐하고 국민의 자유로운 참여를 통한 민주선거를 실시하라.

이어 9일 대강당 채플시간에 참석한 1,800여 명에게 최정순이 호국단 철폐, 유신헌법 철폐, 긴조해제 등의 내용을 실은 유인물을 낭독하고, 약 300여 명이 20여 분간 연좌시위를 벌였다. 그 결과 박인혜, 한경희, 최정

순, 김안나 등이 징역 2년, 자격정지 2년을 받았다.

• 서울대 1차 반독재 시위

1977년과 1978년 초에 있었던 혁신피혁, 청계피복, 제일제당, 아리아 악기, 동일방직 등의 극한적 노동쟁의에서 노동자의 인권탄압현장을 목격한 학생들은 그들 주장의 폭을 넓혀가기 시작해, 5월 8일의 서울대학교 시위에서도 '학원민주선언'이란 유인물과 함께 '노동자의 불꽃'이란 유인물이 배포되었다.

이날 서울대학교에서는 학생식당 안에서 유인물을 배포하고 1,000여 명가량이 학생식당 밖에서 시위를 했으나 일찍 진압되었고, 오후 하굣길에 일부 학생들이 교문 앞에서 경찰과 충돌해 투석전을 벌이며 스크럼을 짜고 봉천동과 신림동으로 각각 나누어 "유신 철폐하라" "독재 타도하자" 등의 구호를 외치면서 가두시위를 했다.

이들 역시 '학원민주선언'에서 7개항의 결의사항과 4개항의 행동지침을 발표했다. 1978년 4·19 부산대 유인물에 이어 각 대학 유인물에서 학생들의 행동지침이나 행동강령을 밝히는 것이 보편화되었으며, 이것은 학생들이 조금씩 자기들 주장에 대해 확신은 갖고 학생운동에 참여한다는 것의 표현이었다.

5월 16일 한신대에 이유 없이 무기한 휴업령을 내리자, 학생들은 교정에 모여 시국문제, 교내문제 등을 토론하고 12시 경 '5·16 선언문'을 발표하고, 오후 5시경까지 바리케이드를 치고 연좌농성을 했다. 이들은 선언문에서 "하나님의 모습을 밝혀 드러내는 기독인의 정신과 민족적 양심의 발로"라고 천명하고, 선언문 발표 주체를 '한국 신학대학 통일 갈망 학생 일동'이라고 해, 민주문제의 궁극적 해결이 통일문제임을 자각하기 시작했다. 이 시위로 김희택 등 4명이 구속되었다.

이어 5월 14일 동국대학교 학생들은 '부처님 오신 날'이란 유인물 제작 배포했는데, 학생운동이 점점 강렬한 투쟁으로 변모해가고 있음을 보여준다.

오늘 불기 2,522주년 무명의 사슬을 끊기 위한 용맹정진의 지난한 몸부림이 '이천 오백 이십 이'라는 숫자 하나하나에 그대로 내려와 박혀 지금 그 마지막 사슬을 끊으려는 빛이 바로 여기에 있다. 그 빛이 누구를 위한 빛인가는 빛을 찾는 구학인, 피가 있는 민중은 묻지 않는다. …… 진정한 자유민주주의 실현의 그날까지 피로써 투쟁할 것을 맹세한다.

한편 이 시기 학생들이 채택한 선언문, 결의문 등은 한결같이 민주구국선언이란 표제를 달고 나와, 그들의 주장과 실천적 행동이 민주주의 구국운동이라는 정당성에서 출발함을 밝혀두었다. 6월 1일 서울농대 '민주구국선언' 또한 이 범주에 들어가는 것이었다. 이날 학생들은 선언문 1,400여 장을 건물 안과 밖에 뿌리고, 약 200명가량이 시위를 시작해 출동한 경찰과 공사장에 쌓아둔 자갈로 일대 투석전을 벌였다. 이후 성토대회를 계속하면서 테니스 코트를 불사르는 등 밤 12시까지 격렬한 시위는 계속되었다. 이 시위는 1978년 들어서의 최초의 격렬한 시위로서 이 시위로 신언관(농업교육), 권오훈(농업교육), 이병호(농업교육과) 등이 구속되었다.

6월에는 부산대에서도 '유신철폐' 벽보가 나붙고 벽에다 각종 반독재 구호를 페인팅해서 이 시기부터 학내활동이 다양하게 변모했다.

• 서울대 2차 반독재 시위

6월 12일 정오, 서울대 본부 앞에서 약 5,000명의 학생들이 반독재 구호를 외치면서 시위를 벌였다. 학생들은 '학원민주선언' '자연대생에게 보내는 글' '전국 대학생에게 보내는 메시지' 등의 유인물을 뿌리며 시위를 했으며 경찰은 최루탄을 쏘며 적극 진압태세로 나왔다. 학생들은 스크럼을 짜고 자연대 쪽으로 향해 자연대 앞에서 경찰과 투석전을 벌여 경찰 백차 1대를 부수고, 형사 5~6명에 부상을 입혔다.

학생들은 반독재 구호를 제창하며 〈선구자〉〈흔들리지 않게〉〈우리 승리하리라〉 등의 노래를 합창하면서 학교 안을 휩쓸었으며, 오후 3시 경 시내버스를 타고 관악구청 앞까지 진출해 시위를 벌이다가 4시경 해산했다. 한편 이날의 시위에서는 6월 26일 오후 6시, 서울시내 전 대학생과 시민이 합세한 가두시위를 예고했다. 6월 26일은 이미 예고된 시위인 탓에 종로 일대, 세종로 일대가 동원된 경찰력, 전수사력에 의해 사전봉쇄되었으며, 무비카메라까지 동원한 경찰들은 오후 5시 경부터 세종로 일대의 통행을 차단해버렸다.

그러나 이러한 경찰들의 제지망을 뚫고 나온 1,000여 명의 학생들은 반정부 데모를 감행했는데, 주동자를 보호하기 위해 5분 작전을 구상하기도 했다. 5분 작전이란 5분 동안 주동자가 선언문을 다 읽고 군중 선동을 마칠 때까지 주동자를 엄호해 보호한다는 것이다.

이 무렵부터 학생운동은 가두진출을 목표로 방향이 바뀌기 시작해, 6월 29일에 전대학 민주학생총연맹의 이름으로 7월 10일 오후 6시 세종문화회관 광장에서 민주회복 정의수립을 위한 거국적 연합집회를 거행할 것을 예고하는 선언문이 나왔다. 이에 앞서 7월 5일 오후 6시 광화문에서의 학생, 청년, 시민의 궐기를 촉구하는 '대통령선거 즉각 중지하고, 허수아비 통일주체는 자진 해산하라'는 유인물이 서울시내에 뿌려졌으며, 또한 이 유인물에서는 7월 5일의 거사가 실패하면, 7월 10일 세종문화회관 앞에서 다시 한다는 예고까지 달고 나왔다. 이리하여 언론통제로 일반대중에게 학내에서 일어나는 모든 학생운동이 일절 보도되지 않았던 상태에서, 그들의 주장을 대다수 국민에게 알리려는 움직임의 하나로 가두시위가 자리를 잡아가게 되었다.

7월 2일 광주 조선대 학생들은 반독재 유인물을 곳곳에 살포하고 교내 구석구석에 페인트로 "유신철폐"라고 써놓았으며, 전남대에서는 송기숙 교수 외 10명이 '우리의 교육지표'를 발표해 구속되자, 전남대생 약 2,000여 명이 반정부 유인물을 뿌리고 광주시내에서 시위를 감행했다.

> …… 6,000 학우여, 700만 근로대중이 질곡에 처해 있음은 물론, 우리들 젊음의 터전 전남대학교는 정보기관의 발바닥 밑에 깔려 있으며 전 국민적 신망을 잃은 정권의 시녀가 되어버렸다. 그리고 그것에 맞서서 일어설 사람은 없다. 우리들이 흘릴 피가 아니고는 없다. 일제히 일어서서 먹구름 뒤의 푸른 하늘을 보자.

그리고 이들은 어용교수 퇴진, 민주교육 선언 교수들의 석방, 학원사찰 중지 등을 요구하며, 이러한 요구가 관철될 때까지 수업거부, 시험거부, 단식농성의 투쟁을 계속할 것을 결의했다.

이어서 8월 16일은 기청 여름 선교대회 중 약 1,000여 명이 반정부 구호를 제창하면서 전주시내에서 가두데모를 벌이고 3일간 농성을 해 98명이 연행되는 일도 있었다.

• 서울대 3차 반독재 데모

1학기의 고조된 분위기는 2학기로 이어져, 9월 13일 서울대에서는 약

2,000여 명의 학생들이 반독재 데모를 벌이고 그 중 약 600여 명이 상도 동까지 진출했다. 이날 학생들은 '학원민주선언' '민주회복 반독재 선언' '민주시국선언' 등의 유인물을 배포하고, "10월 17일 광화문 네거리에 오후 6시에 모이자"라고 해, 10월유신 선포날인 10월 17일 광화문 네거리에서의 군중시위를 또 한 번 예고했다. 또한 학생들은 백충현, 안상진, 김채윤 등 어용교수 명단을 발표하고 수업거부를 호소했다.

학생들은 10대 총선 거부, 유신체제 타도, 노동3권 보장, 농민권익 보장, 구속인사 석방, 언론자유 보장, 학원자유 쟁취 등 10개 결의사항을 채택하고, 다음과 같은 행동강령을 채택했다.

- 전국 대학은 10월 16일부터 10월 21일까지 동맹휴학에 들어간다.
- 10월 17일 오후 6시 세종문화회관 광장에서 유신독재 타도를 위한 범시민, 학생 궐기대회를 가진다.
- 김채윤, 백충현, 안상진 등 어용교수의 수업을 거부한다.
- 유인물 제작, 살포, 우송, 낙서, 비판가요 보급을 통해서 반독재 의식을 고취한다.

또한 이날 발표한 '민주회복 반독재 선언'에서는, "첫째, 통일은 민족사의 최대의 과제 …… 둘째, 자주적 민족경제의 수립 …… 셋째, 민주주의의 제도적 실현"이라고 해 학생운동의 종국적인 과제를 제시해놓았다.

한편 1976년부터 활동해오던 학외 지하운동 단체에서도 이 무렵 서울시 전역에 광범위하게 유인물을 살포했다. 이 학외단체는 10월 17일인 10월유신 6주년을 맞이해 대규모 군중대회를 거행한 것을 결의하고, 9월 초부터 '모이자 광화문, 타도하자 박정희' '언니 오빠 따라, 타도하자 박정희' '광화문에 가는 길, 민주 회복되는 길' 등의 유인물을 시내 각급 중·고등학교, 대학교에 광범위하게 살포했다. 이 학외 지하단체는 이후 1979년 남민전 사건으로 드러났다.

• 고려대 반독재 데모

학생데모는 점점 더 가열되는 가운데 9월 14일, 학생들은 오전 10시 50분 경 강의실 곳곳에 유인물을 배포했으며, 11시 30분 경 교양학부 건물 앞에 집결한 약 4,000명 학생들은 선언문을 낭독하고 스크럼을 짜고 유신철폐, 독재타도를 외치며 교문 밖으로 진출하려 했다. 그러나 경찰의 강력한 제지로 진출하지 못하고 교문 안에서 '유신철폐' '독재타도'라는 플래카드를 내걸고 연좌시위를 벌였다.

연좌시위하던 학생들 200여 명은 "기관원 물러가라"를 외치며, 평소 기관원들이 상주하던 수위실에 몰려가 건물을 부셔버렸다. 이에 경찰과 학생들의 본격적인 충돌이 일어나 학교 전역에 경찰 최루탄이 발사되고 학생과 경찰과의 육박전이 발생하게 되었으며, 데모는 오후 1시경에 진압되었다.

이날 학생들이 배부한 유인물은 "피끓는 고대 학우여! 즉시 대강당으로 모이자"라는 구호하에 '78민중선언'이란 제목을 달고 있었다.

동학혁명과 3·1운동, 4·19의거를 통한 민족사의 흐름은 반제국, 반봉건, 반독재의 끊임없는 흐름이다. 현 세계사의 흐름은 경직된 냉전논리를 극복하고 제3세계를 위시한 다원화 체제에 접어들고 있다. 그러나 오늘 우리는 이러한 세계사적 변화에도 불구하고 현 유신독재 정권이 18년간의 허구적 민주주의를 지속시키려는 반세계사적 움직임을 지켜보고 있다.

우리 선배들의 식민지 해방투쟁과 민족적 민주국가의 건설 노력에도 불구하고 현 한국현실은 아직까지도 식민지 유제를 청산하지 못했으며, 분단의 논리로 반민중적 독재 정권의 억압하에 민중의 생활고통은 유신체제하에서 더욱 심화되고 있다. …… 억압으로부터 자유로, 불평등에서부터 평등에로의 길은 우리의 과감한 투쟁을 요구하며, 우리는 이제부터 지배자가 던져주는 부스러기나 핥아먹고 침묵하라는 논리를 단호히 거부하며 다음과 같은 우리의 의지를 재천명한다.

　　1. 유신헌법 철폐하라.　1. 독재정권 타도하자.　1. 학원자유 쟁취하자.
　　1. 노동운동 탄압마라.　1. 썩은 언론 각성하라.　1. 독도 문제 해명하라.

이어 9월 15일부터 고대 곳곳에 '결국 고대는 입을 열었다'라는 유인물이 광범위하게 나돌기 시작했다. "우리의 혈관에 피가 흐르는 한 무조건 학우 50여 명이 전원 석방될 때까지 무기한 수업을 거부하자. 이 길만이 고대의 자유가 침묵하지 않는다는 것을 재천명하는 유일한 길이다"라는 유인물이 가을바람의 낙엽마냥 강의실 곳곳에 나돌았다.

9월 20일은 경희대에서도 '전체 대학생의 뜨거운 가슴에 호소'한다는 유인물이 나돌아 신명식, 신용남, 하석태가 구속되는 일이 있었다. 10월 4일은 숙명여대 탈춤 공연안내 팸플릿 속에 반정부 유인물을 끼워 돌리고 화장실 등 학내 곳곳에 반정부 구호를 써놓았다. 이어 10월 6일 학생 500여 명이 본관 계단 앞에 모여 교가를 선창하고 〈선구자〉〈정의가〉 등을 부르며 2시간 30분가량 연좌데모를 벌였다.

• 10·17 광화문 군중시위 미수

9월 13일 서울대 데모에서 예고한 10월 17일 광화문 군중시위는 여러 갈래에서 준비되어왔는데, 크게 나누어 ① 서울대 그룹, ② 6개 대학 연합회, ③ 학외그룹으로 볼 수 있다. 그러나 학내그룹들은 광범위한 경찰의 사전정보망에 의해 10월 17일 전에 40여 명이 검거되어 민청학련 이래 가장 많은 수가 구속되어버렸으며, 10월 17일 당일에는 광화문 전역에 경찰들이 철통같이 경비해 그 어떤 시위도 일어나지 못했다.

● 경북대 가두시위

11월 2일 경북대에서는 교내 로터리에서 1,500여 명이 모여 선언문을 낭독하고 2시간가량 데모를 벌이다가 해산했다. 11월 7일에는 약 6,000여 명이 대구시내로 가두 진출해 파출소 1개를 부수는 등 1975년 이후 대규모의 가장 격렬한 데모를 했다. 그리고 오전 10시경 학생들 200여 명은 총장실로 몰려가 항의하다가 총장실을 부수고, 교내에 투입된 경찰과 투석전을 벌였다.

이어 학생들은 학교 건물 전 유리창을 깨뜨리고 교문 밖으로 몰려나와 파출소를 점령, 파괴하고 경찰 측 버스 8대를 파손하고, "구속학생 석방, 김 총장 사퇴, 어용교수 사퇴, 학원사찰 중단" 등을 외치며 6·3이래 경북대로서는 가장 큰규모의 데모를 했다. 이날 데모로 국회 문공위원회가 소집되기도 했다. 그들은 선언문에서 1975년 이래 경북대의 침묵을 깨고 일어설 것을 간절히 호소했다.

도대체 어느 시대 어느 나라에 경찰이 대학에 들어올 수 있었단 말인가? …… 그러나 이제 우리는 그들이 자기 자신을 과감히 희생시키면서까지 외쳐야만 했던 그 무엇을 어렴풋이나마 느끼게 되었다. 오호라, 이제 진리의 횃불이 타올라야 할 때다. 이제는 정의를 외쳐야만 할 때다. 1만 복현인이여, 다시 한 번 일어서라!

또한 이날 학생들은 '제2 1978년 경북대 구국선언문'을 발표했다.

자유를 달라, 그렇지 않으면 죽음을 달라.

이 땅에 민주주의를 심은 지 33년, 한 번도 평화로운 정권교체를 실현하지 못했습니다. 신성한 학원은 총칼을 든 군인이 진주하며, 형사가 출입하고 어용교수가 학생을 감시하는 처절한 상황입니다. ……

학우여! 총칼로 우리를 위협하는 이 상황에서도 용감히 외치자! 무엇을 두려워하며 주저하겠는가. 피를 뿜으며 쓰러진 선배들의 부르짖음이 들리지 않습니까? 복현 학우여! 지금 정의의 햇불은 타오르고 있습니다.

대구에서도 이제 반독재의 대열을 정비했던 것이다.

이후 11월 13일 서울대 약 500여 명의 반유신 데모에 있었다. 그리고 12월 5일 서울(명동성당 앞, 광화문 4거리), 인천(동인천역 앞), 부산(남포동 거리), 광주(충장로 4거리), 대구(중앙동), 전주 등지에서 오후 3시경 10대 총선 거부 집회를 갖는다는 유인물이 학원 안팎으로 광범위하게 뿌려지는 가운데, 1978년 또한 수많은 학생을 감옥에 보낸 채 끝났다.

1978년은 10대총선이 있었던 해로서 유신철폐의 민주화운동은 한층 가열되어 가두시위로까지 발전했으며, 관제언론하에서 학생들의 주장을 국민대중에게 알리려는 가두시위는 시위를 준비하던 학생들이 사전 검거되어 미수에 그치거나 구체적 방안들이 제시되지 못해, 이렇다 할 만큼 성공적이지는 못했다. 그러나 그 이후의 학생운동에 있어서의 범대학 연합적 시위의 가능성을 주었다 하겠다.

1978년의 이러한 가두시위의 경험과 유인물 활동 등을 통해 학생운동의 역량은 급속히 발전했으며, 긴급조치 9호 시대가 얼마나 오래 갈지 아무도 예측할 수 없는 가운데 뭔가 끝장이 온다는 생각이 대다수 학생과 국민들의 가슴에 점점 강하게 엉겨 붙기 시작했다.

5. 1979년 학생운동 개관

1975년 5·13 긴급조치 9호 이래 5년이 지났다. 학생운동은 갈수록 격렬한 방향으로 전개되어, 단순한 학내에서의 민주화운동이나 자유화운동에서 광범위한 사회문제로까지 확산되어, 민족이 안고 있는 기본적 문제를 해결하려고 했다. 학생들은 통일문제, 노동문제, 민주화문제 등을 1978년 이후 점점 심각히 부각시켰던 것이다. 즉, 독재정권이 안고 있는 대내외적인 문제가 무엇이며, 우리 민족이 지향해야 할 참다운 민주주의가 무엇인가를 제기했던 것이다.

이런 의미에서 1978년은 우리 역사의 향방에 대한 문제제기의 해였으며, 1979년 역시 이러한 문제제기의 해에서 벗어나지 못했으나 좀 더 심층화시켰으며, 종국적으로 10·26의 내분으로 18년간의 박 정권의 장기집권이 무너지는 상황으로 몰고 갔던 해였다. 10·26의 의미는 한 정권 담당자의 죽음으로만이 아니라 적어도 외형적으로는 한 세대의 종말을 의미하는 것이다. 1979년은 78년처럼 격렬한 학생데모보다 유인물 배포가 더 많은 해였다.

• 고대 지하신문

고대 정태헌, 장동현, 백병규, 이범 등은 겨울방학 동안 모여서, 1978년도 타 대학 및 고려대에 있었던 학생운동 상황을 정리해 고대 재학생 약 500여 명에게 발송했다. 이 지하신문에서는 "반민족 재벌독재 타도시키자. 반민족 유신독재 철폐시키자. 학원자유 쟁취하자. 우선 모든 형사, 정보부원 등의 비학생을 몰아내자. 노동운동을 탄압 마라. 구속인사 석방시켜라. 제적학생 복귀시켜라" 등의 주장을 싣고, "김일성 우상화에 이어 박정희 우상화를 성장 가속시켜 5,000만 겨레는 양 독재정권에 의해 뜯어먹히는 판이 되었다. 이에 통일은 반통일 세력의 붕괴와 정치적·경제적 민주정립에서 비롯된다"고 해 1978년에 학생들이 제기한 민족경제문제, 노동문제에 이어 통일문제를 제기했다. 또한 이 지하신문에서는 종합보도란 면에서 1978년도에 고대에서 구속된 학생들의 인적사항을 적고 1978년도 각 대학 학생운동 일지를 적어놓았다. 이 지하신문 건으로 상기 네 학생은 구속되어 징역형을 받았다.

3월 19일에는 서울법대생 백계문이 긴조 9호 위반 학생들에게 취해진 군입대 조치를 거부해 구속되었다. 이어 학생들은 병역문제 대책위원회를 결성하고 각 지방별로 지부를 조직하는 한편 병역문제 대책일지를 발표하기도 했다.

5월 달 들어서는 성균관대 축제 때 비판가요를 모은 노래집이 유포되어 학생들이 연행된 일이 있었다. 학생들의 비판가요는 1970년대 후반기에 있어서 학생운동을 활성화시키는 가장 큰 구실을 했고, 감옥, 술집 등지에서 끊임없이 저항가요를 만들어내었던 것이다. 5월 15일 영남대 전통민속 연구반은 자유·정의·진리를 각각 허수아비로 만들어 관속에 넣고 긴 장례행렬을 이루고 가다가 불에 태워버리는 내용을 공연해 주동학생 김재호와 이태헌이 구속되었다.

• 고대생 카터 방한반대 데모

6월 25일에는 고려대 학생들이 카터 미 대통령의 방한이 한국의 유신체제의 지속에 이바지함으로 카터 방한을 학원민주화의 저해요소로 규정한 성명서를 작성해, 도서관에서 배포하고 농성을 벌이다가 기동대의 출동으로 해산했다.

학생들은 '6월 민족 선언문'에서 다음과 같이 선언하고, 유신철폐, 카터 입국 결사반대를 주장했다.

고대 학우여! 궐기하라. 우리는 이제 과거의 약자가 아니다. 우리의 선배들은 부당한 살인적 폭력과 독재 아래서도 용기와 단결력을 가지고 온 몸으로 저항해 혁명의 민주의 탑을 이룩하지 않았는가? 박 독재정권의 반민주·반민중저 과오를 더 이상 방관할 수 없다.

이 일로 백완승, 박선호, 이경제가 구속되었다. 이어 9월 3일 강원대에서의 반유신 데모를 필두로 전 대학가로 데모가 확산되어 갔다.

• 대구 3개 대학 연합시위

9월 4일 경북대, 계명대, 영남대 학생들이 사회정의 구현을 위한 '경북학생협의회'를 구성하고 공동성명서를 작성, 각 대학에 배포하고 시위를 벌였다. 학생들은 4일 오전 11시경 계명대학교 중앙도서관에서 '이 어두운 역사의 조타수가 되지 못한다면'이라는 구국선언문 1,000여 부를 도서관 열람실 학생들에게 배포한 후, 중앙도서관 앞 광장에서 1,500여 명이 모여 성토대회를 벌였다.

그후 스크럼을 짜고 교정을 10여 회 돌다가 빌라도 광장에서 제차 성토대회를 가진 후, "유신헌법 철폐하라" "어용교수 물러가라" "조국통일을 정권적 차원에서 벗어나 민족적 차원에서 실천하자"는 등의 구호를 외치면서 오후 2시 30분까지 농성을 벌였다. 3시 30분경에 "외세적 경제정책을 조속히 중지하라" "노동 3권 보장하라"는 구호를 외치며 후문을 박차고 나와 약 2,000명의 학생들이 가두데모를 벌였다. 학생들은 계명대학교─대구교육대학─영선초등학교─능인중고등학교로 가서 전경대와 대치하다가 2·28 대구 학생의거 기념탑까지 투석전을 벌이며 가두데모를 했다. 300여 명의 경찰들은 이들 학생들의 사방을 둘러싸고 최루탄, 페퍼포그, 곤봉 등으로 학생들을 난타하면서 87명을 연행해갔다.

• 서울대 제1차 데모

1978년의 격렬한 시위로 학생들이 대량 구속되어, 1979년 초반에는 다소 침체되어 있던 서울대에서도 9월 11일 1,500여 명이 시위를 벌였다. 그들은 '학원민주선언'에서 숨막히는 학원현실을 절규했다.

> 학우여! 피끓는 학우여, 정의를 외면하려는가. …… 숨막히는 학원 현실을 보라. 1975년 캠퍼스 이전 이후 경찰이 학원을 제집처럼 드나들고 요소를 점거해 이들의 구둣발과 방망이에 학원이 위압당하고 있으며 수사요원이 학원에 상주해 그것도 모자라 전 직원을 수사요원화하고 있다.

> 또 이들은 "보라! 박정희 독재정권과 매판자본이여, 너희들 자신의 만신창이가 된 모습을, 민중의 피땀과 눈물로 타오르는 분노를, 그리고 너희들의 비참한 말로를!"이라고 했다.

9월 18일에는 경희대에서 교내전역에 반정부 유인물이 살포되어 2명이 불구속 입건되기도 했다.

• 서울대 제2차 데모

이어 9월 20일 서울대 학생 1,000여 명은 '민주민생선언' '1979년 학원 민주화선언' '근로 민중 생존권 수호 선언' 등을 발표하고 교내에서 스크럼을 짜고 시위를 벌이고 경찰과 투석전을 벌였다.

9월 26일 12시, 이화여대 대강당에서 3학년 채플시간에 원혜경이 '이화민주선언문'을 배포하고 낭독하려다가 기관원에 의해 저지당하고 구속되었다. 이어 27일에는 연고전 후 연대에서는 300여 명이 구호를 외치며 연좌농성을 하다가 경찰에 의해 해산되었고, 고대에서는 을지로 4가로 시가행진하면서 플래카드를 펼쳐들고 데모를 시도했으나 현장 경찰에 의해 실패했다. 10·26이 나기 열흘 전엔 이화여대 학생들이 '이화여대 민주회복 구국 선언문'을 발표하고 약 1,000여 명이 교내시위를 했다.

• 남민전 사건

1979년 10월 9일과 16일 그리고 11월 13일까지 3차례에 걸쳐 당국은 '남조선민족해방전선 준비위원회'(이하, 남민전) 사건의 수사진행 상황을 발표했다. 그 발표내용을 보면 다음과 같다.

남민전은 표면상으로는 반체제를 가장하면서 베트콩 방식을 도입, 데모와 테러, 선동, 게릴라 활동으로 사회를 혼란시켜 국가변란을 기도한 적색집단이며 …… 무려 78명이 지하 점조직을 만들었다는 데서 6·25 이후 불온조직으로서는 가장 큰 규모의 것이다. …… 북괴의 무장남파 간첩도 아니고 접선간첩도 아니며 고정간첩도 아닌 점에서 '코레콩'은 주목을 끌었다.

당국이 발표한 국가변란, 적색집단, 불온조직, 등은 법정에서 변호인들과 검찰 측의 대논전이 일어났으며, 사건관련자 전원은 한결같이 "유신정권을 타도하려는 반독재 민주화운동이다"라고 끝까지 주장했다. 1970년대 민주화운동에 참여한 태륜기, 유현석, 황인철, 홍성우, 조준희 변호사 등이 남민전의 강령규약상 반국가단체가 아님을 주장했다.

아람게릴라나 인도차이나 반도를 적화시킨 '베트콩'을 꿈꾸는 '코레콩'이라는 용어는, 남민전 사건 전 관련자 공소장에는 나오지 않았다. 뿐만 아니라 당국 스스로 무장남파 간첩, 접선간첩, 고정간첩도 아니라고 발표한 것을 보면, 1970년대 말기의 정치 사회적 분위기에 의한 반독재 민주화운동으로 볼 수 있다. 특히 이 사건은 1979년 10월 29일 내무부가 사건전모를 발표한 이후, 1980년 12월 24일 선고 때까지 각계각층의 이

목을 집중시켜 1980년 4월 28일에는 김영삼 신민당 총재, 윤보선 전 대통령, 함석헌 씨, 문익환 씨 등 재야인사 81명이 관대한 처분을 호소했다.

사건 총 관련자 84명(불구속 포함) 가운데에서 1심과 2심에서 구속자 중 39명이 대거 석방된 이래, 1984년 현재 17명을 제외한 나머지 사람들은 만기, 특사 등으로 출옥했다. 그 외 사형선고를 받은 이재문은 옥사했으며 신향식은 사형집행되었고 전수진은 병보석 후 병사했다.

이 남민전 사건은 당시 '한국 민주투쟁국민위원회'(약칭 민투)와 '한국 민주학생구국연맹'(약칭 민학련) 등에 1960년대 학생운동 출신과 1970년대 학생운동자들이 대거참가해, 독재탄압이 심할수록 학생운동이 지하운동화한다는 것을 일제강점기 이후 처음으로 보여주었다. 그리고 4·19 혁명 이후 만연한 반외세 민족주의 및 반독재 민주주의 운동을 실현하려는 학생운동사상 하나의 새로운 방향을 제시했다.

이 남민전 사건, YH사건, 김영삼 신민당 총재 제명사건에 이어 부마항쟁이 일어났으며, 드디어 18년 독재의 아성은 10월 26일 중앙정보부장 김재규에 의해 모래성처럼 허물어졌다.

● 부마학생 항쟁

1970년대의 막을 내린 학생데모는 1975년 이래 침묵을 지켜온 부산대 학생들의 최후의 항쟁으로서 더욱 격렬했다. 그리고 결국 부산, 마산의 민중항쟁으로 발전했다. 이는 10·26 박 대통령 살해사건의 직접적 계기가 된 역사적인 항쟁이었다.

1979년 10월 15일 오후 부산대학교 도서관에 반독재 궐기를 촉구하는 유인물이 뿌려지고, 10월 16일 오전 부산대 도서관에 약 200명이 모여 술렁이기 시작하자 교수들이 나와서 해산을 종용했으며, 이에 학생들은 "어용교수 물러가라"는 구호를 외치면서 운동장으로 밀려 내려왔다. 운동장에서 유신철폐, 독재타도의 구호를 외치자 학생들은 순식간에 4,000명으로 불어났다. 최루탄을 발사하는 경찰과 투석으로 맞선 학생들은 약 500여 명이 경찰 제지선을 뚫고 가두로 나가 유신철폐, 독재타도를 외치며 가두데모를 벌이자 시민들은 격려의 박수를 보냈다. 오후 1시 30분경 남포동 거리는 이미 시민들까지 합세한 데모군중으로 꽉 찼으며, 데모대는 자연스럽게 남포동―시청앞―대청동―충무동을 잇고 부산의 중심가를 돌며 다음날 새벽 2시까지 데모를 벌였다.

17일에는 오후 1시부터 교내시위를 하던 동아대생들이 3시 반경에 해산하고 시내로 들어왔다. 오후 6시 30분 어둠이 내릴 무렵 충무동 극장가는 다시 긴장이 고조되었다. 몰려든 학생, 시민들의 혼잡 속에 "와"하는 함성이 들리면서 데모가 형성되었고, 그 소리에 맞추어 주변 상점들은 문을 내리고 경찰은 페퍼포그와 최루탄을 무차별 발사했다. 데모가 밤 12시를 넘어서도 계속될 듯하자 밤 11시를 기해서 군인들이 시내에 진주했고, 임시 긴급 뉴스에서는 밤 11시를 통금으로 알렸으며, 그날 밤 0시를 기해 계엄령이 내려졌다.

18일 오전 9시 경 등교하던 부산여대, 동의공전 학생들이 '휴교'라고 써붙인 것을 보고 교문 앞에서 데모를 감행하다가 계엄군에 연행되어 갔다. 저녁 7시경에는 수산대 학생들의 데모가 있었으며 시민들도 아무 두려움 없이 데모에 참가했다.

이러한 부산의 시민이 합세한 군중시위는 마산에도 파급되어 부산, 마산은 4·19 이래 잠재웠던 거대한 분화구를 폭발시키게 되었던 것이다. 곧이어 박 정권은 20일을 기해 마산, 창원 지역에 위수령을 내렸다. 1979년 전반기에 다소 침체된 듯한 학생운동은 후반기 들면서 전대학가로 번지는 가운데 마침내 부마 민중항쟁으로 폭발되었으며, 이러한 일련의 흐름은 박 정권에 결정적인 타격을 주었다.

1970년대 학생운동의 역사적 의의

10월유신이라는 민주주의의 암흑기적 상황에서 끊임없이 분출되어온 학생들의 주장은, 민족의 장래를 위해 커다란 에너지가 되었고, 1970년대 치열하게 경험해온 학생운동 출신들이 광범위하게 확산되어 민족의 장래와 민족주의 건설의 재목이 되었다.

1970년대 학생운동은 전태일 사건 이래 노동문제에 깊은 관심과 참여를 불러일으켰고, 박동선 사건 이후 민족의 자립문제와 민주주의적 주권에 대한 기본적 인식을 새롭게 해, 1970년대의 민족적이고 민주적인 제 문제들을 제기했다.

10월유신, 긴급조치라는 제도적 탄압장치 아래 극심한 탄압과 피해를 입으면서도 그들은 민족 문제와 민주주의 문제의 해결점을 제시하는 데 주저하지 않고, 외세의 간접적 침입에 부단한 경각심을 일깨웠으며, 독재의 장기화에 끊임없이 저항했다. 동료를 감옥에 보내고 난 텅빈 의자에 앉아서도 그들은 민족문제에 고뇌했고 근로자 문제에 고뇌했다. 그 결과 1975년 이후 학생들에게 광범위하게 일어났던 통일문제, 노동자·

농민문제는 우리나라 민주주의의 정착을 위해 반드시 해결되어야 할 과제로 된 것이다. 민족의 평화적 통일 없이는 민주주의가 성장될 수 없고, 노동자·농민 등 근로대중의 안정 없이는 이 땅에 민주주의는 정착될 수 없다. 이 모든 문제를 1970년대 학생운동은 실천적으로 제기해주었던 것이다.

1970년대 학생운동은 이러한 민주주의의 전진과 그 궤를 같이했다. 1970년대 학생운동은 1960년대 학생운동의 기본 맥락을 이어받은 반외세 민족주의 및 반독재 민주주의 운동으로 일관했다. 어느 시대의 권력 담당자들이라도 학생운동 자체를 정치안보의 근시안으로 보지 말고, 민족의 영원한 평화와 자유를 구축한다는 원시안적 입장에서 보아야 한다. 그것은 권력의 힘이 결코 역사의 흐름을 되돌려놓을 수 없기 때문이며, 역사는 민주주의를 위해서 부단히 전진하고 있기 때문이다. 이러한 학생운동이 살아움직이는 한 궁극적으로 우리나라의 민주주의와 평화적 통일을 염려할 필요는 없다. 단지 그 과정에서 정치권력과 학생들의 주장이 상충해 많은 수난과 피해를 당할 것이다.

해방 후 학생운동 일지

8. 15　　• 해방

　　　　• 서울학도대회 개최

8. 17　　• 서울학도대 결성

8. 23　　• 학병동맹 결성

8. 29　　• 조선학도 총궐기대회

9. 9　　• 연전생 2명 일경에 의해 살해. 이때부터 학도대 일인의 무장해제를 개시

10. 7　　• 미국군정부, 경성제대에 미국총장 및 교수 임명

10. 17　　• 경성제대를 경성대학으로 개칭

11. 7　　• 함흥에서 반공학생 궐기

11. 23　　• 귀환학병 보고대회 개최

　　　　• 청년시국 연설대회

　　　　• 신의주에서 반공학생 궐기, 학생 50여 명 사상

11. 25　　• 전국 기독교 청년연합대회 개최

11. 29　　• 전국 청년단체 총맹 결성

12. 1　　• 조선근로청년동맹, 학도들의 포부에 대한 초중등학교생 웅변대회 개최

12. 6　　• 전국 청년단체 총동맹 서울시 대표, '임시정부 환영간담회' 개최

12. 10　　• 대한독립촉성총동맹 결성

12. 17　　• 전국 청년총동맹 신의주사건 진상을 조사발표

12. 21　　• 조선신교육방침 발표

12. 29　　• 학도대 찬탁·반탁의 양파로 분열

　　　　• 학병동맹 전국대회 개최

12. 30　　• 보전普專 학생회, 탁치반대

12. 31　　• 반탁치학생운동 준비회 개최: 성대, 연대, 법전, 경의대, 세외대, 약전
藥專, 경사京師, 중앙여전 등 참가, 좌·우익학생 종로에서 충돌

1. 6	•반탁치학생총연맹, 행동통일을 결의
	•조선학병군과 청년독립동맹 통합
1. 7	•반탁치학생총연맹, 반탁시위대회 개최: 세전, 연전, 보전, 이대 등 참가
1. 9	•재경학생 행동통일 촉성회 결성(좌익학생)
1. 18	•반탁전국학생총연맹, 반탁학생웅변대회 개최(국내 매국노 소탕, 신탁 통치 절대반대, 공산계 규탄 규장)
	•학병동맹 총격 사건: 이민영, 최무학, 백종선(학병동맹원) 등 3명 체포
1. 19	•조선학병단, '조국조선을 찾자'는 결의문을 발표
1. 21	•조선청년총동맹, 테러 조장하는 파쇼분자에 경고문 발표
1. 27	•학병거부자연맹총본부, 학병거부자대회 개최
2. 8	•북한 임시인민위원회 조직
3. 7	•사범대학 설치 발표
3. 8	•추르억 지사, 정치적 성격 가진 학생시위는 엄단 지시
3.9~16	•전국 반탁학생총연맹 주최, 전국 학생웅변대회 개최
3. 13	•러취 장관, "학도는 정치에 간섭말라"고 경고
4. 22	•서울시 민주청년동맹 결성대회
4. 25	•조선민주청년동맹 결성대회, 준비위원장 조희영
5. 11	•반탁전국학생총연맹, "蘇의 38선 철폐거부는 독립거부"라는 성명 발표
6. 19	•문교부, 국대안國大案 발표
7. 18	•전문학교, 대학교수 연합회 국대안 반대 성명발표
7. 31	•전국 학생총연맹 결성
8. 4	•11개 전문학교, 경대京大 4학부의 대표, 중등·초등학교 대표, 교육계 선배 등이 국대안 반대 공동 대책위원회 결성, 국대안 철폐 교섭
8. 5	•전국 교육자대회 대표단, 국대안 철폐 요구, 러취 장관 방문

8. 28	• 서울대학 의학부학생, 국대안 반대 성명서 발표
8. X	• 서북학생연맹 결성
9. 1	• 국대안 반대학생 공동투쟁위원회는 동 안의 결점을 지적하고 문교 당국의 반성을 요구하는 성명서 발표
	• 학제개혁(6·6·4제)
9. 2	• 경성대학 의학부 학생회, 학원관료화, 비민주화 등을 지적한 성명발표
	• 공과대학 '국대안' 전면 반대하는 성명서 발표
9. 4	• 경제대학 학생회, 국립대학 등록을 절대 거부할 것을 결의
	• 법과대학 학생회, "이사회의 구성은 민주주의 원칙을 무시"라고 주장
	• 여자사범대학 반대 대책위원회, 성명서 발표
9. 5	• 서울대 이공학부 교직원 일동 38명 사표 제출
	• 5개 전문학교 학생회 국대안 반대를 결정
9. 6	• 문교부 국대안 세목사항 발표
9. 13	• 국대안 반대에도 불구, 서울대학 태도 강경
9. 14	• 의학부로부터 몰려나온 반대시위 학생 50명 검거
9. 23	• 남한노동당 결성
9. 29	• 대구학생 국대안 반대 데모
9. ~	• 서울대 학생 등록거부 파동
10. 1	• 서울시내 수개교 국대안 반대 동맹휴교
	• 대구 폭동사건
10. 3	• 젊은 노동자, 대학·중등학생 등 1,000여 명 군정청 앞에서 시위 참가단체: 경성지방총파업 단원후원회, 경성지방총파업단 투쟁위원회, 서울학생통일촉성회 등
10. 4	• 서울문리대학생 동맹 휴교
10. 13	• 조선민족청년단 결성

10. 23	• 청년, 학생, 노동자 200여 명 종로에서 시위("쌀을 달라" 등을 외침)
10. 28	• 독립촉성전국청년회 발족(위원장 이선근)
	가입단체: 상록회, 합동단총본부, 고려청년회, 구국청년회, 흥덕청년회, 아현청년회, 이태원청년회, 민우사청년부, 만주동지회
11. 3	• 광주사범 서중학을 비롯 약 1,500여 명 중등학생 시위행진
11. 7	• 서울법대생 동맹 휴학
	• 사범학교 8교 신설
11. 29	• 전국학생 긴급대회 준비회, 유엔회의에 조국의 비참한 진상 호소, 통일 즉시 자주독립을 요구 결의
12. 3	• '대학설립기준령' 제정
12. 9	• 문리과대학 학생회, 동맹휴학, 3개 요구 제시
12. 18	• 서울법대·상대·문리대에 휴교령
12. 28	• 조선청년동맹 결성대회, 규합단체: 독립촉성전국청년회, 한국광복청년회, 대한민주청년동맹, 한국청년회, 서북청년회, 독촉연맹 전남·강원·경남·경북·충남·충북·경기 각 청년부
12. 29	• 전국학생연맹, 반탁운동 1주년을 맞이하여 성명서 발표
12. 31	• 반탁학생운동 1주년 기념식

1947년

2. 2	• 전 경성대학 이공학부 교수단 국대안 철회를 요구, 성명서 발표
2. 3	• 상대, 법대, 문리대, 공대 국대안 반대 동맹휴교
2. 4	• 사범대도 맹휴
	• 국대안파동 전국에 파급, 57개교가 동맹휴교
2. 9	• 중학교도 맹휴 열풍
2. 21	• 국대안 입법위원 상정

2. 28 • 전국건설학생총연맹, 전국애국학생회 맹휴반대

3. 15 • 전국건설학생총연맹, 동맹휴학의 정지 등을 외침

3. 16 • 국대안 수정안 입법의원을 통과

3. 22 • 전국노동자 총파업

3. 23 • 파업의 좌익계 요인 검거

5. 1 • 메이데이 참가학생 제적사건

5. 3 • 청년조선총동맹 결성, 준비위원 : 유진산, 김윤근, 손기업, 이성주, 김
인식, 박용식, 하상기 외 55명

6. 17 • 민주학생연맹 결성(좌익학생단체 불법화 후에 중간노선을 대표)

7. 19 • 여운형 혜화동에서 피살, 인민장 거행

8. 14 • '국대안' 반대 학생 무조건 복귀, 각 대학 허가

8. 16 • 이북학생총연맹 결성
화합단체: 한국학생연맹, 서북학련, 함남학련 등 3단체

8. 29 • 전국학생총연맹 서부지부맹원 일동, 완전자주독립국가를 세울 것을
진정하는 혈서 써서 웨더마이어 장군에게 전달

9. X • 이북학생 총연맹 발족(월남학생단체 통합)

9. 17 • 대한학생총연맹 결성, 한국학생단, 건국학생연맹

9. 21 • 대동청년단 결성식 가짐

12. 28 • 전국학생총연맹 3일간 반탁투쟁 기념제

1948년

2. 7 • 전국 노동자 총파업 학생 다수 참가

2. 15 • 구국청년총동맹 결성, 규합단체: 청총, 서청, 독총, 국청, 임시집행
부: 유진산, 문봉채, 서상천, 김창만

4. 3 • 제주도 4·3사건

4. 19	•남북협상회의(평양) 학생 동요
4. 23	•제주도 소요 확대
4. 24	•전국반일학생대회 준비위원회 재일학도구출 궐기대회 개최
4. ~	•남한단독선거 반대운동 계속
5. 1	•인천 50명의 노동자, 메이데이만세, 단선반대, 남북회담 지지 등 삐라살포, 시위
5. 2	•같은 내용으로 노동자 학생 100명 시위
5. 3	•서울 수처에서 봉화
5. 9	•인천, 대구 등지에서 소요
5. 10	•남한 단독총선거, 시내 여러 곳에서 소요
5. 12	•경남학무당국, 경남중, 경남상업학교에 휴교령
5. 15	•전남 13교 단선·단정 결사반대 동맹휴학
	•청년학생 수십 명 세종로, 종로 3가에서 단정반대 데모(사망 1명)
5. 31	•청년 30명, 학생 200여 명 광주서 단정반대, 미소 양군 철퇴 데모
6. 1	•인사동에 청년학생 30여 명, 세종로에 대학생 70여 명 단정반대 시위
6. 2	•광주서 수백 명의 청년 데모
7. 1	•국호 대한민국으로
7. 16	•제주출신 학생, 민족의 비극 제주사건, 평화해결 바란다고 진정
7. 17	•대한민국헌법 공포
7. 19	•여운형 1주기 추도식 참가학생 검거
7. 20	•대통령선거, 이승만 당선
	•전국학생총연맹 담화 "새로 되는 정부는 민족지상民族地上으로"
8. 15	•대한민국 정부 수립
	•시내 각처에 삐라살포 7건, 이승순 등 9명 연행
	•충남 당진, 경북 대구, 광주 등 일부지방 단정반대 데모

8. 21	• 남조선인민 대표자회의
8. 25	• 지하선거검거 1,370여 명
10. 20	• 여수·순천 군부 반란사건
10. 27	• 서울대 9개대학 학생회, 새 학제(6·3·3·4)에 반대, 6·4·3·3제로 변경 주장
10. ~	• 학도호국단 조직 결성, 학생의 사회운동, 강력한 통제를 받기 시작함
11. 1	• 여수 반란사건, 관련자 89명(학생 포함)에 사형집행
11. 2	• 반란사건에 문교부장관 학생가담 통탄, 학원사상 단속
11. 11	• 학도에 군사훈련 실시
12. 1	• 국가보안법 공포
12. 17	• 민주학련 세포혐의로 경기중생 검거에 이어 중앙중생 4명 검거
12. 22	• 민주학련 검거학도 11교에 199명
12. 28	• 학련주최 반탁기념대회

1949년

1. 18	• 의무교육 6개년 계획 수립
3. 8	• 학도호국대 결성, 학생의 사회운동 강력한 통제를
4. 15	• 대학 학도호국대 결성식 거행
6. 26	• 김구 피격, 서거(7월 5일 국민장)
10. 19	• 공산계단체를 비합법화, 남한노동당 등 133개 단체 등록 취소
10. 27	• 계엄법 국회통과
11. 26	• 교육법 제정 공포, 6·3·3·4제도 확립

1950년

3. 29	• 대학교 증가, 전국 42개교, 학생수 28,112명, 72%가 문과계

4. 6	•농지개혁 착수
4. 8	•초급대학 15교 설치
6. 1	•의무교육 제도 시행
6.25	•한국전쟁 발발
7. 8	•대한 학도의용대 결성
8.18	•정부, 부산으로 이전
11.	•문교부, 관·사립 연합대학 설립 추진
12. 8	•대한 여자청년단 결성

1951년

2.18	•부산에 전시 연합대학 설치
5. 4	•대학교육 전시특별조치령 공포
7.10	•휴전회담 본회의 개성에서 개최
8. ~	•휴전반대 국민대회 연일 전국에서 개최
10.23	•전시 연합대학 전체 등록 학생수 6,455명
10.25	•휴전회담 판문점에서 개최

1952년

3.30	•문교부 전시 연합대학 폐지 언명
6. 9	•국립 전남대학교 개설
6.24	•국무총리, 학생의 정치·사회운동 관여 금지 담화 발표
7.12	•고대신문 필화사건
8. 1	•각 대학 농촌계몽운동반 편성
9. 1	•징병제 실시
9.21	•징병 연기대상 학생에 전시학생증 교부

1953년

4. 1	•국립 부산대학교 개설
4. 12	•이 대통령 단독북진 성명
4. 22	•북진통일학도 총궐기대회(부산)에 학생 동원
5. 2	•부산에서 제1차 학도병 입대, 향후 다수 학생 참전
6. 12	•휴전회담 결정 반대데모(학생 동원)
7. 27	•휴전협정 조인

1954년

7. 12	•학도 군사훈련 본격화
9. 26	•미군철퇴 반대 국민총궐기대회(학생 동원)
11. 18	•영국·캐나다 타협안 반대 국민총궐기대회(학생 동원)
11. 29	•이승만, '사사오입'으로 개헌안 강행 성립

1955년

2. 10	•만 22세 이상 학생에 병역소집 실시
4. 6	•문교부, 각 고등학교에 주 2시간 군사교련 실시 지시
8. 4	•적성휴전감시위 추방국민대회, 학생동원 4개월 계속

1956년

3. 10	•이 대통령 재출마 요청대회(학생 동원)
10. 20	•대한 학도 반공 궐기대회(학생 동원)

1957년

4. 9	•서울법대생, 대통령 양자 입학 반대로 맹휴

7. 12	• 홍익대학교, 부실재단 철거를 요구하는 맹휴
9. 10	• 성대생, 재단부패 규탄결의
12. 15	• 서울문리대 '우리의 구상' 필화사건

1958년

5. 24	• 인도네시아 반공혁명군 지원 궐기대회(학생 동원)
8. 8	• 함석헌 필화사건
11. 24	• 정부, 국가보안법 강행 성립

1959년

| 2. 13 | • 재일교포 북송 반대데모(학생 동원), 6월까지 계속 |
| 2. 7 | • 경향신문 필화사건 |

1960년

2. 28	• 경북고등학생 1,000명 데모
	• 공명선거 추진 전국위원회 결성
3. 1	• 3·1절 기념식장에 공명선거 호소문 살포
3. 5	• 서울시내 수개 대학생 1,000명 민주당 지원 데모
3. 8	• 대전 고교생 1,000명 데모
	• 부산 동아고교생, 데모모의 중 탐지되어 연행, 호소문 압수
3. 10	• 수원 농고, 충주 고교, 대전 고교생 900명 데모
3. 12	• 부산 동래고교생 130명 데모
	• 부산시내 4고교생 데모모의 중 탐지, 연행
3. 13	• 오산고교 100명 데모
3. 14	• 서울시내 수개 고교생 1,000명 데모

	• 부산시내 5개 고교생 600명, 포항고교생 200명 데모
3. 15	• 대통령선거, 이승만 당선
	• 민주당, 선거무효 선언
	• 마산 학생·시민, 부정선거 규탄데모, 80명 사상
3. 16	• 마산 중·고교에 등교중지 명령
	• 아이젠하워, 한국 선거의 폭력사태에 유감 표명
3. 18	• 내무부, 학원에 경찰을 배치하고 대치
3. 24	• 부산 고교생 1,000여 명 데모, 춘계방학 단행
3. 25	• 부산 동성고교생 150명 데모
4. 6	• 서울에 군중·학생 수천 명 부정선거 규탄데모
4. 11	• 제2차 마산사건, 14명 부상
4. 12	• 마산 고교생 등 1만여 군중 데모: 마산공고 500여 명, 창신고 300여 명, 마산여고 400여 명, 마산고 500여 명, 마산공고 1,000여 명 참가
4. 13	• 해운대 고교생 200명, 마산 고교생 1,000명, 우중에서 3일째 데모 계속
	• 이 대통령, 데모의 배후에 공산당 사주 경고
4. 14	• 미국 정부, 제2차 마산의거에 우려 표명
4. 15	• 이 대통령 공산당 조정혐의 거듭 경고
4. 16	• 부산 동래고교생 1,000명 데모
4. 18	• 부산 동래고교생 1,300명 데모
	• 고려대 학생 3,000여 명 부정선거 규탄 데모, 귀교 중 피습(41명 부상), 시민 합류하고 야간 데모 강행
	• 청주시내 4개 고교생 1,000명 데모
	• 전국 각지에 학생 데모대 경찰과 충돌
4. 19	• 서울, 부산, 대구, 광주 등 수십만의 학생, 대민권大民權 탈환운동 전개 (사망 186명, 부상 602명)

・문교부 서울시내 중·고교에 휴교령

・서울, 부산, 대구, 광주, 대전에 비상계엄령

・허터 미 국무장관, 심각한 우려 표명, 8항목의 각서 전달

4. 20 ・대구, 전주, 인천, 이리, 수원 등 전국 가지에 연일 데모

4. 21 ・전 국무위원 사표 제출

・매카나기 주한 미국대사 이 대통령 방문

4. 22 ・서울시내 중·고교생 2,000명 데모

・국회 시국대책위원회 구성

4. 23 ・인천시내 학생 200명 햇불 데모

・서울문리대 교수회의, 구속학생 석방 등 4항목 결의

4. 24 ・이 대통령, 자유당과 절연 성명

・치안국, 고대생 피격, 임화수, 유지광 구속

4. 25 ・서울대 교수를 선두로 3만 명 데모, 대통령·국회의원·대법관 사퇴 요구

・계엄사령부 구속학생 전원 석방

4. 26 ・계엄하 민중 데모 전국에 계속

・이 대통령 하야 성명

・경향신문 복간

・각 대학교 질서회복 운동 개시

4. 28 ・이기붕 일가 자결

4. 29 ・서울대, 고대, 성대 등 어용학자 규탄

4. 30 ・경희대도 어용학자 사직 요구

5. 1 ・허정 내각, 3·15선거 무효화 확인

5. 2 ・부산 학생 1만여 명, 국회해산 및 사이비 학자 숙정 요구 데모

5. 3 ・학도호국단 해체

5. 4 ・서울법대생 총회, 교수의 자기반성 요구

5. 5	• 반공청년단 해체
5. 6	• 서울상대, 어용교수 사직 요구, 동맹휴교 돌입
5. 10	• 서울문리대학생 총회, 학원제도 자유화 방안 결의
5. 13	• 서울대 학생회 헌장 발효
5. 16	• 연대 상경대학, 무능교수 사직 및 학원제도 자유화 결의
5. 17	• 14개 대학, 고교, 어용교수·이사진 배척 동맹휴교, 휴강 돌입
5. 19	• 순국학도 합동 위령제 거행
5. 21	• 전국학생 민주수호 공명선거 추진위원회 결성
5. 22	• 대한교원 노동연합회 결성
5.23~24	• 연대 법학회 공과생들 단과대학 완전 분리 주장
5. 27	• 구국청년당대회 개최, 고정훈 대표 남북문화 교류를 주장
	• 6개 대도시에 계엄령 해제
5. 29	• 이승만 부처 하와이 망명
5. 30	• 연대 전체 교수회, 학교기구 개편위원회 초안 무수정 통과
5. 31	• 연대 이사회 전체회의, 교수회의 건의안을 거부
6. 1	• 동아대생 부산일보 습격사건
6. 4	• 연대 교수단, 이사장과 총장에 보내는 결의문 발송, 7일까지 응답 요망
6. 9	• 서울시내 각 대학 여학생 회장, 생활의 합리화 토론
6. 10	• 연대 재단이사회, 선언문 발표
	• 연대 총학생회, 총장·이사장·교수단에 보내는 결의문 채택
	• 서울대 학생회, 국민 신생활운동, 국민 계몽운동 결의
	• 서울대 여학생회, 여성 신생활운동 전개 결의
	• 서울대 문리대, 농촌으로 가기 운동 전개
6. 13	• 연대 교수회와 이사회, 타협안 성립(제1차 학원분규 종결)
6. 16	• 서울대 정치학회, '정치대강연회' 개최

6. 18	• 서상일 사회대중당 대표, 남북문화교류를 제창
7. 1	• 경북의대, 어용교수 배척 분규 본격화, 90시간 단식 돌입
7. 5	• 서울대 국민계몽대 강연회 개최
7. 6	• 서울대 국민계몽대 결성식, 시가행진
7. 7	• 서울대 신생활운동반 결성식
7.8~11	• 서울대 각 단과대학별 국민계몽대 7,000여 명, 전국 각지에서 출발
7. 11	• 연대 지역사회개발대 출발
7. 16	• 서울대 신생활운동반, 신생활운동의 일환으로 국산품 애용 운동 전개, 세종로에서 양담배 소각
	• 이화여대 향토계몽대 5지역에 출발
7. 19	• 서울농대 새생활운동반, 서울까지 백리 도보 데모
	• 국민계몽 성토대회 개최(농민의 빈곤 위에 구축된 도시의 번영과 사치를 배격한다)
7.21~24	• 서울대 새생활반, 서울 번화가에서 관용차 단속
7. 29	• 제5회 총선거, 민주당 대승
8.1~7	• 서울대 여학생 새생활운동반, 서울시내 일원에서 여론조사 실시
8. 12	• 윤보선, 대통령에 당선
8. 14	• 김일성, 해방 15주년 경축대회에서 남북한 연방제를 제창
8. 18	• 서울대 새생활운동반, 관용차 91대 고발
8. 23	• 제2공화국 초대 장면 내각 성립
8. 24	• 연대 이사회, 외국인 원일한 교수 총장서리에 임명, 3교수 해임안 결의
8. 28	• 교원노조 불법화 반대 전국대표, 국회 앞 데모, 문교부에서 철야 농성
	• 대구 중·고교생, 교원노조에 호응하는 단식투쟁
8. 29	• 서울대 12단과대학생 대표, 등록금 중 시설비, 실험비 납부에 반대하는 등록거부 결의

8. 31 •서울대, 국립대학 시설비 국고보조 주장

9. 1 •국립대학 시설비 국고부담 결정

9. 8 •연대 국어국문과생, 장덕순·박두진 교수 해임에 전면 수강 거부

9. 10 •한양대생, 총장 지지파와 반대파 간의 유혈 충돌

9. 12 •연대 문리대 교수 30명, 성명서 발표

9. 13 •1961년부터 47개 대학에 ROTC 훈련실시 결정

9. 15 •연세대학원 민주화투쟁위원회 결성

9. 16 •연대 문과 법대 교수들, 철야농성 시작

9.18~25 •각 각회, 연대 교수단 지지 성명

9. 19 •연대 2,000명, '독선적 이사회' 규탄 데모

9. 22 •서울대 새생활운동반, 국회의사당 앞에서 가넘버 차량 51대 유치하고 농성, '새생활운동의 입법화' 요구

9. 23 •정부, 서울대 새생활운동반 활동을 불법행위로 규정

9. 24 •서울시내 79개 중·고교에 새생활계몽대 결성

9. 27 •서울상대생, 어용교수 퇴진 결의문 채택

•정부, 전국대학 긴급 학장·총장회의를 소집, 학원분쟁에 관한 대책협의

9. 28 •연대 이사회, 3교수 해임 적법성 재천명

9. 29 •한국교수협회, 연세대교수 농성 투쟁 격려

9. 29 •연대 학원민주화 투위원 데모

10. 7 •연대 동문회의 중재로 교수회의, 이사회 합의에 도달(제2차 분규 일단락)

•문교부, 학도군사교련을 대학 4년간에 828시간으로 하는 최종안을 국방부에 통고

•서울 성동서, 대학운영 개선 및 실습비 인하를 요구하는 농성 중인 한양대생 56명을 연행

10. 8 •한양대생, 학원분규에 개입하는 성동서에 난입

10. 11	•4·19 부상학생, 국회해산을 요구하며 의사당에 난입
11. 1	•서울대, 민족통일 연맹 발기대회 개최, 발기문, 선언문, 강령초안, 대 정부·사회 건의문 채택
11. 4	•문교부, 서울시내 대학총·학장회담 소집, 학생사상 및 생활선도에 관 한 5원칙 지시
11. 9	•연대 문과, 이공, 정법대 대의원, 어용교수 7명의 수강거부 결의, 김 윤경 등 57교수 해임 및 3교수 복직을 요구하는 투쟁결의문을 채택
11. 15	•연대 학생 3명을 제적 처분
11. 16	•연대 학생 2,000명, 원일한 총장서리와 샤워 이사장 본국 소환 요구 데모. 서울시경, 학생 58명 구속
11. 17	•연대생 1,000여 명, 구속학생 석방요구 데모. 경관대 최루탄 발사, 133명 구속
	•문교부, 연대 분규를 수습하기 위해 지도 감독권 발동을 결정
11. 18	•서울대 민족통일 연맹 결성
11. 19	•북한인민회의, 남북연방제와 남북, 경제·문화교류 위한 구체안 제시
11. 22	•문교부, 연대 분규에 적극 개입 시작
11. 24	•4월혁명 불구학생 동지회 300명, 국회 앞에서 데모
12. 9	•연대, 고병간 박사를 총장에 선출, 학내분규 종결
12. 22	•서울대 새생활운동반, 허식타파 운동 전개

1961년

2. 6	•대한민국 대학생 총연합회, 새생활운동 전국규모 확대 결의
	•각 대학별 국토개발대, 동계방학 활동 개시
2. 14	•서울대 한미경제협정 성토 시작
2. 16	•성대 등 전국 10여 대학에 민족통일연구회 발족

3. 10	•정부, 반공임시특별법안을 발표
3. 20	•200여 명의 교수, 국립대학의 민주화 시설확충·학생부담 경감 결의
3. 22	•혁신계, 서울 대구에서 반공법·데모규제법 등 악법 반대 데모
3. 23	•정부, 데모 격화되면 군대를 출동시키겠다고 경고
3. 28	•서울, 부산, 대구에 우익단체 용공단체 규탄 데모
4. 2	•대구에서 1,000여 명 악법 반대 데모, 경관대와 충돌, 43명 구속
4. 19	•각 대학 4·19 선언문 발표
4. 25	•교수단 데모 1주기 기념성명서 발표
5. 3	•서울대 민족통일학생연맹, 남북학생회담, 문화교류 재주장
5. 5	•민족통일전국학생연맹 결성준비대회(전국 17개 대학을 조직), 남북학
	생회담 개최 요구
5. 6	•정계, 남북학생회의 개최 제안을 시기상조라며 반대성명
5. 7	•서울대 사회과학연구회, 남북학생회담 비난 성명
5. 8	•서울대 민족통일학생연맹, '학우에게 보내는 글' 발표
5. 10	•장면 국무총리, 남북학생회담 불허 방침 천명
5. 12	•문교부, 남북학생회담설을 계기로 서울시내 32개 대학 총·학장회의
	소집, 학생 선도책 협의
5. 13	•남북학생회담 호응군중대회(서울운동장)
5. 16	•군부쿠데타, 군사혁명위, 3권을 장악하고 혁명공약을 발표
	•각급 의회 해산, 정치단체의 활동 금지, 전 각료에 체포령
5. 18	•장면 내각 총사직
5. 22	•군사정권, 전 정당 해산
5. 23	•서울대 학생회, 5·16혁명 지지 성명
5. 28	•부정축재 처리 요강 발표
5. 29	•헌법 정지

6. 1	• 문교부 학원정상화 위하여 준수사항 5항목 시달
6. 6	• 전국대학교 총·학장단, 혁명정책 지지 결의문
6. 22	• 문교부, 대학총장에게 재단이사장직의 분리 지시
6. 24	• 서울대 향토개척연합회 결성
7. 3	• 국가재건 최고회의장에 박정희 소장 취임
7. 6	• 소련·북한 우호협력 상호원조 조약 체결
7. 11	• 중국·북한 우호협력 상호원조 조약 체결
7. 22	• 문교부, 대학정비방안을 발표
7.15~25	• 서울대, 고대, 성대, 이대 등 하기 농촌활동 개시
8. 12	• 박 의장, 민정이관에 관한 특별 성명 발표
8. 13	• 문교부, 국·공립대학 총장의 임명제 입법조치 추진을 성명
8. 16	• 문교부, 4년제 사대 폐지, 교육대학원 신설 등 제2차 대학 정비안을 발표
8. 28	• 혁명재판 제1심에서 민족일보 사건 3피고에 사형 판결
9. 5	• 문교부, 4대학 폐지, 4대학 병합 등 국립대학 정비수속을 발표
9. 12	• 문교부, 국립대학정비에 반대하는 서울사대 학장 및 교수 2명을 파면
9. 28	• 문교부, 출판사 등록에 관한 규정을 제정 공포
9. 30	• 민족통일학생연맹 피고 전원에게 유죄판결(9명에 5~15년의 징역형)
10. 16	• 정부, 학사자격 고시령 발표
11. 18	• 문교부, 사립대 정비, 전국 12교를 폐지 결정
12. 7	• 10개 교육대학 신설 세목 달시
12. 21	• 임화수, 최인규, 곽영주 등의 사형집행
12. 22	• 전국 학사자격 국가고시 실시

1962년

| 1. 13 | • 정부, 제1차 경제개발 5개년 계획 발표 |

1. 26　• 서울대 향토개척단 '덕양 향토개척단' 창립

2. 16　• 문교부, 전국대학 정원 확정

3. 16　• 정치활동정화법 공포

3. 24　• 윤보선 대통령 사임, 박정희 의장이 권한 대행

6. 6　• 고대, 한미행정협정 촉구 궐기대회

6. 8　• 서울대학생 1,000여 명, 한미행정협정 체결 반대 및 피검된 고대생
　　　　석방을 요구하는 데모

7. 12　• 서울시내 각 대학생 8,000여 명 하기방학 봉사활동 시작

7. 30　• ROTC 입소식 거행

8. 2　• 동아일보 필화사건

10. 22　• 학사자격고시 반대 집회(학생 9명 검거)

11. 12　• 학사자격고시 실시

12. 17　• 개헌안 국민투표 실시

12. 27　• 박 의장, 민정이관수속 발표

1963년

1. 1　• 정치활동 재개

1. 16　• 대학교수 실적검사(72명 실격)

2. 27　• 박 의장, 대통령 출마 정식 성명

3. 16　• 박 의장, 민정불참가 철회, 4년간 군정 연장 제안

3. 22　• 재야 정치인, 구국선언대회 열고 군정연장 반대 데모

3. 28　• 서울대, "갯벌이 옥토된다"는 구호 아래 덕양 향토개척단의 간척공
　　　　사 위한 모금운동

3. 29　• 서울 문리대생 300명, 자유수호 궐기대회, 군정연장 반대, 구정치인
　　　　자숙 결의

4. 19 • 서울대생, 4·19 제4차 선언문 발표, 침묵데모: 군정연장 반대, 구정치인 자숙, 미국의 내정간섭 반대

4. 22 • 35개의 정당·단체, 군정반대 전국투쟁위원회를 결성

5. 1 • 서울대 향토개척단, 총연장 350m, 간척면적 5만 4,000평의 방조제 완성

5. 16 • 경북대, 군정연장 반대데모 기도, 삐라 2,000부 압수

• 박 의장, 5·16식전에서 연내 민정이양 방침 성명

6. 14 • 성대생 300여 명, 서총장 사임 반대 데모

6. 17 • 성대 총장 경질에 재단 분쟁, 학생 가두데모로 발전, 경관과 충돌

6. 18 • 문교부, 성대에 휴교령

7. 28 • 박 의장, 민정이양 스케줄을 발표

10. 15 • 대통령 선거, 박정희 당선

11. 19 • 서울대 향토개척단, 제1회 향토의식 초혼굿 개최

11. 26 • 국회의원 총선거, 공화당이 압승

12. 17 • 제3공화국 탄생

1964년

3. 9 • 대일굴욕외교 반대 범국민 투쟁위원회, 현 회담 즉시 중지 등 구국선언문을 채택

3. 15 • 대일굴욕외교 반대 투쟁위원회 전국유세 개시

3. 2 • 서울고교생, '대일굴욕외교 반대 강연회' 후 시위, 26명 연행

3. 23 • 서울대 민족주의 비교 연구회 '한일문제 실내 강연회' 개최

• 의사당 주변 '대일굴욕외교 반대 투위' 건민당 청년 3명

3. 24 • 서울문리대, 고대, 연대생 5,000여 명 한일회담 반대 데모(40명 중경상, 150명 연행), 서울대 : 송진혁(정치), 김의종(지질학), 최일석(사회사업), 이진환(국문), 이성준(고고학), 김구영(국문)

3. 25 •학생데모 전국에 확대(서울, 부산, 대구, 전주 등)

•서울시내 37개 대학 대표와 정부의 연석회의

3. 26 •데모 3일째 계속

서울: 경기중고교, 명지대, 배재중고, 중동고, 동도공고, 경기대, 한양 공고, 마포고, 경신고, 성북고 등 / 수원: 서울 농대 / 광주: 전남대, 조 선대, 광주농고 / 대전: 대전고 / 이리: 남성고 / 부산: 부산교대, 부산 대, 부산고, 부산남고

학생연행: 임무용(한대 전자학 1), 이영하(한대 건축 2), 이경유(한대 섬유 2), 강영균(한대 경제 1), 홍성익(동도공고 2), 문영섭(동도공고 3)

•이대, 경비정 건조 모금운동 시작

•대일굴욕외교 투쟁위 서울지부 궐기대회

3. 27 •학생 데모 4일째 계속

서울: 영등포고교, 보인상고, 동국공고, 용문고, 동국무선고, 서울대상 대 / 광주: 사례지오고 / 천안: 천안고, 천안공고 / 춘천: 춘천농대, 춘천 고 / 수원: 수원고 / 청주: 청주대, 청주교대, 청주고, 청주농고 / 목포: 문태고, 목포공고, 목포상고 / 전주: 5개 학교 / 진주: 해인고, 진주고 / 충주: 충주공대, 충주실업고, 충주여고 / 부산: 혜화여고

부상자 명단: 서울대(안성환, 김해강, 장중웅), 고려대(이갑우 외 12명), 한양대(강영균 외 4명), 연세대(최하룡 외 18명)

3. 30 •서울시내 각 대학교 대표, 박 대통령과 면담 후 일단 학원복귀 성명

4. 3 •서울대, 한일문제 대강연회 개최

4. 8 •굴욕외교 반대 학생 데모 주동자에 정체불명의 괴소포

4. 9 •서울사대, 김종필 공화당의장 초청 '패널 디스커션'

4.10~11 •서울대, 연대, 고대에 괴소포 도착

4. 13 •국회, 학원사찰 불온소포 사건 등을 추구

4.17~18 • 서울 문리대, 사대, 구속학생 석방, 학원사찰 중지를 요구하는 데모

4. 19 • 서울 수개 대학에서 데모(61명 입건, 6명 구속)

4. 20 • 서울 문리대 200명 데모, 박준석(지리), 김대열(불문), 이준도(언어), 조화유(사회), 신한철 외 25명 연행

• 성대생 300명 데모 • 청주공고생 1,000명 데모

4. 21 • 서울대, 성대, 동대생 데모: 이성구(성대 정치), 임학락(성대 영문), 현승일(서울대 정치), 이영구(서울대), 정일용(성대 정치), 권오철(성대 경제), 김도현(서울대 정치), 최영보(동대), 장장순(동대), 김선홍(동대)

• 박 대통령, 학생 데모 성격 변화의 가능성 지적

4. 24 • 서울대 200여 명 성토대회, 동대 500명: 송철원, 손정박(서울대) 등 연행

• 최 총리, 데모 구속학생 전원 석방을 발표

• 서울시내 28개 대학 총·학장, '정부의 부정 일소, 학생은 학원에'의 결안 채택

5. 9 • 대일굴욕외교 반대 시국강연회, 청중 4백여 명 데모

5. 11 • 연대생 200여 명 성토대회

5. 13 • 경향신문 필화사건

5. 18 • 서울대 문리대 정치학회, 시국 대강연회, '5·16은 4·19의 계승일 수 있는가?'

5. 20 • 서울시내 9개 대학생 2천여 명, 서울 문리대에서 '민족적 민주주의 장례식 및 규탄대회'를 열고 경찰과 충돌(양쪽에 65명 부상, 학생·시민 182명 연행): 김세열(서울사대), 한기연(서울사대), 이상일(서울사대), 최숭웅(서울사대), 윤희섭(서울사대), 조승현(19), 박형길(성대 4), 임동철(성대 2), 이영훈(서울대), 이용술(서울대), 이석환(서울대), 윤재근(서울대)

5. 21 • 무장군 813명, 법원에 난입

5. 22 • 서울 문리대생 송철원 군 린치사건 발생

• 한일굴욕외교 반대 학생 총연합회 결성

5. 23 • 고대, 서울법대, 사범대학원생 굴욕외교 규탄대회

5. 25 • 전국 32개대 '난국타개 궐기대회'

서울: 서울대, 고대, 동대, 연대 등, 부산: 동아대, 춘천: 춘천교대

연행: 이문웅(경희대), 오기환(연대), 홍성전(고대), 이정재(한대), 원

무회(건대), 한광수(서울법대), 김실(동대), 구자신(고대), 정기웅(동

대), 박경일(중대), 현홍광(숭실대), 박원규(건대), 김향자(이대), 이경

숙(숙대), 최영숙(수도사대), 김길향(덕대) 등

5. 27 • 전남대생 300여 명 데모

• 서울대 교수협의회, 군의 정치적 중립, 학생의 학업전념 등 6 항목의

시국수습 건의문을 채택

5. 30 • 서울시내 각 대학 학생 대표 6명, 정 총리를 방문하고 9항목의 기한

부 요구 조건을 전달

• 서울 문리대생 40여 명, 4월 혁명 학생탑 앞에서 단식농성 투쟁 개시

6. 1 • 중앙청 뒤뜰의 버스 농성, 학생대표 31명이 문교부장관과 면담, 5항

목의 이행 확약: 8시간 만에 해산

• 전북대, 청주대, 학생 데모: 이기동(전북농대 4) 등 160여 명 연행

6. 2 • 서울대 8개 단과대학생 회장, 단식투쟁을 중지하고 실력행사를 결의

• 서울대, 고대 등 수개 대학 데모

• 전남대 500여 명 성토대회

6. 3 • 학생 1만여 명 데모, 서울시내 험악화, 파출소 등 파괴, 일시 점거 단

식학생도 중지하고 데모에 참가

• 수원 농대생 도보로 상경 데모

오후 8시를 기하여 서울시 일원에 비상계엄 선포, 포고 제 1, 2호로

집회·데모 금지, 언론·출판사전 검열, 각급 학교에 무기휴교, 통행금지 연장(21시~4시), 영장없이 압수·수색·체포·구속 조치

6. 4 • 부산, 목포, 광주, 인천, 춘천 등지에서 데모―'6·4 비상계엄 선포'
       • 계엄군법회의 설치

6. 5 • 전국의 대학 5일에 휴가조치, 문교부 서울 총·학장에 데모 주동학생의 처리방안 제시(지방대학 8일 시달)

6. 10 • 한국 신문발행인·편집인 양 협회, 시국수습 공동선언을 발표

6. 17 • 계엄사령부, 계엄 이후 구속자 348명(학생 168명)으로 발표

6. 23 • 서울대 향토개척단, 제7차 활동 개시

7. ~ • 각 학교, 마음을 가다듬고 농촌활동에 투입

7. 29 • 비상계엄 해제

9. 10 • 자유언론수호연맹 발족

9. 16 • 검찰국, '5·20데모' '6·3사태'에 관련된 학생 74명의 공소취하함

11. 3 • 데모학생 대표, 6·3동지회 결성

11. 18 • 서울대 향토개척단 제2회 향토의식 초혼굿 개최, 녹두장군 진혼제 실시

11. 23 • 숙명여대 분쟁에 무기 휴교

12. 3 • 한일회담 재개

12. 29 • 문교부 '대학교육 10년 계획'에 근거하여 대학 정원조정 발표

1965년

1. 8 • 정부, 정규군 2,000명 남베트남 파견 발표

2. 18 • 6·3 학생 10여 명 이등박문 망령 성토대회: 이재우(경희대 4), 김경남(동대 3), 이경우(고대 4), 박동인(동대 4), 이봉환(숭실대 4), 김병길(고대 4) 등 연행

2. 20 • 한일 기본조약 가조인

3. 10 • 서울대학생, 등록금 인하 주장하고 성토

3. 26 • 동대, 굴욕외교 규탄대회

3. 27 • 야당, 한일회담 반대의 전국유세 개시

3. 31 • 전남대생 800여 명 데모(부상 20명, 연행 32명): 최창돈(문리 1) 구속,
임우천·임병선 기각

4. 2 • 전남대 데모 주동학생 7명 제적(정동연 등)
• 원주에서 대성고교생 400여 명 굴욕외교 반대 데모: 장연현 등 7명 연행

4. 6 • 서울시경, '평화선사수학생투쟁위'의 대표 10명을 불법집회로 연행:
이수용(서울대), 김경남(숭실대), 박동인(동대), 차재규(경희대), 오건
환(연대), 이웅(건대), 고창성(중대)

4. 8 • 평화선 사수 학생연합투쟁위원회 결성

4. 9 • 동대생 500명, 한일회담 반대 집회

4. 10 • 서울법대생 500명 데모: 정성철(4년) 등 연행

4. 12 • 연대생 2,000명 항의 집회 데모
• 경희대생 300명 가조인 항의 집회

4. 13 • 고대, 연대, 경희대, 동대, 성대, 국학대, 숭실대 등 각 대학에서 데모:
양승광(경희대 4), 윤소연(경희대 2), 이성구(성대 3), 이철홍(동대 3),
곽남동(동대 2), 유중현(동대 2), 이동재(연대 4), 오건환(연대 4), 이
범관(연대 4), 유우길(고대 4), 문학진(고대 4) 등 연행

4. 14 • 고대생, 구속학생 석방을 위한 서명운동 전개
• 중대, 성대 일부학생, 성토대회 마치고 데모: 200여 명 연행

4. 15 • 고대생 1,000명 데모: 이수구(3) 등 30명 연행
• 경기고교생 1,000명 데모: 33명 연행
• 서울법대생 300여 명 성토, 단식결의
• 동대생 김중배, 두개골 골절상으로 사망

4. 16	•동대, 건대, 서울대, 연대, 중앙대, 경희대, 성대 등 성토 데모, 4명 구 속: 이응식(동대 4), 이부구(동대 2), 곽운혁(동대 2), 일반인 1명
4. 17	•서울시내 배재고, 보성고, 마포고 등 3개 고교생 3,000여 명 데모: 김 행연 중태, 70명 연행
	•대학 34개교, 고교 119개교, 일주일간 휴교
	•야당의 한일회담 타결 반대 집회에서 시민 3만 5,000명이 참가, 경관 대와 충돌: 401명 체포 연행
4. 18	•각의, 한일굴욕외교 투쟁위원회를 불법행위로 규정
4. 19	•제주대 300명 연좌 데모
4. 20	•서울 문리대 일장기 화형식
	•전북대 500여명 데모: 백대영 등 4명 부상
4. 21	•부산 수산대 300여 명 데모: 한길남, 허성도 부상
4. 22	•경북대 200명 데모: 최현우 등 6명 연행
4. 23	•대구대, 청주대 1,000여 명 데모
4. 26	•휴교 중의 서울외대, 부산수산대생 데모
4. 27	•한신대 100여 명 데모: 전병금 등 22명 연행
4. 29	•서울 문리대 200여 명 데모 5명 구속: 조양(서울대 4) 등
5. 1	•추가구속, 3명: 최병권(서울대 3), 최극언(서울대 3), 박지동(서울대 3)
5. 3	•추가구속 1명: 장중웅(서울대 3)
5. 6	•데모 관련 ROTC 학생 14명 제적
5. 7	•광주 숭일고 2,000명 데모
5. 8	•굴욕외교 반대 투쟁위원회, 광주 시민 궐기대회, 시민 3만 명 참가
5. 12	•마포고교생 1,000여 명 데모 •목포에 고교생 400명 데모
5. 18	•박·존슨 공동성명 발표
	•서울 문리대, 사대, 법대생 데모 재개: 윤덕홍(서울대 1) 연행

- 서울법대, 학생 23명 정학처분: 김장천(2), 노수관(2), 정무일(1), 김정남(3), 이계천(2)

5. 20
- 한일회담 반대 결의문과 성명서 작성 혐의로 동대생 4명 연행: 박창호, 권오갑, 오홍명, 윤천영

5. 21
- 서울법대생 3일간 동맹휴교

5. 24
- 서울법대학생총회, 학장 사임, 학원자유 요구 무기한 동맹휴교 돌입

5. 29
- 서울서 한일회담 반대 민중 시위대회 1만 명 참가
- 동창회 중재로 서울법대 학내 분규 종결

6. 12
- 서울법대 150명 데모, 20여 명 단식농성 투쟁: 장명봉(법과 3) 등 16명 연행

6. 14
- 서울법대생 100명, 한일회담 반대 무기한 단식 돌입

6. 15
- 서울법대생 단식 이틀째 돌입

6. 18
- 서울법대생 단식 5일째 계속
- 서울상대, 고대생 데모, 20여명 연행
- 중앙대 한일회담 반대 구국투쟁 위원회 결성

6. 19
- 서울 문리대생 60여 명 성토대회

6. 21
- 서울사대, 공대, 문리대, 법대, 의대, 숭실고, 대광고, 고대, 연대, 서울농대, 중앙대, 숭실대, 동국대, 외대, 경희대 등 1만여 명 데모
  연행: 서울대 홍영세 등 13명, 숭실고 이학근 등 97명, 연대 김두환 등 20명, 중앙대 김문덕 등 10명
- 12개 대학에서 단식 시작
- 전국의 13개 대학, 서울의 58개 고교에 휴교령

6. 22
- 한일조약 정식 조인
- 23개 대학에서 굴욕조인 규탄 데모
- 서울법대생 200시간 단식 돌입

- 정부, 데모 저지에 경찰관 4,000명 투입
- 사립대 및 52개 고교, 조기 휴가

6. 23 ・12개 대학에서 항의 집회 데모 계속, 이화여대 데모

6. 24 ・연대생 67명, 5일째 단식 ・서강대, 경희대도 단식
- 충남대를 비롯 대전 시내 29개 중고교에 휴교 조치
- 숙명여대생 데모

6. 25 ・연대, 이대, 성대, 경희대, 서강대 단식
- 덕성여대, 서울여대, 연좌 데모
- 중앙여고, 충주실업고, 동양공고, 동양공전생 데모: 허성(동양공고 15)군 등 40여 명 연행

6. 26 ・이화여대 교수단 대정부 항의

6. 28 ・연대 교수단 대정부 항의

7. 1 ・연대, 건대, 이대, 이화여고, 상명여고 등 '일본상품 안사기 운동' 전개

7. 2 ・보성여고 600여 명 성토대회 후 단식 투쟁
- 이대 학생회 간부 비준반대서명운동: 진민자(이대 4) 등 4명 연행
- 가톨릭 의대, 단식 3일째
- 서울대 향토개척단 단원 1,000여 명, 전국 50개 지구에 파견
- 정부, 전투부대 1만 5,000명 베트남 파유 발표

7. 3 ・서울대 의대 200여 명 가운 데모: 104명 연행
- 동북고, 성북고생 데모
- 배재고 성토대회 후 단식 결의
- 이대 서명 운동
- 가톨릭 의대 단식 4일째, 연대 5일째 단식

7. 5 ・조기방학 반발 고교생 데모(경복고, 동성고, 한영고, 용문고, 영등포고 등 1,500여 명): 20여 명 연행

	•연대, 외제품 불매운동 200여 명, 서명운동에 착수
7. 7	•대구 청구대생 300명 우중에 데모: 이두만 등 50여 명 연행
7. 8	•제주 시내 오현고교, 신성여고 단식
	•대전 감신대, 비준반대 서명운동 12일까지 계속 예정
7. 12	•재경대학교수단 '한일조약비준 반대 선언문' 발표
7. 13	•서울시내 6개 대학 학생회장 한일조약비준 반대 대학연합조직 결성
7. 19	•이승만, 하와이에서 서거
7. 31	•한일조약비준 반대 민간 13개 단체, 조국수호 국민협의회 결성
8. 13	•제주대 횃불성토
8. 14	•각 대학 연합체, 매국문서 무효선언
8. 15	•3명 데모: 유지택(동대), 김완경(국민대), 강철(고대)
8. 17	•각 학생단체 비준무효투쟁에 앞장
	•서울법대생 개학 즉시 실력행사 선언
8. 18	•서울법대생 200여 명 실력으로 비준 무효화 투쟁 결의
8. 20	•경희대, 경기대, 동아대 등 국회해산 요구 학생 데모: 경희대 강동호 등 29명 연행, 동아대 양춘남 등 47명 연행, 5명 중경상
8. 21	•서울대, 고대, 연대, 동대, 한대 등서 데모
	•서울법대 데모 주동학생 퇴학 처분
8. 23	•전국 14개 대학에서 학생 1만여 명 한일조약 무효화 데모
	•서울법대생, 학원의 자유를 요구하는 무기한 동맹 휴교 개시
8. 24	•서울시내 10개 대학에서 데모 계속, 국회해산 요구
8. 25	•박 대통령 초강행책 성명
	•서울시내 각 대학교 학생 1만여 명 데모, 무장 군인 출동
	•무장 군인, 고대 침입 사건 발생
8. 26	•무장 군인, 연대 침입 사건 발생, 고려대 재차 침입

416

	• 서울에 위수령 발표
	• 고대, 서울대, 동대, 성대, 경희대 등 학원자유를 요구하는 6일간 데모
8. 27	• 고대, 학원방위 학생 총궐기대회 개최
	• 각 대학 휴교 조치
	• 서울시내 9개 대학 학생지도자 58인 처분
	• 정부 데모 진압 방침 성명, 문교부장관 및 서울대 총장을 경질
8. 28	• 고대 등 4개 대학 휴교
	• 데모 주동학생 검거 개시
9. 4	• 고대 및 연대에 무기 휴교령
9. 6	• 서울상대, 서울법대, 고대, 휴업령 철회 때까지 맹휴 결의
9. 7	• 맹휴주동혐의로 4명 연행: 이협, 최기선, 이영희, 김규칠
9. 10	• 고대생 휴교령에 반발, 학원방위 총궐기대회를 개최
9. 18	• 문교부, 대학교육 정상화 방책을 입안
9. 20	• 고대, 연대에 휴교령 해제
9. 22	• 서울법대생 300여 명 등교 결의
	• 구속학생 퇴학처분: 김중태(서울대), 김도현(서울대), 이수남(서울대)
10. 5	• 북한 무장 스파이 사건 격화 발표
10. 15	• 서울 농대, 전국 코스모스 심기운동 전개
10. 18	• 국회, 구속학생의 석방, 제적학생의 복교를 결의
10. 25	• 서울 문리대학생, 학원당국의 학생 자치 활동 불간섭을 요구
11. 19	• 서울대 향토개척단, 제 3 회 향토의식 초혼의 굿 거행
11. 20	• 고대 학생회 '한일조약협정 완전 체결에 제際함'을 제목으로 하는 성 명 발표
12. 14	• 각의, 대학정원령, 학사 및 석사 등록제 결의
12. 18	• 한일 국교정상화(비준서 교환)

1. 18	•문교부, 4년제 대학생 전원에 군사교련을 필수로 하는 과목을 계획
2. 28	•정부, 전투부대 2만 명의 남베트남 증파를 결정
3. 10	•숙명여대생 5,000명, 관선이사배격 6항목 결의
5. 10	•광주 20개 중·고교생 2,000여 명, 학생대회, 학생헌장 선포
6. 3	•서울 문리대학생 총회, 학생자치활동의 자유를 요구한 13명 정학 처분
	•서울대 한일협정비준 반대 데모로 무기정학 14명, 2학기에 복학 조치
	•서민호 민사당 준비위원장, 남북교류를 주장, 반공법 위반혐의로 체포
6. 10	•서울대 향토개척단, 창단 5주년 기념 제1회 개척제 개최
7. 6	•문교부, 전국 98개 대학 실태 조사
7. 29	•정부, 제2차 경제개발 5개년 계획 발표
9. 15	•삼성재벌계 한국비료의 밀수사건 처리에 문제화
9. 27	•서울대학생 총회, 삼성재발 밀수규탄 성명서 발표
10. 7	•서울 문리대, 반밀수재벌 학생투쟁위원회 결의문 채택
10. 8	•서울법대생 260명, 밀수규탄 성토대회
10. 10	•건대생 500명, 밀수 규탄대회
10. 13	•연대생 2,000명, 밀수 규탄대호
10. 15	•야당, 재벌밀수 규탄대회
	•서울대 밀수규탄대회 주동학생 처벌
10. 22	•유기천 서울대 총장 충무 발언
10. 25	•서울법대생 총회, 학생처분의 취소함과 학부장의 인책사임 요구 결의
10. 27	•서울 문리대학생, 학원자유수호 궐기대회
10. 31	•존슨 미대통령 방한
11. 3	•서울 문리대, 제2차 학원 자유수호 궐기대회
11. 4	•고대생 500명, 재벌 밀수 규탄대회

11. 8 •서울 문리대, 제3차 학원자유수호 궐기대회, 유총장의 사임 요구, 3
일간 단식 돌입

11. 9 •유 총장 사임, 단식학생, 자숙의 선언문 발표

11. 11 •고대생, 재벌 밀수규탄 학생회장 처분 해제 요구

11. 18 •서울대 징계위원회, 한일회담 반대로 징계된 학생 18명 구제

1967년

5. 3 •대통령선거 실시, 박 대통령 재선

6. 8 •국회의원 총선거 실시, 여당 대승

6. 9 •연대 정치학회 200명, 부정선거 규탄대회

6. 12 •서울법대 500명, 경북대생, 부정선거 성토 데모

•서울대 학생회의 17일까지 휴업령

6. 13 •고대생 2,000여 명을 선두로 시내 7개 대학의 학생 8,000여 명, 부정
선거 규탄 데모

6. 14 •10개 대학, 4개 고교 1만 5,000여 명의 학생 데모, 경찰대와 충돌, 쌍
방에 240명 부상 •서울시내 11개 대학에 휴교령

6. 15 •5개 대학, 21개 고교생 데모, 3개 대학에서 단식·데모 4일간 계속

•전국 22개 대학, 57개 고교에 휴교령

6. 16 •16개 고교, 2개 대학생 데모, 3개 대학에서 단식

•전국 28개 대학, 129개 고교에 휴교령

6. 21 •서울대, 고대, 연대, 성대, 건대에 부정부패 일소 전학생투쟁위원회 결성

6.23~30 •서울대, 고대, 연대, 경희대, 중대 등에서 '학원주권'과 '부정선거규
탄'을 내걸고 산발적으로 데모

7. 3 •각 대학 개교, 서울시내 14개 대학 학생 1만 6,000여 명 데모

•서울시내 고교, 휴교 조치 무기한 계속

7. 4　•서울시내 6개 대학, 지방 3개 대학 데모 계속

　　　•13개 대학 조기방학 실시

7. 5　•7개 대학에 데모 계속, 조기방학 실시, 20개 대학에 확대

7. 8　•동백림 거점 북괴 대남 공작단 사건 공표

7. 11　•서울 문리대 '민족주의 비교연구회' 사건 발표

8. 21　•22개 대학 개교, 서울법대, 문리대학생, 선언문, 결의문 발표

11. 8　•문교부, 사립대의 학생정원 초과 취체에 따른 내년도에 졸업생에게 등록증명서의 발행을 결정

1968년

1. 15　•박 대통령, 제2경제의 필요를 강조

1. 17　•문교부, 사립대의 학생정원 초과입학취체에 따라 위반 대학에 대하여 재정지원 중지, 학장인가 취소 등 강경조치를 결정

1. 23　•푸에블로 호 사건 발생

1. 26　•문교부 사립대의 수업료 인상을 허가

2. 5　•부산 시내 고교생 3,000명, 일본 영사관에서 데모

2. 7　•기드온 신학대학생 300여 명 미군과 충돌

2. 9　•문교부장관, 전국 총장·학장·교육감회의에서 반공교육의 강화를 지시

2. 15　•한미공동성명 발표

2. 17　•국방부, 병역법 적령 학생에 대해 징병령 발행의 방침 결정

4. 1　•대전에서 향토예비군 창설식 거행

4. 3　•서울 지검, 지하조직획책의 혐의로 서울대생 5명을 구속 기소

4. 5　•국방부, 고교·대학생 전원에 주 3시간의 군사훈련 실시 방침을 결정

4. 17　•정부, 동경의 조선대학교 인가에 항의

4. 22　•동경의 조선대학교 인가 항의의 데모, 집회 전국에 파급

7. 15	• 문교부, 중학 무시험진학제도의 단계적 실시 계획 발표
8. 24	• 통일혁명당 적발
10. 7	• 대통령, 1970년도에 한글전용 방침 지시
11. 26	• 국민교육헌장 국회 통과
12. 6	• 신동아 필화사건

1969년

1. 3	• 이 국회의장, 3선개헌의 가능성 시사
6. 10	• 서울대 기독학생회, '에로문화 화형식' 개최
6. 12	• 서울법대생 500여 명, '헌정수호 토론대회' 개최, 개헌 반대를 결의
6. 13	• 서울법대 교수회, 학생 5명을 정학 처분
6. 16	• 서울법대생 300여 명, '학내언론집회의 자유'를 요구하고 철야 농성
6. 17	• 서울 문리대생 총회, 학원사찰·개헌공작 비난, 도서관을 1시간 봉쇄
6. 19	• 고대생 500명, 서울 공대생 500명, 개헌 규탄대회
6. 20	• 연대 법대생 500명, 시국선언대회 개최, 개헌 반대 성토
6. 23	• 서울 문리대, 경희대, 경북대생 900명 개헌항의 집회
6. 24	• 경희대생 200여 명, 개헌반대 결의문 채택
6. 25	• 경북대 문리대생 200명, 개헌반대 집회
6. 27	• 고대생 400명, 헌정수호토론대회 개최, 데모
	• 계명대생 400명, 헌정수호토론대회 개최
6. 28	• 고대생 700명, '3선개헌 준비 음모' 반대 데모
	• 대구사회사업대생 60명 항의 집회
	• 문교부, 학생지도 전담반 편성
6. 30	• 연대, 고대, 경북대, 경희대, 서울공대 교양과정부 학생 4,300명 데모, 경찰대와 충돌, 학생 30명 체포

7. 1 •연대, 서울공대 교양과정부, 경희대, 경북대, 공주사대, 부산대, 외대 8,000여 명 데모, 경찰대 최루탄으로 탄압, 학생 100명 체포

7. 2 •서울대, 고대, 연대, 동대, 외대, 중대, 경희대 등 서울시내 7개 대학생 6,000여 명 데모

•서울법대, 사복형사 구타사건, 철야 대치, 서울대 2일~5일 임시 휴강

7. 3 •고대, 중대, 연대, 건대, 동대, 숭실대 등 대학생 4,500여 명 데모

•경북대생 500명, 6일간 데모 계속, 학생 247명 체포

7. 4 •전국 10개 대학에서 데모 계속

•고려대 자유당과 공화당의 가짜 결혼식과 허수아비 화형식 집행

•서울대 총장, 경찰의 교수·학생 무차별 폭행, 정식으로 항의

7. 5 •연대, 중대, 동대, 한대, 수도공대, 우석대, 단대, 광운전자대, 서강대 등 시내 9개 대학 수개 고교에서 단식, 데모, 항의집회 계속

•전국 각 대학 조기방학 실시

7. 7 •박 대통령 3선 출마 표명

•전국 13개 대학에서 학생 데모 계속

•서울법대 학생회, '경찰대 서울법대 난입사건 백서' 발표

•연대 데모 진압시 헬리콥터, 최루탄 3발 공중 투하

7. 8 •워싱턴 지구 미국 유학생 150명 '3선개헌기도의 중지' 요구 결의문 채택

•안동 교육대, 계성고교, 안동 고교생 2,500명, 항의 집회

7. 17 •서울 문리대학생, 제헌절 기념 개헌반대 성명서 발표

7. 18 •서울에서 개헌 항의집회 5만 명 참가

7.21~8.5 •서울법대 교수회의에서 데모학생 처벌을 계기로 각 대학 및 고교에 처벌 선풍

8. 16 •처벌된 경북대 데모 주동학생 7명에 징집영장 발부

8. 7 •3선개헌안 122명, 서명으로 국회 제출

8. 9 •개헌안 국회보고 생략, 정부에 직송 공고

8. 12 •대학 총·학장 회의, 학생에게 어필

•서울 문리대생, 처벌 부당성과 백지화 요구, 성명서 발표

8. 22 •문교부 대학구제 강화책 마련

•대구경찰서, 경북대생 161명의 부모에 경고 편지 발송

8. 23 •고대, 연대, 경북대 학생 처벌 무효화 요구

8. 25 •고대 개학 첫날 학생 600명, 3선개헌 반대 데모

8.26~30 •고대, 경북대, 개헌반대의 항의집회 및 데모 학생 22명 체포 데모 주
동 학생에 징집영장

9. 1 •서울상대, 문리대, 경북대 개헌반대 데모, 서울법대 단식 돌입

•연대 '현시국에 대한 앙케트' 배부, 학내 여론조사

9. 2 •각 대학 학생 데모 재연에 처벌하고 하계방학을 연장

9.2~4 •전국 10개 대학에서 데모 농성 등 계속

•서울법대 단식 75시간 만에 애국가 부르며 학교 버스로 귀가

9. 5 •연대 1,500명, 제15차 시국선언대회 및 가두시위 데모

•전남 의대, 서울 공대, 계명대생 데모, 서강대 3선개헌 찬반 모의투표

9. 6 •서울 공대 4일째 단식 •연대 단식 돌입

•서울법대학장 사표 제출

9. 8 •전국 12개 대학 4천여 명 데모 및 단식 계속

9. 9 •연대생 1,200명 등 7개 대학에서 단식농성 또는 데모 계속

•경희대 '3선개헌에 관한 앙케트', 데모 저지 무기 MPG 100 등장

9. 11 •박 대통령, 데모하는 학원폐풍 완전시정을 언명

•이대생 4,000여 명, 3선개선 반대로 흰 블라우스와 검정 치마 입기

•서울대, 숭실대, 경희대, 건국대, 계명대 380여 명 단식 돌입

9. 12 •고대, 부산공대, 전남대, 한국신학대 1,500명 토론 데모 5개 대학 휴교

9. 14	•국회, 개헌안을 변칙 통과
9. 15	•연대, 중대, 한대, 수도공대 2,000여 명 개헌강행에 항의
	•한국 동경유학생 개헌 강행에 항의
9. 16	•연대, 중대, 건대, 성심여대, 영남대, 경기고 등 개헌강행 규탄 집회
9. 17	•대한 예장신학대, 150명 삭발로 개헌 항의
	•대전대, 홍익대, 영남대 등 개헌 규탄대회
9. 19	•경북대 등 2개 대학 5개 고교에서 개헌반대 토론집회 및 구국기도회 개최, 38개 대학 휴교령
9. 20	•서울시내 11개 고교에 휴교령, 고교생 처벌 시풍(합계 37명), 경기고 교장, 교감 해임 •일부 고교 귀가 시차별 실시
9. 22	•덕성여대, 계명대, 양정고 개헌 반대 결의문, 고교생 41명 처벌
9. 24	•경북대, 전남대 데모 학생 강제 입대
	•한대 '학원정상화' 촉구 결의
9. 29	•서울 문리대 잡지〈형성形成〉, 3선개헌문제를 취급하여 발행정지 압수
9. 30	•계명대학, 개헌철회 요구 집회
10. 2	•경희대학, 학교수업 정상화 요구
10. 6	•문교부, 학생 지도연구소 신설 방침 천명
10. 7	•우석대학, 학원정상화 촉구대회 개최
10. 10	•공주사대, 숭실대 등 4개 대학 개학
10. 11	•서울법대, '전국 학생에 보내는 호소문' 채택
10. 14	•홍익대, 학원정상화 촉구대회 개최
10. 15	•고대 학생회, '국민투표 부정 경고 선언문' 채택
10. 17	•국민투표, 헌법개정 찬성 압도적 다수
10. 20	•중대, 우석대, 건대 개교
10. 22	•정부, 헌법개정을 공포

10. 23	• 서울대, 고대, 한대, 동대, 경희대 등 7개 대학 개교
10. 27	• 성대, 서강대 개교
10. 30	• 서울대, 처벌학생 14명 구제, 문리대 '학원정상화 위한 성토대회'개
	최, 6개 항목 결의
11. 6	• 서울법대생 총회, '신체 및 언론의 자유를 위한 선언문' 채택, '개헌
	과 우리의 입장'이라는 유인물 배포
11. 11	• 서울대 교양과정부생 300명, '학원자유 회복을 위한 선언문' 채택
11. 13	• 고대, 학생처벌 전면 철회 요구 선언문 발표
12. 4	• 서울법대, 상설 민권 기구 창설 시도
12. 11	• 고대생 500명, '과외활동 제한 규탄, 학원자유수호' 선언
12. 15	• 서울법대, 학교당국의 상설 민권기구 창설 거부에 반발, 규탄대회
12. 18	• 서울 문리대 70명, 미학과, 종교학과, 철학과 폐합조치에 반발 성토
12. 19	• 성대생 100명, 5과 폐과에 반대, 교무실, 교환실 점거 농성
12. 20	• 서울 문리대 70명, 3과 폐합 철회 요구, 제1차 공동선언문 발표
	• 성대 100명, 5과 폐과 조치에 반대, 총장 감금, 결의문 채택
12. 22	• 서울 문리대, 3과 폐합 반대 서명운동에서 100명 동료 서명, 제2차
	공동 선언문 발표
12. 23	• 서울 문리대 50명, 단식 농성 돌입, 제3차 선언문 발표
12. 25	• 서울 문리대, 농성 중이던 40여명, 야간 횃불성토 거행
12. 26	• 서울 문리대 50명이 폐합철회 요구, 총장실 점거
12. 31	• 서울 문리대 교수회, 학생 3명의 제적 처분, 5명 1년간 정학 처분

1970년

| 3. 11 | • 연대 총학생회, '일본의 2중외교 규탄' 일본 상품 불매운동 |
| 3. 12 | • 서울대 교수협의회, 처우개선을 요구하는 결의문 채택 |

3. 26	• 서울법대생 200여 명, 3선개헌 반대 데모와 관련, 자퇴학생 구제 요구 성토대회, 무기한 농성, 자퇴한 학생: 안평수(행정과), 박봉규(행정과)
	• 문리대생 100여 명, 3과 폐합 철회, 자퇴생 복교, 성토대회
3. 30	• 서울 문리대생 300여 명, 처벌학생 구제, 3과 폐합 철회 요구, 성토 수업거부
4. 8	• 시민 아파트 도괴, 33명 사망, 40명 중경상
4. 9	• 서강대생 900여 명, 와우 아파트 붕괴로 숨진 조재순 군의 추도식, 감독청을 규탄하는 성토
4. 13	• 서울 문리대 법대생, 처벌 학생 구제에 대한 백서 발표
4. 19	• 서울 문리대생 100여 명, 기념식 후 4·19 제10선언문 채택 '학생운동의 나아갈 길' 낭독, 18일 밤 초혼제
	• 법대생 100여 명, 4·19기념식, 백서 발표, 18일 밤, 진혼제 거행
4. 23	• 창원 구산중학생, 교사들의 부실 성토대회 후 난동
5. 19	• 동대, 재단부정에 대한 성토대회, 맹휴
6. 21	• 재경 대학봉사단 결단식(시내 20여 개 대학, 500여 명의 학생)
7. 9	• 서울법대생 '한국학생의 나아갈 길' 백서, 반공법 위반으로 구속: 조희부(법학과 4)
7. 10	• 전국대학봉사단 활동 시작
11. 3	• 서울대, 고대, 연대, 성대, 서강대 총학생회, '우리의 외침'이란 공동 선언문 발표
11. 13	• 전태일 분신자살
11. 16	• 부산대생 3,000여 명, 정부의 편파적인 지방대학 경시에 성토대회
11. 18	• 서울상대생 200여 명, 근로조건 개선 요구 무기한 단식 농성
11. 20	• 서울법대·문리대, 이대생, 전태일 추도식, 근로조건 개선 촉구결의문: 노동일(서울대 총학생장) 등 40여 명 연행

- 고대생 250명 '고 전태일 씨 추도회 및 국민권리 선언대회' 개최: 홍종숙(이대) 등 2~3명 부상
- 연대생 100여 명 전태일 추도식과 '우리의 외침' 낭독

| 11. 21 | • 서울 문리대 임시 휴강 • 서울법대생, 농성 계속 |

11. 21 • 서울 문리대 임시 휴강 • 서울법대생, 농성 계속
- 숙대생, 노동조건 개선 촉구 성명 발표, 검은 리본 달기로

11. 22 • 새문안교회 대학부 40여 명, 전태일 씨 죽음에 대한 '참회와 후회의 금식 기도회'

11. 23 • 연대 정법대생 300여 명 '5적 화형식'

11. 24 • 한국 외대생 50여 명 6개항의 결의문
- 대한 예수교 장로회 신학대학생 120명도 성명서 발표

11. 25 • 서울 문리대생 50여 명, 근로조건 개선 촉구, 성토대회 농성

11. 26 • 서울대, 고대, 연대 등 정치외교학회, 7개항의 요구조건 내걸음

12. 2 • 연대생 500여 명, 교련강화 반대 및 언론 탄압 반대 성토

12. 7 • 연대생 150명 성토대회
- 경북대생 200여 명도 교련강화 반대 성토대회

12. 8 • 연대 자유수호 투쟁위원회원 100여 명, 교련강화 반대 성토
- 대학생 불교연합회, 전태일 씨 추도식 장소 불허로 좌절

1971년

2. 12 • 〈다리〉지 필화사건: 임중빈(32), 윤재식(36), 윤형두(36)

4. 6 • 성대생 200여 명, 교련결사반대데모
- 고대생, 서울상대생도 데모

4. 7 • 고대생, 서울상대생 데모, 서울법대생도 데모

4. 8 • 서울상대생 100여 명, 문리대생 200명, 연대생 1,000여 명, 교련반대 데모: 최동학(연대) 등 30명 연행

- 서울사대 학생회, 교련문제에 대한 학생 의사 투표
- 고대생 400여 명 연좌 데모: 김철길(24 고대 정외과 2) 등 40여 명 연행
- 서울법대생 100여 명 성토대회: 최회원(서울대 법학과 3) 연행
- 서울 농대생 400여 명 성토대회, 교련 찬·반 투표(90% 반대)

4. 9
- 서울사대생, 문리대생, 상대생, 연대생, 각 학교서 데모
- 고대 9일부터 12일까지 냉각기를 갖기로
- 외대생 15일까지 당국의 회답 요구

4. 10
- 연대, 서울대, 냉각기를 갖기로 함
- 서울 음대생 50여 명, 연좌 데모
- 기독학생 100여 명 '부활과 4월 혁명'주제로 모임: 김경제 등 42명 연행
- 서울상대생 100여 명 교련반대 데모

4. 13
- 서울 사대, 상대, 연대, 고대, 성대, 경희대 데모
- 고대생 가두 데모 • 경북대생 500여 명도 데모

4. 14
- 서울 사대, 공대, 연대, 고대 데모: 방민준(서울대 국문과 3) 등 8명 연행
- 연대, 연합신학 대학원생 20명, 10일의 기독학생 난타, 연행 사건을 규탄하는 성명 • 성대, 중앙대도 데모
- '민주수호 전국청년학생연맹' 결성(서울법대, 공대, 문리대, 상대, 사대, 고대, 성대 등) • 경북대생 300명 처벌학생 구제 데모

4. 15
- 서울 사대, 상대, 가정대 휴강 • 고대, 외대 데모
- 감리교 신학대학생 60명 철야단식 기도
- 한대, 상경대학생 100명 언론탄압 중지, 학내 현역 군인 철수 등 성토

4. 16
- 서강대, 서울 약대, 공대, 교양과정부, 경희대서 데모
- 서울 치대, 의대, 약대, 외국어대, 한양대, 서울 신학대, 성대, 숭전대, 결의문 채택, 성토대회 데모: 조성래(서울대), 정수용(서울대), 조문환(고대), 박동석(고대) 연행, 강남석(서강대) 최류탄에 중화상

- 고대, 냉각기를 갖기로
- 서울대, 공대, 교양과정부 휴강

4. 17
- 서울대, 학생총대의원회 '제1 시국선언문' 발표: 박홍석(서울대 3), 이장우(서울대 4), 정윤광(서울대 2)
- 서울 대학원생 40명, 학원자유 요구 성토
- 서강대생 20일까지 냉각기를 갖기로
- 서울대 교양과정부, 휴강조치 철회 개강할 것을 결의

4. 19
- 민주수호학생연맹, '공동시국선언문' 발표
- 민주수호 국민협의회 결성
- 연대, 동대, 건대 대학생들은 교련교육방안을 마련, 문교부에 제출
- 서울대 등 12개 대학 대표, 최루탄 투하 등 항의
- 고대, 숭전대, 연대, 성대, 건대 데모: 이성용(건대 법학과) 등 건대생 19명 연행

4. 20
- 연대, 서울의대, 고대, 건대, 성대, 한대의대 데모: 백남선(서울의대 3) 등 128명 연행
- 연대 대학원생 30명, 결의문 채택 • 고대생 중간시험 거부

4. 21
- 서울 농대, 강원대, 서강대 데모 • 민주수호 청년협의회 결성
- 가톨릭 의대 일부 휴강
- 서울 문리대 구국투쟁위원회, 공명선거 위한 참관인 20개조를 구성

4. 22
- 강원대 무기 휴강
- 영남대 교련수강 거부
- 민주수호학생연맹, 27일까지 냉각기

4. 23
- 중대 투표 기권 안하기 캠페인 • 동대생 80명 선거참관단 결단식
- 고대 공명선거 캠페인 위원회 구성 • 외대 100여 명 선거 참관 신청
- 서울대 선거참관 630명 파견키로 함

4. 27	• 제7대 대통령 선거, 박정희 당선
4. 30	• 고대생 선거 참관 보고(표면은 공명, 사전에 부정)
	• 전북대생 800명, 학원사찰 중지 성토
5. 3	• 서울법대 100명, 4·27 무효 주장 데모
5. 4	• 서울상대생 100여 명, 4·27 선거 규탄, 총장 사임 요구
5. 5	• 서울 문리대 학생회, 불법 선거 선언
	• 서울법대 50명 성토, 20명 단식 농성
5. 6	• 감리교신학대학생 100명, 4·27 선거무효 선언대회
5. 7	• 서울 문리대 300여 명, 4·27 무효 요구 데모
5. 11	• 서울대 총학생회 선명 야당 촉구
	• 서울 문리대 150명 성토대회, 신입생 환영회서 금지된 노래 가르쳐 연행: 임종대, 이광호(철학과 4)
5. 12	• 서울법대생 300명, 유기천 교수 해외 추방은 교권침해로 투쟁다짐
	• 고대 100명 부정선거 규탄, 교련 철폐 연좌데모
	• 연대 민주수호투쟁위원회, 제1차 선언문 발표
	• 서울상대 200명, 현 정세에 의견 집약키 위한 토론회
5. 14	• 고대 총학생회장 데모 주동혐의로 연행: 김병수(심리학 4)
	• 서울 문리대 학생회, 4·27 무효, 재선 요구 성명서 발표: 강우영(국문), 심재권(무역학과)
	• 서울대 총기독학생회도 성명서 발표: 김한식(작곡과 4)
	• 고대생 300명 가두시위
5. 16	• 고대생 데모 주동 3명 구속: 김병수(심리학), 유청인(철학), 오여진
5. 17	• 서울법대, 학원자유수호 투쟁위원회, 유교수 귀국하도록 요구
	• 고대 구속학생석방, 학원자유 요구 데모
5. 20	• 서울대, 고대, 구속학생 석방요구 데모, 서명 운동, 단식 농성

- 서울대 교수, 구속학생 석방 위해 노력 결의
5. 21 • 서울 문리대, 법대, 연대, 고대, 석방요구 데모, 수업 거부
- 고대 여학생, 요구 관철될 때까지 붉은 스커트, 흰 블라우스 입기로 결의
- 서울 문리대생 150명 횃불 데모
5. 22 • 서울의대, 구속학생 석방 요구, 서명 운동
- 서울 문리대, 고대, 서울상대, 석방 요구 데모: 백남태(의대학생회장)
5. 24 • 서울상대, 문리대, 사대, 우중 데모: 임우달(지질학 2) 등 4명 연행
5. 25 • 서강대 30명, 횃불시위 농성
5. 26 • 서울 공대, 교양과정부, 의대, 치대생 데모
5. 27 • 서울대 교양과정부, 약대, 문리대, 공대, 의대, 치대, 석방 요구 데모
5. 28 • 서울대 4개 단과대학 휴업 명령
- 서울의대생 150명 휴업령 철폐 농성
- 서울 농대 100여 명, 구속학생 석방 데모
5. 29 • 민주수호학생연맹, 휴업령 철회 요구의 성명 발표
- 연대, 고대서 데모 •서울의대 휴강
- 서울 음대 3명 구속: 김수길(성악 3), 고영일(기악 3), 김길준(성악 3)
6. 1 • 서울대 데모학생 첫 징계(제명 3, 자퇴권유 2, 무기정학 17)
- 연대 등 8개 대학 대표, 문교부장관에 메시지 전달
- 연대법대 민권쟁취청년단, 사회정화 운동으로 방향 모색 성명
6. 2 • 서울대 공대, 교양학부, 가두시위
- 서울대생 3명, 집시법으로 구속: 이상완, 장상환, 공영채
- 고대생 1명, 데모 주동혐의로 연행: 서전규(경영)
6. 3 • 서울 미대생 150명 성토 •치대 학생회 처벌학생 구제운동
- 공대생 24명 연행: 기계공학 3년 김현우 등 24명
- 공대 교양과정부 휴강

6. 4	•서울 미대, 농대, 연대, 데모
	•6·3동지회, 서울대에서 징계 학생 구제 탄원
6. 7	•서울대학원 60명, 서울대학교 대학원 학원자유수호위원회 결성: 위
	원장 박찬동(정치과)
	•'징계학생 재고'를 위한 교양학부생들 탄원
6. 12	•서울의대 개강
6. 14	•서울대 총학생회, 학원정상화 성명서 발표: 회장 최희원(법대 3)
	•성대 민주쟁취투쟁위원회, 학원사찰 철회 요구 성명: 회장 박두원
	•전국학생연맹 결성
	•문리대 학생회 및 대의원회 간부 14명, 학생 처벌 백지화 요구
6. 15	•연대 철학과생 40명, 총학생장 선거문제로 농성
6. 18	•서울대 교양과정부 개강 •일부 대학 조기 방학
6. 19	•고대 총학생회, 교련 철폐 서명 운동
	•서울대 교양과정부 성명서 발표: 회장 원혜영(사대역사학 1)
6. 22	•성대 학생회, 교련철폐 요구 성명
6. 24	•서울대 휴업령 폐지
	•서울상대, 처벌 학생 구제 요구 결의문 채택
	•서울 문리대 학생 대의원회: 징계 백지화, 교련철폐, 사토 일본 수상
	입국 반대 요구
	•전국학생연맹, '한일문제백서' 발표: 위원장 오홍진(고대 정외과 3)
6. 25	•서울 공대, 교양과정부, 사토 수상 방한 거부 서명 운동
6. 26	•서울대 총학생회, 교련개선안에 대한 성명
6. 28	•서울대 문리대, 법대, 상대, 데모
	•고대 학생회, 사토 수상의 방한 취소, 경고문 발표
6. 29	•서울대 총학생회, 사토 수상 입국 저지 투쟁 선언문 발표

　　　　• 전국학생연맹에서도 성명 • 고대생 단식 농성

　　　　• 연대생 '시국선언문' 발표 • 건대생 데모

7.6~16 • 서울법대생 '자유의 종' 전 발행인 이신범의 제명처분 철회를 요구,

　　　　　학기말 시험 거부

8.10 • 광주 단지 난동 사건

8.21 • 서울상대, 공대 교수, 대학자율 입법화 요구, 자주선언 채택

　　　　• 고대 총학생회, 교련 철폐 2학기 수강 거부 성명 발표

8.23 • 연대 총학생회, 성명서 발표 • 서강대 총학생회도 성명

　　　　• 경북대 교수협의회 이사회 회원 24명, 대학의 자주성 확립 위한 교육

　　　　　자치제 실시 요구

　　　　• 부산대 교수협의회 처우개선을 요구

8.25 • 서울대 교양학부생 총회, 서울상대 교수들의 자주운동 지지, 교련 거

　　　　　부 결의

　　　　• 부산대 총학생회도 성명서 발표

　　　　• 충북대, 충남대, 공대 교수 자주 선언, 결의

8.26 • 연대 한국문제연구회 학생 20명, 학원쟁취 선언

　　　　• 서울 문리대 학생회, 성명서 발표

8.27 • 연대 한국문제연구회, 시국백서를 발표

　　　　• 서울대 12개 단대 학생회장, 자율 선언 지지 교련수강 거부 결의

　　　　• 부산대 교수협의회, 긴급총회, 자율 결의문 채택

9.4 • 제주대 교수협의회, 대학자주 선언 지지 결의

　　　　• 진주 농대 교수 90명도 결의

9.7 • 연대 총학생회, '현역교관 출입 엄금' 성명

9.13 • 지방국립대 교수협의회 자주쟁취 결의

9.15 • 고대 총학생회, 학원자주 선언 대회

9. 28	•연대생 1,000여 명, 교련반대 성토대회
9. 29	•연대생 500명, 현역 교관 교체 요구 데모
9. 30	•고대 500명, 서강대 100명 성토대회: 김재웅(서강대) 등 10명 연행
10. 5	•고대 한국민족사상 연구회 회원 30명, 부정 근절 촉구 시위
	•서울 문리대 30명, 선언문 낭독 농성
	•수도경비사 30명 고대 난입, 학생 50명 연행
10. 6	•서울상대 100명, 부정부패 성토대회: 백운대(경영 2) 등 27명 연행
10. 7	•고대 300여 명, 군인 학원난입 규탄 성토 및 데모: 윤재근(고대 3), 함상근(법학 3), 강승규(교육학 3), 정승옥(불문과 3), 심강일(교육학 2)
	•경북대 법대 20명, 정진회사건 구속학생 석방 요구: 전정효(정외 3)
	•외대, 교련 철폐 성토
	•서울 문리대, 법대, 부정부패 성토대회
10. 8	•경북 법대, 서울상대, 서울대 교양학부, 고대 군인난입사건 규탄대회
	•연대 학생총회, 성명서 발표
	•국회의사당 앞에서 학생 데모, 연행 22명: 김정수, 조원석
	•서울대 총학생회, '정보정치의 종결과 부패특권의 폐지를 위한 성명서'를 발표
10. 11	•고대, 성대, 연대, 서강대 총학생 대표, 학원 자유수호 투쟁 공동선언문
10. 12	•연대, 고대, 전남대, 서울상대, 법대, 공대 교양학부, 동대, 서울 사대, 부정 규탄, 고대 군인 난입사건 규탄 데모
	•고대생 22명, 구속학생 석방 요구 단식 농성
10. 13	•문교부, 대학가 지하신문, 서클 단속 강화 지시: 총·학장이 폐간, 해체
	•한국 신학대생 20여 명 '부정부패자 공개' 요구
	•연대, 고대 등교 거부 •전남대 데모 사흘째
	•서울 문리대 대의원회, 중앙정보부 타도 선언, 부패 특권층 처단 요구

10. 14 • 성대, 동대, 외대, 연대 대학원, 이대, 한대, 부정부패 규탄, 학원 자유
보장 데모

10. 15 • 서울시 일원에 위수령 발동, 무장 군인 각 대학에 투입, 교련 거부학
생 즉각 입영 조치 • 전남대 200명 연좌 농성

• 국민대 50여 명 성토대회, 외대, 경희대도 데모

• 정부, 학원사태 용의자 1,889명 연행

10. 17 • 새문안교회 대학생회 단식기도

10. 18 • 서울 약대, 의대생 380명 등교 거부

10. 19 • 중앙대, 국민대서 자진 휴강

• 휴업령 및 위수령 철회 요구하는 유인물 인쇄중이던 동성고생 3명
연행: 신모 군(동성고 3)

10. 21 • 이대, 건대 휴강 • 경희대 첫 철군撤軍

10. 22 • 숙대 휴업

10. 23 • 각 학교 철군

10. 28 • 일부 건대생, 시험 거부

• 부산대생, 학원정상화 촉구 호소문 낭독: 김재규(상대 무역학과)

10. 30 • 휴업령 철회

11. 15 • 서울상대생 15명 제적 취소 행정소송: 김상갑(경영학 3), 김수호(경제
학 3), 김문수(경영학 2), 김재근(경제학 2), 장상환(경제학 3), 배진환
(경영학 3), 김인상(경제학 3), 김승호(상학 4), 정수용(경제학 3), 정인
승(경제학 3), 김무홍(경제학 3), 이채언(경제학 2), 이영훈(경제학 2),
이대강(경제학 3), 김대환(경제학 4)

11. 10 • 서울법대 100명, 13일까지 기한부 수업 거부

• 연대, 수업 거부 벽보 붙여 1명 연행: 함종설(정외과 3)

11. 12 • 서울대, 유인물 배포, 4명 정학: 유병훈(농학과), 유용성(임산가공), 이

영기(임학과), 김진석(농공학과)

11. 15 •이대, 제적학생 구제 운동 4,000여 명 서명

11. 18 •고대생 1명 유인물 돌려, 자퇴: 최영주(국문과 4)

12. 8 •고대 총학생회, 제적된 21명 구제를 고대 신문에 호소

12. 13 •동계 대학생 연합봉사 활동(13일~1972년 2월 28일), 전국 1,847명 참가

1972년

4. 11 •통혁당 재건 등을 획책한 고정 간첩 9명 검거 발표

5. 27 •서울 문리대, 법대, 상대, 사대에 휴업령(6월 24일에 해체)

6. 16 •고대 총학생회, 학원사태로 제적된 김동규 등 21명의 구제 결의문 채택

6. 24 •제3회 전국 대학생 연합 봉사단 결단식

6. 27 •서울상대, 홍릉제와 관련 '새로운 가치모색의 전제'라는 유인물 배포
한 학생회장 제명, 2명 무기정학: 고영채, 김당배, 이원덕

7. 4 •남북 공동성명 발표

8. 3 •기업의 사채를 동결하는 '경제의 안정과 성장에 관한 긴급 명령' 발표

10. 17 •대통령 특별 선언, 국회 해산, 전국에 비상계엄령, 대학 휴교, 신문,
통신사 등에 검열제 실시

•'유신과업의 착수'를 선언

11. 21 •개헌국민투표

11. 22 •유신헌법 확정(91.5%의 지지)

12. 15 •첫 통일주최 국민회의 대의원 선거 실시

12. 23 •통일주체 국민회의 제8대 대통령, 박정희 씨를 선출

12. 27 •유신헌법을 공포함

1973년

2. 27	• 제9대 국회의원 선거 실시
6. 23	• 평화통일 외교정책 7개항 발표
8. 8	• 김대중 씨 납치사건, 동경에서 발생
8. 13	• 김대중 씨 동교동 자택에 나타나 납치·석방 경위를 밝힘
6. 21	• 고대 NH(민우지) 사건으로 12명 구속, 검은 10월단(야생화) 사건으로 7명 구속, 전남대 함성지 사건으로 12명 구속
8. 24	• 김대중 씨 관련기사 사건으로 요미우리 서울지국 폐쇄
10. 2	• 서울대 문리대, 자유민주체제 확립을 요구하는 데모 180명 연행, 지방대까지 파급
12. 4	• 장준하 선생의 주도로 '개헌 청원 100만인 서명' 발기인 대회 발족

1974년

1. 8	• 긴급조치 1호·2호 선포
1. 14	• 국민생활안정 위한 긴급조치 3호 선포
1. 15	• 김 총리, 고급 공무원에 숙정작업 지시
1. 24	• 연대생 7명, 긴급조치 1호로 구속
4. 3	• 민청학련 사건(긴급조치 4호 선포로 발생)
8. 7	• 강신욱 변호사, 민청학련 사건 변론 중 긴급조치로 구속
8. 15	• 박 대통령 저격미수사건, 육 여사 사망
10. 10	• 서울 공대생 구속학생 석방 요구, 서명 운동
	• 고대생 2,000명, 구국 선언문 채택 시위
10. 12	• 감신대 시위
10. 14	• 동국대, 구국 선언문 채택
10. 18	• 전국대학, 학생 데모로 휴교 상태

10. 31	• 이호철 등 문인 5명 집행유예 선고
11. 1	• 한대 시위(4명 연행)
11. 11	• 경동교회 대학생부 횃불 데모
11. 15	• 광주 제일고등학교 데모(10명 연행)
11. 18	• 조선대 부속고교생 가두시위(4명 연행)
12. 9	• 백낙청 교수 파면(문교부 민주회복 서명 추궁)
12. 26	• 동아일보 광고 무더기 해약사태 발생

1975년

1. 7	• 동아방송 16개 대기업 광고주들 광고 방송 중단
2. 12	• 유신헌법 국민투표 실시
2. 15	• 긴급조치 1, 4호 위반자 석방 조치(148명 석방), 인혁당 등은 제외
3. 19	• 국회, 외국인 상대의 반국가 언동을 규제한 형법 개정안 통과
4. 2	• 신일고등학교 선언문 채택(9명 구류)
4. 8	• 긴급조치 7호 공포(고대에 휴교령)
4. 9	• 인혁당 8명 사형 집행
4. 11	• 서울대 김상진군 '양심선언' 발표, 할복 자살.
5. 13	• 긴급조치 9호 선포
5. 22	• 서울대 연극회·가면극회·문학회, 김상진 열사 추도식 후 반정부 데모: 박연호 등 11명 연행
6. 3	• 천주교 정의구현 전국학생 총연맹 사건: 심지연(서울대학원), 박흥석(서울대), 이명준(중대) 외 16명
6. 15	• 중대 지하신문 배포 사건: 이석표, 김기선, 박상태(안경배, 경영준)
7. 9	• 사회안전법안, 방위세법안, 민방위기본법안, 교육관계법안 등 4대 전시입법안 국회 통과, 학생들의 서클 활동 위축 정지

9. 2 　•중앙 학도호국단 창설

9. 22 　•민방위대 발대식

9. 23 　•수도여사대 유인물 배포사건: 배경순, 고광순 구속

10. 8 　•김옥선 파동

10. 10 　•이화여대 〈새벽〉지 배포 사건: 이형랑, 정선자, 정경임

10. X 　•흥사단 아카데미 유인물 배포 사건: 이정숙, 김영인, 김태일, 조성두

10. X 　•서울의대 간첩단 사건: 강종헌, 서광태, 박종렬, 전성환, 나병식 등 16명

10. 23 　•서강대 '자유 서강' 유인물 배부: 권오성, 김윤

11. 17 　•국민대 기독학생회 주최 데모 미수: 장영달, 유길상, 권운상

11. 18 　•서울대, 경희대, 연합 데모 미수: 신동수(서울대), 김봉우(경희대) 등
　　　　　12명

1976년

1. ~ 　•정화영 김영준 구속 사건

2. 9 　•문교부 교수 재임명(46명 탈락)

2. 10 　•부산 중부교회 주보, 반정부 유인물 게재 배부: 김경일(부산대 3), 조
　　　　　태원(부산대 3), 이태성(동아대 2)

2. 25 　•학원에서 반정부 풍자시 배부 사건: 이화영, 최상호(진영학원생)

3. 14 　•전주 주민교회, 3·1 민주구국 선언문 배부: 김금용(신구전 1), 이해학
　　　　　(전도사)

3. 27 　•한신대 데모 미수: 전점석, 박남수, 최갑성

4. X 　•4·19 기념식에 전남대 학생 배후 조정 혐의, 윤한봉 사건: 윤한봉(전
　　　　　남대), 김영종(전남대)

5. X 　•연대 민청 석방자 5~6명 유언비어 유포 혐의로 구속: 최민화(연대),
　　　　　서창석(연대), 김학민(연대)

6. 15	• 계명대, 유인물 배포, 토론: 백현국, 서석국, 박봉기, 김진태, 서태일
10. ~	• 서울대 축제시 탈춤 후 데모: 양관수(3년), 전재주(영문 3)
12. 8	• 서울법대 농법회, 박동선 사건 공개 요구 데모: 이범영, 박계문, 박석운

1977년

3. 9	• 주한미군 철수 발표
3. 16	• 검인정 교과서 부정 사건
3. 28	• 서울대생 500명, 유신헌법 철폐 요구 데모: 박찬우(역사 3), 김천우 (서울대 3), 양춘승(경제과 3)
4. 7	• 한신대, 고난주간에 반정부 데모 농성: 오용식, 이영재, 김하범, 김현수, 정상시
4. 11	• 한국 기독학생회 총연맹 관계 학생지도자 연행
4. 12	• 서울대 데모 반정부 유인물, 3·1 사건 유인물 배포: 김재명, 오세범, 정의현, 박종렬
4. 15	• 감신대 데모 미수: 김정택, 남호, 임성우, 신철호, 정명기
4. 16	• 이대 반정부 데모 미수, 2명 구속: 이혜경, 고광순
4. 20	• 전북대, '고난선언' 유인물 배포: 최인규(공대), 손인범(체육), 최갑선(영문)
4. 21	• 고대, 유인물 배포, 5명 구속: 황인국, 이민구 외 3명
4. 24	• 기청, 부활절 예배 후 가두 데모, 1명 구속
4. X	• 성대, 반정부 유인물 배부: 성종대
5. 1	• 한신대, 고난 선언서 배포 데모: 김광훈, 박창수, 신철, 임성헌
9. 22	• 기청, 근로자를 위한 기도회, 페퍼포그·구타: 기길동(서울대 4) 연행
9. X	• 국민대, 유인물 배포, 1명 구속
10. 7	• 서울대, 3차 반정부 데모: 심상완(사회 3) 등 8명 구속
10. 12	• 연대, '구국선언서' 배포: 노영민(경영 2), 김거성(신학 2)

10. 25	•연대, 반정부 가두 데모: 오성광, 공유상, 김영환, 이상훈, 박성훈, 이대수, 강성구
11. 4	•고대, 반정부 유인물 배포: 고광진, 김성만
11. 11	•서울대, '민주구국선언' 유인물 배포, 제4차 데모: 진재학, 여균동, 이철국, 장기영, 양기훈, 문성훈
11. 12	•서강대, 교련검열 중 500명 데모: 이순범(철학), 이효율(물리), 박태율
11. 14	•서강대 데모
11. 18	•서강대 2,000여 명 반정부 데모: 한성동(사학 2), 임영준(물리 2), 장정수(사학 3), 김용진(국문 2)
12. 18	•기청련회원 100여 명 데모: 기길동(서울대 4), 김명원(서울대 3), 권태욱(서울대 3)

1978년

3. 15	•서울 농대, 반정부 유인물 배포
4. X	•서울 농대 데모: 이광희, 김수영, 박제순
4. 19	•부산대, 4·19 유인물 발송: 이성돈, 전중건, 정의영
5. 4	•이대 학도호국단, 반정부 유인물 배포: 박인혜, 오현주, 한경희
5. 7	•이대, 5·4 관련자 석방 및 반정부 데모: 최정순(사생 3), 김안나(사생 3)
5. 8	•서울대 1차 데모: 부운경, 서동만
5. 16	•한신대, 고난선언, 2명 구속
5. 18	•통일주체 대의원 선거
6. 12	•서울대, 제 2 차 데모: 유인택, 김수천 등 9명
6. 26	•통대 선거 반대 광화문 데모: 송봉기(서울대 2) 외 19명 구속
6. 27	•전남대 교수 11명 '우리의 교육지표' 발표 사건
6. 30	•동대 기독학생회, 반정부 유인물 배포: 이영우, 안재완, 이호성

6. X • 부산대, 교내 유신철폐 벽보 사건: 이상경, 이희석, 김성민

7. 2 • 전남대, 가두 데모, 전남대 교수 송기숙 등 '우리의 교육지표' 발표

• 관련자 연행, 구속에 항의: 노준현, 한동철, 이택 등 14명 구속

8. 16 • 기청, 전주 시내 데모 3일간 농성: 김병민, 이철우, 강세헌, 박종운, 최갑선, 최동근

9. 13 • 서울대, 가두 데모 2,000여 명: 조성율, 김종복 등 10명 구속

9. 14 • 고려대 4,000명, 반정부 데모: 천상만, 이혜자, 김유수, 금승기, 김기원, 송영국

9. 21 • 경희대, 유인물 배부, 3명 구속(신용남, 신명식, 하석태)

10. 6 • 숙대 600여 명, 반정부, 교내 군사시설 철거 요구, 데모: 이향순(국문 4)

10. 10 • 동대, 반정부 유인물 배부: 안동일(철학 2), 김준영(철학 2)

10. 17 • 대통령 선거 반대, 광화문 데모 미수: 유종성(서울대 4), 옥광섭(서울대 4), 유인열(서울대 4), 김성남(고대 4), 황인성(서울대 3)

• 6개대학 연합데모 미수: 박삼철(서울대), 정경연(고대), 장준영(성대), 김선택(서강대), 정태윤(서울대), 주태환(서울대)

11. 2 • 경북대 1,000여 명 데모, 학도호국단 폐지, 유신 철폐 등 주장: 최용식, 김동호, 장수원, 유시대

11. 3 • 인하대, 유신 6주년인 10·17에 반정부 유인물 배부, 2명 구속: 김상우(기계 2), 박성룡(기계 2)

11. 7 • 경북대, 대구 시내 가두데모 반정부 시위: 김병호, 전상수, 전병욱, 박세원, 김인제, 김창수, 김진덕

11. 8 • 서울 공대, 유인물 배부, 기숙사 벽에 플래카드 게재: 배규식, 조흥섭, 변재용

11. 13 • 서울대, 반정부 교내 데모: 김용흠, 이필열, 천운배

11. 14 • 인하대, 구속학생 석방 요구, 반정부 유인물 서명 받기 운동: 조용호,

김명식, 곽한왕 외 2명

11. 19 •고대, 반정부 교내 데모: 엄주웅, 이명식, 이경제, 김하림

11. X •서울 여대, 반정부 유인물 배부, 데모 미수: 김숙임, 박희옥, 이연숙

12. 12 •10대 국회의원 총선

12. 27 •대통령 취임 대사면(긴급조치 위반자 106명 사면)

1979년

2. X •고대 지하신문, 신문에 보도되지 않은 중요 사건 인쇄, 재학생 250명
에게 발송: 5명 구속

3. X •국민연합, 3·1절 선언문 사건(긴급조치 9호로 11명 구속)
•병역대책위원회 사건

4. X •민주구국학생연맹 사건: 5명 구속

5. 10 •계명대 축제기간 중 연극공연, 사전검열과 다르다는 이유로 공연자
구타: 4명 정학, 1명 구속

5. 15 •영남대 탈춤 내용 문제로 전통민속 연구반 탈춤 공연자 2명 구속

5. X •성대 축제기간 중 노래모음집이 문제되어 30권 압수 당함

6. 25 •고대, 민족 선언문 사건: 3명 구속

6. X •카터 방한, 81년까지 주한미군 철수 보류

7. 17 •석방자 환영회 사건

8. 11 •YH 사건

8. X •전북대 모임을 알리는 전보가 검열되어 불온모임이라 하여 2명 제적

9. 3 •강원대, 800여 명 데모: 5명 구속

9. 4 •대구, 연합 시위(계명대, 영남대, 경북대), 사회정의구현을 위한 경북
학생협의회 결성, 성명서 발표

9. 11 •서울대 1,500여 명 데모, '민족민주선언', '학원민주선언', '경제시국

선언' 발표: 5명 구속, 70명 연행

9. 18 •고대 구국 선언문 발표: 2명 구속

9. 20 •경희대, 유인물 배포: 2명 구속

•서울대 데모, '민주·연중선언', '근로민생 생존권 수호선언' 발표, 교내 시위 투석전: 4명 구속

9. 26 •이대 '이화 민주선언' 발표: 1명 구속

9. 27 •연대 가톨릭 서클에서 성명서 발표: 1명 구속, 14명 구류

9. 28 •고·연전 후 고대 행렬에서 유인물 나옴

10. 9 •남민전 사건

10. 16 •이대 데모: 1명 구속, 1명 불구속 입건

•부산, 계엄령 선포: 1,058명 연행, 66명 군·민제 회부

10. 18 •외대, 유인물 사건(사전 발각)

•마산, 위수령 선포: 505명 연행, 59명 군·민제 회부

10. 19 •서울대, 지도휴학제 반대 데모 유인물 살포: 5명 구속

•광주, 전남대 학생지도실 방화사건: 4명 구속

10.16~19 •부마 사태: 1,563명 연행, 20명 실형, 취소 67명, 즉심 651명, 훈방 792명

10. 24 •YMCA 집회 사건

10. 26 •박정희 시해 사건, 계엄 선포

11. 22 •서울대, '학원민주화 성명서' 발표, 고대, 연대, 숙대 등도 선언

11. 30 •전남대 11·24때 발표된 '거국민주내각을 위한 성명서' 재인쇄, 배포 1명 구속

12. 5 •전북대, 민주학생선언 사건(거국 민주내각 구성 요구)

12. 6 •최규하 대통령 취임

12. 8 •긴급조치 9호 해제

12. 12 •12·12사태 정승화 구속

참고 자료

1) 해방 3년소사, 중앙대 법정논총 4, (57.6), 허찬종

2) 민주주의와 약속의 원리; 청년학도에게 보내는 글, 자유세계(57.5), 윤형남

3) 해방 10년의 정치사, 사상계(55.9), 엄상섭

4) 해방 10년간의 국내정세 협동, (55.7.8)

5) 반탁국민총동원 운동의 해부, 과학전선(46.4)

6) 학생과 정치, 학생월보(46.8)

7) 8. 15이후 투쟁소사, 신태양(54.8)

8) 해방 3년과 금후, 신천지(49.8), 김영상

9) 해방 조선을 좀먹는 자들, 생활문화(46.1)

10) 반탁투쟁총람, 재건(47.1), 김준연

11) 남조선 군정 2주년의 총결산, 조선춘추(47.12)

12) 친일파 처단, 백민(46.3.4), 소운거사

13) 신탁통치와 해방운동, 개벽(46.4), 이웅진

14) 해방후의 정계동향, 태평양(46.3), 이종영

15) 친일파 민족반역자론, 백민(47.8), 임광호

16) 서북학생 사건의 진상, 대중공론(46.1), 중앙청년 총연맹

17) 해방 4주년의 회고, 국방(49.8), 함상훈

18) 집회 결사 자유의 방해사건, 신세계(56.2), 조영규

19) 智異山 공비의 실태, 현대공론(54.5), 김영덕

20) 한국전쟁의 역사적 의의, 사상계(53.5), 이태영

21) 청년지표 청년조직, 신천지(53.7), 윤재욱

22) 움직이는 젊음; 대전 후 세계청년운동, 사상계(57.5), 김성식

23) 청년운동에 기함, 국민공론(47.12), 유화청

24) 좌·우익 조선 청년에 고함, 조선시보(47.3)

25) 서울대학교의 교육주지에 관하여, 사대학보(54.7), 김기석

26) 여자대학교의 맹휴사건을 검토한다, 신태양(55.4), 김기오

27) 학병동맹의 참사를 듣고, 학병(46.4)

28) 국대안의 해부, 학생일보(46.4)

29) 학도호국대 결성의 의의, 조선교육(49.5), 안호상

30) 대학의 위기, 조선교육(48.1), 유진오

31) 붉은 '민주학원', 현대공론(54.5), 이문

32) 현대청년 학도론 ; 내가 바라는 신세계의 주인공들, 새벽(56.1), 장이욱

33) 6. 25와 학원, 현대공론(54.6)

34) 남녀대학생의 성관념과 법문제, 새벽(56.1), 권순영

35) 학생과 철학, 사상계(55.6), 김기석

36) 학생들의 항변과 반성, 학생과 사회, 신태양(53.1)

37) 현하 학생에게 고함, 신천지(48.2), 최호진

38) 학생운동의 이론적 근거, 새벽(55.5), 김성식

39) 해방후의 한국학생운동, 새벽(56.1), 최찬영

40) 3.1운동과 4.19혁명의 비교 고찰, 연세대대학원(69.9), 김봉현

41) 한국학생 운동의 사적전개, 성대대학원(76.8), 이해영

42) 동아일보 1945~1979

43) 조선일보 1945~1979

44) 서울신문 1945~1979

참고 문헌

1) 대한민국 광복 38년사, 삼선출판사

2) 기자가 본 역사의 현장(광복~제 5공화국), 한국 편집 기자회

3) 동아연감 1961~1983

4) 조선연감 1948, 조선통신사

5) 좌익사건 실록 ①②③④⑤⑥⑦⑧⑨권, 대검찰청 수사국

6) 광복 30년 중요자료집, 월간중앙부록(1975. 1)

7) 해방 22년사, 기록편·자료편, 세문사

8) 몽양 여운형, 청하각, 여운홍

9) 죽산 조봉암, 원음사, 이영석

10) 박헌영, 인간사, 박갑동

11) 해방전후사의 인식, 한길사, 송건호 외

12) 분단 전후사의 인식, 일월서각, 브루스 커밍스 외

13) 1950년대의 인식, 한길사, 진덕규 외

14) 4. 19 혁명론 Ⅰ.Ⅱ, 일월서각, 이우재 외

15) 4월 혁명론, 한길사, 강만길 외

16) 4월 혁명, 청사, 대학생논문집

17) 한국 현대사론, 신학연구원, 송건호

18) 변혁시대의 한국사, 동평사, 안병직 외

19) 신동아, 1964~1970

20) 사상계, 1964~1965

21) 학생 문제 연구, 1970, 유네스코

22) 한국민족주의 이념과 실태, 까치사, 차기벽

23) 외국인 투자 백서, 1981, 경제기획원

24) 일제하 한국학생 독립운동사, 정음사, 김성식

25) 불멸의 기수, 성문각, 김종윤

26) 미국의 대 소·중·일정책, 국회도서관, 1980

27) 한국 노동조합운동사, 한국노총

28) 한韓 1호~10호, 동경한국 연구원

29) 어느 청년 노동자의 삶과 죽음, 돌베개, 전태일 기념관 건립 위원회

30) 대학과 사상, 경향신문사 편집국, 1982

31) 조선공산당 파쟁사, 돌베개, 장복성

32) 해방 전후의 조선진상, 돌베개, 김동윤·김종범

33) 정경 연구, 1974. 2

34) 한국 기독교와 제3세계, 풀빛, 김용복 외

35) 4월의 영웅들, 일신사, 민영무 역

36) 민중과 경제, 정우사, 박현채

37) 4월 혁명, 현역 일선기자 동인 편

38) 4월 혁명, 四月혁명동지회 편

39) 한국 민주당 연구, 풀빛, 심지연

40) 1960년대, 거름사, 김성환 외

41) 4월혁명 기념시 전집, 학민사, 신경림 편

42) 민족통일론의 전개, 형성사, 양호민 외

43) 한국 미군정사, 돌베개, 리챠드 E. 라우터백

44) 제2차 대전후의 세계, 탐구당, 한스W. 갓츠게

45) JP와 HR, 원음, 이영석

46) 민중 제1권, 청사

47) 제5공화국 그때 그사람들, 청목, 서병조

48) 언론과 사회, 민중사, 역사와 기독교

49) 70년대, 예맥, 김영일

50) 제3공화국, 백미사, 김영

51) 기자와 공화국, 나남사, 이길용

52) 육사졸업생, 중앙일보, 장창국

53) 취영 홍남순 선생 고희 기념 논총, 형성사

54) 한국청년운동사, 금문사, 선우기성

55) 4·19혁명론, 이우재 외, 일월서각

56) 4·19의 민중사, 학민사

57) 민족·민주·민중선언, 일월서각, 김상웅 편